令和五年版
再犯防止推進白書

法務省

再犯防止推進白書の刊行に当たって

法務大臣

小 泉 龍 司

　法規範とそれを遵守する国民の意識が我が国の社会におけるあらゆる営みの基盤となっています。国民が互いに信頼し合える社会を創り、維持することこそ、法務行政に課された使命と言えます。

　再犯防止に向けた取組は、こうした使命を果たすために重要です。「第一次再犯防止推進計画」（平成29年12月15日閣議決定）により、刑事司法関係機関を中心に進められてきた再犯防止施策は、国・地方公共団体・民間協力者が一体となって取り組むべきものに発展し、様々な取組が積み重ねられてきました。そうした取組の成果は着実に表れており、例えば、刑法犯により検挙された再犯者数は着実に減少し、「再犯防止に向けた総合対策」（平成24年7月20日犯罪対策閣僚会議決定）において定められた「出所年を含む2年間において刑務所に再入所する割合（2年以内再入率）を令和3年までに16％以下にする」という数値目標を1年前倒しで達成することができました。

　しかし、再犯防止に向けた取組は、道半ばであると考えています。再犯者数は着実に減少しているものの、それを上回るペースで初犯者数も減少し続けているため、刑法犯により検挙された者の約半数は再犯者という状況が依然として続いています。そこで、新たな被害者を生まない「安全・安心な社会」の実現に向けて、より機能し始めた再犯防止の取組を更に深化・推進するため、政府は、2023年度（令和5年度）からの5年間を計画期間とする「第二次再犯防止推進計画」（令和5年3月17日閣議決定）を策定しました。この計画では、新たに、犯罪をした者等が地域のセーフティーネットの中に包摂され、地域社会に立ち戻っていくことができる環境を整備すべく、国・地方公共団体・民間協力者がそれぞれの強みを生かしつつ連携して支援していくという理念、すなわち「地域による包摂の推進」という理念を掲げ、国・地方公共団体・民間協力者の連携をこれまで以上に進めていくこととしています。

　再犯防止の取組は新たな段階に入ったところですが、今回で6回目の刊行となる本白書は、より多くの国民の皆様に再犯防止の取組についての理解を深めていただけるよう、政府が講じた施策だけでなく、民間協力者の方々の活動に関するコラムを掲載しています。また、特集では、かつて犯罪や非行をしたものの、その後に社会復帰を果たした当事者の語りを取り上げ、これを基に、立ち直ることができた要因の分析を試みています。

　立ち直りのためには、本人が努力を続けることはもちろんですが、こうした人たちをいたずらに排除するのではなく、「生きづらさを抱えた要支援者」と捉え、個々の生きづらさに沿った支援につなげていくという視点を持つことも大切です。本白書の発刊が、国民の皆様が再犯防止への御理解を深めていただく一助となり、ひいては、「地域による包摂」の実現につながっていくことを願っております。

○表紙の絵画作品について

「羽ばたく鳥」豊ケ岡学園（愛知県豊明市所在）

　この作品は、豊ケ岡学園の在院者（当時）が制作した版画です。
　少年院では、矯正教育の一環として、書道や美術作品等の創作活動を通じて、情操を育むための働き掛けを積極的に行っています。
　制作者は当初、自分の内面を素直に表現することが苦手でしたが、民間協力者である美術の講師から独創性を褒められ、徐々に表現力を開花させていきました。
　制作者は、社会で活躍する将来の自分に思いをはせ、この作品を制作し、豊ケ岡学園を出院した今、家族・職場・仲間の支えを受け、時には壁にぶつかり、一進一退を繰り返しながらも、この鳥のように大空に向かって羽ばたいているようです。
　職員一同、制作者が、二度と非行をすることなく、この鳥のように輝きと力強さを失わず、羽ばたき続けてくれることを願っています。

各ページ下部の　　について
　"幸福（しあわせ）の黄色い羽根"というシンボルマークです。
　犯罪のない幸福で明るい社会を願うとの意味が込められています。
　更生保護のシンボルマークであるひまわりの黄色と、刑期を終え出所した男性をあたたかく迎える夫婦愛を描いた映画「幸福（しあわせ）の黄色いハンカチ」（1977年（昭和52年）、山田洋次監督）から着想を得て、"社会を明るくする運動"への賛同を示す身近な協力のしるしとして、2008年（平成20年）に生まれました。

目次

第2章 就労・住居の確保等のための取組

第1節 就労の確保等 ·· 38

第2節　薬物依存を有する者への支援等 ………………………………………………………… 76

第4章　学校等と連携した修学支援の実施等のための取組

第1節　学校等と連携した修学支援の実施等 ……………………………………………………… 92

第5章　犯罪をした者等の特性に応じた効果的な指導の実施等のための取組

第6章　民間協力者の活動の促進等、広報・啓発活動の推進等のための取組

第1節　民間協力者の活動の促進等 ·· 140

第7章 地方公共団体との連携強化等のための取組

第8章 関係機関の人的・物的体制の整備等のための取組

再犯防止等施策に関する基礎資料

図表目次

第3章　保健医療・福祉サービスの利用の促進等のための取組

第4章　学校等と連携した修学支援の実施等のための取組

第5章　犯罪をした者等の特性に応じた効果的な指導の実施等のための取組

第6章 民間協力者の活動の促進等、広報・啓発活動の推進等のための取組

第7章 地方公共団体との連携強化等のための取組

特 集

世にも不思議なバラさん

社会復帰を果たした者等の犯罪や非行からの離脱プロセス
〜当事者の語りから学ぶ立ち直りのリアル〜

第1節 はじめに

　政府は、令和5年3月、「第二次再犯防止推進計画」（以下「第二次計画」という。）を閣議決定した。第二次計画には、7つの重点分野に96の具体的施策が盛り込まれているが、本特集では、以下の施策に注目した。

> 再犯防止施策の効果検証の充実と検証結果等を踏まえた施策の推進【施策番号93】
> 　法務省は、就労支援を受けた者のその後の就労継続の状況や薬物依存のある者を地域における治療・支援につなげることによる効果を把握する方法を検討するなど、再犯の防止等に関する施策についての効果検証の一層の充実を図る。また、効果検証の結果や、社会復帰を果たした者等が犯罪や非行から離脱することができた要因を踏まえ、施策の見直しを含め、再犯の防止等に関する施策の一層の推進を図る。

　これまで、再犯防止の取組を実施する上で、再犯に至る要因の分析や検討は多く行われてきた。実際に、刑事司法手続の一連の流れにおいて、再犯をした者等がその要因や背景を振り返る機会は多く存在し、その語りを踏まえて、立ち直りに向けたサポートが行われている。

　一方、社会復帰を果たした者等が犯罪や非行から離脱することができた要因を語る機会は限られている。社会復帰を果たした者等の犯罪や非行からの離脱の要因を理解することは、今後の再犯防止の取組を推進する上で、再犯要因等の理解と同様に重要であると考えられる。それゆえ、第二次計画では、「社会復帰を果たした者等が犯罪や非行から離脱することができた要因」を踏まえて施策の一層の推進を図ることが、新たな施策として盛り込まれた。そこで、本特集では、「社会復帰を果たした者等が犯罪や非行から離脱することができた要因」を見いだし、再犯防止施策を一層効果的なものとするために、犯罪や非行から離脱した当事者の語りを取り上げることとした。

　犯罪や非行からの「離脱」をどのように捉えるかについては、様々な考え方があり得るところであるが、本特集の目的は「離脱」を学術的に正しく定義することではなく、当事者の語りを通して、社会復帰を果たすことができた要因を見いだし、その要因を踏まえ、再犯防止施策を一層効果的なものとすることである。そこで、本特集では、かつて犯罪や非行をして処分を受けたものの、現在は学校に通ったり仕事をしたりするなど、社会の構成員として安定した生活を送り、社会復帰を果たした状態にあることを「離脱」と捉え、4名の当事者の離脱までの過程に関する語りを掲載し、そこから見えてくる離脱の要因について分析をすることとした。

特集

第1章

第2章

第3章

第4章

第5章

第6章

第7章

第8章

基礎資料

第2節　社会復帰を果たした当事者の語り

事例1

50代男性

(1) 私にとっての非行とは

私は、幼い頃から野球が好きで中学校でも野球部に所属しました。ところが、中学1年生の時に、部活動で嫌な思いをして野球を辞めました。それまでは野球中心の生活をしていたので、急に打ち込むことがなくなって何もかもどうでもよくなりました。その後、地元の祭りで雰囲気に流され軽い気持ちで、たばこや酒を始めるようになり、普通の中学生にできないことをしているという優越感に浸っていました。

そのうち、年上や他校の不良仲間と遊ぶことが増えていき、警察に補導されたこともありました。学校も怠け気味になり授業についていけず、「できの悪い生徒」という烙印を押された気がし、教室にいるのが苦痛でした。中学校卒業後、定時制高校に入学したものの1か月で通わなくなり、停学や退学で学校に行かなくなった不良仲間と朝から遊ぶようになる中で、当時流行していたトルエンという有機溶剤を吸うようになり、後になって大麻や覚醒剤にも手を出しました。さらに、家を出て暴走族に加わって副会長になり、暴走行為が原因で警察から逮捕すると言われたので出頭して、保護観察処分を受けました。

(2) 処分を受けて考えたこと

非行に走って普通の世界に戻れないと思いながらも、頭の片隅には常に「このままではまずい。」、「いつまでも非行はやっていられない。」といった将来への不安があり、心の中では「平凡に暮らしたい。」、「普通の人生を送りたい。」という思いを抱いていました。

しかし、中学校と定時制高校での学業不振、保護観察処分を受けたことや違法薬物を使用したことなどについて、父親から、「お前の人生は終わった。」と言われたことがあり、そのような思いに蓋をしながら生きていました。当時は人生経験が乏しかったこともあり、身近な大人にそう言われ、「自分の人生はもう駄目だ。」と思い込んでしまいました。

やり直したいという思いは確かにありましたが、過去に囚われて、明るい将来は描けませんでした。立ち直りの過程においても、「他人はできても、自分には無理だろう。」と諦めてしまう癖を断ち切るまでに時間がかかりました。

(3) 非行からの離脱過程における転換点

保護観察処分を受けて暫くして、父親の仕事の見習いをすることになりました。すると、新たな仕事上の人間関係が生じて、関わる人が大きく変化しました。しかし、当時の私は、仕事で使われる言葉が分からず、また、業務に必要な知識を持っていなかったことから、業務の内容を全く理解できませんでした。それまでは一人で生きてきたという自負があり、自分は仕事ができると思っていたので、がく然とすると同時に、今まで自分が生きてきた世界の狭さを痛感しました。そして、もっと広い世界を知りたい、職場の人たちと一緒に仕事ができるようになりたいと考え、4度目の高校1年生として定時制高校に入学しました。

それまでは定時制高校に入学しても、勉強の仕方が分からなくて学習習慣が身に付かず、入学初期につまずいたまま留年して退学し、別の高校へ入学し直すも、また退学するということを繰り返し、この入学が4校目の高校でした。けれども、この時は一緒に辞書を引いたり、分からないことを理解できるまで教えてくれたりするなど、先生方の熱心な個別指導のおかげもあって、やっとの思いで高校2年生に進級し、「やればできる。」という喜びをかみしめました。

　また、父親の勧めで簿記の勉強も始めました。人生で初めて自ら参考書を買い、真剣に勉強しました。しかし、受験した簿記の試験は難しく、「自分には無理だろう。」と感じました。非行ばかりしていた頃の私だったら、そこで問題を解くのを諦めていたと思います。しかし、この時は「応援してくれる人がいるから、たとえ不合格でも最後まで頑張ろう。」と考え、最後まで問題に向き合いました。その結果、合格することができました。試験で初めての成功体験だっただけに、とても嬉しかったことを覚えています。

　簿記の試験で諦めなかったことは、私の立ち直りにおける転換点です。高校の先生方を始め周囲の人から励まされ、「自分には無理だろう。」という思い込み、囚われから解放されたのだと思います。小さな成功体験を積み重ね、「自分も普通の世界で生きていけるかもしれない。」と考えが変化するようになり、「もっと上を目指してみよう。」と考えて行動を起こせるまでになりました。とはいえ、常に自信を持って生活できたわけではありませんでした。不安になったり、失敗して自信を失ったりを繰り返す中で、少しずつ普通の生活のペースをつかんでいきました。

　高校卒業後は、大学に進学しました。非行に走っていた時には夢のまた夢であった大学だったので一生懸命勉強をし、卒業後は上場会社に就職しました。また、就職後に大学院で学ぶ機会を得て、専門性を生かした仕事に就くこともできました。

（4）離脱を果たして考えること

　今、自分の経験を振り返ると、周囲の人の支えのありがたさを実感します。約束や時間を守るといった基本的なマナーを教えてくれた職場の先輩、一緒に考え、学ぶ習慣を身に付けさせてくれた高校の先生方が、私をサポートしてくれました。彼ら・彼女らのように良識ある大人たちの伴走的な関わりのおかげで、仕事や学校を続けることができ、価値観や考え方が変容し立ち直ることができました。

　価値観やものの見方・考え方は、非行や犯罪からの離脱にとって重要です。健全な価値観の中で生活していると、同様の価値観を持つ友人・知人と親しくなり、犯罪等を助長する人たちと距離を置くことができます。規則正しい生活習慣が身に付き、有意義な時間の使い方を覚え、非行や犯罪の道に戻ろうと思うことがなくなります。

　私は現在、保護司をしています。かつての自分の経験や保護司活動を通じて、非行や犯罪から離脱するためには、まず、仕事（学業）と衣食住の安定が不可欠だと考えています。また、うそをつかないことも大切です。失敗したとき、言い訳をしないで正直に自分の非を認められる人は、離脱に近づいていると思います。

（5）犯罪・非行からの離脱途上にある人や、再犯防止を支える人へのメッセージ

　私は、立ち直りとは、非行や犯罪に関わることなく、自分なりの生き方を見つけて人生を歩むことだと考えています。

　非行や犯罪から離脱する道のりには、思いどおりにならず苦しいことやつらいことがたくさんあります。楽な方に流れるのは簡単ですが、その前に一度、長期的な視点で人生を考えてみてください。今、嫌なことを避けると短期的には苦労しなくて済むかもしれませんが、いつまでも避けていては自分なりの生き方が見つけられません。反対に、今、自分の目指す方向に向けて困難なことに取り組めば、当面はつらくても長期的には必ず自分の糧となります。

　離脱までの道はまっすぐではなく、行きつ戻りつを繰り返すかもしれません。それでも、勇気をもって一歩踏み出し、人の助けも借りながら、諦めずに歩み続け、少しずつ成功を積み重ね、自分なりの幸せを見つけてほしいと思います。

事例2

20代男性

（1）私にとっての非行とは

　私は、非行に走る前から、「自分は社会になじめない。」という思いを常に抱えて生活していました。そうした思いから、社会の枠にはまった人生を歩むのではなく、自立して自分の人生を選びたいと考えるようになりました。しかし、自立するためにはお金が必要で、お金を得るための手段として非行を選んでしまいました。

　私は、犯罪や非行は2種類に分けられると考えています。1つ目は、例えば、気に入らないことがあって友人を殴ってしまうなど、衝動的・短絡的に犯罪や非行に至るケースです。2つ目は、衝動的・短絡的というよりは、例えば、将来事業を始めるといった人生の目標のようなものを達成するための手段として、犯罪や非行を選択するケースです。私の非行をこの分類に当てはめると、後者となります。非行をしていた当時、自立という目的にはお金が必要で、そのために非行という手段を選ぶことはやむを得ないと考えていました。今、その考え方を振り返ると、自分の非行を正当化したかったのだということが分かります。

（2）処分を受けて考えたこと

　非行により逮捕され、留置場と少年鑑別所に入りました。

　非行をしている間、お金を手に入れることはできましたが、心はどこか空虚で満たされず、逮捕される前から、「この生き方は自分が望んでいたものじゃない。」という違和感を抱いていました。また、非行は自立のための手段だったはずなのに、お金を得たら、どのように自立をして、何をしたいのかをしっかりと考えておらず、非行をした後の生活について具体的にイメージできていなかったと気付きました。

　留置場や少年鑑別所で、これまでの生活について振り返ると同時に、これからの自分の人生についても考えているうちに、「審判で少年院送致となったら、1年間社会には戻れない。その期間に何もせず、時間を無駄にして過ごすのはもったいない。」と思うようになりました。こう思うようになったことが、私が勉強を始めたきっかけの1つです。

　もう1つのきっかけは、自分が社会に通用するのかどうかを確かめたいと考えたことです。逮捕されるまで、学校にきちんと通ったり、仕事を長く続けたりしたことがなく、自分が社会に通用する人間なのかが分かりませんでした。例えるなら、社会生活という試合があって、非行というズルをしなくても、試合に勝てるのか、つまり社会の中で生活していけるのかを試してみたかったのです。ズルは格好が悪いので、これからは非行から離れて、真正面から生きようと決めました。

　その後、審判で少年院送致の処分を受け、少年院に入院しました。少年院では、勉強に励み、少年院の中で高等学校卒業程度認定試験を受験[1]し、合格することができました。

　少年院出院後は、学習支援[2]を受けました。この学習支援は、希望者が少年院に在院している間に、進路の希望に沿って学習の計画を立て、出院後にその計画に沿って指導が受けられるというものです。出院後は学習支援の拠点に通って、学力や進路に合わせた内容を学んだ結果、目標としていた大学に合格することができました。現在は、その大学で将来のために更に勉強に励んでいます。

（3）非行からの離脱過程における転換点

　私は、自分自身が非行から離脱したとは考えておらず、今も離脱の過程にあると捉えています。離脱に向けて進み始めるためのターニングポイントは、勉強することを決め、その決意を行動に移した

※1　【指標番号14】、【施策番号63】参照
※2　ソーシャル・インパクト・ボンドを活用した非行少年への学習支援事業。特2-2-1、【施策番号96】参照

ことだったと考えています。

　立ち直るために勉強するという意欲があっても、気持ちが続かず、犯罪や非行に逆戻りする可能性もありました。そのようなつらいときに、家族を始めとする周囲の支えがあったからこそ、現在まで犯罪や非行をせずに生活することができています。

　例えば、学習支援では、勉強だけでなく、精神的にもサポートをしてもらいました。少年院や保護観察所が連携して実施している事業なので、学習支援で出会った大人は、私が少年院に入院していた事実を当然に知っていて、その上で寄り添って支援をしてくれました。自分の過去を隠す必要がなく、私を受け入れてくれる存在は、大きな心の支えとなりました。

（4）離脱に向けて考えること

　私は、自分の意志で非行をしました。私は、良くも悪くも、考えたことを実行できる行動力を持っています。その行動力を悪い方向に使ったため、非行という結果になってしまいました。反対に、行動力を使う向きを180度変えて、良い方向に使えば、社会で活躍できるのではないかと考えています。

　現在は、再犯が多い状況が問題になっていると聞いています。自分が非行をしていたので、一度犯罪や非行をした人が、再び犯罪や非行をしてしまう過程を容易に想像できます。一度罪を犯すと、社会からは冷たい目で見られ、立ち直りに向けて生活しようとしても、スムーズに進まないことがあります。再犯や再非行をしてしまう人は、そのようなつらい状況に陥ると、困難を乗り越えるための努力をせずに諦めてしまうのかもしれません。私は、最初から何もせずに諦めてしまうのは、もったいないことだと思っています。

（5）犯罪・非行からの離脱途上にある人や、再犯防止を支える人へのメッセージ

　皆さんは、「懲」という漢字をどのように訓読みしますか。私は「懲りる」と読みましたが、私が知っている人は「懲らしめる」と読みました。その人は、犯罪や非行をしたことがない人であり、私はその読み方を聞いて、犯罪や非行をしたことがある人と、そうでない人の間にある溝の存在を感じました。立場の差によって溝は存在しますが、再犯防止を支えてくれる人がいることも事実です。私は、そのような再犯防止を支えてくれる人がいるからこそ、非行からの離脱に向けて進んでいます。

　私は、人間は根本的には変わらないと考えています。犯罪や非行からの離脱とは、犯罪や非行をしない人間に生まれ変わるのではなく、犯罪や非行の色に染まった自分を、一般社会で真面目な生活を送ることを通して水を注ぐように薄め、普通の社会の色に近付けることだと思います。犯罪や非行の色に染まった自分を薄める過程では、過去の犯罪や非行と向き合うことも必要です。そして、周囲の人に、「あの人は立ち直った。」と認めてもらって初めて、離脱したと言えるはずです。私も、周囲の人から「立ち直った。」と認めてもらえるように、良い方向に行動を起こしていきます。

特集

第1章

第2章

第3章

第4章

第5章

第6章

第7章

第8章

基礎資料

支える人の視点から

公文教育研究会　ライセンス事業推進部

　この事例に登場する男性は、ソーシャル・インパクト・ボンドを活用した非行少年への学習支援を受けています。当社は、この学習支援の事業者として社会復帰に向けた大学受験をサポートしました。

　この事業では就学を希望する少年院を出院した少年に対して学習の支援を行っていますが、実際に多くの少年と接して感じるのは「一人ひとりの状況が極めて多様で複雑な背景が絡み合っている」ということでした。学習目標も、義務教育相当の学力の習得、高等学校卒業程度認定試験受験合格、大学受験合格など多様であり、また少年の出院後の環境も良好な場合だけでなく、更生に向けて保護者の意識が低く、少年の心理面が不安定なケースもありました。このような少年を支えるために、少年院出院前後で少年を支える立場の協力体制が重要であると考えました。少年院の担当法務教官、保護観察官、保護者、学習拠点で少年に接する事業関係者（キズキ・もふもふネット・心理専門家）と共に、少年が非行に至った要因を理解し、出院後の生活環境の把握に努めました。少年の過去を受け止めた立場として、少年との信頼関係構築を心掛け、寄り添いながら学習の支援を行いました。

特2-2-1　ソーシャル・インパクト・ボンド（SIB）による非行少年への学習支援事業の概要

事例3

女性

(1) 犯罪という居場所

　少年院を仮退院して半年後、私の居場所は犯罪の中に戻っていた。社会での生活は想定外なことばかり。どう生きたらいいのか分からなかった。

　留置場で、「こんなはずじゃなかった」と、何度も自分の人生を振り返ってみたが、正しい答えは見つからない。社会に自分の居場所はなく、私に残ったのは孤独と絶望だけだった。手錠をかけられたとき、この先の未来や明日のことさえも、もうどうでもいいと思った。自分の生きている意味も分からなかった。

(2) 幼少期〜非行へ

　私は四人姉妹の末っ子として生まれ、父と母の6人家族。幼い頃いつもこう思っていた。「どうして、うちは普通じゃないんだろう。」働かない父の代わりに、母は夜の仕事を始め、私は一人で過ごす夜が多くなった。

　風の音、雨の音が怖くて、布団を頭からかぶり寝た日もあった。深夜に帰ってきた母が布団に入ってくると安心するぬくもりを感じた。どんなに寂しくても、母に寂しいって言ったらいけないと思っていた。

　中学生になり、夜の街に出ると自分と同じような環境にいる友達がたくさんいた。友達が一人増える度に悪いことも増えていった。その中でも特攻服を着ている先輩たちがカッコよくて憧れた。自分もそうなりたいと思うようになり、暴走族に入ることを決めた。家にも学校にも居場所を感じることができなかったけど、そこに初めて自分の居場所を感じた。仲間たちと過ごす時間はそれまでの自分にはなかった時間だった。総長になってからは、自分にとって大切な居場所である暴走族を守りたい、強くしたいという思いで、抗争を繰り返し、相手に大きなけがを負わせ傷害事件で逮捕された。少年鑑別所に収容され、その後の審判で、私は少年院送致となった。全く反省なんかしていなかったけど、審判の時に見た母の涙がいつまでも胸を締め付けた。

(3) 少年院〜再犯へ

　少年院生活は想像とは違い、心が綺麗になれた。一生懸命に打ち込めること、達成感や充実感、これらは社会生活で久しく忘れていた感覚だった。

　一方、自分がした非行への考えは深まらないままで、当たり前のように、出院したら暴走族に戻ることを考えていた。私がいつも考えていたのは、「反省した人の言葉」だ。なんという言葉を言えば反省しているって思われるだろう。そればかり考えていた。少年院生活はたくさんの気づきと学びがあったが、社会にいる仲間たちと暴走族をやるという思いは変わることなく私は仮退院を迎えた。しかし、そこには想像とは違う現実があった。呼び出され、かつての仲間に連れて行かれたのはヤキを入れる公園だった。かつての仲間が1人ずつ順番に私にヤキを入れていく。ひとり、またひとり・・・。4人目、5人目くらいからもう痛みは感じなくなった。暴力って身体が痛いより心が痛いってことを、自分がやられる側になって初めて知った。それから、振り上げた拳があたる瞬間が怖くなった。恐怖はいつまでも残った。仲間と居場所を失い、私は一人になった。自分が消えてなくなりそうだった。「これからは普通に生きよう。」でも、私には、普通が分からなかった。同世代の女の子がどのような生活を送っているのか分からない。ただ普通に生きたいだけなのに、普通がわからない。これから自分はどう生きればいいのかが分からなかった。そして、私は社会生活から逃げ出し、誘われるがままに覚醒剤に手を出していった。覚醒剤を使用すると孤独や寂しさを忘れられた。

　仮退院から半年、私は薬物所持、使用で逮捕された。逮捕されたとき、もうどうでもいい。明日のことさえもどうでもいいと思っていた。

　ただ、思い出すのは審判のときの母の涙だった。あの涙をもう一度流させてしまうと思うとつらい気持ちになった。

（4）私のセカンドチャンス

　留置場に入れられた私は体調不良がしばらく続き、検査の結果、妊娠していることがわかった。初めての妊娠である上、薬、逮捕と一度にたくさんのことが重なり、不安と心配で押しつぶされそうだった。

　母が少年鑑別所まで面会に来てくれ厳しい顔で私にこう言った。「赤ちゃんの命を守れるのは、お母さんになるあなただけなんだ。」

　母の言葉は私の中で命の大切さを気づかせてくれた言葉だった。「授かった大切な命を軽く受け流す人間にはなりたくない。」、「いま覚醒剤をやめることができなかったら今後やめるきっかけはない。」と考えるようになり、心から「私、変わりたい。」と思った。

　その後、再び審判を受け、試験観察になった。少年院を仮退院した後の保護観察中の再非行であったにもかかわらず、試験観察という判断が下された理由は、裁判官や家庭裁判所調査官が、私の可能性を信じてくれたからだ。「信じてくれる人を裏切ることはもうしたくない。」これが私のセカンドチャンスになった。

　大人になってから、「勉強がしたい。」、「知らないことを知りたい。」という思いが強くなり、高等学校卒業程度認定試験に合格し大学進学を決めた。大学では教員免許を取得して、現在は高等学校の教師をしている。私が学校の先生をしているなんて、一番驚いているのは自分自身だ。

　今の自分があるのは、これまでの人生、多くの人に助けてもらえたからだ。そして、再び犯罪することなくこられたのは、4人のこどもの存在が大きく影響している。心のブレーキとなった。

　私が、犯罪のない生活を送れているのは離脱というほど劇的なものではなく、人生の方向性が変わったことだと思っている。暴走族の総長だった頃は、真剣に真面目に総長をやっていた。今はこどもの成長の楽しみや自分の夢を叶えるためにまっすぐに生きている。それは昔と変わらないことだ。

　十代のときは、困ったこと、つらいことがあると、犯罪や非行という逃げ道しか知らなかったが、今は違う。私には、夢や希望があり、多くの理解者や仲間ができた。

（5）人は変われる、社会は変えられると伝えていきたい。

　私は、自分の経験を生かして、全国の少年院で講演等をしている。その活動で出会った少女たちとの交流を通じて、少年院に入院する少女たちの多くが、加害者であるだけでなく、虐待や貧困の被害者という側面を持ち合わせていることを知った。少年院での活動を始めてから、彼女たちが被害者にも加害者にもなることのない社会には何が必要なのかを考え続け、「社会はありのままの事実を知る必要がある」という答えを見付けた。その思いから、少年院の少女たちの姿を記録したドキュメンタリー映画を製作して、彼女たちの非行の背景を探り、社会への問題提起をした。

　私は、犯罪や非行とは縁のない社会の方々にも、犯罪や非行の背景にある事実を知ってほしいと考えている。そして、多くの人がその事実を知ることで、一度は犯罪や非行をしてしまったとしても、そうした人を受け入れられる社会が実現することを願っている。

事例4

40代男性

（1）私にとっての犯罪とは

　30歳を過ぎた頃、周囲の知人が覚醒剤を使用していたことをきっかけに、自分も興味を持って覚醒剤に手を出しました。職場と家を往復する生活が単調だと感じ、刺激を求めていたことに加え、将来に対する漠然とした不安を感じていたこともあり、覚醒剤で気分を晴らしたいと思いました。覚醒剤を使用すると、不安を感じることがなくなり、何度か使用しているうちに、警察に逮捕され、執行猶予付きの判決を受けました。

　その後、「また覚醒剤を使って捕まったら、次は実刑になって自由な生活を失う。」と考え、覚醒剤から距離を置いていました。その間に、協力雇用主[3]である建設会社で働き始めました。

　しかし、逮捕から1年ほど経つと、「捕まらなければ大丈夫だろう。」と考えるようになりました。また、当時は独身だったことから、「自分一人の人生だし、誰にも迷惑をかけないから覚醒剤を使ってもいいだろう。」と軽く考えて、再び覚醒剤を使用しました。この時は、仕事は安定しており、生活に不満を抱いていたわけでもなかったため、覚醒剤に手を出す大きな理由は思い当たらず、「魔が差した。」のだろうと感じています。

　覚醒剤の使用を再開すると、常に警察に捕まる不安がありました。そして、交通違反を摘発されたことで覚醒剤の使用も明らかとなり、警察に逮捕され、実刑判決を受けました。

（2）処分を受けて考えたこと

　刑務所では、建設機械科の職業訓練を受講しました。職業訓練の内容は、建設機械の運転免許の取得に向けた訓練、測量や土木施工技術の習得というもので大変充実していました。その分、職業訓練の内容の予習・復習や資格取得のための勉強は、とても大変でした。私は、学生時代、勉強を怠けがちだったため、集中して勉強するという経験は初めてでした。また、私と共に6名の訓練生が建設機械科を受講しており、7名で互いに励まし合い、協力し合って職業訓練を受けたことは、学生時代に経験できなかった部活動のようだと思いました。職業訓練の結果、7種類の建設機械の運転免許を取得することができ、それらの資格は、出所後の仕事に大いに役立ちました。職業訓練を受講していた半年間は、私の人生において、目標に向かって努力した貴重な時間であったと感じています。

　また、刑務所に入所後、前述の建設会社の社長が面会に来て、「出所したら会社に戻って来い。」と言ってくれました。出所後の仕事のめどが立って安心したことに加え、社会で待っていてくれる人がいると思うと、職業訓練に一層身が入りました。

　職業訓練修了後の刑務作業では、真面目に取り組んでいると、やがて刑務官から信頼されるようになり、重要な立場を任されることが増え、責任感が養われました。

　刑務所には二度と入りたくないですが、刑務所に入ったことで、仕事に役立つ資格を取得できたことはもちろん、内面的に成長するとともに、自分を変えることができ、再犯しない決意が固まったと感じています。

（3）非行からの離脱過程における転換点

　出所後は前述の建設会社で再び働くことに決め、同社の社長に身元引受人となることを快諾してもらいました。出所後の生活環境が整ったこともあり、仮釈放が決まりました。

　仮釈放によって刑務所を出所した後、予定どおり仕事を始めました。しかし、仕事に対する気合が入りすぎて、自分が正しいと考える方法を周囲に押し付け、反発を招くなど、仕事仲間との関係を上

※3　協力雇用主
　　　【施策番号1、2】参照。

手に築くことができませんでした。社長に状況を相談すると、私の仕事の方法を受け入れつつも、それぞれの方法があり、周囲の仲間の仕事の方法も認めるように助言をもらいました。私も、社長の助言に納得していましたが、どうしても行動に移すことができず、独り善がりな振る舞いを続けていました。

　私には、困難な事態に直面すると、全てを投げ出してしまう癖があり、このときはお酒に逃げてしまいました。仕事が終わるとお酒を飲んで泥酔し、翌日の仕事に穴を空けてしまうこともありました。

　葛藤を繰り返す中で、自分の考えに固執することをやめ、肩の力を抜いてみることにしました。このように行動に移せたことは、私にとって一つの転換点であったと思います。その結果、周囲との関係が改善し、現在は、建設工事に加えて、新入社員の教育を担当しています。後輩社員から相談を持ち掛けられることもあり、会社に必要とされ、自分の存在意義を見いだすことができています。

　また、同じ頃、職場で知り合った女性と結婚し、私生活においても転換点がありました。妻も過去に犯罪をして処分を受けており、結婚が、夫婦二人で社会復帰に向けて協力するための絆となりました。

（4）離脱を果たして考えること

　当たり前のことを当たり前に実行する姿勢は、立ち直りのために大切なことだと思います。「当たり前のことを当たり前に」は、刑務所で刑務官から度々言われた言葉です。例えば、出所後の私の仕事であれば、ヘルメットをかぶる、火気厳禁の場所でたばこを吸わないといったことが挙げられます。それぞれの行動は小さなことですが、継続して行うことで大きな成果となりますし、一つ一つを地道に行うことができれば、社会復帰は難しいものではないと今は思います。

　また、刑務所在所中から出所後の就職先が決まっていたことも立ち直りの重要なポイントでした。生活資金のめどが立っていたことや、社員寮への入居により衣食住が保障されていたことで、出所後の生活に関する不安が軽減され、落ち着いて新しい生活を送ることができました。

　さらに、保護観察中に受講した薬物再乱用防止プログラムは薬物依存からの離脱に有効でした。当初は、プログラムの受講のために仕事を休むことに抵抗感があり、加えて、普段は忘れて生活している薬物について、受講の度に考えなければならず、逆効果だと思っていました。しかし、長く続けていると、しっかりとプログラムの内容が身に付いており、日常生活の中で薬物のことを思い出したときに、自然とプログラムで学んだ対処法を実践している自分に気付き、効果を実感しました。

（5）犯罪・非行からの離脱途上にある人や、再犯防止を支える人へのメッセージ

　刑務所から出所すると、時間を逆行して刑務所に入所する前に戻りたいと考える人が多くいますが、私は、出所した時点がスタートで、その時点から人生をやり直すことで社会復帰ができると考えています。出所した時点では、立ち直る決意が固まっていない人でも、立ち直ろうと思い立った時点から、人生をやり直すことができます。

　人生をやり直したいと思ったら、周囲の人に相談してみてください。相談することを恥ずかしいと感じたり、相談しても取り合ってもらえないかもしれないという不安を抱いたりする気持ちもよく分かりますが、実際には、相談を邪険に扱う人はほとんどいませんし、多くの人が快く相談に乗ってくれます。

　多くの人に助けられ、私は、今でも出所後から変わらず同じ会社で建設工事の仕事をしています。大きな建物の工事に携わることも多く、自分が関わった建物が地図に載ると達成感を得られるので、自分の仕事に誇りを持っています。どんな人も、変わりたいと思って変わろうとしている自分は、もう変わっていると信じ、社会復帰に向けて歩んでほしいと願っています。

支える人の視点から

株式会社SHIROコーポレーション　代表取締役社長　高橋　政志

　当社は、協力雇用主として登録したり、職親プロジェクト[※4]に参加したりするなど、刑務所出所者等を積極的に雇用しています。同プロジェクトはもとより、更生と社会復帰を目指す応募者を採用した場合は、その全てのケースで私が身元引受人となり、社員寮等を用意し、刑務所出所後の当面の生活を安心して送ることができるように衣食住を整えて、立ち直りをサポートしています。

　立ち直りを支える際に、私が大切にしているのは、彼ら・彼女らに家族同然に寄り添い、無償の愛を注ぐことです。会社として刑務所出所者等の雇用を始めた当初、彼ら・彼女らと話すと、愛情を求めている人が多いことに気付き、社長である私が親代わりになって見守ろうと考えるようになりました。犯罪や非行から離脱する過程には、悩みやつらいことがありますが、家族である彼ら・彼女らがどのような状況にあっても、決して見捨てず、温かく受け入れています。

　事例4の社員は、刑務所からの出所直後、やる気が空回りしていました。刑務所で考えていたことを、社会で行動に移そうとしても、刑務所の中と社会の落差が大きく、思いどおりにならなかったことが原因です。

　この出来事から、出所した人が出所直後に抱く戸惑いを軽減させるためには、刑務所が釈放前の指導をより充実させることが必要だと感じました。社会に近い環境で、出所後の生活に向けた準備が十分にできれば、出所する人も、出迎える人も安心することができます。

　例えば、一部の少年院では、少年が少年院在院中に出院後の就職内定を得た場合、少年院の職員に付き添ってもらいながら、職場体験や社員寮の見学を実施しています。実際に、自分が働く現場や住む場所を見て体験することで、出院後の生活のイメージが湧きやすくなるようです。このように、矯正施設に在所しながらも、社会に近い環境で過ごすことで、スムーズな社会復帰が可能となり、結果的に、非行や犯罪からの離脱が進むはずだと私は考えています。

※4　職親プロジェクト
　　　【施策番号18】参照。

第3節　犯罪や非行からの離脱の要因

　第2節では、4名の当事者について、犯罪・非行の背景や離脱の過程を掲載した。それぞれの当事者が犯罪や非行に至った背景は異なっており、離脱する過程も千差万別である一方で、4名の当事者の語りの中には、共通点を見いだすこともできる。本節では、再犯防止施策の推進に活用するという観点から、その共通点を整理し、離脱の要因について分析する。

　なお、犯罪や非行からの離脱は、ある日突然、劇的に起こるものではなく、段階的・長期的な変化の過程といえることから、分析に当たっては、立ち直りに向けた変化の過程に沿って共通点を整理した。

1　立ち直りへの動機

　事例1では、非行によって保護観察処分を受けた後、仕事で知識不足を痛感した出来事を契機に、仕事ができるようになりたいと考え、定時制高校へ入学したことが語られている。**事例2**では、非行によって少年院に入院し、入院している期間を無駄にして過ごすのはもったいないと考えたことや、自分が社会に通用するのか試してみたいと考えたことを契機に、勉強を始めたことが語られている。**事例3**では、再非行と同時期に妊娠が判明し、母親の言葉から命の大切さに気付いたことを契機に、心から「私、変わりたい。」と思ったことが語られている。**事例4**では、刑務所において職業訓練を受講している際、逮捕前に勤務していた会社への復帰が決まったことを契機に、出所後の就労に向け、より一層職業訓練に励んだことが語られている。

　各事例からは、何らかの契機によって、「過去の自分を変えて人生をやり直したい」と考え、立ち直りに向けて進み始めたことが共通して見いだせる。以上から、立ち直りへの動機があることが、犯罪や非行から離脱することができた要因の1つであると考えられる。

2　衣食住の確保と仕事・学業の安定

　事例1では、非行に及んでいた当事者としての経験や現在の保護司活動を通じて、犯罪や非行から離脱するためには、衣食住と仕事・学業の安定が不可欠という考え方が示されている。**事例2**では大学受験をできる環境、つまり、衣食住と学業に打ち込むことができる環境が整っていたことが読み取れる。**事例3**では、二度目の審判の結果が試験観察であったことが語られており、審判の後は保護者等適切な監護者の下で衣食住が確保された生活をしたことが分かる上、その後、学業に打ち込むことができる環境にあったことがうかがえる。**事例4**では、刑務所在所中から、協力雇用主の下への就職と社員寮への入居が決まっていたことで、出所後の生活への不安が軽減され、落ち着いて新しい生活を送ることができたと語られている。

　各事例からは、衣食住に不安がなく、仕事や学業中心の安定した生活ができる環境にあったことが共通して見いだせる。以上から、衣食住の確保と仕事・学業の安定が、犯罪や非行から離脱することができた要因の1つであることが考えられる。

3　良好な人間関係の構築

　事例1では、資格試験のときに、支えてくれる人の存在が大きな力となったことが示すように、職場の先輩や高校の先生の伴走的な関わりによって、徐々に本人の価値観や考え方が変容していったことが読み取れる。**事例2**では、学習支援のスタッフが、非行をした事実を知った上で受け入れてくれたことから、ありのままの自分として振る舞うことができ、立ち直りの過程において大きな心の支えとなったことが語られている。**事例3**では、現在の自分があるのは、これまで多くの人に助けられたからだと語られている。**事例4**では、本人が仕事で悩みを抱えた際に協力雇用主の社長が親身になっ

て相談に乗り、家族同然にサポートをし、そのことが離職や再犯といった望ましくない行動を防ぐための大きな力となったことがうかがえる。

　各事例からは、立ち直りに向かう本人が健全な人間関係に支えられ、犯罪や非行から距離を置いたり、価値観や考え方を変容させたりする過程を共通して見いだせる。以上から、良好な人間関係の構築が、犯罪や非行から離脱することができた要因の1つであると考えられる。

4　自己肯定感及び自己有用感の形成

　事例1では、「他人はできても、自分には無理だろう。」と諦めてしまう癖があったものの、定時制高校において手厚い指導を受けて進級したことや、資格試験に最後まで向き合ったことで、小さな成功体験を積み重ね、「やればできる。」という考え方を持つようになっている。**事例2**では、自分が社会に通用するのか確かめたいと考えたことなどをきっかけに勉強を始め、少年院在院中に高等学校卒業程度認定試験に合格し、出院後にも勉強を続けて大学に進学するなど成功体験を重ね、自己有用感の向上につながっている。**事例3**では、審判で関わった家庭裁判所の裁判官や調査官が更生の可能性を信じてくれたことで、「自分を信じてくれる人を裏切ることはもうしたくない。」と考えるようになっており、その経験を立ち直りの過程におけるポイントとして挙げている。**事例4**では、社会で待ってくれている人がいること、刑務作業に真面目に取り組み信頼を得て、重要な立場を任されるようになったことが立ち直りを支える要因となったことが語られている。

　各事例から、良好な人間関係を基盤とした成功体験の積み重ねや他者に肯定的に評価され、受け入れられているという実感は、立ち直りに向けた過程に数多く存在するであろう困難を乗り越えるための原動力となっていることが共通して見いだせる。以上から、自己有用感や自己肯定感が犯罪や非行から離脱することができた要因の1つであると考えられる。

　なお、「青少年の立ち直り（デシスタンス）に関する研究」（法務総合研究所、2018）は、少年院出院者を対象として実施した調査の結果を基に、少年院出院後に立ち直った者（以下「デシスタンス群」という。）の特徴を、少年院に再入院した者及び一般青少年との比較から考察しており、「デシスタンス群は、再入院群と比べて、自己肯定感が強く、自己の行動によって物事の結果を変えることができると信じており、自分の行動を制御する力が高い」ことを明らかにしている[5]。

※5　法務省法務総合研究所（2018）。研究部報告58　青少年の立ち直り（デシスタンス）に関する研究、80-81。
　　https://www.moj.go.jp/housouken/housouken03_00096.html

第4節　おわりに

　本特集では、４名の当事者の語りを掲載し、社会復帰を果たした者等が犯罪や非行から離脱することができた要因を分析した。その結果、

　（1）立ち直りへの動機

　（2）衣食住の確保と仕事・学業の安定

　（3）良好な人間関係の構築

　（4）自己肯定感及び自己有用感の形成

が共通項として浮かび上がってきた。

　犯罪や非行からの離脱の過程は、当事者によって様々であり、一定の傾向を見いだすためには、更に多くの当事者の語りを分析する必要がある。今後、【施策番号93】に則り、そうした分析を進めるとともに、犯罪や非行から離脱をした当事者等に効果的な取組の在り方に関する検討にも積極的に関与いただくなどして、再犯防止施策の一層の推進を図っていくこととしたい。

第1章

夏色

再犯防止をめぐる近年の動向

2016年（平成28年）12月に、再犯の防止等の推進に関する法律（平成28年法律第104号。以下「推進法」という。）が成立し、施行されたことを受け、政府は、2017年（平成29年）12月、2018年度（平成30年度）から2022年度（令和4年度）末までの5年間を計画期間とする、第一次の「再犯防止推進計画」（以下「第一次計画」という。）を閣議決定した。

推進法と第一次計画により、刑事司法関係機関を中心として進められてきた再犯防止の取組は、国・地方公共団体・民間協力者等が一体となって取り組むべき施策へと発展した。

政府は、第一次計画等に基づき、例えば、満期釈放者対策の充実強化、地方公共団体との連携強化、民間協力者の活動の促進等、様々な取組を進めてきた。そうした様々な取組の結果、例えば、出所等年を含む2年間[※1]において刑務所等に再入所等する者の割合（以下「2年以内再入率」という。）を、2021年（令和3年）までに16％以下にするとの政府目標[※2]を、2019年（令和元年）出所者で達成するなど（【指標番号3】参照）、再犯防止の取組は着実に成果を積み上げてきた。

しかし、第一次計画による取組によっても、刑法犯による検挙者に占める再犯者の割合（以下「再犯者率」という。）は、依然として50％近くで高止まりしていること等を受け、第一次計画による取組を検証し今後の課題を整理した。その結果、「個々の支援対象者に十分な動機付けを行い、自ら立ち直ろうとする意識を涵養した上で、それぞれが抱える課題に応じた指導・支援を充実させていく必要があること」、「支援を必要とする者が支援にアクセスできるよう、支援を必要とする者のアクセシビリティ（アクセスの容易性）を高めていく必要があること」、「地方公共団体における再犯の防止等に向けた取組をより一層推進するため、国と地方公共団体がそれぞれ果たすべき役割を明示するとともに、国、地方公共団体、民間協力者等の連携を一層強化していく必要があること」などの課題が確認された。

以上を踏まえ、国・地方公共団体・民間協力者等の連携が進み、より機能し始めた再犯防止の取組を更に深化させ、推進していくために、政府は、2023年（令和5年）3月、「第二次再犯防止推進計画」（以下「第二次計画」という。）を閣議決定した。第二次計画においては、第一次計画の重点課題を踏まえつつ、第二次計画の策定に向けた基本的な方向性[※3]に沿って、以下の7つの事項を重点課題とした。

① 就労・住居の確保等
② 保健医療・福祉サービスの利用の促進等
③ 学校等と連携した修学支援の実施等

※1 出所等年を含む2年間
　　出所等した年の翌年の年末まで
※2 「再犯防止に向けた総合対策」における数値目標（「再犯防止に向けた総合対策」（平成24年7月20日犯罪対策閣僚会議決定））
　　過去5年（2006年（平成18年）から2010年（平成22年））における2年以内再入率の平均値（刑務所については20％、少年院については11％）を基準として、これを2021年（令和3年）までに20％以上減少させるというもの。出所受刑者の2年以内再入率については、2020年（令和2年）出所者について16％以下にすることが数値目標となる。
※3 第二次計画策定に向けた基本的な方向性
　　① 犯罪をした者等が地域社会の中で孤立することなく、生活の安定が図られるよう、個々の対象者の主体性を尊重し、それぞれが抱える課題に応じた"息の長い"支援を実現すること。
　　② 就労や住居の確保のための支援をより一層強化することに加え、犯罪をした者等への支援の実効性を高めるための相談拠点及び民間協力者を含めた地域の支援連携（ネットワーク）拠点を構築すること。
　　③ 国と地方公共団体との役割分担を踏まえ、地方公共団体の主体的かつ積極的な取組を促進するとともに、国・地方公共団体・民間協力者等の連携を更に強固にすること。

④　犯罪をした者等の特性に応じた効果的な指導の実施等

⑤　民間協力者の活動の促進等

⑥　地域による包摂の推進

⑦　再犯防止に向けた基盤の整備等

　以上の重点課題は、基本的には第一次計画の重点課題を踏襲しているが、第一次計画の重点課題であった「地方公共団体との連携強化等」については、犯罪をした者等が地域社会の一員として、地域のセーフティネットの中に包摂され、地域社会に立ち戻っていくことこそが重要であることを踏まえ、第二次計画においては、「地域による包摂の推進」に変更した。また、第一次計画の重点課題であった「関係機関の人的・物的体制の整備等」については、施策の効果検証や広報・啓発活動の推進といった施策と一体のものとして、第二次計画においては、「再犯防止に向けた基盤の整備等」に変更した。

　第二次計画では、上記の7つの重点課題に対し、96の施策を盛り込んでおり、計画期間である2023年度（令和5年度）から2027年度（令和9年度）末までの5年間、政府は、同計画に基づき、再犯防止施策の更なる推進を図っていくこととなる。

第2節　再犯の防止等に関する施策の成果指標

1　刑法犯検挙者中の再犯者数及び再犯者率【指標番号1】

（平成15年〜令和4年）

年　次	刑法犯検挙者数	刑法犯再犯者数	刑法犯再犯者率
平成15年	379,602	135,295	35.6
16	389,027	138,997	35.7
17	386,955	143,545	37.1
18	384,250	149,164	38.8
19	365,577	145,052	39.7
20	339,752	140,939	41.5
21	332,888	140,431	42.2
22	322,620	137,614	42.7
23	305,631	133,724	43.8
24	287,021	130,077	45.3
25	262,486	122,638	46.7
26	251,115	118,381	47.1
27	239,355	114,944	48.0
28	226,376	110,306	48.7
29	215,003	104,774	48.7
30	206,094	100,601	48.8
令和元年	192,607	93,967	48.8
2	182,582	89,667	49.1
3	175,041	85,032	48.6
4	169,409	81,183	47.9

注　1　警察庁・犯罪統計による。
　　2　「刑法犯再犯者」は、刑法犯により検挙された者のうち、前に道路交通法違反を除く犯罪により検挙されたことがあり、再び検挙された者をいう。
　　3　「刑法犯再犯者率」は、刑法犯検挙者数に占める刑法犯再犯者数の割合をいう。

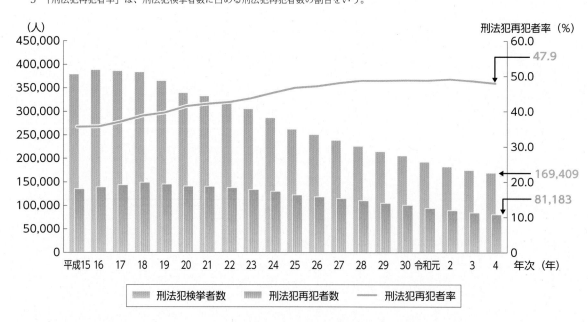

刑法犯検挙者中の刑法犯再犯者数は、2007年（平成19年）以降、毎年減少しており、2022年（令和4年）は8万1,183人であった。

刑法犯再犯者率は、初犯者数が大幅に減少していることもあり、1997年（平成9年）以降上昇傾向にあったが、2021年（令和3年）からは減少に転じ、2022年（令和4年）は、47.9％と前年

（48.6%）よりも0.7ポイント減少した。

参考　特別法犯検挙者中の再犯者数及び再犯者率

（平成30年～令和4年）

年　次	特別法犯検挙者数	特別法犯再犯者数	特別法犯再犯者率
平成30年	62,894	27,070	43.0
令和元年	61,814	25,818	41.8
2	61,345	25,758	42.0
3	58,156	24,594	42.3
4	55,639	22,457	40.4

注　1　警察庁・犯罪統計による。
　　2　「特別法犯再犯者」は、交通法令違反を除く特別法犯により検挙された者のうち、前に道路交通法違反を除く犯罪により検挙されたことがあり、再び検挙された者をいう。
　　3　「特別法犯再犯者率」は、特別法犯検挙者数に占める特別法犯再犯者数の割合をいう。

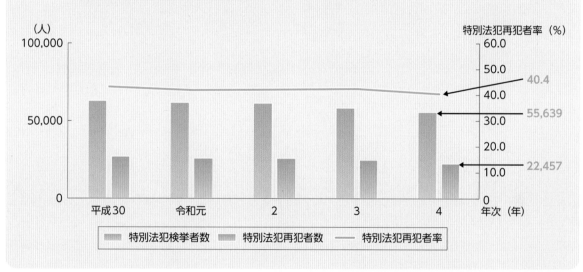

２　新受刑者中の再入者数及び再入者率【指標番号2】

(平成30年〜令和4年)

年　次	新受刑者数	再入者数	再入者率
平成30年	18,272	10,902	59.7
令和元年	17,464	10,187	58.3
2	16,620	9,640	58.0
3	16,152	9,203	57.0
4	14,460	8,180	56.6

注　1　法務省・矯正統計年報による。
　　2　「新受刑者」は、裁判が確定し、その執行を受けるため、各年中に新たに入所した受刑者などをいう。
　　3　「再入者」は、受刑のため刑事施設に入所するのが2度以上の者をいう。
　　4　「再入者率」は、新受刑者数に占める再入者数の割合をいう。

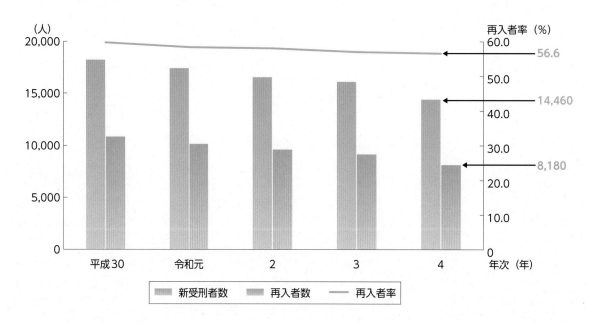

新受刑者中の再入者数は、刑法犯検挙者中の再犯者数と同様、近年減少傾向にあり、2022年（令和4年）は8,180人であった。

再入者率は、近年58〜59％台で推移していたところ、2022年（令和4年）は56.6％と前年（57.0％）よりも0.4ポイント減少した。

3　出所受刑者の2年以内再入者数及び2年以内再入率【指標番号3】

(平成15年～令和3年)

年　次 (出所年)	出所受刑 者数	うち満期釈放 等出所受刑者	うち仮釈放 出所受刑者	2年以内 再入者数		うち満期釈放等 出所受刑者		うち仮釈放 出所受刑者	
平成15年	28,170	12,386	15,784	5,835	(20.7)	3,903	(31.5)	1,932	(12.2)
16	29,526	12,836	16,690	6,236	(21.1)	4,155	(32.4)	2,081	(12.5)
17	30,025	13,605	16,420	6,519	(21.7)	4,434	(32.6)	2,085	(12.7)
18	30,584	14,503	16,081	6,380	(20.9)	4,536	(31.3)	1,844	(11.5)
19	31,297	15,465	15,832	6,409	(20.5)	4,661	(30.1)	1,748	(11.0)
20	31,632	15,792	15,840	6,372	(20.1)	4,687	(29.7)	1,685	(10.6)
21	30,178	15,324	14,854	6,044	(20.0)	4,424	(28.9)	1,620	(10.9)
22	29,446	14,975	14,471	5,649	(19.2)	4,140	(27.6)	1,509	(10.4)
23	28,558	13,938	14,620	5,533	(19.4)	3,944	(28.3)	1,589	(10.9)
24	27,463	12,763	14,700	5,100	(18.6)	3,487	(27.3)	1,613	(11.0)
25	26,510	11,887	14,623	4,804	(18.1)	3,173	(26.7)	1,631	(11.2)
26	24,651	10,726	13,925	4,569	(18.5)	2,928	(27.3)	1,641	(11.8)
27	23,523	9,953	13,570	4,225	(18.0)	2,709	(27.2)	1,516	(11.2)
28	22,909	9,649	13,260	3,971	(17.3)	2,470	(25.6)	1,501	(11.3)
29	21,998	9,238	12,760	3,712	(16.9)	2,348	(25.4)	1,364	(10.7)
30	21,032	8,733	12,299	3,396	(16.1)	2,114	(24.2)	1,282	(10.4)
令和元年	19,953	8,313	11,640	3,125	(15.7)	1,936	(23.3)	1,189	(10.2)
2	18,923	7,728	11,195	2,863	(15.1)	1,749	(22.6)	1,114	(10.0)
3	17,793	6,963	10,830	2,515	(14.1)	1,504	(21.6)	1,011	(9.3)

注　1　法務省・矯正統計年報による。
　　2　前刑出所後の犯罪により再入所した者で、かつ、前刑出所事由が満期釈放等又は仮釈放の者を計上している。
　　　　なお、「満期釈放等」は、出所受刑者の出所事由のうち、満期釈放及び一部執行猶予の実刑部分の刑期終了をいう。
　　3　「2年以内再入者数」は、各年の出所受刑者のうち、出所年を1年目として、2年目（翌年）の年末までに再入所した者の人員をいう。
　　4　（　）内は、各年の出所受刑者数に占める2年以内再入者数の割合である。

指標番号3-1　出所受刑者の2年以内再入者数の推移

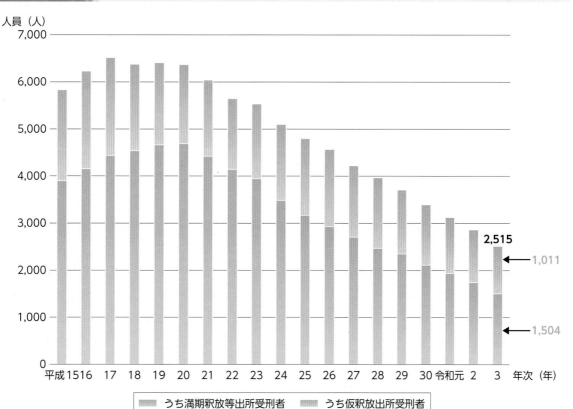

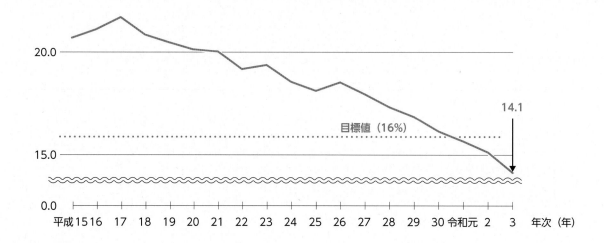

指標番号3-2-1　出所受刑者の2年以内再入率の推移

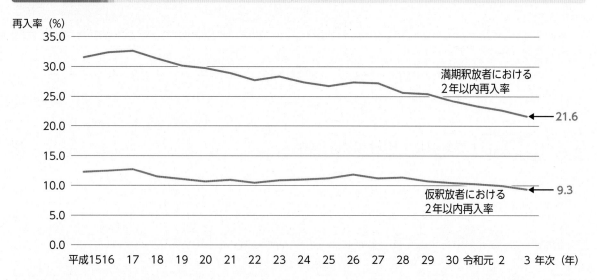

指標番号3-2-2　出所受刑者の2年以内再入率の推移（出所事由別）

　出所受刑者の2年以内再入者数は、2008年（平成20年）以降、毎年減少しており、2021年（令和3年）出所者では2,515人と、近年2年以内再入者数が最も多かった2005年（平成17年）出所者（6,519人）と比べて2分の1以下であった。満期釈放者の再入者数については、「再犯防止推進計画加速化プラン」（令和元年12月23日犯罪対策閣僚会議決定）において、2022年（令和4年）までに2,000人以下とするという数値目標※4を設定していたところ、2019年（令和元年）の満期釈放者の再入者数は1,936人となって当該目標を達成し、2021年（令和3年）では、更に1,504人まで減少した。

　また、出所受刑者の2年以内再入率については、「再犯防止に向けた総合対策」（平成24年7月20日犯罪対策閣僚会議決定）において、2021年（令和3年）までに16%以下にするとの数値目標を設定しているところ、2019年（令和元年）出所者では15.7%となって当該目標を達成し、2021年（令

※4　「再犯防止推進計画加速化プラン」における数値目標
　　過去5年（2013年（平成25年）から2017年（平成29年）まで）における満期釈放者の2年以内再入者数の平均（2,726人）を基準として、これを2022年（令和4年）までに、その2割以上を減少させ、2,000人以下とするもの。

和3年）出所者では、更に14.1％まで減少した。なお、いずれの出所年においても、満期釈放者[※5]の2年以内再入率は、仮釈放者のそれよりも高く、2021年（令和3年）は、仮釈放者の2年以内再入率が9.3％であるのに対し、満期釈放者の2年以内再入率は21.6％であった。

4　主な罪名（覚醒剤取締法違反、性犯罪（強制性交等・強姦・強制わいせつ）、傷害・暴行、窃盗）・特性（高齢（65歳以上）、女性、少年）別2年以内再入率【指標番号4】

罪名別（覚醒剤取締法違反、性犯罪、傷害・暴行、窃盗）　　　　　（平成29年～令和3年）

| 年次
（出所年） | 覚醒剤取締法 | | 性犯罪 | | 傷害・暴行 | | 窃盗 | |
	出所 受刑者数	2年以内 再入者数	出所 受刑者数	2年以内 再入者数	出所 受刑者数	2年以内 再入者数	出所 受刑者数	2年以内 再入者数
平成29年	6,134	1,061（17.3）	643	53（8.2）	1,065	164（15.4）	7,265	1,663（22.9）
30	5,982	957（16.0）	653	55（8.4）	1,057	176（16.7）	6,770	1,477（21.8）
令和元年	5,367	846（15.8）	630	40（6.3）	955	146（15.3）	6,663	1,450（21.8）
2	5,008	776（15.5）	536	27（5.0）	943	116（12.3）	6,441	1,290（20.0）
3	4,531	581（12.8）	461	38（8.2）	815	114（14.0）	6,193	1,226（19.8）

特性別（高齢、女性）　　　　　（平成29年～令和3年）

| 年次
（出所年） | 高齢（65歳以上） | | 女性 | |
	出所 受刑者数	2年以内 再入者数	出所 受刑者数	2年以内 再入者数
平成29年	2,910	650（22.3）	2,195	260（11.8）
30	2,781	566（20.4）	2,046	239（11.7）
令和元年	2,762	549（19.9）	1,886	214（11.3）
2	2,692	557（20.7）	1,892	208（11.0）
3	2,636	518（19.7）	1,711	207（12.1）

注　1　法務省調査による。
　　2　前刑出所後の犯罪により再入所した者で、かつ、前刑出所事由が満期釈放等又は仮釈放の者を計上している。
　　　　なお、「満期釈放等」は、出所受刑者の出所事由のうち、満期釈放及び一部執行猶予の実刑部分の刑期終了をいう。
　　3　特性別（高齢）の年齢については、前刑出所時の年齢による。再入者の前刑出所時年齢は、再入所時の年齢及び前刑出所年から算出した推計値である。
　　4　「2年以内再入者数」は、各年の出所受刑者のうち、出所年を1年目として、2年目（翌年）の年末までに再入所した者の人員をいう。
　　5　（　）内は、各年の出所受刑者数に占める2年以内再入者数の割合である。
　　6　「性犯罪」は、強制性交等・強姦・強制わいせつ（いずれも同致死傷を含む。）をいう。
　　7　「傷害」は、傷害致死を含む。

※5　本章において、「満期釈放」は、出所受刑者の出所事由のうち、満期釈放及び一部執行猶予の実刑部分の刑期終了をいい、「満期釈放者」は、満期釈放及び一部執行猶予の実刑部分の刑期終了により刑事施設を出所した者をいう。

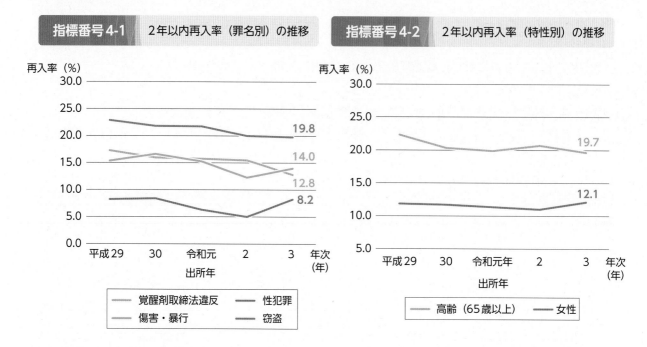

指標番号4-1　2年以内再入率（罪名別）の推移

覚醒剤取締法違反
傷害・暴行
性犯罪
窃盗

指標番号4-2　2年以内再入率（特性別）の推移

高齢（65歳以上）　女性

少年院出院者2年以内再入院率
特性別（少年）

（平成29年～令和3年）

年次 （出院年）	出院者数	2年以内再入院者数	
平成29年	2,475	245	(9.9)
30	2,156	210	(9.7)
令和元年	2,065	208	(10.1)
2	1,698	152	(9.0)
3	1,567	121	(7.7)

注　1　法務省調査による。
　　2　「2年以内再入院者数」は、各年の少年院出院者のうち、出院年を1年目として、2年目（翌年）の年末までに新たな少年院送致の決定により再入院した者の人員をいう。
　　3　（　）内は、各年の少年院出院者数に占める再入院者数の割合である。

指標番号4-3　少年院出院者の2年以内再入院率の推移

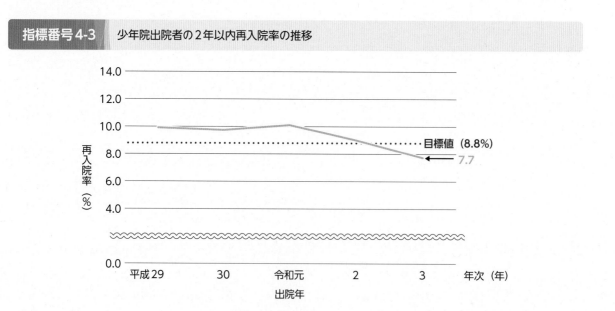

　2021年（令和3年）出所者の2年以内再入率について、主な罪名・特性別で見ると、「窃盗」（19.8%）、「高齢（65歳以上）」（19.7%）が全体（14.1%）よりも高くなっている。
　また、2021年（令和3年）出所者の2年以内再入率は、2020年（令和2年）出所者と比べて、「覚醒剤取締法違反」（2.7ポイント減）、「窃盗」（0.2ポイント減）、「高齢」（1.0ポイント減）が低下

した一方、「性犯罪」（3.2ポイント増）、「傷害・暴行」（1.7ポイント増）、「女性」（1.1ポイント増）
は上昇している。

　一方、少年院出院者の2年以内再入院率については、「再犯防止に向けた総合対策」（平成24年7
月20日犯罪対策閣僚会議決定）において、2021年（令和3年）までに8.8％以下にするとの数値目
標を設定していたところ、2021年（令和3年）出院者の2年以内再入院者数は121人、2年以内再
入院率は7.7％となって当該目標を達成した。

第3節　再犯の防止等に関する施策の動向を把握するための参考指標

1　就労・住居の確保等関係

（1）刑務所出所者等総合的就労支援対策の対象者のうち、就職した者の数及びその割合【指標番号5】

（平成30年度～令和4年度）

年　度	支援対象者数	うち矯正施設在所者	うち保護観察対象者等	就職件数	うち矯正施設在所者	うち保護観察対象者等	割　合
平成30年度	7,690	4,593	3,097	3,521	1,264	2,257	45.8
令和元年度	7,411	4,355	3,056	3,722	1,498	2,224	50.2
2	6,947	4,056	2,891	3,194	1,156	2,038	46.0
3	6,221	3,745	2,476	3,130	1,167	1,963	50.3
4	6,219	3,829	2,390	3,004	1,254	1,750	48.3

注　1　厚生労働省調査による。
　　2　「支援対象者数」は、矯正施設又は保護観察所からハローワークに対して協力依頼がなされ、支援を開始した者の数を計上している。
　　3　「割合」は、「支援対象者数」における「就職件数」の割合をいう。

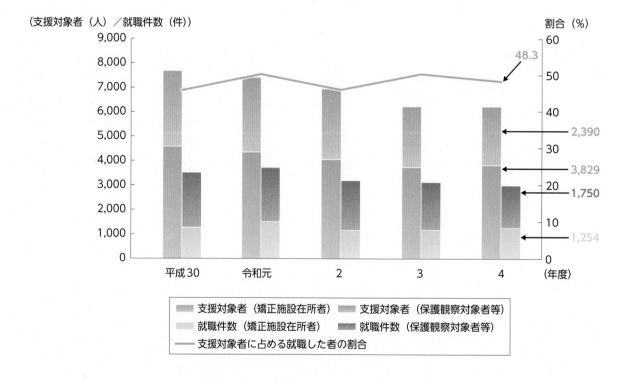

（支援対象者（人）／就職件数（件））　　　　　　　　　割合（%）

凡例：
支援対象者（矯正施設在所者）　　支援対象者（保護観察対象者等）
就職件数（矯正施設在所者）　　就職件数（保護観察対象者等）
支援対象者に占める就職した者の割合

　刑務所出所者等総合的就労支援対策（【施策番号5ア】参照）においては、出所受刑者数が近年減少している中、一定数の支援対象者数を確保し続けている。支援対象者のうち、就職した者の数（就職件数）は、2011年度（平成23年度）以降増加傾向にあったが、新型コロナウイルス感染症の感染が拡大した2020年度（令和2年度）からは減少に転じ、2022年度（令和4年度）は3,004件であった。また、就職した者の割合は、2022年度（令和4年度）は48.3%と前年度（50.3%）よりも2.0ポイント減少した。

（2）協力雇用主数、実際に雇用している協力雇用主数及び協力雇用主に雇用されている刑務所出所
　　者等数【指標番号6】

（平成31年～令和4年）

年　次	協力雇用主数	実際に雇用している協力雇用主数	雇用されている刑務所出所者等数
平成31年	22,472	945	1,473
令和元年	23,316	1,556	2,231
2	24,213	1,391	1,959
3	24,665	1,208	1,667
4	25,202	1,024	1,384

注　1　法務省調査による。
　　2　平成31年は、4月1日現在の数値である。
　　3　令和元年からは、10月1日現在の数値である。
　　4　「刑務所出所者等」は、少年院出院者及び保護観察対象者などを含む。

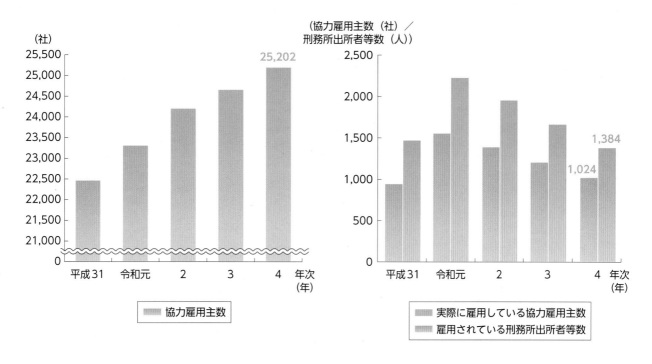

　協力雇用主数は、近年増加傾向にあり、2022年（令和4年）10月1日現在、2万5,202社であっ
た。実際に刑務所出所者等を雇用している協力雇用主数については、「宣言：犯罪に戻らない・戻さ
ない」（平成26年12月16日犯罪対策閣僚会議決定）において、2020年（令和2年）までに約1,500
社にまで増加させるとの数値目標が設定されていたところ、2019年（令和元年）に1,556社と目標
を達成した。しかし、新型コロナウイルス感染症の感染が拡大した2020年（令和2年）以降は減少
傾向にあり、2022年（令和4年）は1,024社と前年（1,208社）より減少した。また、協力雇用主
に雇用されている刑務所出所者等数についても、2020年（令和2年）以降は減少傾向にあり、2022
年（令和4年）は1,384人と前年（1,667人）より減少した。

（3）保護観察終了時に無職である者の数及びその割合【指標番号7】

（平成30年〜令和4年）

年　　次	保護観察終了者（総数）	職業不詳の者	無職である者
平成30年	27,994	681	5,779　（21.2）
令和元年	26,183	619	5,444　（21.3）
2	24,844	517	6,075　（25.0）
3	24,075	473	5,653　（24.0）
4	22,915	448	5,534　（24.6）

注　1　法務省・保護統計年報による。
　　2　「無職である者」は、各年に保護観察を終了した者のうち、終了時職業が無職である者から、定収入のある者、学生・生徒及び家事
　　　従事者を除いて計上している。
　　3　（　）内は、職業不詳の者を除く保護観察終了者に占める「無職である者」の割合である。
　　4　交通短期保護観察の対象者、更生指導の対象者及び婦人補導院仮退院者を除く。

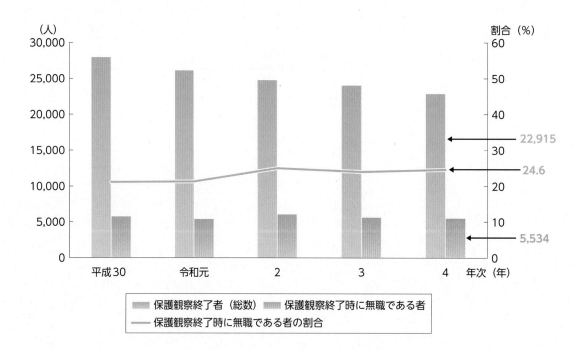

保護観察終了時に無職である者の数は、2022年（令和4年）は前年（5,653人）より減少して
5,534人であった。その割合は、保護観察終了者数（総数）自体が減少していることもあり、2019
年（令和元年）までは21〜22％台で推移していたところ、新型コロナウイルス感染症の感染が拡大
した2020年（令和2年）に大きく増加し、2022年（令和4年）は24.6％であった。

（4）刑務所出所時に帰住先がない者の数及びその割合【指標番号8】

（平成30年〜令和4年）

年　　次	刑務所出所者総数	帰住先がない者
平成30年	21,060	3,628　（17.2）
令和元年	19,993	3,380　（16.9）
2	18,931	3,266　（17.3）
3	17,809	2,844　（16.0）
4	17,142	2,678　（15.6）

注　1　法務省・矯正統計年報による。
　　2　「帰住先」は、刑事施設を出所後に住む場所である。
　　3　「帰住先がない者」は、健全な社会生活を営む上で適切な帰住先を確保できないまま刑期が終了した満期釈放者をいい、帰住先が不
　　　明の者や暴力団関係者のもとである者などを含む。
　　4　（　）内は、各年の刑務所出所者総数に占める帰住先がない者の割合である。

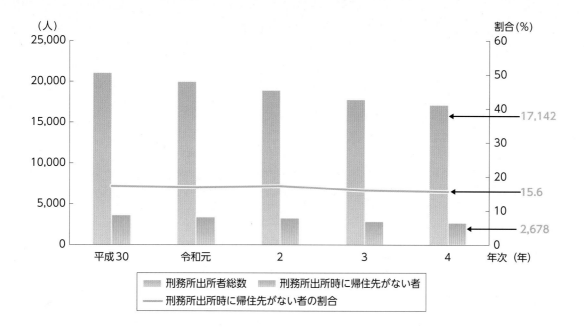

刑務所出所時に適切な帰住先がない者の数については、「宣言：犯罪に戻らない・戻さない」（平成26年12月16日犯罪対策閣僚会議決定）において、2020年（令和２年）までに4,450人以下に減少させるとの数値目標を設定していたところ、2017年（平成29年）には当該目標を達成し、2022年（令和４年）は2,678人にまで減少した。刑務所出所時に適切な帰住先がない者の割合は、2022年（令和４年）は15.6％と前年（16.0％）よりも0.4ポイント減少した。

（5）更生保護施設及び自立準備ホームにおいて一時的に居場所を確保した者の数【指標番号9】

（平成30年度～令和４年度）

年　度	更生保護施設	自立準備ホーム	計
平成30年度	9,719	1,679　（223）	11,398
令和元年度	9,789	1,709　（224）	11,498
2	8,870	1,719　（290）	10,589
3	8,428	1,863　（318）	10,291
4	8,159	1,868　（318）	10,027

注　1　法務省調査による。
　　2　（　）内は、各年度の薬物依存症リハビリ施設（ダルク等の薬物依存からの回復を目的とした施設のうち、自立準備ホームに登録されているもの）への委託人員数（内数）である。

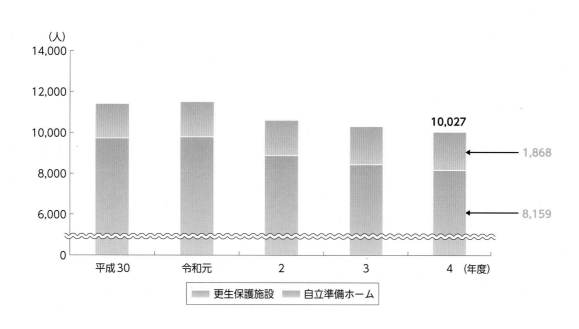

　更生保護施設及び自立準備ホームにおいて一時的に居場所を確保した者の数は、出所受刑者数が近年減少している中、ほぼ横ばいで推移しており、2022年度（令和4年度）はそれぞれ8,159人、1,868人であった。

2　保健医療・福祉サービスの利用の促進等関係

（1）特別調整により福祉サービス等の利用に向けた調整を行った者の数【指標番号10】

（平成30年度～令和4年度）

年　度	特別調整の終結人員	内訳			
		高齢	身体障害	知的障害	精神障害
平成30年度	698	384	87	187	227
令和元年度	775	398	106	199	317
2	767	370	104	211	311
3	826	401	90	235	373
4	752	350	99	188	350

注　1　法務省調査による。
　　2　「終結人員」は、少年を含む。
　　3　「終結人員」は、特別調整の希望の取下げ及び死亡によるものを含む。
　　4　内訳は重複計上による。

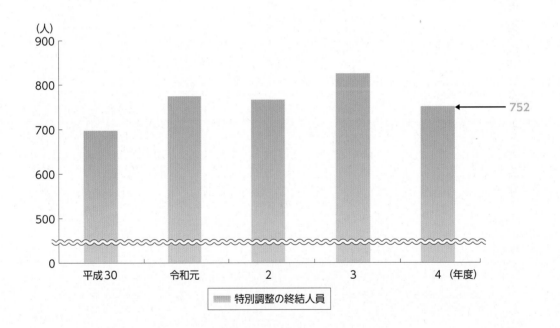

　特別調整（【施策番号36】参照）により福祉サービス等の利用に向けた調整を行った者の数は、出所受刑者数が近年減少している中、ほぼ横ばいで推移しており、2022年度（令和4年度）は752人と前年度（826人）よりも減少した。

　なお、内訳（複数該当あり）を見ると、これまでは「高齢」が最も多かったが、2022年度（令和4年度）は「高齢」、「精神障害」が同数で最も多くなっている。

（2）薬物事犯保護観察対象者のうち、保健医療機関等による治療・支援を受けた者の数及びその割合【指標番号11】

（平成30年度〜令和4年度）

年　　度	薬物事犯保護観察対象者数	うち治療・支援を受けた者の数
平成30年度	7,717	527 （6.8）
令和元年度	8,096	566 （7.0）
2	8,549	613 （7.2）
3	8,501	536 （6.3）
4	8,100	481 （5.9）

注　1　法務省調査による。
　　2　「薬物事犯保護観察対象者数」は、薬物事犯保護観察対象者として、当該年度当初に保護観察を受けている者の数と当該年度に新たに保護観察を受けることとなった者の数を計上している。
　　3　（　）内は、薬物事犯保護観察対象者のうち、精神保健福祉センター、保健所、精神科医療機関等が行う治療・支援を受けた者の割合である。

　薬物事犯保護観察対象者のうち、保健医療機関等による治療・支援を受けた者の数及びその割合は、調査の開始（2016年度（平成28年度））以降、増加・上昇傾向にあったが、2022年度（令和4年度）はそれぞれ481人、5.9％と前年度（536人、6.3％）よりも減少・低下した。

3　学校等と連携した修学支援の実施等関係

（1）少年院において修学支援を実施し、出院時点で復学・進学を希望する者のうち、出院時又は保護観察中に復学・進学決定した者の数及び復学・進学決定率【指標番号12】

（少年院出院時）　　　　　　　　　　　　　　　　　　　　　　　　　　　　　　　　　（平成30年〜令和4年）

年　次	出院者数 （A）	（A）のうち、修学支援対象者数 （B）	（B）のうち、出院時復学・進学希望者 （C）	（C）のうち、出院時復学・進学決定者【指標番号12】
平成30年	2,156	369	272	97 （35.7）
令和元年	2,065	363	251	70 （27.9）
2	1,698	296	198	66 （33.3）
3	1,567	233	177	54 （30.5）
4	1,363	255	177	40 （22.6）

注　1　法務省調査による。
　　2　「出院者数」は、法務省・矯正統計年報による。
　　3　「修学支援対象者数」は、当該調査期間において出院した者のうち、出院時に修学支援対象者として選定されていた者を計上している。
　　4　「進学決定」は、入学試験に合格しているなど、進学が確定的である状態をいう。
　　5　（　）内は、指標に該当する人員の割合である。

（2）上記により復学・進学決定した者のうち、保護観察期間中に高等学校等を卒業した者又は保護
　　観察終了時に高等学校等に在学している者の数及びその割合【指標番号13】

（保護観察終了時）　　　　　　　　　　　　　　　　　　　　　　　　　　　　　　　　　（平成30年～令和4年）

年　次	出院者数 （保護観察が終了した者（A））	（A）のうち、少年院において修学支援を実施し、出院時点で復学・進学を希望する者（B）	（B）のうち、出院時又は保護観察期間中に復学・進学決定した者【指標番号12】（C）	（C）のうち、保護観察期間中に高等学校等を卒業した者又は保護観察終了時に高等学校等に在学している者（D）【指標番号13】
平成30年	2,156 （626）	25	12 （48.0）	11 （91.7）
令和元年	2,065 （1,252）	49	34 （69.4）	28 （82.4）
2	1,698 （1,505）	80	51 （63.8）	39 （76.5）
3	1,567 （1,452）	72	52 （72.2）	37 （71.2）
4	1,363 （1,425）	109	68 （62.4）	49 （72.1）

注　1　法務省調査による。
　　2　「出院者数」は、【指標番号12】における「出院者数（A）」と対応している。
　　3　（A）は、平成30年1月以降に少年院を仮退院した者のうち、各年中に保護観察が終了した者について計上している。
　　4　（C）及び（D）の（　）内は、指標に該当する人員の割合である。

　2022年（令和4年）の少年院出院者のうち、在院中に修学支援を実施し、出院時点で復学・進学を希望する者は177人であったところ、そのうち、出院時に復学・進学決定した者の数及び復学・進学決定率は、それぞれ40人、22.6％であった。

　また、2018年（平成30年）1月以降に少年院を出院し、2022年（令和4年）中に保護観察が終了した者のうち、少年院において修学支援を実施し、出院時点で復学・進学を希望する者は109人であったところ、そのうち、出院時又は保護観察期間中に復学・進学決定した者の数及び復学・進学決定率は、それぞれ68人、62.4％であった。さらに、当該68人のうち、保護観察期間中に高等学校等を卒業した者又は保護観察終了時に高等学校等に在学している者及びその割合は、それぞれ49人、72.1％であった。

（3）矯正施設における高等学校卒業程度認定試験の受験者数、合格者数及び合格率【指標番号14】

　　　　　　　　　　　　　　　　　　　　　　　　　　　　　　　　　　　　　　（平成30年度～令和4年度）

年　度	受験者数	全科目合格者		1以上科目合格者	
		合格者数	合格率	合格者数	合格率
平成30年度	1,085	436	40.2	1,012	93.3
令和元年度	872	387	44.4	827	94.8
2	793	356	44.9	762	96.1
3	797	316	39.6	776	97.4
4	743	321	43.2	701	94.3

注　1　文部科学省調査による。
　　2　「全科目合格者」は、高等学校卒業程度認定試験の合格に必要な全ての科目に合格し、大学入学資格を取得した者をいう。
　　3　「1以上科目合格者」は、高等学校卒業程度認定試験の合格に必要な科目のうち全部又は一部の科目に合格した者をいう。
　　4　「合格率」は、受験者数に占める「全科目合格者」、「1以上科目合格者」の割合である。

　矯正施設における高等学校卒業程度認定試験（【施策番号63】参照）の受験者数について、2022年度（令和4年度）は743人であった。

　2022年度（令和4年度）の全科目合格者数は321人で、合格率は43.2％であった。また、全科目合格を含む1以上科目合格率は、近年90％以上の高い水準を維持しており、2022年度（令和4年度）は94.3％であった。

4　民間協力者の活動の促進等、広報・啓発活動の推進等関係

(1) 保護司数及び保護司充足率【指標番号15】

（平成31年〜令和5年）

年　次	保護司数（人）	充足率（％）
平成31年	47,245	90.0
令和2年	46,763	89.1
3	46,358	88.3
4	46,705	89.0
5	46,956	89.4

注　1　法務省調査による。
　　2　各年1月1日現在の数値である。
　　3　「充足率」は、定数（5万2,500人）に対する保護司数の割合である。

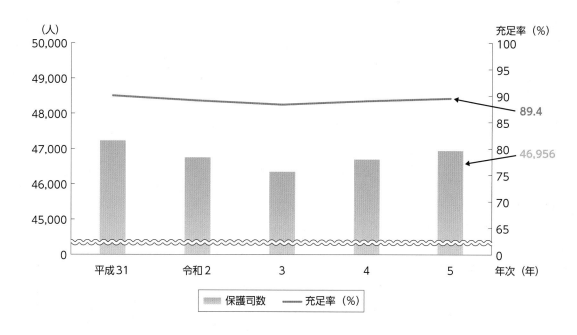

　保護司[6]数及び保護司充足率は、2017年（平成29年）以降、減少・低下傾向にあったが、2023年（令和5年）は4万6,956人、89.4％と前年（4万6,705人、89.0％）よりも微増となった。ただし、これは2021年（令和3年）4月1日から開始した定年制に対する特例[7]により再任された保護司1,302名を含むものである。

※6　保護司
　　犯罪をした人や非行のある少年の立ち直りを地域で支えるボランティアである。その身分は法務大臣から委嘱を受けた非常勤の国家公務員であり、保護観察の実施、犯罪予防活動等の更生保護に関する活動を行っている。保護司の定数は、保護司法（昭和25年法律第204号）により5万2,500人を超えないものと定められている。
※7　保護司の定年制に対する特例
　　これまで、76歳になる前日まで再任が可能であったところ、2021年（令和3年）4月1日以降、保護司本人が希望すれば、78歳になる前日まで再任を可能とした。

（2）"社会を明るくする運動"行事参加人数【指標番号16】

（平成30年～令和4年）

年　次	行事参加人数
平成30年	3,228,710
令和元年	2,969,544
2	577,047
3	867,395
4	1,284,167

注　法務省調査による。

　"社会を明るくする運動"行事参加人数は、新型コロナウイルス感染症の感染が拡大した2020年（令和2年）以降は、当該運動期間における行事が大幅に制限されたこともあり、大幅に減少していたが、2022年（令和4年）は、新型コロナウイルス感染症の感染状況を踏まえ、街頭広報活動や各種行事を再開したため、128万4,167人と前年（86万7,395人）よりも増加した。

5　地方公共団体との連携強化等関係

（1）地方再犯防止推進計画を策定している地方公共団体の数及びその割合【指標番号17】

（平成30年～令和5年）

年　次	策定地方公共団体数（策定割合）		
	都道府県	指定都市	その他の市町村（特別区を含む。）
平成30年	1/47	0/20	0/1,727
31	15/47	0/20	4/1,727
令和2年	31/47	6/20	32/1,727
3	42/47	16/20	130/1,727
4	47/47	18/20	306/1,727
5	47/47	19/20	506/1,727

注　1　法務省調査による。
　　2　各年4月1日現在の数値である。

　推進法第8条第1項に基づく地方再犯防止推進計画を策定している地方公共団体[8]の数については、「再犯防止推進計画加速化プラン」（令和元年12月23日犯罪対策閣僚会議決定）において、2021年度（令和3年度）末までに100以上にするとの成果目標を設定していたところ、2021年（令和3年）4月に188団体となり当該目標を達成した。2021年（令和3年）以降も増加しており、2023年（令和5年）4月1日現在、都道府県が全47団体、指定都市が19団体、その他の市町村（特別区を含む。）が506団体の合計572団体となった。

※8　地方再犯防止推進計画を策定している地方公共団体に関する最新の情報はこちら
　　「地方再犯防止推進計画」
　　https://www.moj.go.jp/hisho/saihanboushi/hisho04_00022.html

第2章

大切な人

就労・住居の確保等のための取組

第1節　就労の確保等

1　職業適性の把握と就労につながる知識・技能等の習得

（1）職業適性等の把握【施策番号1[※1]】

（2）就労に必要な基礎的能力等の習得に向けた指導・支援【施策番号2】

　法務省は、矯正施設[※2]において、就労支援体制の充実のため、2006年度（平成18年度）から非常勤職員である就労支援スタッフ[※3]を配置し、2019年度（令和元年度）からは常勤職員である就労支援専門官[※4]を配置しているほか、2022年度（令和4年度）からは、就労支援の要となる統括矯正処遇官（就労支援担当）[※5]を新たに配置した。

　さらに、2020年度（令和2年度）からは、就労の確保及び職場定着に困難が伴う受刑者に対して、矯正官署（ここでは矯正管区及び刑事施設[※6]をいう。）及び更生保護官署（地方更生保護委員会及び保護観察所をいう。以下同じ。）が連携して、アセスメントに基づく矯正処遇、生活環境の調整及び就労の確保に向けた支援等を一体的に行う包括的な就労支援を実施している（2023年（令和5年）4月現在、札幌刑務所、川越少年刑務所、名古屋刑務所、加古川刑務所及び福岡刑務所の5庁を実施庁に指定）。

　刑事施設では、受刑者に対して、特別改善指導（【施策番号83】参照）として、就労に必要な基本的スキルやマナーを習得させるとともに、出所後の就労に向けて就労支援指導（資2-2-1参照）を実施している。2022年度（令和4年度）の受講開始人員は2,868人（前年度：2,900人）であった。また、2011年度（平成23年度）からは、受刑者の勤労意欲を喚起するとともに、社会への貢献を実感させることで、その改善更生、社会復帰を図ることを目的として、公園の清掃作業などの社会貢献作業を実施している。2022年度（令和4年度）は、刑事施設37庁（前年度：31庁）が、55か所（前年度：45か所）の事業主体と協定を結んで実施した。

　刑事施設及び少年院では、受刑者等の職業意識をかん養し、就労意欲を喚起することを目的として、協力雇用主[※7]等の出所者等を雇用した経験のある事業主等による職業に関する講話を実施している（2022年度（令和4年度）には、37庁（前年度：17庁）において延べ44回（前年度：20回）の講話を実施し、延べ2,214人（前年度：2,230人）の受刑者等が受講）。

　少年院では、就労先の職場への定着が出院後の再非行防止に有効であるとの観点から、在院者に対

※1　再犯防止推進計画
　　（https://www.moj.go.jp/hisho/saihanboushi/html/ns120000.html）との対応状況を明らかにするために付したもの。
※2　矯正施設
　　刑務所、少年刑務所、拘置所、少年院、少年鑑別所及び婦人補導院をいう。
※3　就労支援スタッフ
　　キャリアコンサルティング等の専門性を有する非常勤職員。受刑者等に対する面接・指導のほか、ハローワークや事業主との連絡調整業務等を担っている。2023年（令和5年）4月現在、刑事施設75庁（前年：76庁）、少年院41庁（前年：42庁）に配置されている。
※4　就労支援専門官
　　キャリアコンサルタント等の資格を有する常勤職員。就労支援対象者のうち、特に配慮を要する受刑者等に対する面接・指導のほか、就労支援スタッフ等に対する助言指導等を行っている。2023年（令和5年）4月現在、刑事施設32庁（前年：18庁）、少年院5庁（前年：4庁）に配置されている。
※5　統括矯正処遇官（就労支援担当）
　　刑事施設内での就労支援を担当する幹部職員。就労支援スタッフや就労支援専門官を指導・監督するほか、関係機関及び団体との連絡調整業務等を担っている。2022年度（令和4年度）から刑事施設12庁に配置されている。
※6　刑事施設
　　刑務所、少年刑務所及び拘置所をいう。
※7　協力雇用主
　　保護観察所において登録し、犯罪をした者等の自立及び社会復帰に協力することを目的として、犯罪をした者等を雇用し、又は雇用しようとする事業主をいう。

し、職業指導の一環として、就労及び職場定着のために必要な知識及び技能の習得を図ることを目的として、職業生活設計指導科を設けている。職業生活設計指導科では、受講者全員に対して統一的に行う必修プログラム64単元（就労支援ワークブック、ビジネスマナー、パソコン操作能力等）と、受講者個々の必要性に応じて選択的に行う選択プログラム（安全衛生ベーシック講座、接客業ベーシック講座、成年就労ベーシック講座等）を定めており、必修プログラム64単元に加え、各6単元の選択プログラム5講座のうち12単元（2講座）以上を組み合わせて行うこととしている。少年院における処遇の概要については【施策番号75】を参照。

　保護観察所では、ハローワークと連携して、保護観察対象者等のうち、就労体験の乏しい者、就労に必要な知識・技能が身に付いていない者等に対して、刑務所出所者等総合的就労支援対策（【施策番号5ア】参照）による就労支援を行っている。また、少年の保護観察対象者に対しては、必要に応じて、職業人として望ましい勤労観・職業観を醸成することを目的としたジョブキャリア学習を実施し、社会的・職業的自立に向けた基礎となる能力や態度の育成に努めている。

資2-2-1　刑事施設における就労支援指導の概要

刑事施設における特別改善指導

就労支援指導

地域社会とともに
開かれた矯正へ

■　指導の目標
　　社会復帰後に職場で円滑な人間関係を保ち、仕事が長続きすることを目的として、職場に適応するための心構え及び行動様式を身に付けさせるとともに、職場等において直面する具体的な場面を想定した対応の仕方等、就労生活に必要な基礎的知識及び技能等を習得させる。
●　対象者　　　・職業訓練を受け、釈放後の就労を予定している者　又は
　　　　　　　　・釈放の見込日からおおむね１年以内であり、稼働能力・就労意欲を有し、公共職業安定所による就労支援を受ける意志がある者のうち、刑事施設の長が本指導をすることが必要であると認めた者
●　指導者　　　刑事施設の職員（法務教官、法務技官、刑務官）、民間協力者（SST指導者）等
●　指導方法　　SST（ソーシャル・スキルズ・トレーニング）、講義、視聴覚教材　等
●　実施頻度等　１単元５０分　全１０単元　標準実施期間：５日間

カリキュラム

項目	指導内容	方法
オリエンテーション	受講の目的と意義を理解させるとともに、職業人として社会生活を営む上で必要な基礎知識（賃金・求人求職の状況等）について理解させる。	講義
これまでの就労生活と自己の問題点	これまでの就労生活を振り返らせ、自己の問題点について考えさせる。	講義、討議
就労（社会）生活に必要な基本的スキルとマナー	職業人として社会生活を営む上で必要な、基本的スキル（相手との円滑なコミュニケーションの方法等）及びマナー（あいさつ、身だしなみ、お辞儀の仕方、電話応対の仕方等）について、演習等を通じて習得させる。	講義、演習、視聴覚教材視聴、ＳＳＴ
問題解決場面への対応	職場において、危機的な場面に陥った場合の対処法について、SSTを通じて具体的・実践的に習得させる。	
就労に向けての取組	履歴書の書き方、面接のポイント等、出所後、就職活動をするに当たって必要な事項や手続に関する知識や技能を習得させるとともに、実際に就労生活を始めてからの心構え等について理解させる。 　さらに、出所後の生活計画を立てさせ、その実現のための具体的な方法を考えさせる。	講義、演習、視聴覚教材視聴、ＳＳＴ、課題作成、意見発表、討議

出典：法務省資料による。

（3）矯正施設における職業訓練等の充実【施策番号3】

　法務省は、刑事施設において、刑務作業の一つとして、受刑者に職業に関する免許や資格を取得させ、又は職業上有用な知識や技能を習得させるために、職業訓練を実施している。2022年度（令和4年度）には、建設機械科、介護福祉科、溶接科、ビジネススキル科等の合計57科目（前年度：56科目）の職業訓練が実施され、1万771人（前年度：1万1,440人）が受講した。そのうち、溶接技能者、自動車整備士、介護職員実務者研修修了証等の資格又は免許を取得した者は、延べ6,491人

（前年度：6,413人）であった。また、職業訓練が、より出所後の就労に資するものとなるよう、有効求人倍率や企業からの受刑者雇用に係る相談件数、内定率、充足率等を考慮しながら、社会ニーズに沿った訓練科目等への見直しを行っており、2023年度（令和5年度）には、2022年度（令和4年度）に引き続き、建設・土木に関連する職業訓練を一部集約・統合して、同一施設において、より幅広い分野の資格を取得させるなど、訓練内容の更なる充実化を図っている。

　2018年度（平成30年度）からは、イメージと実際の就労環境のかい離を解消させることで、出所後の就職先への定着を図ることを目的として、刑事施設在所中に内定企業や就労を希望する業種での就労を体験する職場体験制度を導入しており、2022年度（令和4年度）は8庁で12人（前年度：1庁1人、前々年度：2庁2人）が職場体験を実施した。

　また、2023年度（令和5年度）から新たに、職業訓練により習得した知識・技能等の定着を図る目的で、釈放が近い時期に再度関連技能等を復習する職業訓練をビジネススキル科及び建築・土木コースの受講対象者に実施している。

　さらに、一定の要件を備えている受刑者について、釈放後の住居又は就業先の確保等のために引受人※8や雇用主等を訪問するなどの必要があるときに、外出又は外泊を許すことがある（2022年度（令和4年度）は、外出18件（前年度：19件）、外泊0件（前年度：0件））。加えて、円滑な社会復帰を図るため必要があるときに、刑事施設の外で民間企業の事業所等に通勤させて、作業を行わせる外部通勤作業を実施しており、2022年度（令和4年度）末時点において、17庁において21か所の木工・金属・農業等の外部事業所がある。

　少年院では、在院者の勤労意欲を高め、職業上有用な知識及び技能を習得させるために、原則として全ての在院者に職業指導を実施している。2022年（令和4年）4月1日には、少年法等の一部を改正する法律（令和3年法律第47号）（【施策番号80】参照）の施行に合わせて、職業指導の再編（資2-3-1参照）を行い、新たに製品企画科、総合建設科、生活関連サービス科及びICT技術科を設け、時代のニーズに対応した能力の取得を目指している。

　なお、職業指導により、コンピューターサービス技能評価試験、介護職員初任者研修等、何らかの資格を取得した在院者は、2022年（令和4年）は、延べ2,780人（前年：3,093人）であった。

　保護観察所では、刑務所出所者等に対する就労支援を推進するとともに矯正施設における職業訓練の充実にも資するよう、地元経済団体・業界団体、主要企業、産業・雇用に関わる行政機関、矯正施設、更生保護関係団体等が参集する刑務所出所者等就労支援推進協議会を毎年主催し、刑務所出所者等を各産業分野の雇用に結び付けるための方策や人手不足等の産業分野に送り出すための方策等について情報交換や協議を行っている。

※8　引受人
　　刑事施設、少年院に収容されている者が釈放された後に同居するなどしてその生活の状況に配慮し、その改善更生のために特に協力をする者をいう。

資2-3-1　少年院における職業指導種目の再編

職業指導種目の発展的再編

少年院法第25条（職業指導）

　少年院の長は、在院者に対し、勤労意欲を高め、職業上有用な知識及び技能を習得させるため必要な職業指導を行うものとする。

▶ **時代のニーズに応じて再編**

＜職業指導種目＞

※　赤字は令和4年4月1日から再編した種目

職業生活設計指導

種目
・職業生活設計指導科
・職業生活技能向上指導科

職業能力開発指導

種目
・製品企画科　　・介護福祉科
・総合建設科　　・生活関連サービス科
・自動車整備科　・ICT技術科

【職業生活技能向上指導科】
情緒の安定を図りながら、職業生活における自立を図るための知識及び技能を習得する。
（農園芸コース、手工芸コース）

【製品企画科】
製品の企画から展示・販売までを実践的に学ぶ。
（アグリコース、クラフトコース）

【総合建設科】
幅広く建築に関連する技能を習得する。
（土木・建築コース、建物設備コース）

【生活関連サービス科】
洗濯、清掃、環境整備等の生活に関連する技能を取得する。
（クリーニングコース、サービスコース）

【ICT技術科】
ITパスポート、マイクロソフトオフィススペシャリストの取得、プログラミング学習等、幅広くICT技術を学ぶ。

出典：法務省資料による。

（4）資格制限等の見直し【施策番号4】

　2021年（令和3年）5月に成立した少年法等の一部を改正する法律（令和3年法律第47号）（【施策番号80】参照）に係る衆議院及び参議院法務委員会の附帯決議[9]において、若年者の社会復帰の促進を図るため、前科による資格制限の在り方についての検討等が求められた。

　2021年（令和3年）6月以降、「再犯防止推進計画等検討会」[10]の下、外部有識者を構成員とした「前科による資格制限の在り方に関する検討ワーキンググループ」[11]を開催し、少年院在院者等

に対して、制限を緩和すべき資格に関するニーズ調査や、資格を所管する関係省庁からのヒアリングを行うなどして所要の検討を行ってきたところ、2023年（令和5年）3月にその結果が取りまとめられた。法務省は、2023年度（令和5年度）、同結果に基づき、各府省に対し、前科による資格制限の在り方等の見直しについての検討を依頼することとした。

2　就職に向けた相談・支援等の充実

（1）刑務所出所者等総合的就労支援を中心とした就労支援の充実【施策番号5】

ア　刑務所出所者等総合的就労支援対策

　法務省及び厚生労働省は、2006年度（平成18年度）から、刑務所出所者等の就労の確保のため、刑務所出所者等総合的就労支援対策（資2-5-1参照）を実施している。

　この取組は、矯正施設在所者に対して、ハローワークと矯正施設が連携して、本人の希望や適性等に応じて職業相談、職業紹介、事業主との採用面接及び職業講話等を実施するなどして計画的に支援を行うとともに、保護観察対象者等に対して、ハローワークと保護観察所が連携して、本人に適した就労支援の方法を検討した上で、職業相談・職業紹介を実施するものである。2022年度（令和4年度）は合計6,219人（前年度：6,221人）に対して支援を実施し、合計3,004件（前年度：3,130件）の就職が実現した（【指標番号5】参照）。

　また、保護観察所とハローワークが連携して、求職活動のノウハウ等を修得させ、就職の実現を図ることを目的とする「セミナー」、実際の職場や社員寮等を見学させることにより、事業所に対する理解の促進を図る「事業所見学会」、実際の職場環境や業務を体験させる「職場体験講習」、保護観察対象者等を試行的に雇用した協力雇用主に対し、最長3か月間、月額4万円（最大）を支給する「トライアル雇用」等の支援メニューを提供している。2022年度（令和4年度）は、セミナー・事業所見学会6回（前年度：13回）を開催し、トライアル雇用により59人（前年度：71人）が採用された。

※9　少年法等の一部を改正する法律（令和3年法律第47号）に係る附帯決議
　　衆議院法務委員会における附帯決議（抜粋）
　　　政府及び最高裁判所は、本法の施行に当たり、次の事項について格段の配慮をすべきである。
　　一・二　（略）
　　三　罪を犯した者、とりわけ十八歳及び十九歳などの若年者の社会復帰の促進を図るため、前科による資格制限の在り方について、対象業務の性質や実情等を踏まえつつ、府省庁横断のしかるべき場を設けるなどして、政府全体として速やかに検討を進め、その結果に基づいて、法改正を含め必要な措置を講ずること。
　　四・五　（略）
　　参議院法務委員会における附帯決議（抜粋）
　　　政府及び最高裁判所は、本法の施行に当たり、次の事項について格段の配慮をすべきである。
　　一～三　（略）
　　四　罪を犯した者、とりわけ十八歳及び十九歳などの若年者の社会復帰の促進を図るため、前科による資格制限の在り方について、対象業務の性質や実情等を踏まえつつ、府省庁横断のしかるべき場を設けるなどして、政府全体として速やかに検討を進め、その結果に基づいて、法改正を含め必要な措置を講ずること。
　　五～八　（略）
※10　再犯防止推進計画等検討会
　　法務大臣が「再犯の防止等の推進に関する法律」（平成28年法律第104号）第7条第3項に基づき作成する「再犯防止推進計画の案」に掲げる事項の検討及び同条第1項に基づき定められた「再犯防止推進計画」に盛り込まれた施策の進捗状況の確認等を行うことを目的として設置された会議体。
※11　前科による資格制限の在り方に関する検討ワーキンググループの開催状況
　　https://www.moj.go.jp/hisho/seisakuhyouka/hisho04_00050.html

資2-5-1 刑務所出所者等総合的就労支援対策の概要

刑務所出所者等総合的就労支援対策

> 刑務所出所者等の就労支援を総合的・一元的に実施
> 法務省と厚生労働省（矯正施設・保護観察所・ハローワーク）との連携を強化

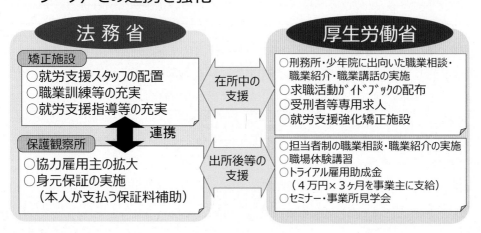

出典：法務省資料による。

イ　矯正就労支援情報センター室（コレワーク）

　法務省は、全国8矯正管区（札幌、仙台、東京、名古屋、大阪、広島、高松及び福岡）に矯正就労支援情報センター室[12]（通称「コレワーク」。以下「コレワーク」という。**資2-5-2**参照）を設置し、各矯正管区が所管する地域の雇用情勢等に応じた、よりきめ細かな支援体制等の充実を図っている。

　コレワークでは、受刑者等の帰住予定地[13]や取得資格等の情報を一括管理し、出所者等の雇用を希望する事業者の相談に応じ、事業者のニーズに適合する者を収容する矯正施設を紹介するなどしている。2022年度（令和4年度）は、事業者からの相談数は2,986件（前年度：2,908件）、採用内定件数は546件だった。

※12　コレワークホームページURL
　　　https://www.moj.go.jp/KYOUSEI/CORRE-WORK/index.html
　　　（コレワークホームページへリンク）

※13　帰住予定地
　　　刑事施設、少年院に収容されている者が釈放された後に居住する予定の住居の所在地をいう。

資2-5-2　矯正就労支援情報センター室（コレワーク）の概要

コレワークの雇用情報提供サービス

● 全国の受刑者・少年院在院者の資格、職歴、出所・出院後に帰る場所などの情報を一括管理
● 事業主の方の雇用ニーズにマッチする者を収容する刑事施設・少年院をご紹介

その他のサービス
● 事業主の方に対し、刑務所出所者等就労奨励金等の支援制度、施設見学会、職業訓練見学会等をご案内（就労支援相談窓口サービス）
● 事業主の方の刑事施設・少年院での一連の採用手続（面接・書類選考等）を幅広くサポート（採用手続支援サービス）

出典：法務省資料による。

ウ　更生保護就労支援事業

　法務省は、保護観察所において、2014年度（平成26年度）から、更生保護就労支援事業（**資2-5-3**参照）を開始しており、2023年度（令和5年度）は、27庁（前年度：25庁）で実施している。この事業は、就労支援に関するノウハウや企業ネットワーク等を有する民間の事業者が、保護観察所から委託を受けて、そのノウハウを活用して刑務所出所者等の就労支援を行うものである。具体的には、矯正施設在所中から就職まで切れ目のないきめ細かな就労支援を行う「就職活動支援」及び就労継続に必要な寄り添い型の支援を協力雇用主及び保護観察対象者等の双方に行う「職場定着支援」の各取組を行っている。2022年度（令和4年度）は、就職活動支援2,020件（前年度：2,006件）、職場定着支援1,133件（前年度：1,176件）を実施した。

資2-5-3　更生保護就労支援事業の概要

更生保護就労支援事業

就労支援に関するノウハウや企業ネットワーク等を有する民間の事業者が保護観察所から委託を受けて、刑務所出所者等のうち就労の確保が困難な人に対し、関係機関等と協力して継続的かつきめ細かな支援を行うとともに、就労継続に必要な寄り添い型の支援を行う事業

更生保護就労支援事業所

○専門的知識や経験を有する「就労支援員」を配置
○令和5年度現在 全国27庁で実施（札幌、釧路、岩手、宮城、福島、茨城、栃木、群馬、埼玉、千葉、東京、神奈川、新潟、静岡、岐阜、愛知、京都、大阪、兵庫、岡山、広島、山口、香川、愛媛、福岡、熊本、沖縄）

就職活動支援業務	職場定着支援業務
矯正施設収容中　→　釈放後	協力雇用主　←→　刑務所出所者等
矯正施設入所中から就職までの隙間のない就労支援	**出所者等の特性に応じた「寄り添い型」の就労支援**
○施設面接等による職業適性、希望等の把握 ○保護観察所、ハローワーク等と連携した就労支援計画の策定 ○地域の雇用情報の収集及び提供 ○関係機関と連携した適切な就職活動支援	○出所者等の特性の理解促進 ○職務内容の設定 ○適切な指導方法など ○対人関係の向上 ○良好な勤務態度の醸成など

出典：法務省資料による。

エ　その他

　法務省は、厚生労働省と連携し、矯正施設において、2014年（平成26年）2月から、刑務所出所者等の採用を希望する事業者が、矯正施設を指定した上でハローワークに求人票を提出することができる「受刑者等専用求人」の運用を行っている。

　2015年度（平成27年度）からは、ハローワーク職員が「就労支援強化矯正施設」に指定された刑事施設に相談員として駐在して支援を実施する取組も開始している。この取組では、刑事施設に駐在しているハローワーク職員が、受刑者に対して複数回にわたる職業相談・職業紹介等を実施するとともに、本人の帰住予定地に所在するハローワークとも連携するなどして、早期の段階から濃密な支援を実施している（2023年度（令和5年度）は刑事施設38庁、少年院3庁に駐在）。

　また、2018年度（平成30年度）からは、ハローワークと連携して、矯正施設に刑務所出所者等の雇用を希望する事業者を招き、企業情報の提供や合同での採用面接等を行う「就労支援説明会」（写真2-5-1参照）を開催し、事業者と就職を希望する受刑者とのマッチングの促進に努めている。2022年度（令和4年度）は、「就労支援説明会」を延べ81回（前年：延べ46回）開催し、これに、延べ3,509人（前年：延べ4,220人）の受刑者等が参加しており、40件（前年：23件）の採用内定に結び付けた。

写真2-5-1　就労支援説明会の様子

写真提供：法務省

　さらに、法務省及び国土交通省は、刑務所出所者等を対象とした船員の求人情報の共有等の就労支援を実施している。

（2）非行少年に対する就労支援【施策番号6】

警察は、非行少年を生まない社会づくり（【施策番号60】参照）の一環として、問題を抱え非行に走る可能性がある少年に積極的に連絡し、地域の人々と連携した多様な活動機会の提供や居場所づくりのための取組等によってその立ち直りを図る「少年に手を差し伸べる立ち直り支援活動」を推進している。

そうした取組の一環として、少年サポートセンター[14]が主体となって、就労を希望する少年に対し、就職や就労継続に向けた支援を行っている（**写真2-6-1**参照）。

写真2-6-1　就労支援の様子

写真提供：警察庁

3　新たな協力雇用主の開拓・確保

（1）企業等に対する働き掛けの強化【施策番号7】

法務省は、コレワーク（【施策番号5イ】参照）において、刑務所出所者等の雇用に興味がある企業等に対して、刑務所出所者等の雇用に関する制度等について説明する雇用支援セミナーや、同セミナーと矯正施設の見学をセットにしたスタディツアー（**写真2-7-1**参照）等を開催するなど、刑務所出所者等の雇用に関する働き掛けを積極的に実施しており、2022年度（令和4年度）には、1,609件（前年度：2,036件）の広報活動を実施した。

写真2-7-1　スタディツアーの様子

写真提供：法務省

保護観察所では、各都道府県の就労支援事業者機構[15]や更生保護関係者、矯正施設、労働局、ハローワーク、地方公共団体、商工会議所等経済・産業団体その他関係機関・団体等と連携して、新たな協力雇用主の開拓・確保に努めている。

加えて、保護観察所や更生保護就労支援事業所（【施策番号5ウ】参照）では、協力雇用主募集のパンフレット[16]の配布、協力雇用主募集ポスターの掲示[17]、事業所への個別訪問、説明会の開催等を通じて協力雇用主に係る広報活動を積極的に行い、多くの企業等に保護観察対象者等の雇用について理解と協力を求めている。

これらの取組により、協力雇用主の数は順当に増加しており、2022年（令和4年）10月現在、2万5,202社となっている（【指標番号6】参照）。

※14　少年サポートセンター
　　　都道府県警察に設置され、少年補導職員を中心に非行防止に向けた取組を行っている。
※15　就労支援事業者機構
　　　犯罪をした人等の就労の確保は、一部の善意の篤志家だけでなく、経済界全体の協力と支援により成し遂げられるべきとの趣旨に基づいて設立され、事業者の立場から安全安心な社会づくりに貢献する活動を行う法人。認定特定非営利活動法人全国就労支援事業者機構（全国機構）と50の都道府県就労支援事業者機構（都道府県機構）がある。
　　　全国機構は、中央の経済諸団体（日本経済団体連合会、日本商工会議所、全国商工会連合会、全国中小企業団体中央会）や大手企業関係者が発起人となり設立され、都道府県機構等に対する助成や協議会の開催等全国的なネットワークでの事業推進を図っており、都道府県機構は、協力雇用主等を会員に持ち、保護観察所等の関係機関や保護司等の民間ボランティアと連携し、具体的な就労支援の取組を行っている。
※16及び17　協力雇用主募集のパンフレット及びポスター
　　　https://www.moj.go.jp/hogo1/soumu/hogo02_00030.html

　なお、保護観察所において協力雇用主を登録する手続は、警察庁及び厚生労働省と協議した上で2018年（平成30年）8月に作成した「協力雇用主登録等要領」に基づいて適切に運用している。

（2）各種事業者団体に対する広報・啓発【施策番号8】

　農林水産省は、2016年度（平成28年度）から、農林漁業の関係団体のほか、個別の事業者に対しても、新規雇用に関する補助事業の説明会等において、協力雇用主制度の周知・登録要請等を行っている。なお、農林漁業関係の協力雇用主の数は、2022年（令和4年）10月1日現在、474社（前年：471社）であった。

（3）多様な業種の協力雇用主の確保【施策番号9】

　保護観察所では、ハローワーク、就労支援事業者機構等の関係機関・団体等と連携し、協力雇用主募集のパンフレット及びポスターを活用した広報活動、協力雇用主に関心のある事業所への個別訪問及び説明会の開催（【施策番号7】参照）等を通じて、協力雇用主の少ない業種を含め多様な業種の協力雇用主の確保に努めている（協力雇用主数の推移は【指標番号6】参照）。

4　協力雇用主の活動に対する支援の充実

（1）協力雇用主等に対する情報提供【施策番号10】

　法務省は、厚生労働省と連携し、刑務所出所者等の就労支援に係る各種制度を紹介するパンフレットを作成し、協力雇用主等に配布して更なる理解促進に努めている。加えて、保護観察所では、協力雇用主を対象とした研修等を実施し、協力雇用主として承知しておくべき基本的事項や雇用管理上の留意すべき事項について情報提供を行っている。また、協力雇用主の間では、実際に刑務所出所者等を雇用する上でのノウハウや活用できる支援制度、危機場面での対処法等について、相互に情報交換が行われている。

　また、協力雇用主が刑務所出所者等を雇用する上で必要な個人情報については、保護観察所において、当該刑務所出所者等から同意を得た上で提供している。

（2）協力雇用主の不安・負担の軽減【施策番号11】

　法務省は、刑務所出所者等が雇用主に業務上の損害を与えた場合等に見舞金が支払われる身元保証制度（資2-11-1参照）の活用、刑務所出所者等と雇用主の双方への寄り添い型の支援を行う更生保護就労支援事業（【施策番号5ウ】参照）の実施、刑務所出所者等を雇用して指導に当たる協力雇用主に対し年間最大72万円を支給する刑務所出所者等就労奨励金支給制度（資2-11-2参照）の活用、受刑者の採用面接等を行う協力雇用主等に対する面接時の矯正施設までの旅費の支給等により、協力雇用主の不安や負担の軽減を図っている。刑務所出所者等就労奨励金支給制度においては、2022年度（令和4年度）から、他の年齢層と比べて、職場定着に困難を抱えやすい18・19歳の者を雇用し、かつ、その者に対して手厚く指導に当たる協力雇用主に対して、加算金を支給する制度を新たに導入した。さらに、2023年度（令和5年度）からは、被雇用者が18歳未満の場合も加算対象とし、協力雇用主への支援の更なる充実に努めている。2022年度（令和4年度）は、身元保証を1,372件（前年度：1,544件）、刑務所出所者等就労奨励金の支給を2,919件（前年度：3,213件）実施した。

　加えて、2018年度（平成30年度）からは、企業がコレワーク（【施策番号5イ】参照）に無料で電話相談ができる無料通話回線を開設しているほか、コレワークに刑務所出所者等の雇用について豊富な知見を持つ雇用支援アドバイザーを招へいして就労支援に係る相談会を実施するなど、刑務所出所者等を雇用する企業の不安、負担の軽減等に努めている。

資2-11-1	身元保証制度の概要

身元保証制度

就職時の身元保証人を確保できない刑務所出所者等について、民間事業者が1年間身元保証をし、雇用主に業務上の損害を与えた場合など一定の条件を満たすものについて、損害ごとの上限額の範囲内で見舞金を支払う制度

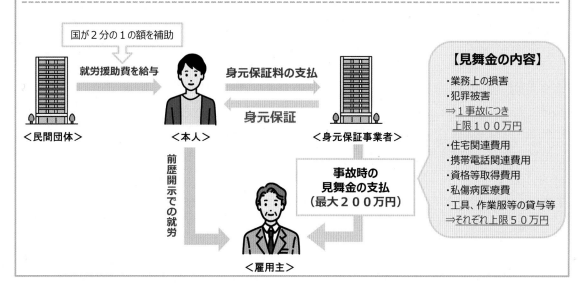

【見舞金の内容】
・業務上の損害
・犯罪被害
⇒1事故につき
　上限100万円
・住宅関連費用
・携帯電話関連費用
・資格等取得費用
・私傷病医療費
・工具、作業服等の貸与等
⇒それぞれ上限50万円

出典：法務省資料による。

資2-11-2	刑務所出所者等就労奨励金支給制度の概要

刑務所出所者等就労奨励金支給制度

保護観察対象者又は更生緊急保護対象者を雇用し、保護観察所の依頼を受け、就労継続に必要な技能及び生活習慣等を習得させるための指導・助言を行った**協力雇用主**に対して、最長1年間、奨励金を支給する制度

（就労開始後）　　　　　　1〜6か月目　　　　　　　　　　　　　　7〜12か月目

就労・職場定着奨励金 ➡ **就労継続奨励金**

Aコース
◆ 支給額：1〜6か月目　毎月最大8万円
◆ 要　件：①保護観察対象者等を雇用した協力雇用主
　　　　　　②刑務所等在所中から就労を調整
　　　　　　③正社員又は1年以上の雇用見込み

or

Bコース
◆ 支給額：1〜3か月目　毎月最大2万円
　　　　　　4〜6か月目　毎月最大4万円
◆ 要　件：保護観察対象者等（Aコース以外）を雇用した協力雇用主

就労継続奨励金
◆ 支給額：9か月目　　最大12万円
　　　　　　12か月目　最大12万円
◆ 要　件：保護観察対象者等を引き続き雇用する協力雇用主

就労・職場定着強化加算金
◆ 支給額：1〜6か月目　毎月1万円
◆ 要　件：①20歳未満の保護観察対象者等を雇用した協力雇用主
　　　　　　②勤務時間外に月3回、職場定着に必要なフォローアップを実施

協力雇用主とは❓
・刑務所出所者等の前歴等の事情を理解した上で雇用し、その自立や社会復帰に協力する事業主
・保護観察所に協力雇用主として登録
・約2万5千社が登録（R4.10.1現在）

出典：法務省資料による。

（3）住居を確保できない者を雇用しようとする協力雇用主に対する支援【施策番号12】

　法務省は、身元保証制度（【施策番号11】参照）により、刑務所出所者等が負担する住宅関連費用を事業主が立て替えたまま返済されず未回収となった場合、当該事業主に一部見舞金を支給するなどの支援を行っている。

（4）協力雇用主に関する情報の適切な共有【施策番号13】

　法務省及び厚生労働省は、各府省における協力雇用主に対する支援の円滑かつ適切な実施に資するよう、協力雇用主募集のパンフレット及びポスター（【施策番号7】参照）を作成し、関係省庁に配布した上で、これを活用した積極的な広報を依頼している。

　また、協力雇用主に関する情報を法務省ウェブサイトに掲載し、随時更新や見直しを行っている。

5　犯罪をした者等を雇用する企業等の社会的評価の向上等

（1）国による雇用等【施策番号14】

　法務省及び厚生労働省は、2013年度（平成25年度）から、保護処分を受けた保護観察対象者[18]を非常勤職員として雇用する取組を行っており、2022年度（令和4年度）末までに、法務省82人（うち少年鑑別所73人）、厚生労働省1人の合計83人の少年を雇用した。雇用期間中は、少年の特性に配慮しつつ、就労を体験的に学ぶ機会を提供するとともに、必要に応じて少年からの相談に応じるなどのサポートを行っている。

　法務省は、これらの取組実績を踏まえ、保護処分を受けた保護観察対象者を雇用する上での留意事項を整理した上で、2020年（令和2年）3月、他の府省庁に参考指針[19]として示し、これらの者の雇用受入れについて協力を求めている。

　なお、地方公共団体のうち、保護観察対象者を雇用する取組を実施している団体は、2022年（令和4年）12月末時点で70団体であり、2010年（平成22年）から2022年（令和4年）までで、延べ77人の保護観察対象者が雇用された。

（2）協力雇用主の受注の機会の増大【施策番号15】

　法務省は、2015年度（平成27年度）から、法務省が発注する矯正施設の小規模な工事の調達について、協力雇用主としての刑務所出所者等の雇用実績を評価する総合評価落札方式による競争入札を実施している。また、更生保護官署が少額の随意契約による調達を行う場合には、見積りを求める事業者の選定に当たって、当該契約案件に適した協力雇用主を含めるよう考慮している。その結果、更生保護官署が発注した公共調達について、協力雇用主が受注した件数は2022年度（令和4年度）は22件（前年度：28件）であった。

　また、2022年（令和4年）12月末現在、全国の都道府県及び市区町村のうち、182（前年：174）の地方公共団体では入札参加資格の審査に際して、79（前年：70）の地方公共団体では総合評価落札方式における評価に際して、それぞれ協力雇用主としての刑務所出所者等の雇用実績等を評価している（資2-15-1参照）。

※18　保護処分を受けた保護観察対象者
　　　非行により家庭裁判所から保護観察の処分を受けた少年や、非行により家庭裁判所から少年院送致の処分を受け、その少年院から仮退院した者。
※19　参考指針
　　　https://www.moj.go.jp/content/001318796.pdf

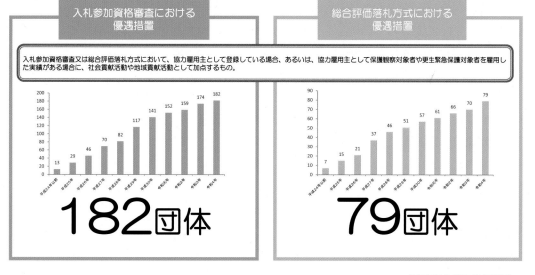

資2-15-1　地方公共団体による協力雇用主支援等の現状

地方公共団体による協力雇用主支援等の現状

取組の根拠

再犯の防止等の推進に関する法律（平成28年法律第104号）（抄）

第十四条　国は、国を当事者の一方とする契約で国以外の者のする工事の完成若しくは作業その他の役務の給付又は物品の納入に対し国が対価の支払をすべきものを締結するに当たって予算の適正な使用に留意しつつ協力雇用主（犯罪をした者等の自立及び社会復帰に協力することを目的として、犯罪をした者等を雇用し、又は雇用しようとする事業主をいう。）の受注の機会の増大を図るよう配慮すること、犯罪をした者の国による雇用の推進その他犯罪をした者等の就業の機会の確保及び就業の継続を図るために必要な施策を講ずるものとする。

第二十四条　地方公共団体は、国との適切な役割分担を踏まえて、その地方公共団体の地域の状況に応じ、前節に規定する施策を講ずるように努めなければならない。

入札参加資格審査における優遇措置

入札参加資格審査又は総合評価落札方式において、協力雇用主として登録している場合、あるいは、協力雇用主として保護観察対象者や更生緊急保護対象者を雇用した実績がある場合に、社会貢献活動や地域貢献活動として加点するもの。

182団体

総合評価落札方式における優遇措置

79団体

令和4年12月末現在（法務省調べ）

出典：法務省資料による。

（3）補助金の活用【施策番号16】

法務省は、総務省所管の「地域経済循環創造事業交付金（ローカル10,000プロジェクト）」、農林水産省所管の「雇用就農資金」（令和3年度までは「農の雇用事業」）といった協力雇用主の活動に資する補助金が有効に活用されるよう、要件を満たすと考えられる協力雇用主に対して、これらの補助金に係る手続等を周知し、活用の検討を働き掛けるなどしている。

（4）協力雇用主に対する栄典【施策番号17】

法務省は、内閣府の協力を得て、協力雇用主に対する栄典の授与について検討を行った結果、2018年（平成30年）秋の褒章以降、2022年（令和4年）までに、更生保護に寄与した功績により、11名の協力雇用主が藍綬褒章を受章した。

6　就職後の職場定着に向けたフォローアップの充実

（1）就労した者の離職の防止【施策番号18】

法務省は、少年院において、2018年度（平成30年度）から、就労した者の離職を防止することを目的に、（公財）日本財団が実施している職親プロジェクト[20]の参加企業の協力を得て、少年院在院者を対象に職場体験を積極的に実施する取組を実施している。また、退院や仮退院をした者又はその保護者等から、就労に関することを含め、健全な社会生活を送る上での問題について相談を求められた場合において、相当と認めるときは少年院の職員が相談に応じることができる制度（少年院法第

※20　職親プロジェクト

（公財）日本財団と企業が連携し、少年院出院者や刑務所出所者の更生・社会復帰を就労・教育・住居・仲間作りの面から包括的に支えることで、「誰でもやり直しができる社会」の実現を目指す民間発意の取組。2023年（令和5年）6月までに、累計477名の少年院出院者や刑務所出所者が職親企業に内定している。

146条）を設けており、2022年（令和4年）には退院者等からの相談を802件（前年：841件）受け付けた。

少年鑑別所では、「法務少年支援センター」という名称を用いて、地域社会における非行及び犯罪に関する各般の問題について、少年、保護者等からの相談のほか、関係機関からの依頼に基づき情報提供、助言、心理検査等のアセスメント、その他の心理的援助等の各種の専門的支援を行うなど、地域社会のニーズに広く対応しており、2022年（令和4年）は、1万4,013件（前年：1万3,613件）の相談等を受け付けた。その一環として、犯罪をした者等に対しても、仕事や職場の人間関係の悩み等について相談に応じ、助言を行うなど支援を行っている。

保護観察所では、保護観察対象者等に離職やトラブル等のおそれがあると認める場合、保護観察官が適時適切に当該保護観察対象者等に対する面接指導等を行い、就労した者の離職の防止に努めている。また、更生保護就労支援事業（【施策番号5ウ】参照）において「職場定着支援」を実施し、刑務所出所者等に対して就労後も継続的に訪問・指導等の支援を行っている。

厚生労働省は、ハローワークにおいて、就職した支援対象者や雇用主に対して、必要な相談・助言等を行い、離職を防止するための支援を行っている。

（2）雇用した協力雇用主に対する継続的支援【施策番号19】

法務省は、少年院において、少年院を出院した者を雇用した協力雇用主等からの相談を受け付けている（【施策番号18】参照）ほか、コレワークにおいても、協力雇用主の相談に応じるなど継続的支援を行っている（【施策番号5イ】参照）。

保護観察所では、協力雇用主が保護観察対象者等を雇用した場合、その後のフォローアップとして、必要に応じ、保護観察官が当該協力雇用主のもとを訪問するなどし、保護観察対象者等の就業状況を把握するとともに、協力雇用主の相談等に応じている。また、更生保護就労支援事業（【施策番号5ウ】参照）における「職場定着支援」では、被雇用者である刑務所出所者等への支援に加えて、協力雇用主に対しても、被雇用者への適切な指導方法等について助言を行うなど、被雇用者と協力雇用主双方への継続的な支援を行っている。

ハローワークの取組は【施策番号18】を参照。

（3）離職した者の再就職支援【施策番号20】

法務省は、保護観察所において、離職した保護観察対象者に対し、保護観察官が面接指導等により再就職を促すなどしており、特に、更生保護就労支援事業（【施策番号5ウ】参照）を実施している27庁においては、就職活動に対する支援が必要と認められる保護観察対象者等に対し、更生保護就労支援事業所がきめ細かな就職活動支援を行っている。また、地域によっては、協力雇用主らが、協力雇用主のネットワーク組織である協力雇用主会を組織し、情報交換等を行いながら、保護観察対象者等の雇用に取り組んでいることから、同会との連携を通じて、離職者も含めた無職の保護観察対象者等の就職支援を進めている。

7　一般就労と福祉的支援の狭間にある者の就労の確保

（1）受刑者等の特性に応じた刑務作業等の充実【施策番号21】

法務省は、2020年度（令和2年度）から、府中刑務所において、高齢により日常生活に支障が生じている者や心身の疾患等を有する者に対して、作業療法士等の専門的評価やアドバイスを得ながら、身体機能や認知機能の維持・向上を図り、段階的に一般的な生産作業に移行させるとともに、社会復帰に向けて身体機能及び認知機能を維持又は向上させる機能向上作業を試行し、2023年度（令和5年度）には同様の取組を11庁で実施している。

さらに、法務省は、知的能力に制約がある、あるいは集中力が続かないなどの特性を有しているた

め、一般就労が困難な者や継続できない者について、矯正施設在所中に、社会復帰に必要な認知機能等を向上させることにより就労や職場定着を図ることを目的として、2019年度（令和元年度）から、広島大学と連携し、作業療法を活用したプログラムの実施等を広島刑務所及び広島少年院において試行している。この試行の結果を踏まえて、刑事施設においては、2023年度（令和5年度）から、同プログラムの実施庁を10庁に拡大することとしている。

（2）障害者・生活困窮者等に対する就労支援の活用【施策番号22】

　法務省及び厚生労働省は、保護観察官、ハローワーク職員から構成される就労支援チームを設置して、障害者、生活困窮者も含めて、保護観察対象者等に対する就労支援を実施している（【施策番号5ア】参照）。

　法務省は、矯正施設在所者のうち障害等により就労が困難な者に対し、社会内で利用できる就労支援制度を紹介するためのリーフレットを配布している（2022年度（令和4年度）は、2,401部（前年度：2,257部）を配布）。

　厚生労働省は、障害を有している犯罪をした者等が、就労意欲や障害の程度等に応じて就労できるよう、引き続き、就労移行支援事業、就労継続支援A型事業、就労継続支援B型事業、就労定着支援事業（以下「就労系障害福祉サービス」という。資2-22-1参照。）に取り組んでいる。

　そうした中で、障害福祉サービス事業所が矯正施設出所者や医療観察法[21]に基づく通院医療の利用者等である障害者（以下「矯正施設出所者等である障害者」という。）を受け入れるに当たっては、①きめ細やかな病状管理、②他者との交流場面における配慮、③医療機関等との連携等の手厚い専門的な対応が必要であるため、「社会生活支援特別加算」において、訓練系、就労系障害福祉サービス（就労定着支援事業を除く。）事業所が、精神保健福祉士等の配置により矯正施設出所者等である障害者を支援していること、又は病院等との連携により精神保健福祉士等が事業所を訪問して矯正施設出所者等である障害者を支援していることを報酬上評価することで、受入れの促進を図ることとしている。

　また、生活困窮者自立支援法（平成25年法律第105号）においても、一般の企業等への就労が困難な犯罪をした者等に対する就労支援が可能であり、同法に基づく就労準備支援事業（資2-22-2参照）や就労訓練事業（資2-22-3参照）により、個々の状態像に合わせた個別の支援を展開している。

　さらに、福祉事務所設置地方公共団体の任意事業である就労準備支援事業について、その実施を努力義務としたほか、対象者の年齢要件を撤廃し65歳以上も利用可能とすること等により、多様化する就労支援ニーズをとらえた事業の実施を図っている。

※21　心神喪失等の状態で重大な他害行為を行った者の医療及び観察等に関する法律（平成15年法律第110号）

資2-22-1　就労系障害福祉サービスの概要

障害者総合支援法における就労系障害福祉サービス

	就労移行支援事業 （規則第6条の9）	就労継続支援A型事業 （規則第6条の10第1項）	就労継続支援B型事業 （規則第6条の10第2項）	就労定着支援事業 （規則第6条の10の4）
事業概要	通常の事業所に雇用されることが可能と見込まれる者に対して、①生産活動、職場体験等の活動の機会の提供その他の就労に必要な知識及び能力の向上のために必要な訓練、②求職活動に関する支援、③その適性に応じた職場の開拓、④就職後における職場への定着のために必要な相談等の支援を行う。 （標準利用期間：2年） ※ 必要性が認められた場合に限り、最大1年間の更新可能	通常の事業所に雇用されることが困難であり、雇用契約に基づく就労が可能である者に対して、雇用契約の締結等による就労の機会の提供及び生産活動の機会の提供その他の就労に必要な知識及び能力の向上のために必要な訓練等の支援を行う。 （利用期間：制限なし）	通常の事業所に雇用されることが困難であり、雇用契約に基づく就労が困難である者に対して、就労の機会の提供その他の就労に必要な知識及び能力の向上のために必要な訓練その他の必要な支援を行う。 （利用期間：制限なし）	就労移行支援、就労継続支援、生活介護、自立訓練の利用を経て、通常の事業所に雇用された者に対して、就労移行支援等の職場定着の義務・努力義務である6月を経過した者に対して、就労の継続を図るために、障害者を雇用した事業所、障害福祉サービス事業者、医療機関等との連絡調整、障害者が雇用されることに伴い生じる日常生活又は社会生活を営む上での各般の問題に関する相談、指導及び助言その他の必要な支援を行う。 （利用期間：3年）
対象者	① 企業等への就労を希望する者 ※平成30年4月から、65歳以上の者も要件を満たせば利用可能。	① 移行支援事業を利用したが、企業等の雇用に結びつかなかった者 ② 特別支援学校を卒業して就職活動を行ったが、企業等の雇用に結びつかなかった者 ③ 就労経験のある者で、現に雇用関係の状態にない者 ※平成30年4月から、65歳以上の者も要件を満たせば利用可能。	① 就労経験がある者であって、年齢や体力の面で一般企業に雇用されることが困難となった者 ② 50歳に達している者又は障害基礎年金1級受給者 ③ ①及び②に該当しない者で、就労移行支援事業者等によるアセスメントにより、就労面に係る課題等の把握が行われている者	① 就労移行支援、就労継続支援、生活介護、自立訓練の利用を経て一般就労へ移行した障害者で、就労に伴う環境変化により日常生活又は社会生活上の課題が生じている者であって、一般就労後6月を経過した者
報酬単価	468～1,128単位／日 ＜定員20人以下の場合＞ ※就職後6月以上の定着率が高いほど高い報酬	319～724単位／日 ＜定員20人以下、人員配置7.5:1の場合＞ ※「1日の平均労働時間」、「生産活動」、「多様な働き方」、「支援力向上」、「地域連携活動」の5つの項目による総合評価	Ⅰ.「平均工賃月額」に応じた報酬体系 566～702単位／日 ＜定員20人以下、人員配置7.5:1の場合＞ ※平均工賃月額が高いほど高い報酬 Ⅱ.「利用者の就労や生産活動等への参加等」をもって一律に評価する報酬体系 556単位／日 ＜定員20人以下の場合＞	1,046～3,449単位／月 ＜利用者数20人以下の場合＞ ※利用者数に応じた設定 ※就労定着率（過去3年間の就労定着支援の総利用者数のうち前年度末時点の就労定着者数）が高いほど高い報酬
事業所数	2,979事業所 （国保連データ令和4年4月）	4,202事業所 （国保連データ令和4年4月）	15,188事業所 （国保連データ令和4年4月）	1,459事業所 （国保連データ令和4年4月）
利用者数	35,569人 （国保連データ令和4年4月）	80,372人 （国保連データ令和4年4月）	310,084人 （国保連データ令和4年4月）	14,378人 （国保連データ令和4年4月）

出典：厚生労働省資料による。

資2-22-2　就労準備支援事業の概要

就労準備支援事業

【実績】
・622自治体（77%）（R4）
・利用4,463件（R3）

対象者
長期離職者や対人関係の不安等により、すぐに就職活動をすることが難しく、就労に向けた準備が必要な者

支援のイメージ

➢ 対象者の様々な状態像に応じて、多様な支援メニューを組み合わせたプログラムを作成。
➢ プログラムにより、社会（就労）生活の基礎能力の形成に向け、計画的かつ一貫した支援を実施（最長1年）。

対象者の様々な状態像	様々な状態像に対応できる多様な支援メニュー
○就労するための生活習慣が整っていない ○他者との関わりに強い緊張や不安を抱えており、コミュニケーションが苦手（避けてしまう） ○自尊感情や自己有用感を喪失しており、就労に向けた一歩が踏み出せない ○就労の意思が希薄・就労に関するイメージが持てない、就労に必要な情報が不足　等	○本人のニーズ・課題に合わせ、日常生活自立、社会生活自立、就労自立の3つの自立を想定した多様な支援メニュー ○通所、合宿等の様々な形態で実施 （多様な支援メニューの例） ・ワークショップ　・セミナー　・グループワーク　・職場見学　・就労体験　・模擬面接 ・応募書類作成指導　・キャリアコンサルティング　・ボランティア活動への参加　等

×

（生活・健康講座）　（農作業体験）　（封入作業）　（PC講座）　（就職面接等の講座）

期待される効果
○ 社会（就労）生活の基礎能力の習得や社会体験活動を通して、就労に向けたステップアップを図ることができる。

出典：厚生労働省資料による。

資2-22-3　就労訓練事業の概要

認定就労訓練事業（いわゆる「中間的就労」）

【実績（R4.3.31時点）】
・認定件数2,042件
・利用件数547件

対象者
就労準備支援事業を利用しても一般就労等への移行ができない者等、就労する上でまずは柔軟な働き方をする必要がある者

支援のイメージ
○認定を受けた法人で実践的な訓練を、段階的（非雇用型～雇用型）に行うことで、就労に必要な知識や経験を習得することを目指す。

<就労へ>
・一般就労
・福祉的就労
等本人が希望する選択肢へ

【非雇用型】（無償・有償）	【雇用型】（賃金）
・労働基準関係法令適用対象外 ・無償/有償での就労訓練が可能 ・働き方や作業内容については、本人の体調や能力に合わせ組み替え等の配慮	・労働基準関係法令適用対象 ・最低賃金～該当企業の給与規定に沿った賃金が支払われる ・就労条件における一定の配慮（労働時間、業務内容の組み替え、出勤について柔軟な対応）

就労訓練中の支援計画やモニタリング等、就労支援担当者（※）は本人と事業所担当者等と話し合いながら、支援を継続

（※）就労支援担当者の業務
（事業所ごとに1名以上配置）
①訓練計画等の策定
②対象者への必要な相談、指導等
③関係機関との連絡調整　　　等

自立相談支援機関（就労支援員）による定期的・継続的なアセスメント

認定の仕組み

認定主体
（都道府県、政令市、中核市）
←申請
認定→
（社会福祉法人、NPO法人、株式会社等）

認定の主旨
○ 事業所へのインセンティブの付与
　（税制優遇や優先発注の仕組みの活用）
○ 貧困ビジネスの排除
　（法人や事業所の運営の健全性を担保）　等

期待される効果
○ 対象者の状況に応じた柔軟かつ多様な働き方を可能とし、本人が希望する就労に向けたステップアップを実現。
○ また、就労訓練事業所の開拓等を通じて、地域における社会資源の開拓（地域づくり）を実現。

出典：厚生労働省資料による。

（3）ソーシャルビジネスとの連携【施策番号23】

　法務省は、全国の保護観察所において、労働市場で不利な立場にある人々のための雇用機会の創出・提供に主眼を置いてビジネス展開を図る、いわゆる「ソーシャル・ファーム」との連携を進め、2023年（令和5年）5月末現在、全国181団体（前年：169団体）との間で、雇用や受入れ等の連携を実施している。また、いわゆる「ソーシャル・ファーム」と保護観察所との間で「ソーシャル・ファーム雇用推進連絡協議会」を開催し、相互理解を深めるとともに、一般就労と福祉的支援との狭間にある者への就労支援について協議を行い、協力雇用主への登録に理解を示すソーシャル・ファームについて、協力雇用主としての登録も促している。

　また、2021年度（令和3年度）から、一部の刑事施設においてソーシャル・ファームとの意見交換会を開催し、2022年度（令和4年度）からは刑事施設66庁において開催している。実際にソーシャル・ファームからの意見を聞くことで、ソーシャル・ファームとの連携体制の構築だけでなく、受刑者等の社会復帰支援に活用できる社会資源の掘り起こしや、矯正と福祉の双方が抱える課題の解消につなげている。加えて、2022年度（令和4年度）からは、刑事施設15庁において、ソーシャル・ファームの職員等を招へいの上、就農意欲を有する受刑者への面接や指導を実施し、刑務所出所者の就農に向けた取組の推進を図っている。

　また、2019年（令和元年）6月に決定された「農福連携※22等推進ビジョン」において、犯罪をした者等の立ち直りに向けた取組への広がりが示されたことから、法務省及び農林水産省が連携し、一般就労と福祉的支援との狭間にある刑務所出所者等の就農に向けた取組を推進している。

※22 農福連携
　農業と福祉が連携し、障害者等の農業分野での活躍を通じて、農業経営の発展とともに、障害者等の自信や生きがいを創出し、社会参画を実現する取組。

　さらに、2020年（令和2年）3月に経済団体、農林水産業団体、福祉団体その他の関係団体、地方公共団体、関係省庁等の様々な関係者が参加し、国民的運動として農福連携等を展開していくため、農福連携等応援コンソーシアムを設置するとともに、2020年度（令和2年度）からは、農福連携に取り組んでいる優れた事例を表彰し、全国への発信を通じて横展開を図る「ノウフク・アワード」を実施している。

Column 1

SCRP を活用した
刑事施設における職業訓練の効果検証結果について

法務省大臣官房秘書課・法務省矯正局

　刑事施設からの出所者の再犯防止を図るためには、就労を始めとする安定した生活基盤を築くことが重要であることから、刑事施設では、就労につながる知識・技能の習得や免許・資格の取得を目的として、必要性が認められた受刑者に対し職業訓練を実施しています。

　一方、職業訓練を修了した者（職業訓練修了者）の出所後の就労状況等に関する情報収集が困難であったことなどから、職業訓練の実施と出所後の就労状況等の因果関係についてはこれまで検証したことがありませんでした。

　こうした中、2017年度（平成29年度）から運用を開始した刑事情報連携データベースシステム（SCRP。【施策番号87】参照）を活用することにより、職業訓練修了者の出所後の就労状況（※保護観察終了時有職であったのか。）に関する情報を効率的に把握することが可能となったため、職業訓練修了者と修了しなかった出所者（職業訓練非修了者）の出所後の就労状況を比較することで、職業訓練の効果検証が可能になりました。

　しかし、効果検証に当たっては、更なる課題がありました。それは、刑事施設の職業訓練の対象者は、職業訓練に編入する段階において、その訓練を希望していること、受刑中の生活態度が良好であること、健康状態に問題がないことなど、一定の条件を満たす者と定めているため、職業訓練修了者は、職業訓練非修了者と異なる特性や属性を有している可能性があり、そうした違いが出所後の就労に影響を与え、職業訓練の真の効果との間にかい離を生じさせることが考えられます。

　そこで、法務省矯正局では、職業訓練修了者と職業訓練非修了者とを比較可能な形にするため、職業訓練の編入に影響を与える要因を分析・特定の上、それらを揃え（このことを「バイアスの統制」といいます。）、比較可能な集団として修了群と非修了群（比較対照群）を抽出しました。

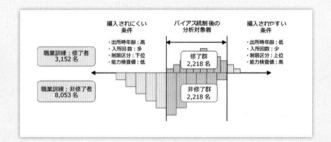

　そして、抽出した職業訓練修了群2,218名と非修了群2,218名の保護観察終了時の有職率を比較したところ、職業訓練修了群の有職率は78.7%で、非修了群の有職率の74.0%よりも高く、統計的にも有意差が認められました[23]。

　以上から、刑事施設における職業訓練修了者は、上記のようにバイアスを統制してもなお、職業訓練非修了者に比べ、保護観察終了時の有職率が高く、安定した就労を継続している者の割合が高いことが明らかになりました。

※23 SCRPの情報を処理して得られた統計結果については、法務省が公表している各種統計と異なる場合があります。

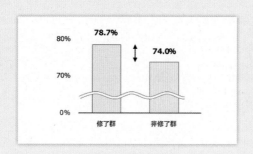

なお、本効果検証結果の詳細については、法務省ホームページ[24]に掲載しておりますので、御覧ください。

第2節 住居の確保等

1 矯正施設在所中の生活環境の調整の充実

（1）帰住先確保に向けた迅速な調整【施策番号24】

法務省は、保護観察所が行う受刑者等の釈放後の生活環境の調整[25]を充実させるため、生活環境の調整に対する地方更生保護委員会の関与を強化し、地方更生保護委員会が、矯正施設収容後の早期の段階から受刑者等に対し帰住先[26]等に関する調査を行うなどした上で、保護観察所に対して指導・助言・連絡調整を行い、保護観察所はこれを踏まえて、福祉サービスや民間の依存症回復支援施設等への帰住調整も含め、適切な帰住先を迅速に確保するための取組を行っている。2022年（令和4年）は、地方更生保護委員会における受刑者等に対する帰住先等の調整に関する面接調査が3,972件（前年：4,829件）行われた。また、「再犯防止推進計画加速化プラン」（令和元年12月23日犯罪対策閣僚会議決定）において、生活環境の調整の充実強化と仮釈放の積極的な運用を図るとされたことを受け、2020年度（令和2年度）からは、専ら当該調査及び調整を行う地方更生保護委員会の保護観察官を全国の刑事施設11庁[27]に駐在させ、その運用の積極化を図っている。

（2）受刑者等の親族等に対する支援【施策番号25】

法務省は、刑事施設において、受刑者の改善更生と円滑な社会復帰に資するよう、受刑者と親族や雇用主等との外部交通（面会、信書の発受及び電話等による意思連絡）の適切な運用に努めている。

少年院では、保護者に対し、在院者に対する教育方針や教育内容・方法、社会復帰に向けた支援の実施等への理解と協力を得るため、在院者の処遇に関する情報提供、少年院の職員による面接の実施、少年院で実施する活動への参加の働き掛け等を行っており、2022年（令和4年）は、678回

※24 刑事施設における職業訓練の効果検証について
https://www.moj.go.jp/kyousei1/kyousei13_00004.html

※25 生活環境の調整
受刑者等の出所後の帰住予定地を管轄する保護観察所の保護観察官や保護司が引受人等と面接するなどして、帰住予定地の状況を調査し、住居、就労先等が改善更生と社会復帰にふさわしい生活環境となるよう調整するもの。これに加えて、地方更生保護委員会において、調整が有効かつ適切に行われるよう、保護観察所に対して指導や助言を行っているほか、収容中の者との面接等による調査も行っている。これらの調整結果は、仮釈放等審理のほか、受刑者等の仮釈放後の保護観察や満期釈放後の更生緊急保護（【施策番号33】参照）等に活用されている。
※26 帰住先
帰住先とは、刑事施設、少年院に収容されている者が、出所・出院後、一定期間生活をしていく場所を指す。親族・知人宅のほか、就労先の寮、更生保護施設や自立準備ホーム、グループホーム等の社会福祉施設などがある。
※27 地方更生保護委員会の保護観察官が駐在する刑事施設
札幌（札幌刑務支所を含む。）、宮城、府中、横浜、名古屋、京都、大阪、神戸、広島、高松及び福岡刑務所

（前年：674回）の保護者会を実施し、延べ1,364人（前年：1,538人）の保護者が参加した。また、保護者の矯正教育※28への理解を促進し、職員と協働して在院者の有する問題及び課題を解決するために努力する意欲を向上させること、在院者との相互理解を深めさせること、在院者を監護する役割についての認識を深めさせることを目的として、保護者参加型プログラムを実施している。2022年（令和4年）は、106回（前年：87回）の保護者参加型プログラムを実施し、延べ320人（前年：400人）の保護者が参加した。

　保護観察所では、受刑者等の出所後の生活環境の調整の一環として、受刑者等の親族等に対し、受刑者等の改善更生を助けることへの理解や協力を求めるとともに、相談に応じたり、支援機関の情報提供をしたりするなど、必要に応じた支援を実施している。例えば、薬物依存がある受刑者等の家族に対しては、薬物依存についての知識、本人との接し方、他の関係機関や民間団体からの支援にはどのようなものがあるかといった助言等を行うため、引受人・家族会※29を開催している。2022年度（令和4年度）は、引受人・家族会を140回（前年度：89回）実施、781人（前年度：566人）の引受人や家族が参加した。

2 更生保護施設等の一時的な居場所の充実

（1）更生保護施設における受入れ・処遇機能の充実【施策番号26】

　法務省は、出所後の適当な住居等がない刑務所出所者等を更生保護施設※30で一時的に受け入れて、社会適応に必要な生活指導を行うなど、刑務所出所者等の居場所の確保に取り組んでいる。2022年度（令和4年度）の更生保護施設への委託実人員は6,565人（前年度：6,811人）であり、そのうち、新たに委託を開始した人員は5,120人（前年度：5,315人）であった。また、1日当たり1人を単位とした年間収容延べ人員は52万5,233人（前年度：54万2,407人）で、1人当たりの平均委託期間は80.0日（前年度：79.6日）であった。法務省は、刑務所出所者等がそれぞれの問題性に応じた支援を受けられるよう、更生保護施設のうち一部を、高齢・障害者等を積極的に受け入れる指定更生保護施設や、薬物依存からの回復を支援する薬物処遇重点実施更生保護施設に指定した上で、これらの施設に、専門の職員を配置すること等により更生保護施設の受入れ及び処遇機能の充実を図っている（指定更生保護施設については【施策番号37】を、薬物処遇重点実施更生保護施設については【施策番号46】を参照）。

　また、2023年（令和5年）4月からは、新たに、保護観察所が更生保護施設に対して、入所者や施設を退所した者等の特性に応じた多様な措置（特定補導）の委託を開始している（**資2-26-1**参照）。

※28 矯正教育
　少年院が、保護処分又は刑の執行として、在院者の犯罪的傾向を矯正し、並びに在院者に対し、健全な心身を培わせ、社会生活に適応するのに必要な知識及び能力を習得させるために行う体系的かつ組織的な指導。

※29 引受人・家族会
　保護観察所は、規制薬物等に対する依存がある生活環境調整対象者又は保護観察対象者の引受人や家族が薬物依存に関する正確な知識を持ち、薬物依存当事者に対して適切に対応する方法を身に付けることや、支援機関等の情報を得て家族等自身が必要な支援を受けることができるようになること等を目的として、医療・保健・福祉機関や自助グループ等と連携して薬物依存者の家族等を対象とした引受人・家族会を定期的に実施している。

※30 更生保護施設
　更生保護事業法（平成7年法律第86号）第2条第7項に定める施設で、主に保護観察所からの委託を受けて、住居がない、頼るべき人がいないなどの理由で直ちに自立することが難しい保護観察対象者や更生緊急保護（【施策番号33】参照）の対象者を受け入れて、宿泊場所や食事の提供、社会復帰のための就職援助や生活指導、施設退所者に対する通所又は訪問による支援等を行う。
　2023年（令和5年）4月現在、全国に102施設あり、更生保護法人（同法第2条第6項に定める法人で、更生保護施設の運営など更生保護事業（【施策番号27】参照）を営むことを目的とする団体が、同法の規定に基づき、法務大臣の認可を受けて設立する法人）により99施設が運営されているほか、社会福祉法人、特定非営利活動法人及び一般社団法人により、それぞれ1施設が運営されている。その内訳は、男性のみ受け入れている施設が87施設、女性のみ受け入れている施設が7施設、男女とも受け入れている施設が8施設となっている。収容定員の総計は2,399人であり、男性が成人1,884人と少年318人、女性が成人150人と少年47人である。

資2-26-1　更生保護施設における特定補導について

更生保護施設における特定補導について

背景

○ 「これからの更生保護事業に関する提言」（平成31年３月、これからの更生保護事業に関する有識者検討会）等により、更生保護施設において、個別の問題に対応可能な各種処遇メニューを更に広く取り入れ、その内容を充実させていくこと等が提言
○ 令和５年施行の改正更生保護事業法で、更生保護施設における「特定の犯罪的傾向を改善するための援助」が明記

≫≫　更生保護施設において「特定補導」を開始（R5.4～）

目的

更生保護施設が、犯罪をした者等に対する処遇の専門施設として、対象者の特性に応じた専門的な指導や支援を実施すること

概要

内容	更生保護施設が行う処遇のうち、日常的な生活指導など基礎的な処遇以外の処遇を、その内容や負担等に応じて４つの類型に分類して実施

対象者	・更生保護施設入所者 ・更生保護施設退所者等の通所者　※　これらの者のうち、個々の特性や問題性などに応じて対象者を選定

類型	A群	認知行動療法等 （薬物依存回復プログラム等）	認知行動療法等に基づき、特定の犯罪的傾向を改善するための体系化された手順により対象者の認知の偏りなどを修正し、問題行動を変容させることを内容とするもの
	B群	依存回復訓練 （グループ・ミーティング等）	グループ・ミーティング等の形式で実施され、薬物、アルコール、ギャンブル等に対する依存からの回復に向けた取組を実施又は維持させることを内容とするもの
	C群	社会適応訓練 （ソーシャルスキル・トレーニング等）	SST、就労セミナー、コラージュ療法等、自立した生活を営む上で改善すべき個別の課題や問題性を解消するために個別的に働き掛けることを内容とするもの
	D群	地域移行支援 （社会奉仕活動、地域交流活動等）	社会奉仕活動、地域交流活動等、自立した生活を営む上で必要な集団における体験や機会を提供することを内容とするもの

出典：法務省資料による。

（2）更生保護施設における処遇の基準等の見直し【施策番号27】

　法務省は、2019年（平成31年）３月、学識経験者等を構成員とする有識者検討会から、更生保護施設における処遇や支援の充実強化等を内容とする「これからの更生保護事業[※31]に関する提言」[※32]を得た。提言においては、更生保護施設退所者へのフォローアップの重要性等についての指摘がなされ、これを更生保護施設の処遇の一部として明確に位置付けるための制度の充実や見直し等が求められた。これを踏まえ、更生保護施設退所後の支援の充実を図るため、2021年（令和３年）10月から、全国８施設において、更生保護施設退所者等の自宅等を訪問するなどして継続的な支援を行い、これらの者の改善更生や地域定着を図ることを目的とする訪問支援事業を開始した。2023年（令和５年）４月からは３施設を新たに指定し、全国11施設において支援を行っている（【施策番号94】参照）。

[※31]　更生保護事業
　　更生保護事業法第２条第１項に定める事業で、「継続保護事業」、「一時保護事業」及び「連絡助成事業」をいう。
　　継続保護事業とは、保護観察対象者等を更生保護施設に収容して、宿泊場所を供与し、必要な生活指導等を行い、その改善更生に必要な保護を行う事業。
　　一時保護事業とは、保護観察対象者等に対し、宿泊場所への帰住、医療又は就職を助け、金品を給与し、又は貸与し、生活の相談に応ずる等その改善更生に必要な保護（継続保護事業として行うものを除く。）を行う事業。
　　連絡助成事業とは、継続保護事業、一時保護事業その他保護観察対象者等の改善更生を助けることを目的とする事業に関する啓発、連絡、調整又は助成を行う事業。
　　なお、これらの更生保護事業については、2022年（令和４年）６月に成立した刑法等の一部を改正する法律（令和４年法律第67号）による更生保護事業法の改正により、「継続保護事業」を「宿泊型保護事業」に、「一時保護事業」を「通所・訪問型保護事業」に、「連絡助成事業」を「地域連携・助成事業」にそれぞれ改めることとされた。本改正については、令和５年12月１日に施行することとされた。
[※32]　「これからの更生保護事業に関する提言」関係資料URL
　　https://www.moj.go.jp/hogo1/soumu/hogo12_00002.html
　　（法務省ホームページ「これからの更生保護事業に関する有識者検討会について」ページへリンク。）

（3）自立準備ホームの確保と活用【施策番号28】

　法務省は、社会の中に多様な居場所を確保する方策として、「緊急的住居確保・自立支援対策」（資2-28-1参照）を実施しており、保護観察所が、更生保護施設以外のあらかじめ保護観察所に登録された民間法人・団体等に、保護観察対象者等に対する宿泊場所[33]や食事の提供、生活支援（自立準備支援）を委託している。2022年度（令和4年度）の委託実人員は1,868人（前年度：1,863人）（そのうち、新たに委託を開始した人員は1,514人（前年度：1,474人））、1日当たり1人を単位とした年間収容延べ人員は12万7,486人（前年度：12万9,198人）であり、1人当たりの平均委託期間は68.2日（前年度：69.3日）であった。

資2-28-1　緊急的住居確保・自立支援対策の概要

緊急的住居確保・自立支援対策（自立準備ホーム）の概要

更生保護施設

- 更生保護施設は、生活基盤が確保できない刑務所出所者等の最後の砦
- 一方で、行き場のない刑務所出所者等は多数に上っており、多様な受皿を確保することが必要

新たな仕組みが必要

緊急的住居確保・自立支援対策

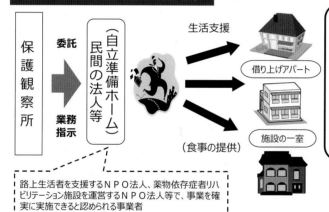

保護観察所 —委託／業務指示→ （自立準備ホーム）民間の法人等 —生活支援／（食事の提供）→ 借り上げアパート／施設の一室 → 自立

- 更生保護施設以外の宿泊場所を確保している法人等が、「住居」と「生活支援」を一体的に提供
- 毎日対象者と接触し、日常生活の支援や自立に向けた支援を実施
- 「食事」の提供も可能

路上生活者を支援するNPO法人、薬物依存症者リハビリテーション施設を運営するNPO法人等で、事業を確実に実施できると認められる事業者

出典：法務省資料による。

3　地域社会における定住先の確保

（1）住居の確保を困難にしている要因の調査等【施策番号29】

　法務省は、2018年度（平成30年度）に更生保護施設職員等に対して、犯罪をした者等の住居の確保を困難にしている要因についてアンケートを行ったところ、賃貸契約時の連帯保証人の確保や経済基盤の問題等が挙げられた。また、「再犯防止推進計画加速化プラン」（令和元年12月23日犯罪対策閣僚会議決定）において、生活環境の調整等による受け皿の確保として「居住支援法人[34]と連携した新たな支援の在り方を検討する」こととされた。そこで、2020年度（令和2年度）から、刑務

※33　自立準備ホーム
　　　「緊急的住居確保・自立支援対策」に基づき、保護観察対象者等に対して、民間法人・団体等が提供する宿泊場所を「自立準備ホーム」と呼ぶ。2023年（令和5年）4月現在の登録事業者数は506事業者であり、その内訳は、特定非営利活動法人が163事業者、会社法人が135事業者、宗教法人が42事業者、その他が166事業者となっており、多様な法人・団体が登録されている。
※34　居住支援法人
　　　住宅確保要配慮者に対する賃貸住宅の供給の促進に関する法律（平成19年法律第112号）第40条に規定する法人で、住宅確保要配慮者の民間賃貸住宅への円滑な入居の促進を図るため、家賃債務の保証、円滑な入居の促進に関する情報の提供・相談、その他の援助などを実施する法人として都道府県が指定するもの。

所出所者等の住まいの確保やセーフティネット機能の強化に向けて、国土交通省、厚生労働省及び法務省が連携し、関係機関での情報共有や協議を行う「住まい支援の連携強化のための連絡協議会」を年に1回程度開催している。

また、2022年度（令和4年度）には、住まい支援の実務におけるより具体的な課題を把握・共有することを目的に、連絡協議会の下に「住まい支援における課題の把握に関するワーキンググループ」を設置し、関係省庁及び関係機関による実践的な報告や意見交換を実施した。

(2) 住居の提供者に対する継続的支援の実施【施策番号30】

法務省は、保護観察対象者等の居住等について、公営住宅の事業主体である地方公共団体から相談を受けた際は、更生保護官署において、その相談内容を踏まえて当該保護観察対象者等に指導及び助言を行うとともに、身元保証制度（【施策番号11】参照）の活用事例について情報提供等を行うなど、保護観察対象者等であることを承知して住居を提供する者に対する継続的支援を行っている。

(3) 公営住宅への入居における特別な配慮【施策番号31】

国土交通省は、2017年（平成29年）12月に、各地方公共団体に対して、保護観察対象者等が住宅に困窮している状況や地域の実情等に応じて、保護観察対象者等の公営住宅への入居を困難としている要件を緩和すること等について検討するよう要請を行い、併せて、矯正施設出所者について、「著しく所得の低い世帯」として優先入居の対象とすることについても適切な対応を要請するなど、公営住宅への入居における特別な配慮を行っている。

(4) 賃貸住宅の供給の促進【施策番号32】

法務省は、住宅確保要配慮者に対する賃貸住宅の供給の促進に関する法律（平成19年法律第112号）に基づき、犯罪をした者等のうち、同法第2条第1項が規定する住宅確保要配慮者[35]に該当する者に対して、個別の事情を踏まえつつ、賃貸住宅に関する情報の提供及び相談を実施している。また、更生保護施設退所者の住居確保の観点から、保護観察対象者等の入居を拒まない住居の開拓・確保にも努めている。

(5) 満期出所者に対する支援情報の提供等の充実【施策番号33】

法務省は、刑事施設において、出所後の社会生活で直ちに必要となる知識の付与等を目的として、講話や個別面接等による釈放前の指導を実施している。特に、適当な帰住先が確保できていないなど、釈放後の生活が不安定となることが見込まれる満期出所者に対しては、刑事施設に配置された福祉専門官や非常勤の社会福祉士等が個別面接を行うなどして、受刑者本人のニーズを把握しながら、更生緊急保護[36]の制度や、社会保障等の社会における各種手続に関する知識を付与し、必要な支援につなぐための働き掛けを行っている。

---

[35] 住宅確保要配慮者
　　低額所得者、被災者、高齢者、障害者、子供を養育している者、保護観察対象者等。

[36] 更生緊急保護
　　更生保護法（平成19年法律第88号）第85条に基づき、保護観察所が、満期釈放者、保護観察に付されない全部執行猶予者及び一部執行猶予者、起訴猶予者等について、親族からの援助や、医療機関、福祉機関等の保護を受けることができない場合や、得られた援助や保護だけでは改善更生することができないと認められる場合、その者の申出に基づいて、食事・衣料・旅費等を給与し、宿泊場所等の供与を更生保護施設等に委託したり、生活指導・生活環境の調整などの措置を講ずるもの。刑事上の手続等による身体の拘束を解かれた後6月を超えない範囲内（特に必要があると認められるときは、更に6月を超えない範囲内）において行うことができる。
　　なお、2022年（令和4年）6月に成立した刑法等の一部を改正する法律（令和4年法律第67号）による改正後の更生保護法においては、更生緊急保護の対象者に、処分保留で釈放された者のうち検察官が罪を犯したと認めたものが追加された。また、更生緊急保護を行うことができる期間について、刑事上の手続又は保護処分による身体の拘束を解かれた後6月の範囲内という原則的な期間に加えて、更生緊急保護の措置のうち金品の給与又は貸与及び宿泊場所の供与については更に6月、その他のものについては更に1年6月（通算2年）を超えない範囲内において行うことができることとされた。さらに、矯正施設収容中の段階から更生緊急保護の申出を行うことができることとされた。
　　これらの改正については、令和5年12月1日から施行することとされた。

　地方更生保護委員会では、満期出所が見込まれる受刑者等について、継続的に保護観察官による面接を実施し、更生緊急保護の制度について説示し、申出への動機付けを行うとともに、更生緊急保護の申出見込みについて保護観察所に必要な情報提供を行っている。また、保護観察所において、帰住先を確保できないまま満期出所した更生緊急保護対象者に対して、更生保護施設等への委託をするほか、必要に応じて保健医療・福祉関係機関等の地域の支援機関等についての情報提供を行うなど、一時的な居場所の提供や定住先確保のための取組の充実を図っている。2022年（令和4年）は、更生保護施設及び自立準備ホームに対して、2,280人（前年：2,388人）の満期出所者等への宿泊場所の提供等を委託し、これらの者の一時的な居場所を確保した。

Column 2　更生保護施設草牟田寮（そうむたりょう）における 住居確保の取組

更生保護施設草牟田寮

　鹿児島県内唯一の更生保護施設である草牟田寮は、西南戦争最後の激戦地である鹿児島市城山にほど近い住宅地にあります。職員は、常勤・非常勤（調理員含む）合わせて15人、日々、被保護者の社会復帰に向けて汗を流しています。

　草牟田寮では、退所後の被保護者が社会内で同じような失敗、さらには再犯をしないためには、入所中からどのような支援や関わりをしていけばよいのかを、常に問題意識として職員間で共有しながら支援に当たっています。本コラムでは、草牟田寮で実施した高齢者や障害者への「住居の確保」（居場所づくり）の事例について紹介します。

【事例1】～80代男性の支援事例～

　長期間にわたり保護観察を受けている被保護者。軽度知的障害、アルコール依存症を抱えており、草牟田寮退所後、生活保護を受給しながら単身生活を送っていたが、飲酒によるトラブルで再度草牟田寮に入所することになった。

　同じようなトラブルを起こさないよう、草牟田寮の福祉担当職員が繰り返し面接を実施して信頼関係を構築した上で、アルコール依存症の治療継続を働き掛けること、単身生活は困難であるとの判断から福祉施設への入所調整を進めることを本人の処遇方針として定めた。

　福祉担当職員による親身な対応等により、入所数か月後、本人の口から「一人暮らしで死にたくない。」との言葉が聞かれるとともに、アルコール依存症の治療に取り組み始めたことから、関係機関との協議調整を行い、候補となる福祉施設での体験入所を経て同施設へ移行した。

　福祉施設入所後の本人は、飲酒によるトラブルや問題行動はなく、福祉施設職員の指示に従って安定した生活を継続している。また、事件後から疎遠であった親族とも数十年ぶりに再会を果たすことができ、本人の長年の希望も叶った。

【事例2】～70代男性の関係機関との連携事例～

　高齢で知的障害があり、刑事施設入所中から地域生活定着支援センター等の関係機関が連携した特別調整が行われ、満期釈放後、一時的な居住先として草牟田寮に入所した。当寮から就労継続支援B型事業所に通いながら、グループホーム入所に向けて調整が続けられたが、グループホームの入所契約上、連帯保証人の確保が必要であった。このため、鹿児島県から居住支援法人として指定されているNPO法人による「地域ふくし連携型連帯保証提供事業」を利用し、同法人が連帯保証を行い、入居先の確保に至った。

　上記のほかにも、知的障害を有する被保護者の住居確保のため、農福連携を推進している社会福祉法人と連携を図った事例や協力雇用主のもとで住み込み就労に至った事例もあり、これまで様々な関係機関と協力しながら住居確保を支援しています。

　また、近年は、草牟田寮を退所した被保護者が孤独や不安を抱え、再犯に陥らないようフォローアップ事業（【施策番号94】参照）を積極的に行っています。さらに、当寮のフォローアップ事業に加えて、鹿児島県の地域再犯防止推進事業として鹿児島県保護司会連合会が委託を受けて実施している、満期釈

草牟田寮・ひまわり教室の様子

放者等を中心に居場所づくりや相談支援を行う「ひまわり教室」への参加が、本人達の孤独を癒やし、感情吐露の場となり、社会内で安定した生活をする上で大きな力となっています。

　これからも様々な問題を抱える被保護者の個々の特性や課題等に応じ、関係機関と更なる連携を図りながら、住居確保や居場所づくりに取り組んでいきたいと考えています。

第3章

自分と人生が溶けてしまう前に

保健医療・福祉サービスの利用の促進等のための取組

1 関係機関における福祉的支援の実施体制等の充実

(1) 刑事司法関係機関におけるアセスメント機能等の強化【施策番号34】

法務省は、矯正施設において、犯罪をした者等について、福祉サービスのニーズを早期に把握し、円滑に福祉サービスを利用できるようにするため、社会福祉士又は精神保健福祉士を非常勤職員として配置するほか、福祉専門官（社会福祉士、精神保健福祉士又は介護福祉士の資格を有する常勤職員）を配置している（配置施設数の推移は資3-34-1のとおり。）。また、2022年度（令和4年度）は、大規模な刑事施設8庁及び女子刑事施設2庁の合計10庁[※1]において、入所時年齢が60歳以上等の受刑者を対象に認知症スクリーニング検査等を実施し、認知症等の早期把握に努めている。また、2023年度（令和5年度）から、全国の刑事施設において、入所時年齢65歳以上等の受刑者を対象に認知症スクリーニング検査等を実施することとしている。

少年鑑別所（法務少年支援センター）では、地域援助の一環として、検察庁からのいわゆる入口支援[※2]への協力依頼を受けて、被疑者等の福祉的支援の必要性の把握のために知的能力等の検査を実施しており、2022年（令和4年）は、検察庁から220件（前年：305件）の依頼を受け、援助を実施した。

保護観察所では、福祉サービス利用に向けた調査・調整機能の強化のため、福祉的支援等を担当する保護観察官に対して、福祉的支援に関する講義を実施しているほか、社会福祉士会等が主催する研修や刑事司法関係機関と福祉関係機関が参加する福祉的支援に関する事例研究会に積極的に参加させるなどして、保護観察官のアセスメント能力の更なる向上等を図っている。

| 資3-34-1 | 刑事施設・少年院における社会福祉士、精神保健福祉士及び福祉専門官の配置施設数の推移 |

（令和元年度～令和5年度）

区分	矯正施設の別	令和元年度	令和2年度	令和3年度	令和4年度	令和5年度
社会福祉士	刑事施設	69	69	68	67	67
	少年院	18	18	22	21	25
精神保健福祉士	刑事施設	8	8	8	8	8
	少年院	2	2	2	2	2
福祉専門官	刑事施設	56	58	58	57	58
	少年院	3	8	9	10	12

注　1　法務省資料による。
　　2　刑事施設は、PFI手法により運営されている施設を除く。

※1　認知症スクリーニング検査実施10庁
　　札幌、宮城、栃木、府中、名古屋、大阪、和歌山、広島、高松及び福岡刑務所
※2　入口支援
　　一般に、矯正施設出所者を対象とし、矯正施設から出所した後の福祉的支援という意味での「出口支援」に対して、刑事司法の入口の段階、すなわち、起訴猶予、刑の執行猶予等により矯正施設に入所することなく刑事司法手続を離れる者について、高齢又は障害等により福祉的支援を必要とする場合に、検察庁、保護観察所、地域生活定着支援センター、弁護士等が、関係機関・団体等と連携し、身柄釈放時等に福祉サービス等に橋渡しするなどの取組をいう。

（2）高齢者又は障害のある者等である受刑者等に対する指導【施策番号35】

　法務省は、刑事施設において、高齢者又は障害のある受刑者の円滑な社会復帰を図るため、「社会復帰支援指導プログラム」（資3-35-1参照）を全国で実施している。同プログラムは、地方公共団体、福祉関係機関等の職員や民間の専門家を指導者として招へいするなど、関係機関等の協力を得て実施し、基本的動作能力や体力の維持・向上のための健康運動指導を行うほか、各種福祉制度に関する基礎知識の習得を図るものである。2022年度（令和4年度）の受講開始人員は367人（前年：456人）であった。

特集
第1章
第2章
第3章
第4章
第5章
第6章
第7章
第8章
基礎資料

資3-35-1　社会復帰支援指導プログラムの概要

刑事施設における一般改善指導

社会復帰支援指導プログラム

地域社会とともに
開かれた矯正へ

- ■　指導の目標
  高齢・障害を有する等の理由により、円滑な社会復帰が困難であると認められる受刑者に対し
  ①　基本的生活能力、社会福祉制度に関する知識その他の社会適応に必要な基礎的な知識及び能力を身に付けさせること。
  ②　出所後、必要に応じて福祉的な支援を受けながら、地域社会の一員として健全な社会生活を送るための動機付けを高めさせること。
- ●　対象者　　　①特別調整等の福祉的支援の対象とすることが必要と認められる者（現に福祉的支援の対象となっている者を含む）
  ②その他本プログラムを受講させることにより、改善更生及び円滑な社会復帰に資すると見込まれる者
- ●　指導者　　　刑事施設職員（刑務官、法務教官、社会福祉士等）、関係機関・団体職員
- ●　指導方法　　グループワーク、ロールプレイング、視聴覚教材、講話　等
- ●　実施頻度等　１単元６０分　全１８単元　標準実施期間：４～６か月

| カリキュラム | | |

単元	単元項目	概要
1	オリエンテーション	プログラムの目的と意義を理解させ、動機付けを図る。
2	基本的動作能力・体力の維持及び向上（生活動作のトレーニング）	体力・健康の維持が社会生活を送る上で重要であることを理解させ、歩行などに必要な体力等の維持及び向上を図る。
3	基本的思考力の維持及び向上（考える力のトレーニング）	物事を考えることが老化防止につながることを理解させ、日常生活で必要となる基本的な思考力等の維持等を図る。
4	基本的健康管理能力の習得①（身体面の健康管理について）	健康管理の必要性を理解させ、自己管理の方法、病気になった場合の病院のかかり方を学ばせる。
5	同②（心の健康）	心の健康について理解させ、健康を維持する方法を学ばせる。
6 7	基本的生活能力の習得①、②（対人スキル等）	地域社会の一員として、良好な対人関係を維持することが再犯防止につながることを理解させ、対人関係スキル・会話スキルを学ばせる。
8	基本的生活能力の習得③（金銭管理を考える）	これまでの金銭の使い方などを振り返り、自分の金銭管理の問題性を認識させ、適切な金銭管理について理解させる。
9	各種福祉制度に関する基礎的知識の習得①（概要）	社会復帰後に健康で安定した生活を送るために社会福祉サービスが利用できることや住民登録等の必要性を理解させる。
10	同②（就労支援と年金）	就労の確保の方法を理解させるとともに、老齢年金等の基本的な内容を理解させる。
11	同③（各種福祉制度）	健康保険及び障害者福祉、高齢者福祉、介護保険と出所後に想定される困難場面における具体的な対処方法について学ばせる。
12	同④（生活保護）	生活保護制度の仕組み、受給資格や申請の仕方等について理解させ、社会福祉に対する関心を喚起し、関係窓口の利用の仕方について学ばせる。
13-1	同⑤（特別調整と地域生活定着支援センター）	特別調整と地域生活定着支援センターの設置目的、業務内容等について理解させる。
13-2	同⑥（更生緊急保護）	更生緊急保護について理解させ、社会復帰後の生活について考えさせる。
14	同⑦（まとめ）	出所後に直面することが予想される危機的場面について考えさせる。出所後利用できる福祉制度や相談の仕方等の確認を行う。
15	再犯防止のための自己管理スキルの習得①（規範遵守）	社会生活においてルールや約束事を遵守する構えを身に付けさせる。
16	同②（安定した生活への動機付け）	安定した生活を送るための具体的な方策を考えさせる。
17	同③（危機場面への対応）	再犯しないために、適切な問題解決の方法を考えさせる。出所後の危機場面を予想させ、適切な対処法を具体化させる。
18	同④（本プログラムのまとめ）	本指導を振り返らせ、受講者が抱えている不安や悩みを整理させ、円滑な社会復帰のための方策を具体的に考えさせる。

出典：法務省資料による。

（3）矯正施設、保護観察所及び地域生活定着支援センター等の多機関連携の強化等【施策番号36】

　法務省及び厚生労働省は、受刑者等のうち、適当な帰住先が確保されていない高齢者又は障害のある者等が、矯正施設出所後に、福祉サービスを円滑に利用できるようにするため、矯正施設、地方更生保護委員会、保護観察所、地域生活定着支援センター[※3]等の関係機関が連携して、矯正施設在所中から必要な調整を行い出所後の支援につなげる特別調整（**資3-36-1**及び【指標番号10】参照）の取組を実施している。この取組を促進するため、関係機関において、特別調整の対象者等に対する福

祉的支援に係る協議会や、各関係機関等が有している制度や施策について相互に情報交換等を行う連絡協議会等を行っている。

　加えて、2018年度（平成30年度）からは、地域生活定着支援センターにおいて、矯正施設入所早期からの関わりや地域の支援ネットワークの構築の推進を強化するなど、更なる連携機能の充実強化を図っている。

資3-36-1　特別調整の概要

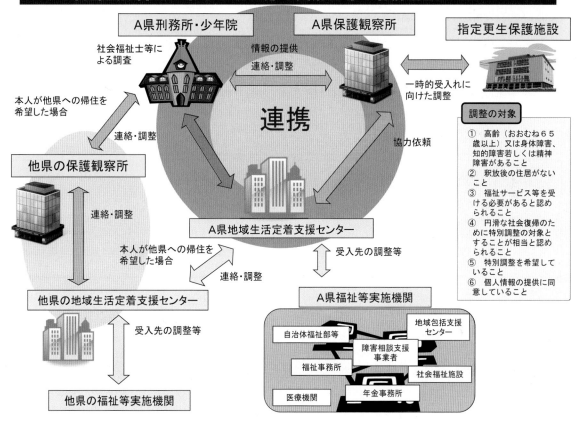

高齢又は障害により自立困難な受刑者等の特別調整について

出典：法務省資料による。

（4）更生保護施設における支援の充実【施策番号37】

　法務省は、一部の更生保護施設を指定更生保護施設に指定し、社会福祉士等の資格等を持った職員を配置し、高齢や障害の特性に配慮しつつ社会生活に適応するための指導を行うなどの特別処遇（**資3-37-1**参照）を実施している。2022年度（令和4年度）に、特別処遇の対象となった者は、1,861人（前年度：1,803人）であった。また、指定更生保護施設の数は、2023年（令和5年）4月現在で77施設であり、そのうち3施設は、主に少年を受け入れる更生保護施設として、発達障害等の特性に配慮した専門的な処置を行うなど少年処遇の充実を図っている。

※3　地域生活定着支援センター
　　高齢又は障害により、福祉的な支援を必要とする犯罪をした者等に対し、矯正施設、保護観察所及び地域の福祉等の関係機関等と連携・協働しつつ、身体の拘束中から釈放までを一貫した相談支援を実施し、社会復帰及び地域生活への定着を支援するための機関。2009年度（平成21年度）に厚生労働省によって「地域生活定着支援事業（現在は地域生活定着促進事業）」として事業化され、原則として各都道府県に1か所設置されている。

資3-37-1　更生保護施設における特別処遇の概要

更生保護施設における
高齢者又は障害を有する者の特性に配慮した処遇の充実

◎　全国の更生保護施設（１０２か所）のうち７７施設を、高齢者や障害のある者を積極的に受け入れる施設（＝指定更生保護施設）として指定（※）。
◎　指定された施設に、社会福祉士、精神保健福祉士、介護福祉士の専門資格等を有する職員を配置して、高齢や障害の特性に配慮した処遇を実施。

※　発達障害等を有する少年に対する処遇の充実を図るため、７７施設のうち３施設は、主に少年を受け入れる更生保護施設を指定（令和４年度〜）。

| **対象者** | ①から③までの全てを満たし、かつ、更生保護施設に一時的に受け入れることが必要かつ相当であると保護観察所の長が認める者。 |

①　高齢（おおむね６５歳以上）であり、又は障害（身体・知的・精神のいずれか）があると認められること。
②　適当な住居がないこと。
③　高齢又は障害により、健全な生活態度を保持し自立した生活を営む上で、公共の衛生福祉に関する機関等による福祉サービス等を受けることが必要であると認められること。

高齢や障害の特性に配慮した処遇の内容

①　高齢又は障害を有する者の特性に配慮した社会生活に適応するための指導・訓練
②　医療保健機関と連携した健康維持のための指導、助言
③　更生保護施設退所後に円滑に福祉サービス等を受けるための調整
　・地域生活定着支援センターや社会福祉施設等に対する情報の伝達（対象者の心身の状況、生活状況等）
　・更生保護施設退所後の生活基盤の調整（行政・福祉サービスの利用申請手続の支援等）

出典：法務省資料による。

（5）刑事司法関係機関の職員に対する研修の実施【施策番号38】

　法務省は、検察官に対する研修等において、犯罪をした者等の福祉的支援の必要性を的確に把握することができるよう、再犯防止の取組等について講義を実施している。

　矯正職員に対しては、各種集合研修において、高齢者又は障害のある者等の特性についての理解を深めるため、社会福祉施設における実務研修（勤務体験実習）や社会福祉施設職員による講義・指導等の実施、高齢受刑者に対する改善指導とその課題等についての講義を実施している。また、2022年度（令和４年度）現在、刑務官を対象とした研修として、認知症サポーター養成研修を合計76庁、福祉機関における実務研修を合計32庁でそれぞれ実施している。また、発達上の課題を有する在院者の処遇に当たる少年院職員に対し、適切に指導するための知識、技能を付与することを目的とした研修を実施している。

　更生保護官署職員に対しては、高齢者又は障害のある者等の特性や適切な支援の在り方についての理解を深めるため、新任の保護観察官や指導的立場にある保護観察官に対する研修において、地域生活定着支援センター職員等による講義を実施している。

2　保健医療・福祉サービスの利用に関する地方公共団体等との連携の強化

（1）地域福祉計画・地域医療計画における位置付け【施策番号39】

　法務省及び厚生労働省は、地方公共団体が地方再犯防止推進計画を策定する際に、地域福祉計画（資3-39-1参照）を積極的に活用するよう周知しており、地方再犯防止推進計画が地域福祉計画と一体として策定される例も相当数見受けられる（資3-39-2参照）。

　厚生労働省は、都道府県が医療計画（資3-39-3参照）を策定するに当たって参考となるように、

精神疾患の医療体制の構築に係る指針を定めている。当該指針では、再犯の防止等の推進に関する法律（平成28年法律第104号）において、犯罪をした薬物依存症者等に適切な保健医療サービス等が提供されるよう、関係機関の体制整備を図ることが明記されている点を紹介している。また、都道府県の第7次医療計画において、薬物依存症に対応できる医療機関を明確にする必要があるとしている。

資3-39-1　地域福祉計画の概要

地域福祉（支援）計画について

概要

○ 「市町村地域福祉計画」（社会福祉法第107条）と「都道府県地域福祉支援計画」（同法第108条）からなる。
○ 「市町村地域福祉計画」は、市町村が、地域福祉推進の主体である地域住民等の参加を得て、地域生活課題を明らかにするとともに、その解決のために必要となる施策の内容や量、体制等について、多様な関係機関と協議の上、目標を設定し、計画的に整備していくことを内容とする。
○ 「都道府県地域福祉支援計画」は、広域的な観点から、市町村の地域福祉が推進されるよう、各市町村の規模、地域の特性、施策への取組状況等に応じて支援していくことを内容とする。
○ 平成29年の社会福祉法改正により、盛り込むべき事項に福祉の各分野における共通事項等を追加するとともに、策定を努力義務化。
○ 令和2年の社会福祉法改正により、盛り込むべき事項に地域生活課題の解決に資する支援が包括的に提供される体制の整備に関する事項を追加。

計画に盛り込むべき事項

【市町村地域福祉計画】
1　地域における高齢者の福祉、障害者の福祉、児童の福祉その他の福祉に関し、共通して取り組むべき事項
2　地域における福祉サービスの適切な利用の推進に関する事項
3　地域における社会福祉を目的とする事業の健全な発達に関する事項
4　地域福祉に関する活動への住民の参加の促進に関する事項
5　地域生活課題の解決に資する支援が包括的に提供される体制の整備に関する事項

【都道府県地域福祉支援計画】
1　地域における高齢者の福祉、障害者の福祉、児童の福祉その他の福祉に関し、共通して取り組むべき事項
2　市町村の地域福祉の推進を支援するための基本的方針に関する事項
3　社会福祉を目的とする事業に従事する者の確保又は資質の向上に関する事項
4　福祉サービスの適切な利用の推進及び社会福祉を目的とする事業の健全な発達のための基盤整備に関する事項
5　地域生活課題の解決に資する支援が包括的に提供される体制の整備の実施の支援に関する事項

※下線部分は令和2年の社会福祉法改正により追加された記載事項（令和3年4月1日施行）

出典：厚生労働省資料による。

資3-39-2　地方再犯防止推進計画等策定数（策定方法別）

地方再犯防止推進計画等策定数（策定方法別[※1]）

地方公共団体	策定数	単独で策定	他の関連計画[※2]へ包含して策定
都道府県	47	43	4
指定都市	19	10	9
その他市町村（特別区を含む）	506	96	410

注　1　法務省調査による。
　　2　令和5年4月1日の数値である。
　　※1　地方再犯防止推進計画の策定に変えて条例を制定した地方公共団体も含む
　　※2　地域福祉計画、防犯に関する計画、人権に関する計画等

資3-39-3　医療計画の概要

医療計画について

○ 都道府県が、国の定める基本方針に即し、地域の実情に応じて、当該都道府県における医療提供体制の確保を図るために策定するもの。
○ 医療資源の地域的偏在の是正と医療施設の連携を推進するため、昭和60年の医療法改正により導入され、都道府県の二次医療圏ごとの病床数の設定、病院の整備目標、医療従事者の確保等を記載。平成18年の医療法改正により、疾病・事業ごとの医療連携体制について記載されることとなり、平成26年の医療法改正により「地域医療構想」が記載されることとなった。その後、平成30年の医療法改正により、「医師確保計画」及び「外来医療計画」が位置付けられることとなった。

計画期間
○ 6年間　（現行の第7次医療計画の期間は2018年度～2023年度。第8次医療計画の期間は2024年度～2029年度。中間年で必要な見直しを実施。）

記載事項（主なもの）

○ **医療圏の設定、基準病床数の算定**
・ 病院の病床及び診療所の病床の整備を図るべき地域的単位として区分。

二次医療圏	三次医療圏
335医療圏（令和3年10月現在）	**52医療圏**（令和3年10月現在）※都道府県ごとに1つ（北海道のみ6医療圏）
【医療圏設定の考え方】一般の入院に係る医療を提供することが相当である単位として設定。その際、以下の社会的条件その他を考慮。・地理的条件等の自然的条件・日常生活の需要の充足状況・交通事情　等	【医療圏設定の考え方】特殊な医療を提供する単位として設定。ただし、都道府県の区域が著しく広いことその他特別な事情があるときは、当該都道府県の区域内に二以上の区域を設定し、また、都道府県の境界周辺の地域における医療の需給の実情に応じ、二以上の都道府県にわたる区域を設定することができる。

・ 国の指針において、一定の人口規模及び一定の患者流入／流出割合に基づく二次医療圏の設定の考え方を明示し、見直しを促進。

○ **地域医療構想**
・ 2025年の、高度急性期、急性期、回復期、慢性期の4機能ごとの医療需要と将来の病床数の必要量等を推計。

○ **5疾病・6事業（※）及び在宅医療に関する事項**
　※ 5疾病…5つの疾病（がん、脳卒中、心筋梗塞等の心血管疾患、糖尿病、精神疾患）。
　　6事業…6つの事業（救急医療、災害時における医療、新興感染症発生・まん延時における医療、へき地の医療、周産期医療、小児医療（小児救急医療を含む。））。
・ 疾病又は事業ごとの医療資源・医療連携等に関する現状を把握し、課題の抽出、数値目標の設定、医療連携体制の構築のための具体的な施策の策定を行い、その進捗状況等を評価し、見直しを行う（PDCAサイクルの推進）。

○ **医師の確保に関する事項**
・ 三次・二次医療圏ごとに医師確保の方針、目標医師数、具体的な施策等を定めた「医師確保計画」の策定（3年ごとに計画を見直し）
・ 産科、小児科については、政策医療の観点からも必要性が高く、診療科と診療行為の対応も明らかにしやすいことから、個別に策定

○ **外来医療に係る医療提供体制の確保に関する事項**
・ 外来医療機能に関する情報の可視化、協議の場の設置、医療機器の共同利用等を定めた「外来医療計画」の策定

出典：厚生労働省資料による。

(2) 社会福祉施設等の協力の促進【施策番号40】

　障害福祉サービス事業所が矯正施設出所者や医療観察法に基づく通院医療の利用者等である障害者（以下「矯正施設出所者等である障害者」という。）を受け入れるに当たっては、①きめ細かな病状管理、②他者との交流場面における配慮、③医療機関等との連携などの手厚い専門的な対応が必要であるため、業務負担に応じた報酬を設定することが求められている。

　厚生労働省は、このような状況を踏まえ、障害者総合支援法[※4]において、障害のある人が共同生活する場であるグループホーム等で、矯正施設出所者等である障害者に対し、地域で生活するために必要な相談援助や個別支援等を行った場合を報酬上評価している。

　加えて、「社会生活支援特別加算」において、訓練系、就労系障害福祉サービス（就労定着支援事業を除く。）事業所が精神保健福祉士等を配置している場合等に、矯正施設出所者等である障害者に対し、①本人や関係者からの聞き取りや経過記録・行動観察等によるアセスメントに基づき、他害行為等に至った要因を理解し、再び同様の行為に及ばないための生活環境の調整と必要な専門的支援（教育又は訓練）が組み込まれた個別支援計画等の作成、②指定医療機関や保護観察所等の関係者との調整会議の開催、③日中活動の場における緊急時の対応、等の支援を行うことを報酬上評価している（【施策番号22】参照）。

(3) 保健医療・福祉サービスの利用に向けた手続の円滑化【施策番号41】

　身体障害者手帳、精神障害者保健福祉手帳、療育手帳[※5]（以下これらを合わせて「障害者手帳」という。）については、矯正施設在所中の交付手続がより一層促進されるよう、2021年度（令和3年度）から、一部の刑事施設において、障害者手帳の交付を受けるために必要な医師による診察等を実施している。また、障害福祉サービス等については、出所後に円滑に利用されるように、市町村の認

※4　障害者の日常生活及び社会生活を総合的に支援するための法律（平成17年法律第123号）
※5　療育手帳
　　児童相談所又は知的障害者更生相談所において知的障害と判定された者に対して、都道府県知事又は指定都市市長（一部の児童相談所を設置する中核市市長）が交付する手帳である。

定調査員が矯正施設を訪問するなどして矯正施設在所中の者に対する障害支援区分の認定を行い、障害福祉サービス等の支給決定を行っている。さらに、生活保護については、生活保護制度における保護の実施責任が要保護者の居住地（要保護者の居住事実がある場所）又は現在地により定められるとされていることから、要保護者が矯正施設の出所者の場合、帰住先が出身世帯であるときはその帰住先を居住地とし、そうでないときはその帰住先を現在地とみなすこととし、その旨周知している。

　法務省は、受刑者等の住民票が消除されるなどした場合にも、矯正施設出所後速やかに保健医療・福祉サービスを利用することができるよう、矯正施設職員向けの執務参考資料を作成し、協議会や研修において、職員に対して住民票の取扱いを含めた保健医療・福祉サービスを利用するための手続等の周知を図っている。

3　高齢者又は障害のある者等への効果的な入口支援の実施

(1) 刑事司法関係機関の体制整備【施策番号42】

　法務省は、保護観察所において、起訴猶予等となった高齢者又は障害のある者等の福祉的支援が必要な者に対して専門的な支援を集中して行うことを目的として、2018年度（平成30年度）から、入口支援（【施策番号34】参照）に適切に取り組むための特別支援ユニットを設置し、更生緊急保護対象者に継続的な生活指導や助言を行ってきた。2021年度（令和3年度）からは、特別支援ユニットを発展させ、社会復帰対策班を設置し、入口支援にとどまらず、更生緊急保護の対象者に継続的に関与し、その特性に応じた支援が受けられるよう関係機関等と調整を行うなどの社会復帰支援の充実を図っている。

　また、検察庁は、社会復帰支援を担当する検察事務官の配置や社会福祉士から助言を得られる体制の整備などにより、社会復帰支援の実施体制の充実を図っている。

(2) 刑事司法関係機関と保健医療・福祉関係機関等との連携の在り方の検討【施策番号43】

　法務省及び厚生労働省は、2021年度（令和3年度）から、刑事司法手続の入口段階にある被疑者・被告人等で、高齢又は障害により自立した生活を営むことが困難な者に対する支援を開始した。具体的には、地域生活定着支援センターが実施している地域生活定着促進事業の業務として、新たに被疑者等支援業務を加え、刑事司法手続の入口段階にある被疑者・被告人等で高齢又は障害により自立した生活を営むことが困難な者に対して、地域生活定着支援センターと検察庁、弁護士会、保護観察所等が連携し、釈放後直ちに福祉サービス等を利用できるように支援を行うとともに、釈放後も地域生活への定着等のために支援等を行う取組を実施している（**資3-43-1**参照）。

　また、2022年度（令和4年度）からは、高齢又は障害により自立した生活を営むことが困難な者を被疑者等支援業務による支援に更につなげられるようにするため、弁護士との連携強化を促進している。

　保護観察所においては、高齢又は障害により自立した生活を営むことが困難な者に対する上記の取組を含め、検察庁等と連携した起訴猶予者等に対する更生緊急保護の措置として、一定の期間重点的な生活指導等を行うとともに、福祉サービス等に係る調整のほか、就労支援等の社会復帰支援を行う「更生緊急保護の重点実施等」を行っている。2022年度（令和4年度）、検察庁から事前協議を受け、更生緊急保護の重点実施等を行った対象者は、473人（前年度：340人）であった。

特集

第1章

第2章

第3章

第4章

第5章

第6章

第7章

第8章

基礎資料

資3-43-1 被疑者等支援業務の概要

被疑者等支援業務（概要）

【要旨】

○ 刑事司法手続の入口段階にある被疑者・被告人等で高齢又は障害により福祉的な支援を必要とする者に対して、釈放後直ちに福祉サービス等を利用できるようにするため、地域生活定着支援センターが支援を行う。

【事業内容】

○ 保護観察所等からの依頼に基づき、被疑者・被告人等と面会し、福祉ニーズ、釈放後の生活の希望等の聞き取りを行う。
○ 市町村、福祉施設等への釈放後の福祉サービス等の利用調整、釈放時の福祉事務所、受入福祉施設等への同行、手続の支援等を行う。
○ 起訴猶予、執行猶予等による地域生活移行後は、受入施設との調整、福祉サービスの相談支援など定着のための継続的な支援等を行う。

【実施主体】 都道府県（社会福祉法人、NPO法人等に委託可）

【事業スキーム】

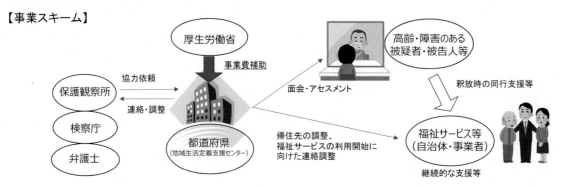

出典：厚生労働省資料による。

Column 3 入口支援における保健医療・福祉サービスの利用促進等のための取組

北海道地域生活定着支援札幌センター　石井　隆

　北海道地域生活定着支援札幌センター（以下「定着支援札幌センター」という。）においては、2010年（平成22年）の開設以来、弁護士から依頼を受けて入口支援を行ってきました。当時は、弁護士の接見に同行し、本人と面接を行い、福祉の見立てや調整、そして、場合によっては、更生支援計画書の作成等が支援の中心でした。

　その後、2021年度（令和3年度）から被疑者等支援業務が開始され、その事業として検察庁発信の被疑者・被告人支援制度（更生緊急保護の重点実施の対象者に対する支援）が行われるようになりました（【施策番号43】参照）。

　もっとも、札幌の場合、検察庁から依頼があった場合にだけ上記支援制度を行うのではなく、定着支援札幌センターの相談業務において、弁護士から「一度、会って福祉の見立てを立ててほしい」などの依頼を受けた場合であっても、本人と面接し、執行猶予の可能性があるときには、定着支援札幌センターから検察庁の刑事政策推進室に連絡を入れて、情報提供をし、上記支援制度の対象者として支援を開始するケースも多く、2022年度（令和4年度）は、そのようなケースが全体の4割近くありました。

　また、被疑者・被告人支援制度を軌道に乗せるため、定着支援札幌センターが検察庁と弁護士会の間に入って連絡調整をしているほか、2021年（令和3年）9月から、札幌地方検察庁、札幌保護観察所、札幌弁護士会、定着支援札幌センターが、月に1回程度の懇談会を開催し、情報交換や意見交換を行っており、四者で協力をし、福祉サービスに結び付けています。

　定着支援札幌センターにおいては、被疑者・被告人支援制度の対象になった時点で、福祉サービス事業所を探し、勾留中の被告人段階で福祉事業所との面接を行い、執行猶予の判決の後、保護観察所で更生緊急保護の申請を行った上、センターが準備していた福祉サービスの事業所を利用するケースが多くあります。

　また、場合によっては、裁判で執行猶予になった後、一時的に病院に入院し、治療を受け、退院後、定着支援札幌センターが福祉につなぐなど、多様な対応を行っています。

　北海道は、東北6県を足した面積を上回っており、広大です。定着支援札幌センターは、全国各県の定着支援センターの中で、ただ一つ3か所の地方検察庁（札幌、旭川、函館）と3か所の保護観察所（札幌、旭川、函館）を担当エリアとしておりますが、ここまで紹介した事例は、定着支援札幌センターがある札幌エリアのケースです。札幌から300キロ離れている函館や180キロ離れている旭川は、それぞれのエリアで独自の入口支援の対応をしておりますが、これらの地域における被疑者・被告人支援制度の活用は、十分とは言えず、課題がたくさんあるように思われます。

　2022年度（令和4年度）は、旭川地区で6回の地区懇談会を開き、函館地区でも5回の地区懇談会を開催しました。それぞれの地区で従来から行っている入口支援をベースに、被疑者・被告人支援制度を軌道に乗せるために、今後も精力的に活動して行きたいと思います。

地区懇談会の様子

第2節　薬物依存を有する者への支援等

1　刑事司法関係機関等における効果的な指導の実施等

（1）再犯リスクを踏まえた効果的な指導の実施【施策番号44】

ア　矯正施設内における指導等について

（ア）刑事施設

　法務省は、刑事施設において、改善指導（【施策番号83】参照）のうち、特別改善指導の一類型として、薬物依存離脱指導の標準プログラム（指導の標準的な実施時間数や指導担当者、カリキュラムの概要等を定めたもの。）を定め、同指導を実施している（**資3-44-1**参照）。

　同指導は、認知行動療法[6]に基づいて、必修プログラム（麻薬、覚醒剤その他の薬物に依存があると認められる者全員に対して実施するもの）、専門プログラム（より専門的・体系的な指導を受講させる必要性が高いと認められる者に対して実施するもの）、選択プログラム（必修プログラム又は専門プログラムに加えて補完的な指導を受講させる必要性が高いと認められる者に対して実施するもの）の三種類を整備し、対象者の再犯リスク、すなわち、犯罪をした者が再び犯罪を行う危険性や危険因子等に応じて、各種プログラムを柔軟に組み合わせて実施している。2022年度（令和4年度）の受講開始人員は7,418人（前年：7,493人）[7]であった。

---

[6]　認知行動療法
　　行動や情動の問題、認知的な問題を治療の標的とし、これまで実証的にその効果が確認されている行動的技法と認知的技法を効果的に組み合わせて用いることによって問題の改善を図ろうとする治療アプローチを総称したもの。問題点を整理することによって本人の自己理解を促進するとともに、問題解決能力を向上させ、自己の問題を自分でコントロールしながら合理的に解決することのできる力を増大させることをねらいとして行われる。（「臨床心理学キーワード〔補訂版〕」坂野雄二編参照）

[7]　受講開始人員は、必修プログラム、専門プログラム及び選択プログラムの三種類のプログラムに加え、PFI手法を活用した刑事施設におけるプログラムの各受講開始人員の総数である。

資3-44-1　刑事施設における薬物依存離脱指導の概要（1）

地域社会とともに
開かれた矯正へ

刑事施設における特別改善指導

薬物依存離脱指導

■　指導の目標
　薬物依存の認識及び薬物使用に係る自分の問題を理解させた上で、断薬への動機付けを図り、再使用に至らないための知識及びスキルを習得させるとともに、社会内においても継続的に薬物依存からの回復に向けた治療及び援助等を受けることの必要性を認識させること。

● 　対象者　　　麻薬、覚醒剤その他の薬物に対する依存がある者
● 　指導者　　　刑事施設の職員（法務教官、法務技官、刑務官）、処遇カウンセラー
　　　　　　　　（薬物担当）、民間協力者（民間自助団体等）
● 　指導方法　　グループワーク、民間自助団体によるミーティング、講義、視聴覚教材、
　　　　　　　　課題学習、討議、個別面接　等
● 　実施頻度等　１単元６０〜９０分　全２〜１２単元　標準実施期間：１〜６か月※
　　　　　　　　※　薬物への依存の程度、再使用リスク等に応じて、必修プログラムの
　　　　　　　　　　ほか、専門プログラム・選択プログラムを組み合わせて実施。

カリキュラム

	項目	指導内容
必修	はじめに	プログラム概要を説明し、受講意欲を高めさせる。
	薬物使用の影響	薬物を使用することの利点と欠点について考えさせることで問題意識を持たせる。
	引き金に注意	薬物使用につながる「外的引き金」、「内的引き金」を具体化させ、自分の薬物使用のパターンの流れについての理解を深めさせる。
	再使用の予測と防止①	薬物を使用していた行動・生活パターンに戻ってしまう「リラプス」の兆候に気付き、対処する必要があることを理解させ、自分自身の「リラプス」の兆候及び対処方法を具体的に考えさせる。
	再使用の予測と防止②	回復途中に感じる「退屈さ」が「引き金」になることに気付かせ、スケジュールを立てることの大切さを理解させる。回復過程においては、ストレスの自覚と適切な対処が大切であることを理解させ、具体的な対処方法を考えさせるとともに実行を促す。
	活用できる社会資源	社会内で断薬を継続するための支援を行う専門機関についての情報を提供するとともに、民間自助団体の活動を紹介し、その内容について理解させる。
	おわりに	「再使用防止計画書」を作成させ、自分にとってのリラプスの兆候や引き金となる事象、それらへの対処方法について具体的にまとめさせる。
選択	項目及び指導内容については、専門プログラムから項目を選択し、各項目の指導内容に準じた内容とする。	

	項目	指導内容
専門	オリエンテーション	プログラムの概要を説明し、目的とルールについて理解させる。薬物を使用することの利点と欠点について考えさせることで問題意識を持たせ、受講意欲を高めさせる。依存症とは何かを理解させる。
	薬物使用の流れ	薬物依存がどのように形成されるのかを理解させ、入所前の自分の状態を振り返らせる。「引き金」とは何かを理解させ、薬物使用に至る流れに関する知識を身に付けさせる。
	外的引き金	薬物使用につながる「外的引き金」を具体化させ、自分の薬物使用のパターンの流れについての理解を深めさせる。
	内的引き金	自分の薬物使用につながる「内的引き金」を具体化させ、自分の薬物使用のパターンや流れについての理解を深めさせる。
	回復段階	薬物依存からの回復の段階における特徴的な心身の状況を理解させ、回復に対する見通しを持たせる。
	リラプスの予測と防止	「リラプス」とは、薬物を使用していた行動・生活パターンに戻ってしまうことであり、再使用防止のためには「リラプス」の兆候に気付き、対処する必要があることを理解させ、自分自身の「リラプス」の兆候及び対処方法を具体的に考えさせる。
	いかりの綱	再使用には前兆があることを気付かせ、再使用に至らないための方法を具体的に考えさせる。所内生活において、それらの対処方法を実践するよう促す。
	退屈	回復途中に感じる「退屈さ」が「引き金」になることに気付かせ、スケジュールを立てることの大切さを理解させる。
	社会内のサポートー自助グループとは	社会内で断薬を継続するための支援を行っている専門機関についての情報を提供するとともに、民間自助団体の活動を紹介し、その内容について理解させる。
	仕事と回復	仕事が回復にどのような影響を及ぼすかを理解させ、両者のバランスを取ることの大切さを認識させる。
	再使用防止計画書	「再使用防止計画書」の発表を通じて、これまで学習してきた内容を確認しながら、自分にとってのリラプスの兆候や引き金となる事象、それらへの対処方法について具体的にまとめさせる。また、他の受講者からのフィードバックや発表を聞くことで、それまでの自分になかった新たな気付きを得る機会を提供する。
	まとめ	回復過程に必要なことは、意志の強さではなく、賢い対処であることを理解させるとともに、これまでのセッションで学んできた効果的な対処方法が身に付いてきているかを受講者本人に確認させる。

ダルク・ＮＡとの連携

※　ダルク（DARC）：覚醒剤
等の薬物から解放されるための
プログラムを持つ民間の薬物依
存症リハビリ施設。

※　ＮＡ（ナルコティクス・アノ
ニマス）：薬物依存症からの回
復を目指す人たちのための自助
グループ。

出典：法務省資料による。

資3-44-1　刑事施設における薬物依存離脱指導の概要（2）

刑事施設における薬物依存離脱指導

◎対象者の選定
　○　面接調査やアセスメントツールを活用し、薬物への依存の程度や再犯リスク等の薬物事犯者の問題性を把握

◎指導の目標
　○　薬物依存の認識及び薬物使用に係る自分の問題点の理解
　○　断薬への動機付けを高める
　○　再使用に至らないための知識及びスキルを習得させる
　○　社会内においても継続的に薬物依存からの回復に向けた治療及び援助等を受けることの必要性を認識させる
◎実施方法等
　○　1単元60〜90分
　○　全2〜12単元、標準実施期間：1〜6か月
◎今後、効果検証の結果を公表予定

受刑者個々の問題性やリスク、刑期の長さ等に応じ、
各種プログラムを組み合わせて実施

| 必修プログラム | ＤＶＤ教材・ワークブック |

| 専門プログラム | グループワーク（12回） |

| 選択プログラム | グループワーク | 民間自助団体によるミーティング | ＤＶＤ等の補助教材の視聴 | 面接、個別指導等 |

◎更生保護官署との連携
　○　必修プログラム及び専門プログラムは、保護観察所と同様、認知行動療法の手法を取り入れたプログラムを導入
　○　刑事施設における指導実施結果とともに、心身の状況や服薬状況等の医療情報を引き継ぎ、一貫性のある指導・支援を実施

受講開始人員の推移

	H29年度	H30年度	R元年度	R2年度	R3年度	R4年度
	10,989	9,728	8,751	7,707	7,493	7,418

出典：法務省資料による。

（イ）少年院

　少年院において、麻薬、覚醒剤その他の薬物に対する依存等がある在院者に対して、特定生活指導として薬物非行防止指導（資3-44-2参照）を実施し、2022年（令和4年）は299人（前年：303人）が修了している。また、男子少年院2庁（水府学院及び四国少年院）及び全女子少年院9庁を重点指導施設として指定し、実施施設の中でも特に重点的かつ集中的な指導を実施している。具体的に

は、薬物依存からの回復をサポートする民間の自助グループ、医療関係者、薬物問題に関する専門家等を指導者として招へいし、グループワークを中心とした指導を実施しているほか、保護者向けプログラムを実施するなどしており、2022年度（令和４年度）は、57人（前年：75人）が修了している。

　なお、男子少年院２庁においては他の少年院から在院者を一定期間受け入れてこの指導を実施している。

資3-44-2　少年院における薬物非行防止指導の概要

少年院における特定生活指導（薬物非行防止指導）

★ 指導目標
　　薬物の害と依存性を認識するとともに，薬物依存に至った自己の問題性を理解し，再び薬物を乱用しないこと

● 対象者　　　　麻薬，覚醒剤その他の薬物に対する依存等がある者

● 指導内容　　　①受講者全員に対して統一的に行う中核プログラム，②受講者の個々の必要性に応じて選択的に行う周辺プログラム，③中核プログラム終了後に個別に行うフォローアップ指導を組み合わせて実施

● 実施結果　　　更生保護官署（保護観察所等）へ情報提供

指導内容の概要

項　　目	指導内容	指導方法
①中核プログラム（共通）	薬物乱用の防止を目的とした，認知行動療法を基礎とするワークブックを用いた指導	・「J.MARPP」を用いたグループワーク又は個別指導
②周辺プログラム	主として背景要因に焦点を当てた指導	・対人スキル指導 ・家族問題指導 ・アサーションを中心とした対人トレーニング ・固定メンバーによる継続的な集会（ミーティング） ・個別面接指導
②周辺プログラム	主として問題行動（薬物使用）に焦点を当てた指導	・自律訓練法，呼吸法 ・アンガーマネジメント ・マインドフルネス ・リラクセーション
②周辺プログラム	主として生活設計に焦点を当てた指導	・個別面接指導 ・進路に関する集団指導 ・余暇の過ごし方（薬物以外の楽しみ探し）指導 ・固定メンバーによる継続的な集会（ミーティング） ・民間自助グループによる講話
③フォローアップ指導	中核プログラムの確認（復習・自己統制計画の見直し）	・「J.MARPP」を用いた個別指導

中核プログラム

○ 実施形式　　集団指導又は個別指導

○ 指導時間数　12単元（1単元100分）

単元	指導科目
第1回	薬物をやめることに挑戦してみましょう
第2回	依存と回復
第3回	引き金と欲求
第4回	あなたのまわりにある引き金について
第5回	あなたのなかにある引き金について
第6回	再発を防ぐために
第7回	再使用のいいわけ
第8回	薬物使用とアルコール
第9回	新しい生活のスケジュールを立ててみよう
第10回	「強くなるより賢くなれ1」
第11回	「強くなるより賢くなれ2」
第12回	回復のために　―信頼と正直さ

出典：法務省資料による。

イ　社会内における指導等について

　保護観察所は、依存性薬物（規制薬物等、指定薬物及び危険ドラッグ）の使用を反復する傾向を有する保護観察対象者に対し、薬物再乱用防止プログラム（**資3-44-3**参照）を実施している。同プログラムは、ワークブック等を用いて依存性薬物の悪影響を認識させ、コアプログラム（薬物再乱用防止のための具体的方法を習得させる）及びステップアッププログラム（コアプログラムの内容を定着・応用・実践させる）からなる教育課程と簡易薬物検出検査を併せて行うものとなっている。

　また、薬物再乱用防止プログラムを実施する際には、医療機関やダルク（【施策番号85】参照）等と連携し、実施補助者として保護観察対象者への助言等の協力を得ているほか、保護観察終了後を見据え、それらの機関や団体等が実施するプログラムやグループミーティングに、保護観察対象者をつなげる働き掛けをしている。

| 資3-44-3 | 保護観察所における薬物再乱用防止プログラムの概要 |

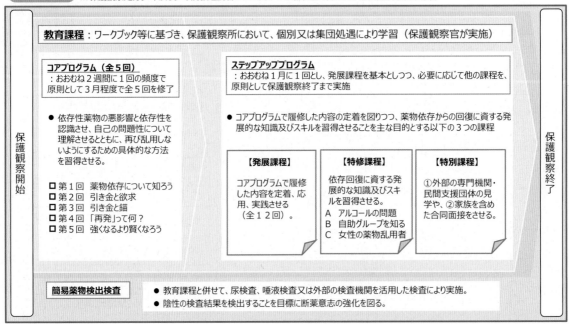

出典：法務省資料による。

ウ　処遇情報の共有について

　刑事施設は、施設内処遇と社会内処遇の一貫性を保つため、刑事施設における薬物依存離脱指導の受講の有無のほか、指導結果や理解度、グループ処遇への適応状況、出所後の医療機関や自助グループを含めた民間団体への通所意欲、心身の状況や服薬状況等、多くの情報を保護観察所に引き継いでいる。また、少年院においても、施設内処遇から社会内処遇への継続的な指導の実施に向け、薬物非行防止指導の実施状況を保護観察所に引き継いでいる。さらに、保護観察所においては、保護観察対象者が地域における治療・支援につながるよう働き掛けるとともに、保健医療機関、上記民間団体等に対し、保護観察対象者の同意を得た上で、必要に応じて、保護観察対象者の心身の状況等について情報の共有を図っている。

（2）矯正施設・保護観察所における薬物指導等体制の整備【施策番号45】

　法務省は、刑事施設の教育担当職員に対し、薬物依存に関する最新の知見を付与するとともに、認知行動療法等の各種処遇技法を習得させることを目的とした研修を実施している。少年院の職員に対しては、医療関係者等の協力を得て、薬物依存のある少年への効果的な指導方法等についての研修を実施しているほか、2022年度（令和4年度）には、大麻使用歴を有する在院者に対する指導を充実させるため、職員用の執務参考資料を作成し、配布した。薬物使用経験のある女子在院者については、低年齢からの長期間にわたる薬物使用や女子特有の様々な課題を抱えていることが多く、それらの課題に適切に対応し得る専門的な指導能力が求められることから、専門的知識及び指導技術の一層の向上を図るため、2017年度（平成29年度）から女子少年を収容する施設間において、職員を相互に派遣して行う研修を実施している。

　また、施設内処遇と社会内処遇との連携強化のため、2017年（平成29年）から、矯正施設職員及び保護観察官を対象とした薬物依存対策研修を実施している。同研修においては、SMARPP[8]の開発者及び実務者のほか、精神保健福祉センター[9]、病院及び自助グループにおいて薬物依存症者に対する指導及び支援を行っている実務家を講師として招き、薬物処遇の専門性を有する職員の育成を行っている。

（3）更生保護施設による薬物依存回復処遇の充実【施策番号46】

　法務省は、一部の更生保護施設を薬物処遇重点実施更生保護施設に指定し、精神保健福祉士や公認心理師等の専門的資格を持った専門スタッフを配置して薬物依存からの回復に重点を置いた専門的な処遇を実施している。

　薬物処遇重点実施更生保護施設の数は、2023年（令和5年）4月現在で、25施設であり、2022年度（令和4年度）における薬物依存がある保護観察対象者等の受入人員は704人（前年度：666人）であった。

（4）薬物事犯者の再犯防止対策の在り方の検討【施策番号47】

　法務省及び検察庁は、薬物事犯者の再犯を防止するため、刑事施設内における処遇に引き続き、社会内における処遇を実施する刑の一部の執行猶予制度（資3-47-1参照）の適切な運用を図っている。

　法務省は、同制度の施行を契機として、2016年度（平成28年度）から改訂して実施している刑事施設及び保護観察所における薬物事犯者に対するプログラムの効果検証[10]を実施した。その結果、同プログラムには、再犯防止に一定の処遇効果が認められた。この結果を踏まえ、刑事施設及び保護観察所において、より効果的かつ一貫性のある指導を実施するため、プログラムの一層の充実に向けた検討を行っている。

　刑事施設においては、薬物事犯者の再犯防止のための先進的な取組として、2019年度（令和元年度）から、薬物依存からの「回復」に焦点を当て、出所後の生活により近い環境下で、社会内においても継続が可能となるプログラムを受講させるとともに、出所後に依存症回復支援施設に帰住等するための支援を行う女子依存症回復支援モデル事業を実施している（資3-47-2参照）。

　更生保護官署においては、官民一体となった"息の長い"支援を実現するための新たな取組とし

※8　SMARPP
　　Serigaya Methamphetamine Relapse Prevention Program（せりがや覚せい剤依存再発防止プログラム）の略称であり、薬物依存症の治療を目的とした認知行動療法に基づくプログラムである。
※9　精神保健福祉センター
　　都道府県や指定都市に設置されており、精神保健及び精神障害者の福祉に関する知識の普及・調査研究、相談及び指導のうち複雑又は困難なものを行うとともに、精神医療審査会の事務、精神障害者保健福祉手帳の申請に対する決定、自立支援医療費の支給認定等を行い、地域精神保健福祉活動推進の中核を担っている。
※10　刑事施設及び保護観察所における薬物事犯者に対するプログラムの効果検証結果について
　　https://www.moj.go.jp/hogo1/soumu/hogo10_00030.html

て、2019年度（令和元年度）から、薬物依存のある受刑者について、一定の期間、更生保護施設等に居住させた上で、薬物依存症者が地域における支援を自発的に受け続けるための習慣を身に付けられるよう地域の社会資源と連携した濃密な保護観察処遇を実施する、薬物中間処遇を試行的に開始し、2023年（令和5年）4月現在で、9施設において実施している。また、2022年（令和4年）に外部の専門家を構成員とする「薬物処遇の在り方に関する検討会」を開催し、大麻事犯者に対する効果的な薬物再乱用防止プログラムの実施の在り方及び関係機関等が実施する薬物に関する専門的な援助の保護観察処遇への活用等の在り方について意見を聴取し、その結果を2023年（令和5年）1月に報告書として公表した[※11]。

　また、法務総合研究所において、2016年度（平成28年度）から、国立研究開発法人国立精神・神経医療研究センターと共同で薬物事犯者に関する研究を実施し、覚醒剤事犯で刑事施設に入所した者に対する質問紙調査等から得られた薬物事犯者の特性等に関する基礎的データの分析等を行っている。2022年度（令和4年度）には、日本アルコール・薬物依存関連学会合同学術総会シンポジウム等の国内外における学会において、これまでの研究結果について発表した。

| 資3-47-1 | 刑の一部執行猶予制度の概要 |

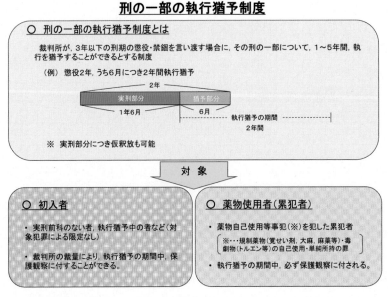

出典：法務省資料による。

※11 薬物処遇の在り方に関する検討会報告書
　　https://www.moj.go.jp/content/001388375.pdf

資3-47-2　札幌刑務支所「女子依存症回復支援センター」

札幌刑務支所「女子依存症回復支援センター」
～受刑段階から出所後の支援と直結した指導を実施～

〇　女性特有の問題に着目した多様なプログラムの実施

週間プログラム（例）

	月曜日	火曜日	水曜日	木曜日	金曜日
午前	センターミーティング	作業	作業	センターミーティング	作業
	NA・AAメッセージミーティング			ソマティクス（ボディーワーク）	
午後	作業	手仕事&アート	生活術	作業	センターミーティング
		コアプログラム	コアプログラム		プリズン・ブック・クラブ

※　週1回、プログラムと並行してカンファレンスを実施する。

コアプログラムの概要

<特徴>
・女性特有の事情を反映し、出所後も継続使用できるプログラム構成
・オープンエンド方式による編入

<内容（主なセッション）＞
・あなたがここにいる理由
・依存症（アディクション）ってなんですか
・止めなければいけない？
・わたしの応援団
・変化していく女性のからだ
・グチと相談
・依存先を増やす　　　　　など

〇　プログラムとの相乗効果を期待した特徴的な処遇の実施

刑務作業

農作業を通じて、心身の安定を図る

いちごの苗

ビニールハウス

いちごの栽培
（北海道産品種：けんたろう）

ビニールハウス（内部）

その他

<所内での生活>
・薬物の自己使用からの回復という同じ目的を持った者による自主性を重んじた共同生活

・出所後の生活環境に近い処遇環境

<出所にあたって>
・施設内で使用したテキストを持ち帰り、出所後の更生意欲を喚起

〇　処遇環境の整備
コンセプト：出所後の生活（回復支援施設）に近い環境

居室棟（みのり寮）
～夜間・休日の生活エリア～

居室

入浴場

寮内

ホール

女子依存症回復支援センター
～日中活動のエリア～

多目的スペース

ミーティングルーム

出典：法務省資料による。

　厚生労働省は、2019年度（令和元年度）から、地方厚生（支）局麻薬取締部・支所（以下「麻薬取締部」という。）に公認心理師等の専門支援員を配置し、麻薬取締部において薬物事犯により検挙された者のうち、保護観察の付かない全部執行猶予判決を受けた薬物初犯者を主な対象として、希望者に対し、「直接的支援（断薬プログラムの提供）」、「間接的支援（地域資源へのパイプ役）」、「家族支援（家族等へのアドバイス）」の3つの支援を柱とする再乱用防止対策事業を実施している。2021年度（令和3年度）からは、法務省と連携し、本事業の対象者を麻薬取締部以外の捜査機関において薬物事犯により検挙され同様の判決を受けた者等にも拡大している。

　また、厚生労働省では、医薬品医療機器制度部会の下に医学・薬学・法学等の専門家、医療関係団体、地方公共団体関係者を構成員とする「大麻規制検討小委員会」を設置し、2022年（令和4年）5月から計4回開催した。同年10月に公表したとりまとめ[12]において、薬物乱用者に対する回復支

援の対応を推進し、薬物依存症の治療等を含めた再乱用防止や社会復帰支援策も充実させるべきとの基本的な方向性が示された。

　法務省及び厚生労働省は、2018年度（平成30年度）から「薬物事犯者の再犯防止対策の在り方に関する検討会」を開催しており、2022年度（令和4年度）は同検討会実務担当者会議において、薬物依存症に対する治療を提供できる医療機関、相談支援等を行う関係機関、福祉サービス等に関する知見の共有や意見交換を実施した。

2　治療・支援等を提供する保健・医療機関等の充実

（1）薬物依存症治療の専門医療機関の拡大【施策番号48】

　厚生労働省は、薬物依存症を含む依存症対策について、各地域において、医療体制や相談体制の整備を推進するとともに、地域支援ネットワーク構築、依存症全国拠点機関による人材育成・情報発信、依存症の正しい理解の普及啓発等を総合的に推進している。これら取組の全体像については資3-48-1を参照。

　また、厚生労働省は、2017年度（平成29年度）から、依存症対策全国拠点機関として独立行政法人国立病院機構久里浜医療センターを指定している。同センターでは、国立研究開発法人国立精神・神経医療研究センターと連携して薬物依存症を含む依存症治療の指導者養成研修を実施するとともに、都道府県及び指定都市の医療従事者を対象とした依存症治療の研修を実施している。

　このほか、厚生労働省は、都道府県及び指定都市が薬物依存症の専門医療機関及び治療拠点機関の選定や薬物依存症者への相談・治療等の支援に関わる者（障害福祉サービス事業所や福祉事務所の職員等）を対象とした研修を進めていくに当たり、財政的、技術的支援を行っている。

資3-48-1　依存症対策の概要

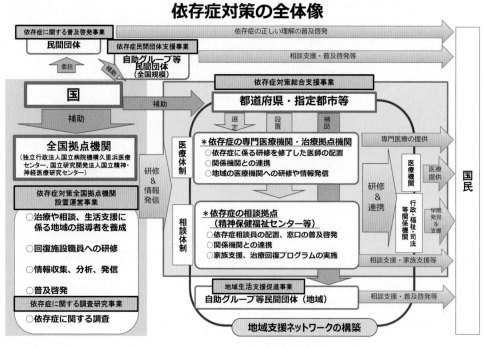

出典：厚生労働省資料による。

※12　大麻規制検討小委員会　とりまとめURL
　　（https://www.mhlw.go.jp/content/11121000/001002508.pdf）

（2）薬物依存症に関する相談支援窓口の充実【施策番号49】

厚生労働省は、依存症対策全国拠点機関を通じて、薬物依存症者本人及びその家族等を対象とした相談支援に関して指導的役割を果たす指導者養成研修を実施するとともに、都道府県及び指定都市の相談支援を行う者を対象とした研修を実施している。

また、厚生労働省は、2017年度（平成29年度）から、都道府県及び指定都市において、依存症相談員を配置した依存症相談拠点の設置を進めていくに当たり、財政的、技術的支援を行っている。

（3）自助グループを含めた民間団体の活動の促進【施策番号50】

厚生労働省は、2017年度（平成29年度）から、地域で薬物依存症に関する問題に取り組む自助グループ等民間団体の活動を地方公共団体が支援する「薬物依存症に関する問題に取り組む民間団体支援事業（地域生活支援促進事業）」を実施しており、2018年度（平成30年度）からは、全国規模で活動する民間団体の活動を支援する「依存症民間団体支援事業」を実施している。

（4）薬物依存症者の親族等の知識等の向上【施策番号51】

厚生労働省は、毎年全国6ブロック（北海道・東北地区、関東信越地区、東海北陸地区、近畿地区、中国・四国地区、九州・沖縄地区）において、地域の薬物相談を担う保健所や精神保健福祉センターの職員等に加えて、一般国民にも公開して「再乱用防止対策講習会」を開催している。同講習会では、薬物依存症治療の専門医、地域の薬物依存症者支援に取り組む家族会からの講演を行うなど、薬物依存症に対する意識・知識の向上を図っている。2022年度（令和4年度）は新型コロナウイルス感染症の影響により開催を中止したものの、2023年度（令和5年度）は山形県、神奈川県、愛知県、福井県、徳島県及び福岡県で開催予定である。

このほか、薬物依存症者を抱える親族等に向けた、薬物再乱用防止啓発冊子「ご家族の薬物問題でお困りの方へ」[13]を作成し、各都道府県の薬務課や精神保健福祉センター、保護観察所、矯正施設、民間支援団体等を通じて配布し、正しい知識と相談窓口の周知を図っている。また、依存症に対する誤解や偏見をなくし、依存症に関する正しい知識と理解を深めるため、普及啓発イベントの実施やリーフレット[14]のウェブサイトへの掲載等、広く一般国民を対象とした普及啓発事業を行っている。

（5）薬物依存症対策関係機関の連携強化【施策番号52】

警察は、「第五次薬物乱用防止五か年戦略」（2018年（平成30年）8月薬物乱用対策推進会議決定。資3-52-1参照）[15]等に基づき、各地域において薬物依存症対策を含めた総合的な薬物乱用対策を目的として開催される「薬物乱用対策推進地方本部全国会議」等に参加し、地方公共団体や刑事司法関係機関等の関係機関と情報交換を行っている。さらに、相談の機会が必要と認められる薬物乱用者やその家族への供覧・配布を目的とした再乱用防止のためのパンフレット「相談してみませんか」[16]を

※13 薬物再乱用防止啓発冊子「ご家族の薬物問題でお困りの方へ」
https://www.mhlw.go.jp/stf/seisakunitsuite/bunya/kenkou_iryou/iyakuhin/yakubuturanyou/other/kazoku_doikuhon.html

※14 リーフレット：依存症って？―「依存症を正しく知って」「支える」ために―
https://www.mhlw.go.jp/content/12200000/000620866.pdf

※15 「薬物乱用防止五か年戦略」
2023年（令和5年）8月8日、薬物乱用対策推進会議において、令和10年8月までの取組事項等を取りまとめた「第六次薬物乱用防止五か年戦略」が決定された。
https://www.mhlw.go.jp/stf/seisakunitsuite/bunya/kenkou_iryou/iyakuhin/yakubutsuranyou_taisaku/index.html

※16 再乱用防止のためのパンフレット「相談してみませんか」
https://www.npa.go.jp/bureau/sosikihanzai/yakubutujyuki/yakubutu/soudanshitemimasenka2023.pdf

毎年度作成して、全国の精神保健福祉センターや家族会等の窓口を紹介するなどの情報提供を実施している。

　法務省及び厚生労働省は、2015年（平成27年）に策定された「薬物依存のある刑務所出所者等の支援に関する地域連携ガイドライン」（資3-52-2参照）に基づき、保護観察所と地方公共団体、保健所、精神保健福祉センター、医療機関その他関係機関とが定期的に連絡会議を開催するなどして、地域における支援体制の構築を図っている（資3-52-3参照）。

　法務省は、刑事施設と保護観察所との効果的な連携の在り方について共通の認識を得ることを目的として、「薬物事犯者に対する処遇プログラム等に関する矯正・保護実務者連絡協議会」を開催し、刑事施設及び保護観察所の指導担当職員等が、双方の処遇プログラムの実施状況等の情報を交換している。協議会では、大学教授や自助グループを含む民間団体等のスタッフを外部機関アドバイザーとして招へいするなどしており、今後も、依存症専門医療機関の医師等を招へいして、薬物依存症者の支援及び関係機関との連携の在り方を検討していくこととしている。

　少年院においては、在院者に対する薬物非行防止指導の実施に当たり、民間自助グループや医療関係者等の協力を受けることとしている。

　厚生労働省は、毎年全国6ブロック（北海道・東北地区、関東信越地区、東海北陸地区、近畿地区、中国・四国地区、九州・沖縄地区）において、「薬物中毒対策連絡会議」を主催している。会議では、薬物依存症治療の専門医のほか、各地方公共団体の薬務担当課・障害福祉担当課・精神保健福祉センター・保健所、保護観察所、矯正施設等の薬物依存症者を支援する地域の関係機関職員が、地域における各機関の薬物依存症対策に関する取組や課題等を共有するとともに、それらの課題に対する方策の検討を行い、関係機関の連携強化を図っている。2022年度（令和4年度）は新型コロナウイルス感染症の影響により実地開催を中止したものの、書面にて情報共有を行った。さらに、厚生労働省は、都道府県及び指定都市において、行政や医療、福祉、司法等の関係機関による連携会議を開催するに当たり、財政的、技術的支援を行っている。同会議では、薬物依存症者やその家族に対する包括的な支援を行うために、地域における薬物依存症に関する情報や課題の共有を行っている。

資3-52-1　「第五次薬物乱用防止五か年戦略」の概要

出典：厚生労働省資料による。

資3-52-2 薬物依存のある刑務所出所者等の支援に関する地域連携ガイドラインの概要

「薬物依存のある刑務所出所者等の支援に関する地域連携ガイドライン」の概要

策定の背景

・薬物依存対策は政府の重要な政策課題の一つであり，薬物依存者等を対象とした刑の一部の執行猶予制度が平成28年6月から施行。
・薬物依存者の再犯（再使用）の防止は，刑事司法機関と，地域の医療・保健・福祉機関等との連携体制の構築が不可欠。
・そのため，法務省と厚生労働省が共同で平成27年11月に本ガイドラインを策定し，保護観察所や自治体等に周知の上，平成28年4月から実施。

ガイドラインの概要

総論

基本方針

・精神疾患としての認識共有
・シームレスな支援
・民間支援団体との連携

関係機関

保護観察所，都道府県等，精神保健福祉センター，保健所，福祉事務所，市町村（特別区を含む）障害保健福祉主管課，刑事施設，地方更生保護委員会，依存症治療拠点機関及び薬物依存者に対する医療的支援を行うその他の医療機関

地域支援体制の構築

・定期的に連絡会議を開催する。
・薬物依存者の支援に関する人材の育成に努める。
・知見の共有等により，地域における薬物乱用に関する問題解決能力の向上を図る。
・相互の取組に関する理解及び支援の促進に努める。

情報の取扱い

・必要な情報は，他の機関又は団体における情報の取扱方針等に配慮しつつ，共有する。
・支援対象者に関する情報共有は，原則として本人の同意を得る。　　　　　　　　　等

各論

薬物依存者本人に対する支援

（刑事施設入所中の支援）
・刑事施設，地方更生保護委員会及び保護観察所は，出所後に必要な支援等に関するアセスメントを行う。
・保護観察所は，アセスメントの結果を踏まえ，出所後の社会復帰上の課題と対応方針を検討する。　　　等
（保護観察中の支援）
・保護観察所は，支援対象者に対する指導監督を行うとともに，必要な支援を受けることができるよう調整する。
・医療機関は，支援対象者の治療や，必要に応じて関係機関に対する情報提供等を行う。
・都道府県，精神保健福祉センター又は保健所は，支援対象者の希望に応じ，回復プログラム等を実施する。
・福祉事務所又は市町村障害保健福祉主管課は，支援対象者の希望に応じ，必要な福祉的支援を実施する。
・関係機関は，保護観察所等の求めに応じ，支援対象者に対する支援に関するケア会議等に出席する。　　　等
（保護観察終了後の支援）
・保護観察所は，支援対象者の希望に応じ，精神保健福祉センターその他の関係機関に支援を引き継ぐ。　　　等

家族に対する支援

・関係機関は，支援対象者に対する支援に当たっては，本人の意向とともに家族の意向を汲む。
・関係機関は，相互に協力して効果的な家族支援を行うとともに，希望に応じ，保護観察終了後も支援を行う。等

出典：法務省・厚生労働省資料による。

資3-52-3 ガイドラインを踏まえた薬物依存者に対する支援等の流れ

ガイドラインを踏まえた薬物依存者に対する支援等の流れ（イメージ図）

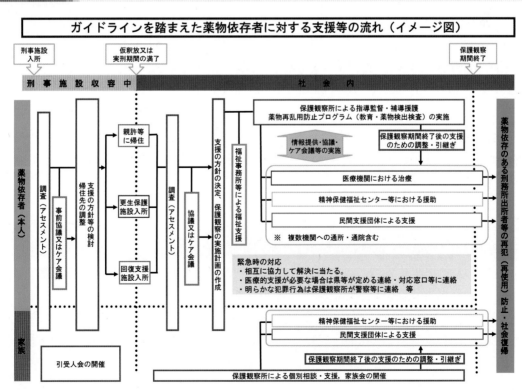

出典：法務省・厚生労働省資料による。

(6) 薬物依存症治療の充実に資する診療報酬の検討【施策番号53】

厚生労働省は、診療報酬の中で、薬物依存症に対する治療を精神疾患に対する専門的な治療である精神科専門療法として評価している。

2016年度（平成28年度）診療報酬改定において、薬物依存症の患者に、集団療法を実施した場合の評価として「依存症集団療法」を新設し、2018年度（平成30年度）診療報酬改定において、薬物依存症についても精神科専門療法の対象疾患に含まれることを明確化するとともに、薬物依存症の患者等に対し、計画的に実施される専門的な精神科ショート・ケアに対する加算として、「疾患別等専門プログラム加算」を新設した。さらに、2022年度（令和4年度）診療報酬改定において、薬物依存症に対する有用な入院治療の開発を踏まえ、薬物依存症に係る入院管理について、「依存症入院医療管理加算」として新たに評価した。

3　薬物依存症の治療・支援等ができる人材の育成

(1) 薬物依存症に関する知見を有する医療関係者の育成【施策番号54】

薬物依存症は、治療と回復に時間を要することから、医師や看護師を始めとする医療関係者には、薬物依存症に関する適切な治療に加え、周囲へ正しい理解と協力を促す役割が期待されている。また、医療関係者が薬物依存症に対する正しい理解を深められるよう、適切な育成を行っていく必要がある。

厚生労働省は、一定の精神科実務経験を有し、法律等に関する研修を修了した医師のうちから、「精神保健指定医」を指定し、薬物依存症を含む精神疾患に関する治療等を行わせている。また、一般的な医療関係者の育成においても、診察に従事しようとする医師に必修化されている医師臨床研修制度において、2020年度（令和2年度）から、新たな臨床研修の到達目標を適用しており、経験すべき疾病・病態として薬物等依存症を含む依存症を位置付けている。さらに、看護師については、保健師助産師看護師国家試験出題基準において、薬物を含む依存症対策に関する項目が含まれており、依存症に関する知見を、看護師として具有すべき基本的な知識及び技能として位置付けている。

(2) 薬物依存症に関する知見を有する福祉専門職の育成【施策番号55】

精神保健福祉士及び社会福祉士は、薬物依存症に関する知識を身に付けることで、薬物依存症者が地域で生活するために必要な支援ニーズを把握し、関係機関へつなげるなどの相談援助を実施している。

厚生労働省は、薬物依存を始めとする各依存症について教育内容を充実させるため、精神保健福祉士及び社会福祉士の養成カリキュラムの見直しを行い、2021年（令和3年）4月入学者から、複数の科目において、心理面や社会問題、地域生活課題といった視点で依存症を学ぶこととしている。

(3) 薬物依存症に関する知見を有する心理専門職の育成【施策番号56】

公認心理師[17]は、薬物依存症の回復支援において、アセスメントや依存症集団療法等の専門的支援等、心理的側面から助言、指導その他の援助等を行っている。

公認心理師試験の出題基準には、「依存症（薬物、アルコール、ギャンブル）」の項目等が組み込まれている。また、厚生労働省は公認心理師の養成カリキュラムにおいて、公認心理師となるために必要な科目として、「健康・医療心理学」、「精神疾患とその治療」、「保健医療分野に関する理論と支援の展開」等の科目を規定している。大学等によっては、それらの科目の中で薬物依存症を取り上げている。

※17　公認心理師
　　心理学に関する専門的知識及び技術をもって、心理に関する相談、援助等の業務に従事する者。平成27年に成立した公認心理師法（平成27年法律第68号）に基づく国家資格であり、保健医療、福祉、教育、司法・犯罪、産業・労働等の様々な分野で活躍している。

（4）薬物依存症に関する知見を有する支援者の育成【施策番号57】

　法務省における取組は、【施策番号45】を参照。

　厚生労働省における取組は、【施策番号48】を参照。

特集

第1章

第2章

第3章

第4章

第5章

第6章

第7章

第8章

基礎資料

Column 4　薬物再乱用対策推進事業

福岡県保健医療介護部薬務課

　覚醒剤事犯の再犯者率は、他の犯罪に比べて高いといわれています。その中でも、福岡県における覚醒剤事犯の再犯者率は70％以上と、全国と比べて高い水準で推移しています。薬物事犯者の多くは、犯罪者であると同時に薬物依存の問題を抱える者でもあり、薬物乱用者の再乱用防止には、薬物依存症の治療と社会復帰への支援が必要です。実刑判決を受けた薬物事犯者は、刑事施設における薬物依存離脱指導（【施策番号44ア】参照）や保護観察所による薬物再乱用防止プログラム（【施策番号44イ】参照）等の支援を受けることが可能である一方で、薬物事犯初犯者は全部執行猶予付判決となる場合があり、薬物依存症からの回復のための公的な支援を受ける機会に乏しいことが課題となっていました。

　2016年（平成28年）に「再犯の防止等の推進に関する法律」が施行されるなど、全国的に再犯防止対策が喫緊の課題となる中で、2017年（平成29年）4月に福岡地方検察庁内に再犯防止等の業務を専門的に行う刑事政策推進室が設置されました。このような状況を踏まえ、福岡県では、保健医療介護部薬務課と福岡地方検察庁刑事政策推進室とが連携し、2018年度（平成30年度）から「薬物再乱用対策推進事業」を開始しました。

　この事業は、全部執行猶予付判決が見込まれる薬物事犯初犯者について、福岡地方検察庁から情報提供を受け、福岡県薬務課が対象者との面談を重ねながら信頼関係を構築し、回復プログラム実施機関や医療機関、福祉関連支援機関など、対象者の薬物依存症からの回復に必要となる機関へコーディネートするものです。

　初回の面談は、対象者の勾留中に、留置場や拘置所等の勾留場所へ福岡県薬務課の職員である相談支援コーディネーターが赴いて行います。以降も対象者との面談を重ね、薬物依存症から回復するための支援計画を策定し、釈放後に、支援計画に基づいて支援を実施しています。

　相談支援コーディネーターは、精神保健福祉士、保健師、看護師、社会福祉士等の資格を有する者及び警察官OBで構成しており、面談を通じて得られた対象者の情報に応じて相談支援コーディネーターが連携して支援に当たっています。

　具体的な支援内容としては、精神保健福祉センターや医療機関、民間団体等が実施している薬物依存症回復プログラムの紹介や初回参加時の同行、薬物依存症専門医療機関等の医療機関の紹介や受診同行、民間団体の依存症回復支援施設や自助グループの紹介や同行、就労や住居の確保や福祉サービスを受けるための福祉関連支援機関の紹介や同行等のほか、定期的に面談や電話、メールでの連絡を通じて対象者とコミュニケーションを取り、薬物に頼らない生活をする上で直面している課題や悩みを傾聴し、肯定的に受け止めつつアドバイスをする、回復プログラムの受講や医療機関の受診の意欲低下に対して動機付けを行うなど、薬物依存症からの回復に向けた行動のサポートも行っています。

　支援期間は執行猶予期間満了までとしており、2022年度（令和4年度）からは、無事、執行猶予期間を満了し、支援を終了した対象者も出始めました。一方で、執行猶予期間満了後も引き続き支援を希望する対象者には、支援終了後のアフターフォローとして、定期的に面談や連絡を行い、薬物に頼らない生き方が継続できるようにサポートしています。

　対象者の中には、本来は支援が必要でありながら、支援機関やその機関で受けられるサービスを知らなかったり、誤解していたりする者がいます。人に頼ることができず、薬物に頼らざるを得なかった対象者に寄り添い、関係機関と連携、協力しながら、今後も薬物再乱用防止対策を推進していきます。

薬物再乱用対策推進事業の概要

第4章

自由SPACE

学校等と連携した修学支援の実施等のための取組

第1節　学校等と連携した修学支援の実施等

1　児童生徒の非行の未然防止等

（1）学校における適切な指導等の実施【施策番号58】

ア　いじめの防止

　文部科学省は、いじめ防止対策推進法（平成25年法律第71号）等の趣旨を踏まえ、道徳教育等を通したいじめ防止のための取組を推進している。また、各都道府県教育委員会等の生徒指導担当者向けの行政説明において、必要に応じて心理や福祉等の専門家、教員、警察官経験者等の外部専門家の協力を得ながら、複数の教職員が連携し、組織的に、いじめをやめさせ、その再発を防止する措置をとるよう、周知徹底しているところである。あわせて、2023年（令和5年）2月に文部科学省から発出した「いじめ問題への的確な対応に向けた警察との連携等の徹底について（通知）」では、犯罪に相当するいじめ事案については直ちに警察に相談・通報を行い、適切な援助を求めなければならないことや児童生徒への指導支援の充実等、いじめ対応において改めて留意すべき事項についても周知した。加えて、いじめ等の諸課題について、法務の専門家への相談を必要とする機会が増加していることを踏まえ、2020年度（令和2年度）から、都道府県・指定都市教育委員会が弁護士等への法務相談を行う経費が普通交付税措置され、2020年（令和2年）12月には弁護士による対応事例等を盛り込んだ「教育行政に係る法務相談体制構築に向けた手引き」（2022年3月改訂）[※1]を作成し、公表した。

イ　人権教育

　文部科学省は、日本国憲法及び教育基本法（平成18年法律第120号）の精神にのっとり、人権教育及び人権啓発の推進に関する法律（平成12年法律第147号）及び「人権教育・啓発に関する基本計画」（平成14年3月15日閣議決定、平成23年4月1日一部変更）に基づき、人権尊重の意識を高める教育を推進している。

ウ　非行の防止

　文部科学省は、再非行の防止の観点も含めた学校における非行防止のための取組を推進しており、2022年度（令和4年度）は、全国の生徒指導担当者等が出席する会議において、再犯防止推進計画の趣旨や非行防止に関する具体的な取組について周知した。

　また、各学校に対して、警察官等を外部講師として招き、非行事例等について児童生徒に直接語ることにより、犯罪についての正しい理解を図る「非行防止教室」や、中学生・高校生を対象に、犯罪被害者等への配慮や協力への意識のかん養を図る犯罪被害者等による講演会「命の大切さを学ぶ教室」の実施を促した。

　さらに、警察庁との共催で、教育委員会、警察、保護観察所等の関係機関が参加する「問題行動に関する連携ブロック協議会」を中部地方と中国・四国地方で実施した。

※1　「教育行政に係る法務相談体制構築に向けた手引き」URL
　　　https://www.mext.go.jp/content/20220301-mxt_syoto01-000011909_1.pdf

エ　薬物乱用の防止

　文部科学省は、「第五次薬物乱用防止五か年戦略」（【施策番号52】参照）を踏まえ、薬物乱用防止教育の充実に努めている。

　学校における薬物乱用防止教育は、小学校の体育科、中学校及び高等学校の保健体育科、特別活動の時間はもとより、道徳、総合的な学習の時間等の学校の教育活動全体を通じて指導が行われるよう周知を図っている。

　また、全ての中学校及び高等学校において、年に１回は薬物乱用防止教室を開催するとともに、地域の実情に応じて小学校においても同教室の開催に努めるなど、薬物乱用防止に関する指導の一層の徹底を図るよう都道府県教育委員会等に対して指導している（資4-58-1参照）。

　さらに、大学生等を対象とした薬物乱用防止のためのパンフレット[2]の作成・周知等を通して、薬物乱用防止に関する啓発の強化を図っている。

資4-58-1　薬物乱用防止教室の開催状況

（平成30年度～令和4年度）

		H30	R1	R2	R3	R4
小学校段階 （義務教育学校前期課程を含む）	開催校数	15,538			13,476	14,353
	開催率（%）	78.7			70.7	75.5
中学校段階 （義務教育学校後期課程、 中等教育学校前期課程を含む）	開催校数	9,307			8,210	8,607
	開催率（%）	90.6			81.9	86.0
高等学校段階 （中等教育学校後期課程を含む）	開催校数	4,045			3,605	3,829
	開催率（%）	85.8			77.9	82.5
全学校種	開催校数	28,890			25,291	26,789
	開催率（%）	83.2			75.0	79.6

出典：文部科学省資料による。
注　令和元年度、2年度については、新型コロナウイルス感染症の感染拡大の影響により、開催状況調査は未実施。

オ　中途退学者等への就労支援

　文部科学省及び厚生労働省は、高等学校等と地域若者サポートステーション[3]（以下「サポステ」という。）との連携強化を図ることで、高等学校における中途退学者（以下「中途退学者」という。）等への切れ目のない支援を実施している。具体的には、全国に177か所設置されているサポステにおいて、中途退学者等の希望に応じて学校や自宅等へ訪問するアウトリーチ型の相談支援を実施している。

（2）地域における非行の未然防止等のための支援【施策番号59】

　内閣府[4]では、子供・若者育成支援推進大綱（令和3年4月6日子ども・若者育成支援推進本部決定）に基づき、社会生活を円滑に営む上で困難を有するこども・若者への支援を重層的に行うための

※2　薬物乱用防止のためのパンフレット
　　https://www.mext.go.jp/a_menu/kenko/hoken/1344688.htm

※3　地域若者サポートステーション
　　働くことに悩み・課題を抱えている15歳～49歳までの方に対し、キャリアコンサルタント等による専門的な相談支援、個々のニーズに即した職場体験、就職後の定着・ステップアップ相談等による職業的自立に向けた支援を行う就労支援機関のこと。
※4　令和5年4月1日からはこども家庭庁に事務が移管されている。

拠点（子ども・若者支援地域協議会※5）及びこども・若者育成支援に関する地域住民からの相談に応じ、関係機関の紹介その他の必要な情報の提供及び助言を行う拠点（子ども・若者総合相談センター※6）（資4-59-1参照）の地方公共団体における整備を促進するとともに、更なる機能向上等を推進している。2023年（令和5年）1月現在、子ども・若者支援地域協議会が141の地方公共団体に、子ども・若者総合相談センターが116の地方公共団体に、それぞれ設置されている。

　また、地域におけるこども・若者支援人材の養成のため、相談業務やアウトリーチ（訪問支援）等に従事する者に対し、知識・技法の向上等に資する研修を実施している。

資4-59-1　「子ども・若者支援地域協議会」・「子ども・若者総合相談センター」の概要

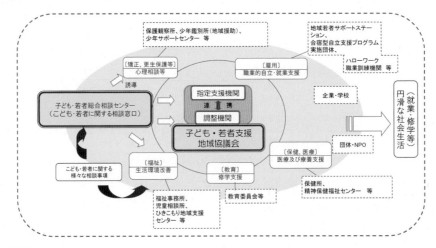

出典：こども家庭庁資料による。

　警察は、少年警察ボランティア（少年補導員※7、少年警察協助員※8及び少年指導委員※9）等と連携して、社会奉仕体験活動等を通じた問題を抱えた少年の居場所づくりのほか、非行の未然防止等を図るための街頭補導活動や学校における非行防止教室を行っている。また、少年や保護者等の悩みや困りごとについて、専門的知識を有する警察職員が面接や電話等で相談に応じ、指導・助言を行っている。

　法務省は、地域援助として、少年鑑別所（法務少年支援センター）が地域の小学校、中学校、高等学校、特別支援学校等からの心理相談等を受け付けている。2022年（令和4年）の小学校、中学校、高等学校、教育委員会等を含む教育関係機関からの相談件数は、3,117件（前年：3,019件）であった。支援の内容は、問題行動への対応から発達上の課題を有する児童生徒本人の学校適応に関する相談、進路相談等に至るまで幅広く、知能検査や性格検査、職業適性検査のほか、暴力や性的な問題行動に係るワークブック等を用いた心理的支援等も行っている。特に、2023年（令和5年）2月に文部科学省から発出された「いじめ問題への的確な対応に向けた警察との連携等の徹底について（通

※5　子ども・若者支援地域協議会
　　子ども・若者育成支援推進法（平成21年法律第71号）第19条で、地方公共団体は、関係機関等が行う支援を適切に組み合わせることによりその効果的かつ円滑な実施を図るため、単独で又は共同して、関係機関等により構成される子ども・若者支援地域協議会を置くよう努めるものとされている。
※6　子ども・若者総合相談センター
　　子ども・若者育成支援推進法第13条で、地方公共団体は、子ども・若者育成支援に関する相談に応じ、関係機関の紹介その他の必要な情報の提供・助言を行う拠点（子ども・若者総合相談センター）としての機能を担う体制を、単独で又は共同して確保するよう努めるものとされている。
※7　少年補導員
　　街頭補導活動を始めとする幅広い非行防止活動に従事している。
※8　少年警察協助員
　　非行集団に所属する少年を集団から離脱させ、非行を防止するための指導・相談に従事している。
※9　少年指導委員
　　風俗営業等の規制及び業務の適正化等に関する法律（昭和23年法律第122号）に基づき、都道府県公安委員会から委嘱を受け、少年を有害な風俗環境の影響から守るための少年補導活動や風俗営業者等への助言活動に従事している。

知）」（【施策番号58ア】参照）を踏まえ、2023年度（令和5年度）から東京及び大阪の少年鑑別所（法務少年支援センター）に、「地域教育支援調整官」として専門職を配置し、いじめ問題への的確な対応に向けた学校との連携強化に努めている。さらに、2019年度（令和元年度）からは、各地の少年鑑別所（法務少年支援センター）を主催者とした「地域援助推進協議会」を開催しており、学校や自治体等の関係機関とのより一層の連携強化を図り、地域における非行の未然防止等を推進している。また、保護司、更生保護女性会[※10]、BBS会[※11]がそれぞれの特性を生かして行う犯罪予防活動、「子ども食堂」等の地域社会におけるこども等の居場所づくり、非行をした少年等に対する学習支援等の取組が円滑に行われるよう、必要な支援を行っている。

　文部科学省は、保護者や地域住民が学校運営に当事者として参画する「コミュニティ・スクール」と地域と学校が連携・協働し、幅広い地域住民の参画を得て行う「地域学校協働活動」を一体的に推進し（資4-59-2参照）、放課後等における学習支援、体験・交流活動、見守り活動等のこどもたちの学びや成長を支える地方公共団体の取組を支援する事業を実施している。

　また、中途退学者等を対象に、高等学校卒業程度の学力を身に付けさせるための学習相談及び学習支援を実施する地方公共団体の取組を支援する事業を実施している（【施策番号65】参照）。

　さらに、薬物、飲酒、ギャンブル等に関する依存症が社会的な問題となっていることを踏まえ、将来的な依存症患者数の逓減や青少年の健全育成を図る観点から、依存症予防教育の推進のため、依存症予防教育推進事業を実施している。2022年度（令和4年度）においては、厚生労働省との共催による全国的なシンポジウムを開催するとともに、各地域において社会教育施設等を活用した児童生徒、学生、保護者、地域住民向けの依存症予防に関する啓発を行う「依存症予防教室」等の取組を支援した。

資4-59-2　コミュニティ・スクールと地域学校協働活動の一体的推進

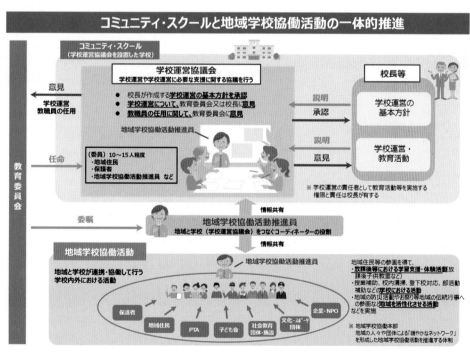

出典：文部科学省資料による。

※10　更生保護女性会
　　地域の犯罪予防や青少年の健全育成、犯罪者・非行少年の改善更生に協力する女性のボランティア団体であり、2023年（令和5年）4月現在の会員数は12万7,307人である。
※11　BBS会
　　Big Brothers and Sisters の略称で、非行少年等の自立を支援するとともに、非行防止活動を行う青年ボランティア団体であり、2023年（令和5年）1月現在の会員数は4,404人である。

厚生労働省は、ひとり親家庭のこどもを対象として、基本的な生活習慣の習得支援や学習支援を行う地域の居場所づくりの取組を支援しているほか、高等学校卒業程度認定試験合格のための講座の受講費用の一部を支給するなどの支援を実施している。また、生活困窮世帯のこどもに対しては、「子どもの学習・生活支援事業」（**資4-59-3**参照）により、学習支援、こどもや保護者に対する生活習慣・育成環境の改善に向けた助言等、こどもの将来の自立に向けたきめ細かい支援を行っており、2022年度（令和4年度）は、596（前年度：587）の地方公共団体において同事業を実施した。

資4-59-3 子どもの学習・生活支援事業の概要

子どもの学習・生活支援事業について

事業の概要

〇「貧困の連鎖」を防止するため、生活保護受給世帯の子どもを含む生活困窮世帯の子どもを対象に学習支援事業を実施。
〇各自治体が地域の実情に応じ、創意工夫をこらし実施（地域資源の活用、地域の学習支援ボランティアや教員OB等の活用等）。
〇改正法において、生活習慣・育成環境の改善に関する助言や進路選択、教育、就労に関する相談に対する情報提供、助言、関係機関との連絡調整を加え、「子どもの学習・生活支援事業」として強化。

支援のイメージ

➢ 将来の自立に向けた包括的な支援：単に勉強を教えるだけではなく、居場所づくり、日常生活の支援、親への養育支援などを通じて、子どもの将来の自立に向けたきめ細かで包括的な支援を行う。
➢ 世帯全体への支援：子どもの学習・生活支援事業を入口として、必要に応じて自立相談支援事業等と連携することで世帯全体への支援を行う。

＜子どもの課題とその対応＞

生活困窮世帯の子ども等を取り巻く主な課題

学習面	生活面	親の養育
・高校進学のための学習希望 ・勉強、高校卒業、就労等の意義を感じられない	・家庭に居場所がない ・生活習慣や社会性が身についていない	・子どもとの関わりが少ない ・子育てに対する関心の薄さ

上記課題に対し、総合的に対応

子どもの学習・生活支援事業

学習支援 （高校中退防止の取組を含む）	生活習慣・育成環境の改善	教育及び就労（進路選択等）に関する支援
・日々の学習習慣の習慣づけ、授業等のフォローアップ ・高校進学支援 ・高校中退防止（定期面談等による細やかなフォロー等）等	・学校・家庭以外の居場所づくり ・生活習慣の形成・改善支援 ・小学生等の家庭に対する巡回支援の強化等親への養育支援を通じた家庭全体への支援 等	高校生世代等に対する以下の支援を強化 ・進路を考えるきっかけづくりに資する情報提供 ・関係機関との連携による、多様な進路の選択に向けた助言 等

子どもの学習・生活支援を通じて、子ども本人と世帯の双方にアプローチし、子どもの将来の自立を後押し（貧困の連鎖防止）

出典：厚生労働省資料による。

（3）警察における非行少年に対する支援【施策番号60】

警察は、非行少年を生まない社会づくり（**資4-60-1**参照）の一環として、非行少年の立ち直りを支援する活動に取り組んでおり、修学に課題を抱えた少年に対し、少年サポートセンターが主体となって、少年警察ボランティアや、少年と年齢が近く少年の心情や行動を理解しやすい大学生ボランティア、関係機関と連携して修学に向けた支援を行っている。具体的な支援内容については【施策番号78】を参照。

| 資4-60-1 | 非行少年を生まない社会づくりの概要 |

非行少年を生まない社会づくりの推進について

非行少年を生まない社会づくり

　少年非行情勢については、依然として、社会の耳目を集める凶悪な事案が後を絶たないほか、大麻事犯の少年の検挙人員は増加傾向であり、受け子として特殊詐欺に関与する少年の検挙人員は高水準で推移している。また、刑法犯少年の再犯者率についても、依然として3割を超えている実態がある。

　そこで、次代を担う少年の健全育成を図るため、問題を抱えた個々の少年に対し積極的に手を差し伸べ、地域社会とのきずなの強化を図る中でその立ち直りを支援し、再び非行に走ることを防止するとともに、少年を厳しくも温かい目で見守る社会機運を向上するなど、非行少年を生まない社会づくりを推進する。

少年に手を差し伸べる立ち直り支援活動

支援を必要としている少年及び保護者に対して、積極的に連絡をとり、立ち直りを支援を推進

○　少年及び保護者に対する継続的な助言・指導の実施
○　少年警察ボランティア、地域住民、関係機関と協働し、修学・就労に向けた支援、社会奉仕体験活動等への参加機会の確保等、個々の少年の状況に応じた支援活動の実施

学習支援

農業体験

少年を見守る社会気運の向上

少年を取り巻く地域社会のきずなの強化と少年の規範意識の向上

○　少年警察ボランティア等の協力による通学時の積極的な声掛け・あいさつ運動や街頭補導活動、社会奉仕体験活動等大人と触れ合う機会の確保
○　非行防止教室の開催等

非行防止教室

社会奉仕体験活動

出典：警察庁資料による。

2　非行等による学校教育の中断の防止等

（1）学校等と保護観察所が連携した支援等【施策番号61】

　法務省は、保護観察所において、学校に在籍している保護観察対象者等について、類型別処遇（【施策番号83】参照）における「就学」類型として把握した上で、必要に応じて、学校と連携の上、修学に関する助言等を行っている。

　文部科学省は、児童生徒が非行問題を身近に考えることができるよう、外部講師として保護観察官や保護司、BBS会員を招いて講話を実施するなど、非行防止教室を積極的に実施するよう学校関係者に対し依頼している。

　また、保護司会においては、犯罪予防活動の一環として行っている非行防止教室や薬物乱用防止教室、生徒指導担当教員との座談会等の開催を促進するなどして、保護司と学校との連携強化に努めている。

　法務省及び文部科学省は、2019年（令和元年）6月に、矯正施設における復学手続等の円滑化や高等学校等の入学者選抜及び編入学における配慮を促進するため、相互の連携事例を取りまとめ、矯正施設、保護観察所及び学校関係者に対して周知している（資4-61-1参照）。

資4-61-1　　修学支援の充実に向けた文部科学省との連携状況について

就学支援の充実に向けた文部科学省との連携状況について
（通知の説明）

令和元年9月に「修学支援に向けた学校等との連携強化について」が発出され、再犯防止推進計画で重点課題となっている**「学校等と連携した修学支援」**の推進に向けて、文部科学省と連携し、非行少年の円滑な社会復帰を充実・強化するものになっている。

再犯防止推進計画【抜粋】
　イ　矯正施設と学校との連携による円滑な学びの継続に向けた取組の充実
　　法務省及び文部科学省は、矯正施設や学校関係者に対し、相互の連携事例を周知する。

法務省

①「保護観察・少年院送致となった生徒の復学・進学等に向けた支援について」の作成
②上記資料を活用して関係強化に努めること
③少年院等の学習の状況等を適切に学校に連絡すること
④少年院の評価を適切に行い、学校等に連絡すること
⑤少年院で行われる健康診断及び各検査について結果を学校に連絡すること

連携

文部科学省

①各都道府県教育委員会等に資料の周知を行う
②学校は、対象少年に関して矯正施設等と連絡体制を整えておくこと
③スクールカウンセラー、スクールソーシャルワーカー、弁護士等と連携すること
④少年院の矯正教育の日数を指導要録上出席扱いとすること
⑤就学義務の猶予・免除を適切に運用すること
⑥中学校等の卒業等についても認めること

社会復帰後の居場所の確保＋進路の選択肢の増加

「保護観察・少年院送致となった生徒の復学・進学等に向けた支援について」

連携事例

在院中に卒業式を迎え、中学校から卒業証書を授与

中学校及び高等学校の協力を得て少年院在院中に高校を受験

学校と少年院が課題を共有して指導に当たり円滑に復学

少年院と学校が連携することで、従来よりも選択肢の多い社会復帰支援が行える。

出典：法務省資料による。

（2）矯正施設と学校との連携による円滑な学びの継続に向けた取組の充実【施策番号62】

　法務省は、刑事施設において、社会生活の基礎となる学力を欠くことにより改善更生及び円滑な社会復帰に支障があると認められる受刑者に対し、教科指導を実施しており、2022年度（令和4年度）の受講開始人員は補習教科指導[※12]が701人（前年度：734人）、特別教科指導[※13]が382人（前年度：314人）であった。松本少年刑務所には、我が国において唯一、公立中学校の分校が刑事施設内に設置されており、全国の刑事施設に収容されている義務教育未修了者等のうち希望者を中学3年生に編入させ、地元中学校教諭及び職員等が、文部科学省が定める学習指導要領を踏まえた指導を行っている。また、松本少年刑務所及び盛岡少年刑務所では近隣の高等学校の協力の下、当該高等学校の通信制課程で受刑者に指導を行う取組を実施しており、そのうち松本少年刑務所では全国の刑事施設から希望者を募集して、高等学校教育を実施しており、所定の課程を修了したと認められた者には、高等学校の卒業証書が授与されている。

　少年院では、義務教育未修了者に対する学校教育の内容に準ずる内容の指導のほか、学力の向上を図ることが円滑な社会復帰に特に資すると認められる在院者に対して教科指導を実施している。また、在院者が出院後に円滑に復学・進学等ができるよう、矯正施設や学校関係者の研修等の際には講

※12　補習教科指導
　　　学校教育法（昭和22年法律第26号）による小学校又は中学校の教科の内容に準ずる内容の指導
※13　特別教科指導
　　　学校教育法による高等学校又は大学の教科の内容に準ずる内容の指導

師を相互に派遣するなどして、相互理解に努め、通学していた学校との連携や、進学予定である学校の受験機会の付与等を行っている。さらに、広域通信制高等学校（以下「通信制高校」という。）と連携し、当該通信制高校に入学した在院者に対する院内での学習支援等を試行している。なお、2022年（令和4年）には、83人（前年：102人）が復学又は進学が決定した上で出院した。

少年鑑別所では、在所者に対する健全な育成のための支援として、学習用教材を整備しており、在所者への貸与を積極的に行うとともに、学習図書の差入れ等についても配慮している。また、小・中学校等に在学中の在所者が、在籍校の教員等と面会する際には、希望に応じて、教員等による在所者の学習進度の確認、学習上の個別指導の実施が可能となるよう、面会の時間等に配慮している。

（3）矯正施設における高等学校卒業程度認定試験の指導体制の充実【施策番号63】

法務省及び文部科学省は、受刑者及び少年院在院者の改善更生と円滑な社会復帰を促す手段の一つとして、刑事施設及び少年院内で高等学校卒業程度認定試験を実施している。

法務省は、4庁（川越少年刑務所、笠松刑務所、加古川刑務所及び姫路少年刑務所）の刑事施設を特別指導施設に指定し、同試験の受験に向けた指導を積極的かつ計画的に実施している。全国の刑事施設における2022年度（令和4年度）の高等学校卒業程度認定試験受験者数は366（前年度：354人）であり、高等学校卒業程度認定試験合格者（高等学校卒業程度認定試験の合格に必要な全ての科目に合格し、大学入学資格を取得した者）が170人（前年度：147人）、一部科目合格者（高等学校卒業程度認定試験の合格に必要な科目のうち一部の科目に合格した者）が167人（前年度：200人）であった。

少年院では、在院者の出院後の修学又は就労に資するため、高等学校卒業程度認定試験の重点的な受験指導を行うコースを13庁に設置し、外部講師を招へいするなどの体制を整備している。全国の少年院における2022年度（令和4年度）の高等学校卒業程度認定試験受験者数は377人（前年度：443人）であり、高等学校卒業程度認定試験合格者が151人（前年度：169人）、一部科目合格者が213人（前年度：260人）であった（【指標番号14】参照）。

3　学校や地域社会において再び学ぶための支援

（1）矯正施設からの進学・復学の支援【施策番号64】

法務省は、2018年度（平成30年度）から、少年鑑別所在所者が希望した場合には「修学支援ハンドブック」を配付し、自分の将来について考え、学ぶ意欲を持つことができるよう配意している。また、少年院では、出院後に中学校等への復学が見込まれる者や高等学校等への復学・進学を希望している者等を修学支援対象者として選定し、重点的に修学に向けた支援を行っている。特に、修学支援対象者等については、修学支援ハンドブック等を活用して、出院後の学びについて動機付けを図っているほか、少年院内で実施した修学に向けた支援に関する情報を保護観察所等と共有することで、出院後も本人の状況等に応じた学びが継続できるよう配意している。さらに、民間の事業者に委託して、修学支援対象者が希望する修学に関する情報の収集と提供を行っており（修学支援デスク）、2022年度（令和4年度）には、延べ265人（前年：235人）が利用した。加えて、2021年度（令和3年度）から、在院者が高等学校教育についての学びを継続するための方策として、少年院在院中から通信制高校に入学し、インターネット等を活用した学習を可能にするとともに、少年院の矯正教育で高等学校学習指導要領に準じて行うものを通信制高校での単位として認定するなどの措置を講じることを一部モデル施設において実施している。

法務省及び文部科学省は、2019年（令和元年）6月に、矯正施設における復学手続等の円滑化を図るため相互の連携事例を取りまとめ、矯正施設・保護観察所及び学校関係者に対して周知している（【施策番号61】参照）。併せて、文部科学省は、出院後の復学を円滑に行う観点から、学齢児童生徒が少年院及び少年鑑別所に入・出院（所）した際の保護者の就学義務や当該児童生徒の学籍、指導要

録の取扱い等に関し、少年院における矯正教育や少年鑑別所における学習等の援助に係る日数について、学校は一定の要件下で指導要録上出席扱いにできることとするなど、適切な対応を行うよう各都道府県教育委員会等へ周知している。

　また、法務省及び文部科学省は、矯正施設・保護観察所の職員と学校関係者との相互理解を深めるため、学校関係者に対し、矯正施設・保護観察所の職員を講師とした研修を積極的に実施するよう周知している。

（2）高等学校中退者等に対する地域社会における支援【施策番号65】

　法務省は、保護観察対象者に対し、保護司やBBS会等の民間ボランティアと連携し、例えばBBS会員による「ともだち活動」[※14]としての学習支援、保護司による学習相談や進路に関する助言を実施している。また、類型別処遇（【施策番号83】参照）における「就学」類型に該当する中途退学者等の保護観察対象者に対しては、処遇指針である「類型別処遇ガイドライン」を踏まえ、就学意欲の喚起や就学に向けた学校等の関係機関との連携、学習支援等の処遇を実施している。さらに、保護観察所においては、2021年度（令和3年度）から試行した結果を踏まえて、2023年度（令和5年度）から、修学の継続のために支援が必要と認められる保護観察対象者に対し、個々の抱える課題や実情等に応じた様々な修学支援を複合的に実施する「修学支援パッケージ」を実施することとしている。（資4-65-1参照）

　文部科学省は、2017年度（平成29年度）から、学力格差の解消及び中途退学者等の進学・就労に資するよう、中途退学者等を対象に、高等学校卒業程度の学力を身に付けさせるための学習相談及び学習支援のモデルとなる取組について実践研究を行うとともに、2020年度（令和2年度）からその研究成果の全国展開を図るための事業を実施しており、2022年度（令和4年度）においては、6つの地方公共団体（群馬県、愛知県、京都府、高知県、大分県、及び北海道札幌市）において同事業を実施した（資4-65-2参照）。

※14 ともだち活動
　　BBS会員が、非行のある少年など生きづらさを抱えるこども・若者と「ともだち」になることを通して、それぞれの立ち直りや再チャレンジを支え、自分らしく前向きに生きていくことを促す活動。

資4-65-1　保護観察所における修学支援パッケージ

保護観察所における修学支援パッケージ

目的　修学の継続のために支援が必要と認められる保護観察対象者に対し、個々の対象者の抱える課題や実情等に応じた様々な修学支援を複合的に実施することにより、その再犯・再非行を防止し、修学を通じた円滑な社会復帰を図る。

対象
- ●「就学」類型に認定された保護観察処分少年又は少年院仮退院者
- ●上記以外の者で、保護観察所の長が、修学の継続のために支援が必要と認める保護観察対象者

※「就学」類型
　・現に学校に在籍しており、その継続が改善更生に資すると認められる者
　・現に不就学の状態にあるが、進学又は復学の希望を有しており、その実現のために必要な支援を行うことが改善更生に資すると認められる者

【 支援の内容 】

◆ 修学に係る意向及びニーズ把握　支援の説明を行い、修学の継続に関する意向及びそのための支援のニーズを把握

把握した支援のニーズ等を踏まえ、必要な支援を組み合わせて実施

◆ 学習支援の実施

BBS会員や保護司等の「学習支援サポーター」を指導者として、教科指導や進路相談を行う（※）

※本人の希望する将来のイメージの明確化やその実現に向けた動機付けを高めるため、将来の進路や修学の継続に関する相談などを含むキャリア教育も積極的に実施

◆ 学校等の関係機関とのケース会議の実施

修学の継続に向け、対象者が在籍している学校や教育委員会等の関係機関とケース会議を行う

◆ 必要な情報の提供

自治体において実施している学習支援に関する情報や教育に係る経済的負担の軽減に関する情報等を提供する（※）

※「地域における学びを通じたステップアップ支援促進事業（文部科学省補助事業）」等の地方公共団体等が行う学習相談及び学習支援とも積極的に連携

出典：法務省資料による。

資4-65-2　地域における学びを通じたステップアップ支援促進事業等の概要

高校中退者等に対する学習相談・学習支援の促進

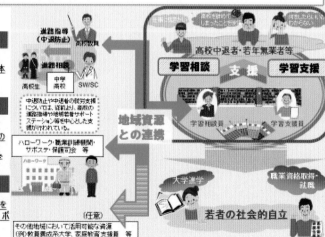

現状・課題	現状
	・20～39歳のうち最終学歴が中卒の者は約89万人（令和2年国勢調査より）。同年齢の学校卒業者の約4％に相当する。 ・高卒資格がないことで、就職や進学機会が限られ、高卒資格が必要と認識している者が多い。（約8割） ・15～34歳の若年無業者数も68万人（2022年6月）

課題
・令和3年に文科省が行った自治体に対する意向調査では、26の自治体が取組に関心を示した一方、以下のような課題も主に提示された。 ①予算や人員の確保が困難（42.2％） ②対象者の捕捉やノウハウがない（34.9％） →上記の課題に対して、国からの取組の支援や、事業実施のノウハウを横展開することは重要。

これまでの取組（平成29年～）
・これまで、25の自治体等が事業を実施（＊一部、継続団体の重複あり） ・受講者の進学・就職実績のモデル構築・展開 ・地域資源活用やステークホルダーとの連携について、広報誌や全国協議会を通じ自治体、厚労省、法務省と連携、情報提供 ・補助要綱改正で基礎自治体への直接補助を実現（令和3年度より） ・教育未来創造会議においても、高校中退者に対する支援の重要性が言及されている。

事業概要

高校中退者等を対象に、地域資源（高校、サポステ、ハローワーク等）を活用しながら社会的自立を目指し、高等学校卒業程度の学力を身に付けさせるための学習相談及び学習支援等を実施する地方公共団体の取組を支援する。

【実施主体】主に市町村
件数・単価（国庫補助額）：9箇所×約100万円（予定）

①支援体制の構築

● 地域住民・企業・民間団体、労働局、保護観察所等との連携体制構築など、各地域の抱える課題や資源などに応じた支援体制の基盤構築を支援するとともに、優良事例の横展開を目指し、全国的な取組の推進・強化を図る。

②学習相談等の提供

● 教育委員会OBや退職教員、福祉部局職員、保護司等による①学びに応じた教科書や副教材の紹介、②高卒認定試験の紹介、③教育機関や修学のための経済的支援の紹介、④就労に関する相談や職業訓練に関する紹介など関係機関と連携し学習・就労に関する相談・助言をアウトリーチの手法を含めて行う。

③学習支援等の実施

● 図書館、公民館等の地域の学習施設等を活用し、学習の場を提供するとともに、ICTの活用も含めた学習支援を退職教員、ボランティア、NPO等の協力を得て、実施する。
また、就労希望者にはES添削や面接練習等を併せて実施する。

出典：文部科学省資料による。

Column 5 少年院在院者に対する高等学校教育機会の提供に関するモデル事業について

和泉学園　修学支援専門官　島浦　順介

　新緑の芽がまぶしい爽やかな五月晴れの日に、A少年は本院が連携する通信制高校（八洲学園高等学校）第1期生として、和泉学園を巣立っていった。出院前の三者面談（八洲学園高等学校の先生、A少年と保護者及び執筆者）の席で、A少年は、社会に戻る不安を述べるとともに、謙遜しながら「でっかい夢を言ってもよいですか。○○大学（某私立大学）へ行きたいんです。」と力強く語っていたのが印象的だった。

　本院では、2021年度（令和3年度）から少年院在院者に対する高等学校教育機会の提供に関するモデル事業を実施している（【施策番号64】参照）。これは、希望する在院者に対して、在院中の通信制高校への入学及び出院後の継続した学びに向けた調整等を行うことにより、高等学校の教育機会を提供し、出院後の安定した生活の基盤づくりにつなげるという事業である。

　事業の対象となった在院者は、在院中に学校が定めた科目数の単位の修得に向けた学習を行うこととなる。本院では、「八洲部屋」と呼ばれるパソコンが設置された部屋を準備しており、在院者はその部屋を利用し、インターネットによる学習を行い、レポートを作成している。出院後は、レポートの作成、スクーリングを行い、単位認定試験を受けて、単位を修得することとなる。

　在院者から時折、「高等学校卒業と高等学校卒業程度認定試験（以下「高認試験」という。）受験とどちらがよいですか。」と質問を受けることがあるが、私はどちらも併用するハイブリッド方式を勧めている。高認試験の合格科目は、申請をすれば通信制高校の単位として認定される上、何らかの事情で高等学校を卒業できなかったとしても、高認試験に合格していれば18歳以降に大学、専門学校、その他就職試験の受験が可能となる。将来、何が起こるかが分からない時代にあっては、保険も必要と考える。

　アメリカの著名な心理学者マズローの人間の欲求五段階説の中に、「社会的欲求」、「所属の欲求」というものがある。人間は動物と違い、社会的生き物である。社会の中でどこかの組織や集団に属することで、心の安らぎを得ることができる。少年院入院前や在院中に高等学校を中退した在院者が、出院後、社会のどこにも属さないのは、出院後の生活の不安材料ともなることから、在院中に在籍校を持つことの意義は大きいと考える。在院者の中には、義務教育時代は教室に入れず、授業時間の50分間まともに机に座った経験を持たない者も多い。それが少年院という携帯電話にも触れない環境で過ごすことで、学ぶことの楽しさを見いだす者がいる。

　私は修学支援専門官として勤務して、もうすぐ1年を迎える。日々、新しい業務に右往左往しているが、職場での自身の役割についても自覚できた。週末を利用してオープンハイスクールに参加し、この子にはこの学校が合っているのではないかと考えながら見学することを楽しみにしている今日である。

　最後に、大阪府内にある3つの少年院のモデル事業の連携先として御尽力いただいている八洲学園高等学校様にこの場を借りて謝辞を述べたい。

通称「八洲部屋」における授業の様子

本院から見渡せる泉州の海
関空や明石海峡大橋が見える

第5章

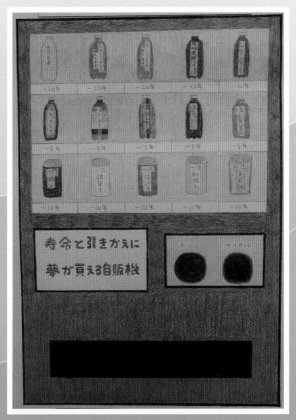

究極の自販機

犯罪をした者等の特性に応じた
効果的な指導の実施等のための取組

1 適切なアセスメントの実施

（1）刑事司法関係機関におけるアセスメント機能の強化【施策番号66】

　法務省は、刑事施設において、犯罪者処遇の基本理念となっている「RNR原則[※1]」にのっとった処遇を実施するため、2017年（平成29年）11月から「受刑者用一般リスクアセスメントツール」（以下「Gツール」という。）（資5-66-1参照）を活用している。現段階におけるGツールは、原則として、入所時等に実施する刑執行開始時調査において全受刑者を対象としており、これまでの受刑回数や犯罪の内容等、主に処遇によって変化しない要因（静的リスク要因）から、出所後2年以内に再び刑務所に入所する確率を推定するものである。Gツールの実施結果については、犯罪傾向の進度の判定や各種改善指導プログラム（【施策番号83】参照）の対象者選定の際の基礎資料として活用している。

　少年鑑別所では、法務省式ケースアセスメントツール（以下「MJCA[※2]」という。）（資5-66-2参照）を用いて、鑑別対象少年の再非行の可能性及び教育上の必要性を定量的に把握し、その情報を少年院や保護観察所等の関係機関へと引き継いでいる。非行名や動機から、性非行に係る再非行の可能性及び教育上の必要性を定量的に把握する必要があると判断した場合には、MJCAに加え、性非行に特化した法務省式ケースアセスメントツール（性非行）（MJCA（S））を実施している。

　また、全ての少年院在院者に、原則として在院中に1回以上少年鑑別所が処遇鑑別を行い、面接や各種心理検査、行動観察のほか、MJCAの再評定等を通じて、少年院入院後の処遇による変化等を把握・分析し、社会復帰後も見据えた処遇指針を提案している。加えて、少年院在院者を、1週間程度、一時的に少年鑑別所に移して生活させ、集中的にアセスメントを行う収容処遇鑑別を実施している。さらに、児童自立支援施設[※3]や児童養護施設[※4]の求めによりアセスメントを実施するなど、少年保護手続のあらゆる場面・段階において、必要なアセスメントを行う取組を推進している。

　保護観察所では、保護観察対象者に対して効果的な指導・支援を行うためのアセスメントツール（CFP[※5]）（資5-66-3参照）を開発し、2021年（令和3年）1月から実施している。同アセスメントツールは、保護観察対象者の特性等の情報について、犯罪や非行に結び付く要因又は改善更生を促進する事項を抽出し、それぞれの事項の相互作用、因果関係等について分析して図示することにより、犯罪や非行に至る過程等を検討し、再犯リスクを踏まえた適切な処遇方針の決定に活用するものである。今後は、保護観察所における活用状況をモニタリングしつつ、刑事司法関係機関や医療・保健・福祉機関等との連携にも資するものとすることを目指している。

　※1　RNR原則
　　　リスク原則（Risk）、ニーズ原則（Needs）、レスポンシビリティ原則（Responsivity）から成り立っており、再犯防止に寄与する処遇をするためには、対象者の再犯リスクの高低に応じて、改善が可能な部分について、対象者に合った方法によって実施する必要があるという考え方のこと。
　※2　MJCA
　　　Ministry of Justice Case Assessment toolの略称。
　※3　児童自立支援施設
　　　非行問題を始めとした児童の行動上の問題や、家庭環境等の理由により生活指導等を要する児童に対応する児童福祉法に基づく施設。
　※4　児童養護施設
　　　保護者のない児童や保護者に監護させることが適当でない児童に対し、安定した生活環境を整えるとともに、生活指導、学習指導、家庭環境の調整等を行いつつ養育を行い、児童の心身の健やかな成長とその自立を支援する児童福祉法に基づく施設。
　※5　CFP
　　　Case Formulation in Probation/Paroleの略称。

資5-66-1　受刑者用一般リスクアセスメントツール（Gツール）の概要

受刑者用一般リスクアセスメントツール（Gツール）の概要

Gツールの概要・構成　※Gは「General」（一般の）の頭文字

【概要】
- ➤ 受刑者の再犯の可能性等を客観的、定量的に把握することを目的に開発
- ➤ 実施結果は、犯罪傾向の進度の判定及び処遇要領の策定等の際の基礎資料等として活用
- ➤ 受刑者の特性に応じた指導、支援の実施をより一層強化

【調査項目の構成】

男子受刑者版（6領域、18項目）
1 本件　2 前歴　3 家族・パートナー
4 地域　5 学歴・仕事　6 飲酒

女子受刑者版（6領域、16項目）
1 本件　2 前歴　3 家族・パートナー
4 学歴・仕事　5 精神障害　6 飲酒

Gツールの実施・結果の活用

【実施要領】
- ✓ 対象者‥原則として、刑事施設に収容された全受刑者
- ✓ 実施時期‥原則として、確定施設等（男子）・処遇施設（女子）における刑執行開始時調査時
- ✓ 実施及び解釈上の留意点‥実施手引に従い、他の情報と合わせ総合的に実施

【結果の活用】
- ✓ 犯罪傾向の進度の判定
- ✓ 処遇要領における矯正処遇の目標、内容等の設定
- ✓ 特定の改善指導プログラム（R1、アルコール、暴力）の対象者等の選定

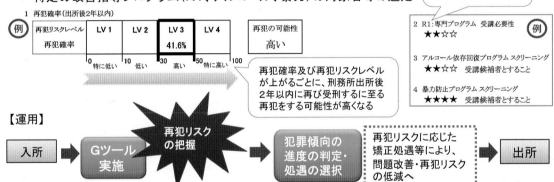

★印で4段階で示し、★の数が増えると、受講の必要性・優先度等が高まる

1 再犯確率（出所後2年以内）

例	再犯リスクレベル 再犯確率	LV 1	LV 2	LV 3 41.6%	LV 4	再犯の可能性 高い

特に低い　10 低い　30 高い　50 特に高い　100

再犯確率及び再犯リスクレベルが上がるごとに、刑務所出所後2年以内に再び受刑するに至る再犯をする可能性が高くなる

2 R1:専門プログラム　受講必要性
★★☆☆　（例）

3 アルコール依存回復プログラム スクリーニング
★★☆☆　受講候補者とすること

4 暴力防止プログラム スクリーニング
★★★★　受講候補者とすること

【運用】

入所 ➡ Gツール実施 ➡ 再犯リスクの把握 ➡ 犯罪傾向の進度の判定・処遇の選択 ➡ 再犯リスクに応じた矯正処遇等により、問題改善・再犯リスクの低減へ ➡ 出所

開発の経緯・今後の開発予定

開発の背景・経緯

平成24年7月20日策定
「再犯防止に向けた総合対策」
（犯罪対策閣僚会議）

Gツール開発へ

"再犯リスクの高い者を適切に把握すること"
が再犯防止対策の課題として定められた。

H24	海外の動向調査
H25	試行版作成 調査デザイン立案
H26	本試行、遡及調査実施
H27	出所前調査実施
H28	Gツール習熟試行
H29	Gツール運用開始 （静的リスク項目中心）

今後の開発予定

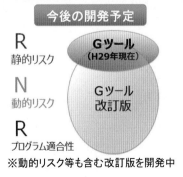

R 静的リスク
N 動的リスク
R プログラム適合性

Gツール（H29年現在）
Gツール改訂版

※動的リスク等も含む改訂版を開発中

出典：法務省資料による。

特集　第1章　第2章　第3章　第4章　第5章　第6章　第7章　第8章　基礎資料

資5-66-2　法務省式ケースアセスメントツール（MJCA）の概要

法務省式ケースアセスメントツール
Ministry of Justice Case Assessment tool

概　要

- 少年鑑別所入所者等の**再非行の可能性**及び**教育上の必要性**を定量的に把握するアセスメントツール
- 平成25年から、全ての入所者に実施
- 諸外国の同種ツールと同等の、**高い信頼性と妥当性**を確認

開　発

- 少年鑑別所入所者**約6,000名**に対し、2年間、少年鑑別所への再入所の有無を調査し、統計的分析により、**再非行と密接に関連する要因**を特定
- 統計学やリスク・ニーズアセスメントツールに造詣の深い**外部有識者からの**開発に係る手続きや構成等の**継続的な助言**

構　成

静的領域　5領域24項目　教育により変化しない

		項目例
生育環境	5項目	「家族に少年を虐待する者がいた。」
学校適応	3項目	「学業不振があった。」
問題行動歴	6項目	「小学生時に喫煙又は飲酒があった。」
非行・保護歴	6項目	「財産非行がある。」
本件態様	4項目	「本件は同種事案の再非行である。」

動的領域　4領域28項目　教育により変化する

		項目例
保護者との関係性	7項目	「保護者に反発している。」
社会適応力	9項目	「学校生活又は就労生活に対する意欲が乏しい。」
自己統制力	5項目	「欲求不満耐性が低い。」
逸脱親和性	7項目	「法律を軽視している。」

鑑別担当者が、面接、行動観察、外部資料等を踏まえて評定

プロフィール

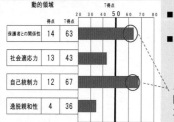

動的領域	得点	T得点
保護者との関係性	14	63
社会適応力	13	43
自己統制力	12	67
逸脱親和性	4	36

- 静的領域・動的領域のプロフィールを表示
- T得点は、問題性の大きさを相対的に示す（平均は50）

この場合「保護者との関係性」と「自己統制力」の問題性が大きい

区分・所見

所見
- プロフィールと区分の結果を踏まえ、本人の問題性や重点的に処遇すべき事項等を所見にまとめる

- 領域ごとに再非行の可能性及び教育上の必要性の高さを、区分で表示
- Ⅰ→Ⅱ→Ⅲ→Ⅳとレベルが上がるにつれて、再非行の可能性及び教育上の必要性が高くなる

運　用

継続的なアセスメント

少年鑑別所 －審判鑑別時－

- 面　接
- 心理検査
- 行動観察
- 診　察
- 外部資料収集

多様な調査方法による情報収集

非行要因等の分析
なぜ非行等に及んだのか

処遇方針の提示
どうすれば立ち直れるのか

処遇機関へ伝達

MJCA　より精度の高い鑑別を実現

- 実証データに基づく、再犯・再非行の要因を踏まえた**対象者の理解・分析の促進**
- 再犯・再非行の可能性と教育上の必要性を参考に**処遇意見の提示**
- 再犯・再非行防止に向け、優先度を踏まえた、**実効ある処遇方針の提示**

少年院・保護観察所等 －処遇鑑別等時－

処遇開始時

MJCAを処遇方針の策定に反映

少年院
個人別矯正教育計画の参考

刑事施設
若年受刑者処遇の参考

保護観察
保護観察実施上の参考

処遇経過時

MJCAを再評定

改善点・残された課題を定量的に把握
処遇効果の検証
処遇方針の再検討

非行・若年犯罪の全体的傾向の分析

データの蓄積・分析による、非行・若年犯罪の全体的傾向・特徴に関する知見

出典：法務省資料による。

資5-66-3 Case Formulation in Probation／Parole（CFP）の概要

ＣＦＰを活用した保護観察

1　CFP（Case Formulation in Probation/Parole）とは

○保護観察官が保護観察対象者の**アセスメント（見立て）**を行うためのツール

この人の再犯（再非行）を防ぐためには・・・
・どれくらい手厚く関わる必要がある？
・何を指導（支援）する必要がある？
・どのような関わり方をする必要がある？

○**令和３年１月から**本格導入（試行は平成３０年１０月から実施）

2　CFPの目的

これまで
保護観察官がアセスメント（見立て）を行う体系的な手法が確立されていない
　⇒アセスメントや，アセスメントを踏まえた処遇方針の決定が，個々の保護観察官の
　　経験や力量に左右されてしまうことがあった

CFPの導入
保護観察官は，ＣＦＰを活用した体系的なアセスメントを実施
　⇒より適切に処遇方針を決定
　⇒より効果的に再犯防止・改善更生を実現

ＣＦＰは，犯罪者の再犯防止等に関する理論的・実証的根拠を踏まえて開発されている

3　CFPの内容

①**再犯又は再非行の統計的確率の高さを評価**
統計的分析ツールにより判定（高・中・低）

②**「問題」と「強み」をとりまとめる**
保護観察対象者の犯罪又は非行の背景にある，**犯罪又は非行に結び付く要因（問題）**と，犯罪又は非行を抑制し，**改善更生を促進する要因（強み）**について，８つの領域（家庭，家庭以外の対人関係，就労・就学，物質使用，余暇，経済状態，犯罪・非行や保護観察の状況，心理・精神状態）ごとに整理

③**犯罪・非行に至る過程と改善更生を促進する要因を分析**（右図参照）

処遇方針の決定
○どれくらい手厚く関わるか（処遇密度）
○何を指導（支援）するか（指導監督及び補導援護の内容）
○どのような関わり方をするか（保護観察実施上の留意事項）

犯罪又は非行に至る過程

家庭
・父の家庭内暴力
・きょうだいの不和

就労就学
・高校不合格
・頻繁に離職

暴力を肯定する価値観

対人関係
・不良交友

心理・精神状態
・非行に対する抵抗感低下

共犯

非行

改善更生を促進する要因

家庭
・母と関係良い

心理・精神状態
・安心感
・自分を変えようとする意欲

就労
・就労継続

対人関係
・不良交友断絶

保護観察の実施計画に反映

出典：法務省資料による。

（2）関係機関等が保有する処遇に資する情報の適切な活用【施策番号67】

　法務省は、一部の刑事施設及び保護観察所において、多角的な視点から適切にアセスメントを行い、それに基づく効果的な指導等を実施するため、必要に応じて、刑が確定した場合に弁護人から提供される更生支援計画書※6等の処遇に資する情報を活用する取組の試行を2018年度（平成30年度）から開始した。また、試行の結果を踏まえて、2023年度（令和5年度）からは、同取組を全国の刑

事施設及び保護観察所において、実施している。

　また、少年院や保護観察所では、家庭裁判所の少年調査記録や少年鑑別所の少年簿に記載された情報を引き継ぎ、必要に応じて、在籍していた学校や、児童相談所等の福祉関係機関等からも情報を収集し、これらの情報を踏まえた処遇を実施している。

2　性犯罪者・性非行少年に対する指導等

（1）性犯罪者等に対する専門的処遇【施策番号68】

　法務省は、刑事施設において、特別改善指導（【施策番号83】参照）として、認知行動療法に基づくグループワークによる性犯罪再犯防止指導（資5-68-1参照）を実施し、性犯罪につながる自己の問題性を認識させるとともに、再犯に至らないための具体的な対処方法を考えさせたり、習得させたりするなどしている（2022年度（令和4年度）の受講開始人員は553人（前年度：433人））。

　同指導では、知的能力に制約がある者を対象とした「調整プログラム※7」や、刑期が短いこと等により受講期間を十分確保できない者を対象とした「集中プログラム※8」を開発し、指導の充実を図っている。また、同指導については、2019年度（令和元年度）に効果検証の結果を公表しており、プログラム受講群の方が、非受講群よりも再犯率が10.7ポイント低いことが示され、一定の再犯抑止効果が認められた。2022年度（令和4年度）からは、対象者の達成したい目標や強みをより一層活用するとともに、特定の問題性や特性を有する者にも対応した内容にプログラムを改訂するなど、刑事施設収容中から出所後までの一貫性のある効果的な指導の充実を図っている。さらに、グループワーク指導担当者が効果的な指導を行うことができるよう、集合研修の充実、指導担当者による事例検討会の定期的な開催、外部の専門家による指導担当者への助言等による指導者育成を行っている。

　少年院では、強制性交等、強制わいせつや痴漢といった性犯罪や、例えば、下着の窃盗等、性的な動機により非行をした在院者に対し、特定生活指導として性非行防止指導（資5-68-2参照）を実施しており、2022年（令和4年）は、138人（前年：126人）が修了した。また、男子少年院2庁（北海少年院及び福岡少年院）が重点指導施設として指定されており、他の少年院から在院者を一定期間受け入れ、認知行動療法等の技法に通じた外部の専門家等の協力を得て、グループワークを中心とした指導を行うなど、実施施設の中でも特に重点的かつ集中的な指導を実施している。2022年度（令和4年度）は、21人（前年度：28人）が同指導を修了した。これらの指導の結果は、少年院仮退院後の継続的な指導の実施に向け、保護観察所に引き継いでいる。

　保護観察所では、自己の性的欲求を満たすことを目的とした犯罪行為を繰り返すなどの問題傾向を有する保護観察対象者に対して、その問題性を改善するため、認知行動療法に基づく性犯罪者処遇プログラムを実施してきた。2019年度（令和元年度）に実施した効果検証の結果においては、プログラム受講群の方が非受講群よりも性犯罪の再犯率が11.1ポイント低く、一定の再犯抑止効果が示唆された。2022年度（令和4年度）からは、対象者の達成したい目標や強みをより一層活用することや性的な興味関心・問題への対処状況の継続的な点検等を目的として、従前のプログラムの改訂を行い、性犯罪再犯防止プログラム（資5-68-3）を実施している。

　なお、2022年度（令和4年度）以降の刑事施設及び保護観察所における性犯罪者等に対する専門的処遇の具体的な運用等については「性犯罪者に対する処遇プログラムの改訂について（令和4年度

※6　更生支援計画書
　　　弁護人が社会福祉士等に依頼して作成する、個々の被疑者・被告人に必要な福祉的支援策等について取りまとめた書面。
※7　調整プログラム
　　　知的能力に制約がある者を対象としたプログラムであり、イラスト等の視覚情報やSST等の補助科目を効果的に取り入れるなどして実施する。
※8　集中プログラム
　　　刑期が短いこと等の理由で通常の実施期間を確保できない者を対象としたプログラムであり、通常のプログラムの内容を凝縮し、短期間で実施する。

～）」※9を参照。

資5-68-1	刑事施設における性犯罪再犯防止指導の概要

刑事施設における特別改善指導

性犯罪再犯防止指導

地域社会とともに
開かれた矯正へ

- ■ 指導の目標
  強制わいせつ、強制性交等その他これに類する犯罪又は自己の性的好奇心を満たす目的をもって人の生命若しくは身体を害する犯罪につながる自己の問題性を認識させ、その改善を図るとともに、再犯しないための具体的な方法を習得させる。
- ● 対象者　　　性犯罪の要因となる認知の偏り、自己統制力の不足等がある者
- ● 指導者　　　刑事施設の職員（法務教官、法務技官、刑務官）、処遇カウンセラー（性犯担当。認知行動療法等の技法に通じた臨床心理士等）
- ● 指導方法　　グループワーク及び個別に取り組む課題を中心とし、必要に応じカウンセリングその他の個別対応を行う。
- ● 実施頻度等　1単元100分、週1回又は2回、標準実施期間：4～9か月※

  ※ 再犯リスク、問題性の程度、プログラムとの適合性等に応じて、高密度（9か月）・中密度（7か月）・低密度（4か月）のいずれかのプログラムを実施

  《認知行動療法》
  問題行動（性犯罪）の背景にある自らの認知（物事の考え方、とらえ方）の歪みに気付かせ、これを変化させること等によって、問題行動を改善させようとする方法

カリキュラム

項目	方法	指導内容	高密度	中密度	低密度
オリエンテーション	講義	・指導の構造、実施目的について理解させる。 ・性犯罪につながる問題性を助長するおそれがある行動について説明し、自己規制するよう方向付ける。 ・対象者の不安の軽減を図る。			
準備プログラム	グループワーク	・受講の心構えを養い、参加の動機付けを高めさせる。	必修	必修	―
本科					
第1科 自己統制	グループワーク 個別課題	・事件につながった要因について幅広く検討し、特定させる。 ・事件につながった要因が再発することを防ぐための介入計画（自己統制計画）を作成させる。 ・効果的な介入に必要なスキルを身に付けさせる。	必修	必修	必修 （凝縮版）
第2科 認知の歪みと 変容方法	グループワーク 個別課題	・認知が行動に与える影響について理解させる。 ・偏った認知を修正し、適応的な思考スタイルを身に付けさせる。 ・認知の再構成の過程を自己統制計画に組み込ませる。	必修	選択	―
第3科 対人関係と 親密性	グループワーク 個別課題	・望ましい対人関係について理解させる。 ・対人関係に係る本人の問題性を改善させ、必要なスキルを身に付けさせる。	必修	選択	―
第4科 感情統制	グループワーク 個別課題	・感情が行動に与える影響について理解させる。 ・感情統制の機制を理解させ、必要なスキルを身に付けさせる。	必修	選択	―
第5科 共感と 被害者理解	グループワーク 個別課題	・他者への共感性を高めさせる。 ・共感性の出現を促す。	必修	選択	―
メンテナンス	個別指導 グループワーク	・知識やスキルを復習させ、再犯しない生活を続ける決意を再確認させる。 ・作成した自己統制計画の見直しをさせる。 ・社会内処遇への円滑な導入を図る。			

出典：法務省資料による。
※ 2023年（令和5年）7月13日に刑法及び刑事訴訟法の一部を改正する法律（令和5年法律第66号）が施行され、刑法（明治40年法律第45号）の性犯罪に関する規定が改正されたことを受け、「指導の目標」の記載を「不同意わいせつ、不同意性交等その他これに類する犯罪又は自己の性的好奇心を満たす目的をもって人の生命若しくは身体を害する犯罪につながる自己の問題性を認識させ、その改善を図るとともに、再犯しないための具体的な方法を習得させる」に改めた。

※9　「性犯罪者に対する処遇プログラムの改訂について（令和4年度～）」関係資料URL
https://www.moj.go.jp/hogo1/kouseihogoshinkou/hogo_hogo06_00002.html
（法務省ホームページ「刑事施設及び保護観察所の連携を強化した性犯罪者に対する処遇プログラムの改訂について（令和4年度～）」へリンク。）

少年院における特定生活指導（性非行防止指導）

★ 指導目標
　　性に対する正しい知識を身に付けるとともに、自己の性非行に関する認識を深め、性非行をせずに適応的な生活をする方法を身に付けること

● 対象者　　　　本件の非行名が性非行に該当する者（強盗・強制性交等、強制性交等、強制わいせつ、公然わいせつ、わいせつ目的略取等）又はそれには該当しないものの、性的な動機により本件非行をじゃっ起した者（性的な動機に基づく「窃盗」や「傷害」、いわゆる痴漢や盗撮である「迷惑防止条例違反」等）のうち、性非行の原因となる認知の偏り又は自己統制力の不足が認められるもの

● 指導内容　　　①受講者全員に対して統一的に行う中核プログラム、②受講者の個々の必要性に応じて選択的に行う周辺プログラム、③中核プログラム終了後に個別に行うフォローアップ指導を組み合わせて実施

● 実施結果　　　更生保護官署（保護観察所等）へ情報提供

指導内容の概要

項　目	指導内容	指導方法
①中核プログラム（共通）	ワークブック教材を用いた、性非行に関する自己理解（気づき）を深め、自らの価値に基づく適応的な行動を活性化し、心理的柔軟性・共感性を向上させるための指導	・「J－COMPASS」を用いたグループワーク又は個別指導
②周辺プログラム（対象者にとって特に必要性の高い指導を選択して実施）	自己の感情・思考への気付き、自己統制力の向上、受容的態度の育成、ストレスの低減及び集中力の向上を図るための指導	・マインドフルネス（呼吸に注意を向けるエクササイズ、ボディスキャン等）
	怒りの感情と向き合い、適切な対処方法を学び、円滑な人間関係を育むための指導	・アンガーマネジメント
	非行の重大性や被害者の心情を理解するための指導	・個別面接指導 ・課題作文指導 ・読書指導　　　　等
	正しい性知識を身に付け、男女の性差や平等性を理解して互いに尊重する姿勢を養い、適切な意思決定をする力を育むための指導	・性教育
	各種指導のフォローアップ、性被害や被害者への対応、生活上の問題等、対象者の性非行に関する個別の事情についての指導	・個別面接指導 ・課題作文指導 ・読書指導　　　　等
③フォローアップ指導	中核プログラムの復習・見直しを行うとともに、出院後の生活を見据えた対処方法等を考えるための指導	・「J－COMPASS」を用いた個別指導

中核プログラム

○ 実施形式　　集団指導又は個別指導
○ 指導時間数　12単元（1単元100分）

単元	指導科目
第1回	どんな自分でありたいか
第2回	これが私です
第3回	モチベーション
第4回	行動の選択
第5回	思考について
第6回	気持ちについて
第7回	性へのとらわれ
第8回	周囲の人との関係
第9回	自分にとっての大きな出来事
第10回	観察する自分
第11回	自分らしい生き方
第12回	新しい出発

知的能力に制約のある者に対しては、特別プログラム（JUMP）を実施

出典：法務省資料による。
※　2023年（令和5年）7月13日に刑法及び刑事訴訟法の一部を改正する法律（令和5年法律第66号）が施行され、刑法（明治40年法律第45号）の性犯罪に関する規定が改正されたことを受け、「指導の対象者」の記載を、「本件の非行名が性非行に該当する者（強盗・不同意性交等、不同意性交等、不同意わいせつ、公然わいせつ、わいせつ目的略取等）又はそれには該当しないものの、性的な動機により本件非行をじゃっ起した者（性的な動機に基づく「窃盗」や「傷害」、いわゆる痴漢や盗撮である「迷惑防止条例違反」等）のうち、性非行の原因となる認知の偏り又は自己統制力の不足が認められるもの」に改めた。

| 資5-68-3 | 保護観察所における性犯罪再犯防止プログラムの概要 |

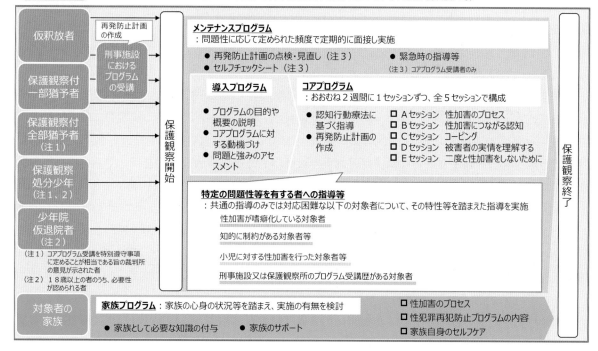

出典：法務省資料による。

※　2023年（令和5年）7月13日に刑法及び刑事訴訟法の一部を改正する法律（令和5年法律第66号）が施行され、刑法（明治40年法律第45号）の性犯罪に関する規定が改正されたことを受けて、「プログラムの対象」の記載を、「本件処分の罪名に、不同意わいせつ（刑法176条）、不同意性交等（刑法第177条）、監護者わいせつ及び監護者性交等（刑法179条）、不同意わいせつ等致死傷（刑法第181条）又は強盗・不同意性交等及び同致死（刑法第241条）が含まれる者（未遂を含む。）」及び「本件処分の罪名のいかんにかかわらず、犯罪の原因・動機が性的欲求に基づく者（下着盗、住居侵入等）」に改めた。

（2）子供を対象とする暴力的性犯罪をした者の再犯防止【施策番号69】

　警察は、13歳未満の子供に対して強制わいせつ等の暴力的性犯罪をした刑事施設出所者について、法務省から情報提供を受け、各都道府県警察において、当該出所者と連絡を取り、同意を得て面談を行うなど、再犯防止に向けた措置を講じている[10]。

3　ストーカー加害者に対する指導等

（1）被害者への接触防止のための措置【施策番号70】

　警察及び法務省は、2013年（平成25年）4月から、ストーカー事案を始めとする恋愛感情等のもつれに起因する暴力的事案に係る仮釈放者及び保護観察付執行猶予者について、被害者等に接触しようとしているなどの問題行動等の情報を共有するなど、緊密かつ継続的な連携によって、こうした者の特異動向等を双方で迅速に把握することができるようにしている。

　また、保護観察所では、警察から得た情報等を基にして、必要に応じ再加害を防止するための指導を徹底するなどしており、遵守事項[11]違反の事実が確認されたときは、仮釈放の取消しの申出又は刑の執行猶予の言渡しの取消しの申出を行うなど、ストーカー加害者に対する適切な措置を実施して

※10　2023年（令和5年）7月13日に刑法及び刑事訴訟法の一部を改正する法律（令和5年法律第66号）が施行され、刑法（明治40年法律第45号）の性犯罪に関する規定が改正されたことを受け、警察は、16歳未満の子供に対して不同意わいせつ等の暴力的性犯罪をした刑事施設出所者について、法務省から情報提供を受け、再犯防止に向けた措置を講じるよう制度を見直した。

※11　遵守事項
　　保護観察対象者が保護観察期間中に守らなければならない事項。全ての保護観察対象者に共通して定められる一般遵守事項と、個々の保護観察対象者ごとに定められる特別遵守事項がある。遵守事項に違反した場合には、仮釈放の取消しや刑の執行猶予の言渡しの取消し等のいわゆる不良措置がとられることがある。

いる。

（2）ストーカー加害者に対するカウンセリング等【施策番号71】

　警察は、加害者への対応方法や治療・カウンセリングの必要性について精神科医等の助言を受け、加害者に治療・カウンセリングの受診を勧めるなど、地域の精神科医療機関等との連携を推進している。また、ストーカー加害者への対応を担当する警察職員に、精神医学的・心理学的アプローチに関する技能や知識の向上に係る研修を受講させている。

（3）ストーカー加害者に対する指導等に係る調査研究【施策番号72】

　警察庁及び法務省は、2017年度（平成29年度）に、ストーカー加害者が抱える問題等や、効果的な指導方策、処遇等について、一定期間におけるストーカー加害者の再犯の状況等に関する調査研究を実施した。本調査研究では、2014年（平成26年）に警察においてストーカー事案として相談等受理された経緯のある受刑者や保護観察対象者について、その実態の把握を行っており、これを踏まえ、より効果的な処遇を実施するためのアセスメント方法等について2021年度（令和3年度）に刑事施設向けの執務参考資料を作成したほか、保護観察所においては、2021年（令和3年）1月から類型別処遇（【施策番号83】参照）に新たに「ストーカー」類型を位置付け、類型ごとの処遇の指針である「類型別処遇ガイドライン」を踏まえた処遇を実施している。また、警察庁では、2022年度（令和4年度）にストーカー加害者に対する再犯防止のための効果的な精神医学的・心理学的アプローチに関する調査研究[12]を実施した。本調査研究では、大中小規模の地方公共団体及びその区域内の医療機関等に対するアンケート調査・ヒアリング調査が実施され、調査会社により課題や方向性が報告書に取りまとめられた。

4　暴力団関係者等再犯リスクが高い者に対する指導等

（1）暴力団からの離脱に向けた指導等【施策番号73】

　法務省は、刑事施設において、警察、弁護士等と協力しながら、暴力団の反社会性を認識させる指導を行い、離脱意志の醸成を図るため、特別改善指導（【施策番号83】参照）として暴力団離脱指導（資5-73-1参照）を実施している（2022年度（令和4年度）の受講開始人員は374人（前年度：383人）であった。）。

　また、保護観察所では、暴力団関係者の暴力団からの離脱に向けた働き掛けを充実させるため、警察、暴力追放運動推進センター[13]及び矯正施設との連携を強化しており、暴力団関係者の離脱の意志等の情報を把握・共有して必要な指導等を行っている。

　さらに、警察及び暴力追放運動推進センターでは、矯正施設及び保護観察所と連携し、離脱に係る情報を適切に共有するとともに、矯正施設に職員が出向いて、暴力団員の離脱意志を喚起するための講演を実施するなど暴力団離脱に向けた働き掛けを行っている（同働き掛けによる暴力団離脱人員については、資5-73-2参照）。

※12 「令和4年度ストーカー加害者に対する再犯防止のための効果的な精神医学的・心理学的アプローチに関する調査研究報告書」の概要及び全文が警察庁ホームページ（https://www.npa.go.jp/bureau/safetylife/stalker/index.html）に掲載されている。

※13 暴力追放運動推進センター
　　暴力団員による不当な行為の防止と被害の救済を目的として、市民の暴力団排除活動を支援する組織であり、各都道府県公安委員会又は国家公安委員会に指定される。

資5-73-1　刑事施設における暴力団離脱指導の概要

地域社会とともに
開かれた矯正へ

刑事施設における特別改善指導

暴力団離脱指導

■　指導の目標
　　暴力団からの離脱に向けた働き掛けを行い、本人の有する具体的な問題性の除去及び離脱意志の醸成を図る。
● 　対象者　　　暴力団員による不当な行為の防止等に関する法律第2条第6号に規定する暴力団員である者
● 　指導者　　　・刑事施設の職員（法務教官、法務技官、刑務官）、関係機関（警察、都道府県暴力追放運動推進センター、職業安定所職員）等
● 　指導方法　　・講義、討議、個別面接、課題作文、視聴覚教材の視聴
　　　　　　　　・離脱意志の程度に応じた集団編成　等
● 　実施頻度等　1単元50分　9単元、標準実施期間：2〜4か月

カリキュラム

項目	指導内容	方法
オリエンテーション	受講の目的と意義を理解させる。	講義
加入動機と自己の問題点	加入の動機を振り返らせ、自己の問題点について考えさせる。	討議、課題作文、面接
金銭感覚の是正	暴力団に加入したことにより、金銭感覚がそれまでの生活と一転し、考え方も変化したことについて考えさせる。	課題作文、面接
周囲（家族、社会等）に与えた影響	家族を始めとする周囲の人々に及ぼした影響について考えさせる。	討議、課題作文、面接、役割交換書簡法
暴力団の現状と反社会性	暴力団の現状及びその反社会的性質について認識させ、暴力団に加入したことが誤りであったことに気付かせる。	講義（警察関係者等）、視聴覚教材の視聴
暴力団を取り巻く環境	いわゆる暴対法等の講義を実施し、暴力団に加入していることによって、これからも犯罪に関わってしまう可能性が高いことに気付かせる。	講義、視聴覚教材の視聴
自己の問題点の改善	自己の問題点を改善するための、具体的な方法について考えさせる。	討議、課題作文、面接
離脱の具体的な方法	離脱のための具体的な手続及び方法について理解させた上で、自分自身の対応について考えさせる。	講義（警察関係者等）、討議、面接
釈放後の就職	求職状況及び求人状況の現状を認識させた上で、健全な職業観を身に付けさせ、出所後の就職への心構えをさせる。	講義（公共職業安定所職員等）、課題作文
離脱の決意と生活設計	離脱の決意を固めさせ、出所後の具体的な生活設計を立てさせる。	講義、討議、面接、課題作文

出典：法務省資料による。

| 資5-73-2 | 離脱者数の推移（概数） |

（平成30年～令和4年）

年　次	離脱者数（概数）
平成30年	640
令和元年	570
2	510
3	430
4	360

注　1　警察庁調査による。
　　2　離脱者数は、警察、暴追センターが離脱支援をしたことで暴力団から離脱した者の数である。

（2）暴力団員の社会復帰対策の推進【施策番号74】

　警察は、暴力団からの離脱及び暴力団離脱者の社会復帰・定着を促進するため、都道府県単位で、警察のほか、暴力追放運動推進センター、職業安定機関、矯正施設、保護観察所、協賛企業等で構成される社会復帰対策協議会の枠組みを活用して、暴力団離脱者のための安定した雇用の場を確保し、社会復帰の促進に取り組んでいる。

5　少年・若年者に対する可塑性に着目した指導等

（1）刑事司法関係機関における指導体制の充実【施策番号75】

　法務省は、少年院において、適正な処遇（資5-75-1参照）を展開するため、生活の場である集団寮における指導を複数職員で行う体制の充実を図っている（2022年度（令和4年度）は、21庁（前年度：20庁）で複数指導体制を実施）。

資5-75-1　少年院における処遇の概要

少年院の処遇

個々の在院者の特性に応じた指導・支援

- 個人別矯正教育計画の策定（矯正教育の目標、期間等）
- 目標の達成状況・矯正教育への取組状況等に応じて進級
- 関係機関と連携した社会復帰支援

教える／育てる

規則正しい　規律ある生活
個別担任制によるきめ細かな指導

各種指導を組み合わせて実施　矯正教育　関連付けて実施　社会復帰支援　各種支援を並行して実施

犯罪的傾向の矯正／社会生活への適応に必要な知識・能力の習得

出院後に自立した生活を営む上での困難を有する者への支援

生活指導

善良な社会の一員として自立した生活を営むための基礎となる知識及び生活態度の習得

特定生活指導（被害者、薬物、性、暴力、交友、家族、成年社会参画指導）

問題行動指導
治療的指導
被害者心情理解指導
保護関係調整指導

基本的生活訓練　進路指導

職業指導

勤労意欲の向上・職業上有用な知識及び技能の習得

教科指導

義務教育指導・高等学校教育指導・補習教育指導

体育指導

健全な心身を培う

特別活動指導

情操を豊かにし、自主、自律及び協同の精神を養う

入院
3級
問題改善に向けた意欲喚起
2級
改善に向けた具体的指導
1級
社会生活への円滑な移行
出院

帰住先の確保

保護観察所と連携した調整
保護者に対する協力の求めの活用
帰住予定先への訪問等

修学支援

復学・進学等の調整
学校に関する情報提供
高等学校卒業程度認定試験等の受験機会の提供

就労支援

就労先の確保
キャリアカウンセリング
ハローワークとの連携
採用面接の実施
職場体験

医療・療養を受けることの支援

切れ目ない支援体制の構築に向けた取組
〜処遇ケース検討会の開催等〜

退院者等からの相談対応・保護観察所との連携

出典：法務省資料による。

（2）関係機関と連携したきめ細かな支援等【施策番号76】

　法務省は、少年院において、家庭裁判所や保護観察所、少年鑑別所、児童相談所等の関係機関の担当者が一堂に会して、少年院在院者を対象とした処遇ケース検討会を実施し、処遇の一層の充実を図るとともに、関係機関との実質的な連携・協力体制を強化している（2022年度（令和4年度）は、全少年院において、合計224回（前年度：209回）の処遇ケース検討会を実施）。

少年鑑別所（法務少年支援センター）では、地域援助を通じて、地域における関係機関との連携に係るネットワークの構築に努めている。児童相談所や児童福祉施設、福祉事務所等を含む福祉・保健機関からの心理相談等の依頼が多く寄せられており、依頼内容も、問題行動への対応や、その背景に知的な問題や発達障害等が疑われる者への支援等、幅広いものとなっている。2022年（令和4年）におけるこれら福祉・保健機関等からの心理相談等の依頼件数は、2,479件（前年：2,533件）であった。また、少年鑑別所（法務少年支援センター）が、所在する地域の警察と少年の立ち直り支援活動に関する協定書を結ぶなど、都道府県警察少年サポートセンター等との連携を強化している。そのほか、2020年度（令和2年度）から、法務省児童虐待防止プランに基づき、全国の少年鑑別所（法務少年支援センター）が、法務省の児童虐待担当窓口の一つとして位置付けられたことを踏まえ、児童相談所等関係機関とより一層緊密に連携し、児童虐待の早期発見・早期対応に協力できる体制の維持・構築を推進している。

保護観察所では、被虐待経験を有していたり、心身の障害を有しているなどして何らかの支援を必要とする保護観察対象者について、児童相談所等の関係機関の担当者との情報共有や協議を行うなど、必要に応じて関係機関との連携を行い、きめ細かな支援等を実施している。

（3）少年鑑別所における観護処遇の充実【施策番号77】

法務省は、少年鑑別所において、在所者の自主性を尊重しつつ、職員が相談に応じたり助言を行ったりしている。また、在所者の情操を豊かにし、健全な社会生活を営むために必要な知識及び能力を向上させることができるよう、地域の関係機関や民間ボランティア等の協力を得ながら、在所者に対して、学習、文化活動その他の活動の機会を与えている。

（4）非行少年に対する社会奉仕体験活動等への参加の促進【施策番号78】

警察は、非行少年を生まない社会づくり（【施策番号60】参照）の一環として、少年サポートセンターが主体となって、少年警察ボランティア（【施策番号59】参照）や、少年と年齢が近く少年の心情や行動を理解しやすい大学生ボランティア、関係機関と連携して、非行少年の立ち直りを支援する活動に取り組んでいる。この活動では、個々の少年の状況に応じて指導・助言を実施しているほか、周囲の人々とのつながりの中で少年に自己肯定感や達成感を感じさせ、また、他人から感謝される体験を通じてきずなを実感させることを目的として、社会奉仕体験活動、農業体験等の生産体験活動、スポーツ活動等への参加の促進を図っている。

（5）保護者との関係を踏まえた指導等の充実【施策番号79】

法務省は、少年院において、在院者とその保護者との関係改善や在院者の処遇に対する保護者の理解・協力の促進、保護者の監護能力の向上等を図るため、保護者に対して、保護者ハンドブックの提供や面接等を実施するとともに、在院者が受ける矯正教育を共に体験してもらう保護者参加型プログラムを実施している（【施策番号25】参照）。

保護観察所では、保護観察対象少年に対し、保護者との関係改善に向けた指導・支援を行うとともに、保護者に対する措置として、対象者の処遇に対する理解・協力の促進や保護者の監護能力の向上を図るための指導・助言を行っている。具体的には、「保護者のためのハンドブック」※14の提供や、講習会、保護者会を実施しており、2022年度（令和4年度）の保護者会等の実施回数は36回（前年度：20回）であった。また、保護者による適切な監護が得られない場合には、児童相談所等の関

※14 保護観察所における「保護者のためのハンドブック」
　　https://www.moj.go.jp/hogo1/soumu/hogo02_00049.html

係機関や民間団体等と連携し、本人の状況に応じて、社会での自立した生活に向けた指導・支援を行っている。

（6）非行少年を含む犯罪者に対する処遇を充実させるための刑事法の整備等【施策番号80】

少年法における「少年」の上限年齢の在り方及び非行少年を含む犯罪者に対する処遇を一層充実させるための刑事法の整備の在り方については、2020年（令和2年）10月、法制審議会から法務大臣に対し答申[15]がなされた。

法務省においては、同答申のうち、まず、罪を犯した18歳及び19歳の者に対する処分及び刑事事件の特例等に関する法整備を行うこととし、2021年（令和3年）2月、少年法等の一部を改正する法律案を第204回国会に提出した。その後、同年5月、少年法等の一部を改正する法律（令和3年法律第47号）が成立し、2022年（令和4年）4月1日から施行された。

この改正により、18歳及び19歳の者（以下「特定少年」という。）について、引き続き少年法の適用対象としつつ、17歳以下の少年とは異なる特例として、①いわゆる原則逆送対象事件に、死刑又は無期若しくは短期1年以上の懲役・禁錮に当たる罪の事件を加えること、②保護処分は、犯情の軽重を考慮して相当な限度を超えない範囲内においてしなければならないとするとともに、ぐ犯をその対象から除外すること、③検察官送致決定後の刑事事件の特例に関する規定は、原則として適用しないこと、④18歳又は19歳の時に犯した罪により公判請求された場合には、いわゆる推知報道の禁止に関する規定を適用しないことが定められた。

同法律の施行に合わせて、少年法第64条第1項第2号の「2年の保護観察」の期間中に遵守事項違反のあった特定少年を一定期間収容し[16]、その特性に応じた処遇を行う少年院として、新たに第5種少年院が設けられた。同少年院では、「保護観察復帰プログラム」（資5-80-1参照）を導入し、保護観察所と連携して実施することとした。さらに、全ての少年院において、民法上の成年となる特定少年に対して、大人としての自覚を高めるための特定生活指導「成年社会参画指導」（資5-80-2参照）を導入するなど、矯正教育の一層の充実を図っている。

少年鑑別所においても、特定少年について原則逆送事件の対象拡大等の特例が設けられたことを踏まえ、鑑別実施体制の強化を図ることとした。

保護観察所では、「2年の保護観察」に付された特定少年に対する処遇の充実を図るための方策として、薬物再乱用防止プログラム（【施策番号44】参照）や性犯罪再犯防止プログラム（【施策番号68】参照）等の専門的処遇プログラムについて、必要性が認められる場合は、これらの受講を特別遵守事項として義務付けて実施している。また、少年法第64条第1項第1号の「6月の保護観察」について、毎月1回、保護観察官に対し自己の生活状況について報告させるとともに、個々の課題に応じて交通講習や社会貢献活動等の必要な講習等を受けさせるなどの処遇（更生指導）を行っている。

また、法務省においては、法制審議会からの前記答申に基づき、犯罪者に対する処遇を一層充実させるための法整備を行うこととし、2022年（令和4年）3月、刑法等の一部を改正する法律案を第208回国会に提出した。その後、同年6月、刑法等の一部を改正する法律（令和4年法律第67号）が成立し、同月17日に公布された。

同法では、①懲役及び禁錮を廃止し、これらに代えて拘禁刑を創設すること、②再度の刑の全部の

※15 法制審議会の議事録及び関係資料は、法務省ホームページ（https://www.moj.go.jp/shingi1/shingi035000
38.html）に掲載されている。

※16 少年法等の一部を改正する法律（令和3年法律第47号）による改正後の少年法第64条第1項第2号の規定に基づく保護処分の保護観察期間は2年であり、期間中、家庭裁判所は、保護観察所の長の申請があった場合において、この保護処分を受けた特定少年が、その遵守すべき事項を遵守しなかったと認められる事由があり、その程度が重く、かつ、少年院において処遇を行わなければ本人の改善及び更生を図ることができないと認めるときは、本保護処分を受けた特定少年を少年院に収容する旨の決定をしなければならない。

執行猶予の言渡しをすることができる対象者の範囲を拡大すること、③猶予の期間内に更に犯した罪について公訴の提起がされている場合には、当該罪についての有罪判決の確定が猶予の期間の経過後となったときにおいても、猶予された当初の刑を執行することができるようにすること、④再び保護観察付全部執行猶予を言い渡された者については、少年鑑別所による鑑別を行うなどして再犯の要因を的確に把握し保護観察を実施すること、⑤受刑者に対する社会復帰支援を刑事施設の長の責務として明記すること、⑥刑事施設の長等の依頼による鑑別の対象者を20歳以上の受刑者等にも拡大すること、⑦申出のあった被害者等から心情等を聴取することとし、これを矯正処遇や保護観察に生かすこととするほか、申出により保護観察対象者にその心情等を伝達する現行法上の措置に加えて、受刑者に対してもその心情等を伝達できるようにすること、⑧刑の執行を終えた者等に対する援助を拡充すること等が定められた。

　①から④までは公布日から起算して3年を超えない範囲内において政令で定める日から、⑤から⑧までは令和5年12月1日から施行することとされた。

資5-80-1　少年院における保護観察復帰プログラムの概要

第5種少年院の処遇～保護観察所との連携強化

<u>矯正局と保護局が協働で開発し、少年院と保護観察所が連携して実施するプログラム</u>

＜第5種少年院とは＞
　2年の保護観察処分を受けた少年が保護観察中に重大な遵守事項違反があった場合に、1年の範囲内で少年院に収容し、保護観察への復帰に向けた各種働き掛けを行います。

保護観察復帰プログラム（第5種少年院在院者に対するプログラム）

指導目的
　保護観察の指導監督等により改善更生を図ることができる状態になるよう、更生への動機づけを高めること

指導形式
　教材「RISE（Roadmap to Ideal Self with Engaging）」を用いた集団指導、個別指導等

単元	単元名	内容
1	今の自分	今の気持ち・状況を見つめる
2	2つの気持ち	保護観察中の生活を振り返る
3	私の大切なもの	自分の価値を探る
4	ありたい自分	「ありたい自分」を明確化する
5	保護観察を受けるのはなぜ？ ★	保護観察の意義を学ぶ
6	強みと資源	自分の強みや資源を明確化する
7	「ありたい自分」へのステップ	ありたい自分を実現するための生活・行動を考える
8	ハードルを越える	保護観察再開後の危機場面への対処法を考える
9	私のロードマップ	出院後の行動計画を作成
10	新たな出発 ★	更生への決意を固める

★　保護観察官又は保護司の参加単元

出典：法務省資料による。

資5-80-2　少年院における成年社会参画指導の概要

矯正教育の充実〜成年社会参画指導の導入

★ 指導目標
　成年であることの自覚及び責任の喚起並びに社会参加に必要な知識の付与等

対象者	成年に達した者について、自らの責任に基づき自律的に社会生活を営むために必要な自覚が欠如し、又は必要な知識及び行動様式が身に付いていない者
指導内容	①受講者全員に対して統一的に行う中核プログラム ②受講者の個々の必要性に応じて選択的に行う周辺プログラム ③中核プログラム終了後に個別に行うフォローアップ指導を組み合わせて実施
実施結果	更生保護官署（保護観察所等）へ情報提供

指導内容の概要（中核プログラム）

単元	指導科目
第1回	大人になる①
第2回	非行・犯罪について①
第3回	ルールについて
第4回	契約について
第5回	契約トラブルについて
第6回	訴訟について
第7回	家族について
第8回	結婚について
第9回	仕事について
第10回	友人について
第11回	非行・犯罪について②
第12回	大人になる②

※　短期社会適応課程及び保護観察復帰指導課程においては、6単元の短縮版を標準とする。

出典：法務省資料による。

　さらに、法制審議会からの前記答申において、若年受刑者を対象とする処遇内容の充実が求められた。具体的には、刑事施設において、少年院の知見・施設を活用して、若年受刑者（おおむね26歳未満の受刑者）の特性に応じた処遇の充実を図ることとされ、①少年院における矯正教育の手法やノウハウ等を活用した処遇を行うこと、②特に手厚い処遇が必要な者について、少年院と同様の建物・設備を備えた施設に収容し、社会生活に必要な生活習慣、生活技術、対人関係等を習得させるための指導を中心とした処遇を行うことが求められた。

　これを踏まえ、①については、川越少年刑務所及び美祢社会復帰促進センターにおいて、若年受刑

者のうち、犯罪傾向が進んでいない者を収容し、小集団のユニットで共同生活を送らせることにより、基本的な生活能力、対人関係スキル等の向上を図り、受刑者と職員間の対話を通じた信頼関係に基づく処遇を行う「若年受刑者ユニット型処遇」を2022年度（令和4年度）から実施している。

　また、②については、少年院であった「市原学園」を刑事施設に転用した「市原青年矯正センター」（資5-80-3参照）において、知的障害等を有し、特に手厚い処遇が必要な若年受刑者を収容の上、社会生活に必要な生活習慣、生活技術、対人関係等を習得させるための指導を中心として行う「少年院転用型処遇」を2023年度（令和5年度）から実施している。

資5-80-3　市原青年矯正センター（概要）

若年受刑者少年院転用型施設の矯正処遇

法務省矯正局

背景

【法制審議会諮問第103号答申】
　刑事施設において、少年院の知見・施設を活用して、若年受刑者（おおむね26歳未満の受刑者）の特性に応じた処遇の充実を図ること。
　1　少年院における矯正教育の手法やノウハウ等を活用した処遇を行う。
　2　特に手厚い処遇が必要な者について、少年院と同様の建物・設備を備えた施設に収容し、社会生活に必要な生活習慣、生活技術、対人関係等を習得させるための指導を中心とした処遇を行う。

少年院転用型処遇対象者

　おおむね26歳未満で犯罪傾向の進んでいない男子受刑者のうち、知的障害、情緒障害若しくは発達障害を有し、又はこれらに準ずる者であって、社会適応のための訓練を要する者等を対象者として選定

少年院転用型処遇の基本的枠組

・少年院を転用した刑事施設に収容し、少年院の処遇環境を活用した少人数の寮単位での処遇を実施
・少年院の知見を活用し、個々の受刑者の特性に応じたきめ細かな矯正処遇、社会復帰支援を展開
・刑務官、教育専門官、調査専門官、福祉専門官等、多職種の職員が高密度に連携

市原青年矯正センター（千葉県市原市）

○定員：72名
○特徴：全受刑期間において若年受刑者少年院転用型処遇を実施

カリキュラム（イメージ）

	月	火	水	木	金
AM	刑務作業（職業訓練）				
PM	コグトレ	体育	アサーショントレーニング	教科指導	体育
	特別改善指導	障害特性別指導	自己理解指導	集会活動	ライフスキル指導
	個別面接		個別面接	集会活動	個別面接

※個別指導・集団指導を適切に組み合わせ、役割活動なども実施

特性に応じた矯正処遇（イメージ）

【改善指導】
・自己理解指導　・障害特性別指導　・ライフスキル指導
・認知機能・身体能力向上指導（コグトレ、ビジョントレーニング）
・対人関係円滑化指導（SST、アサーショントレーニング）　等

【教科指導】
・ICT機器の活用　・高卒認定試験受験指導

【作業・職業訓練】
・機能向上作業　・就労実務科　・ビルハウスクリーニング科　等

社会復帰支援（イメージ）

○在所中からの療育手帳・精神障害者保健福祉手帳の取得に向けた調整
○出所後の社会適応を見据えた社会復帰支援（支援体制の構築、支援者等との関係構築等）の実施

出典：法務省資料による。

6　女性の抱える問題に応じた指導等【施策番号81】

　法務省は、全国の女性刑事施設12庁のうち、PFI手法を活用した刑事施設[※17]である美祢社会復帰促進センター及び公共サービス改革法を活用した刑事施設[※17]である喜連川社会復帰促進センター以外の10庁の女性刑事施設において、女性受刑者特有の問題に対処するため、看護師、助産師、介護福祉士等、医療・福祉等の地域の専門家の協力・支援を得て、女性受刑者に対する助言・指導や職員に対する研修等を行う、「女子施設地域連携事業」を実施している。さらに、医療専門施設である東日本成人矯正医療センター、大阪医療刑務所及び北九州医療刑務所に、臨床心理士を配置し、全国の摂食障害女性受刑者を収容することで、より効果的な治療が受けられる体制の整備を行っており、全

※17 PFI手法や公共サービス改革法を活用した刑事施設
　　刑事施設の整備・運営にPFI（Private Finance Initiative）手法（公共施設等の建築、維持管理、運営等を民間の資金・ノウハウを活用して行う手法）や公共サービス改革法の活用が図られている施設。美祢社会復帰促進センター及び喜連川社会復帰促進センターにおいても、民間のノウハウとアイデアを活用し、女性受刑者特有の問題に着目した指導・支援を行っている。

国の女性刑事施設に収容中の摂食障害女性受刑者を当該医療専門施設に移送し、治療を実施している。また、2019年度（令和元年度）には、摂食障害治療・処遇体制の統一を図るため、これら医療専門施設に加え、全国の女性刑事施設の摂食障害治療・処遇に携わる職員（医師、看護師、臨床心理士、刑務官等）に対する集合研修を実施している。

　少年院では、女子の少年院入院者の多くが虐待等の被害体験や性被害による心的外傷等の精神的な問題を抱えていることを踏まえ、2016年度（平成28年度）から、女子少年院在院者の特性に配慮した処遇プログラム（資5-81-1参照）を試行しつつ、同プログラムの効果検証を進め、2022年度（令和4年度）から本格的な運用を開始した。

　さらに、地域社会の中でも女性の特性に配慮した指導・支援を推進するため、2017年度（平成29年度）から、女性や女子少年を受け入れる各更生保護施設において職員を1人増配置している。

| 資5-81-1 | 女子少年院在院者の特性に配慮した処遇プログラムの概要 |

女子少年院在院者の特性に配慮した処遇プログラム

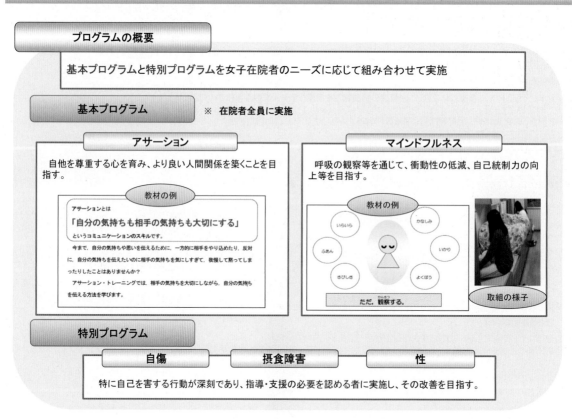

出典：法務省資料による。

7　発達上の課題を有する犯罪をした者等に対する指導等【施策番号82】

　法務省は、少年院において、在院者の年齢や犯罪的傾向の程度等に着目し、一定の共通する類型ごとに矯正教育課程[18]を定め、発達上の課題を有する者については、その特性に応じて、支援教育課程[19] Ⅰ～Ⅴのいずれかを履修するよう指定している（2022年（令和4年）、支援教育課程Ⅰ～Ⅴの

---

[18] 矯正教育課程
　　在院者の年齢、心身の障害の状況及び犯罪的傾向の程度、社会生活への適応に必要な能力等、一定の共通する特性を有する在院者を類型ごとに、その類型に該当する在院者に対して行う矯正教育の重点的な内容及び標準的な期間を定めたもの。
[19] 支援教育課程
　　障害又はその疑い等のため処遇上の配慮が必要な者に対して指定する矯正教育課程をいう。支援教育課程のうち、Ⅰは知的障害、Ⅱは情緒障害若しくは発達障害、Ⅲは義務教育終了者で知的能力の制約や非社会的行動傾向のある者等に対して指定する。また、Ⅳは知的障害、Ⅴは情緒障害若しくは発達障害のある者等で、犯罪的傾向が進んだ者に対して指定する。

いずれかを指定された在院者は439人（前年：411人））。また、発達上の課題を有する在院者の処遇に当たっては、「発達上の課題を有する在院者に対する処遇プログラム実施ガイドライン」（**資5-82-1**参照）を活用しているほか、2018年度（平成30年度）からは、身体機能の向上に着目した指導を導入し、その充実に努めている。

　保護観察所では、類型別処遇（【施策番号83】参照）における「発達障害」類型に該当する、又はその他発達上の課題を有する保護観察対象者について、必要に応じて、児童相談所や発達障害者支援センター等と連携するなどして、個別の課題や特性に応じた指導等を実施している。また、更生保護官署職員及び保護司に対し、発達障害に関する理解を深め、障害特性を理解した上で的確な支援を行うための研修や教材の整備を実施している。

資5-82-1　発達上の課題を有する在院者に対する処遇プログラム実施ガイドラインの概要

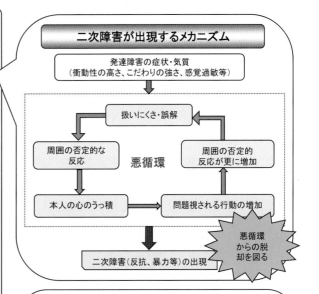

出典：法務省資料による。

8　その他の効果的な指導等の実施に向けた取組の充実

（1）各種指導プログラムの充実【施策番号83】

　法務省は、刑事施設において、性犯罪再犯防止指導（【施策番号68】参照）や薬物依存離脱指導（【施策番号44】参照）等の特別改善指導（**資5-83-1**参照、同指導の受講開始人員は**資5-83-2**参照）のほか、一般改善指導（**資5-83-1**参照）としてアルコール依存回復プログラム（**資5-83-3**参照）や暴力防止プログラム（**資5-83-4**参照）等を実施している。

　特に、児童等に対する虐待行為をした受刑者に対しては、暴力防止プログラムの中で、再加害防止に向けて、本人の責任を自覚させ、暴力を振るうことなく生活するための具体的なスキルを身に付け、実践できるようにするため、家族を始めとした親密な相手に対する暴力に関するカリキュラムを実施しているほか、必要に応じて、犯した罪の大きさや被害者の心情等を認識させ、再び罪を犯さない決意を固めさせるための被害者の視点を取り入れた教育（【施策番号86】参照）も実施している。

　少年院では、2018年（平成30年）から、特殊詐欺の問題性を理解させ、再犯・再非行を防止するための指導を一層充実・強化するための教材整備を行っており、ワークブックに加え、被害に関する理解等を深めるため、被害者の方々に協力いただいて視聴覚教材を作成し、2021年度（令和3年度）から、特殊詐欺に関与した少年院在院者を対象に、これらを用いて特殊詐欺非行防止指導を体系的に実施している。

　保護観察所では、保護観察対象者に対し、認知行動療法に基づく専門的処遇プログラムを実施している（同プログラムの開始人員は資5-83-5参照）。専門的処遇プログラムは、性犯罪再犯防止プログラム（【施策番号68】参照）、薬物再乱用防止プログラム（【施策番号44】参照）、暴力防止プログラム（資5-83-6参照）及び飲酒運転防止プログラム（資5-83-7参照）の4種類がある。保護観察対象者の問題性に応じて、各プログラムを受けることを特別遵守事項として義務付けるほか、必要に応じて生活行動指針[20]として設定するなどして実施している。なお、2022年度（令和4年度）からは、少年法等の一部を改正する法律（令和3年法律第47号）の施行に伴い、18歳以上の保護観察処分少年及び少年院仮退院者に対する処遇の充実を図ることを目的として、各プログラムを特別遵守事項として義務付けて実施することを可能とする対象者の範囲を、従来の仮釈放者及び保護観察付執行猶予者のみならず、18歳以上の保護観察処分少年及び少年院仮退院者にまで拡大し、特定の犯罪的傾向の改善のため、各プログラムを実施している。2022年（令和4年）における各プログラムの開始人員は、性犯罪再犯防止プログラムが77人、薬物再乱用防止プログラムが106人、暴力防止プログラムが39人、飲酒運転防止プログラムが2人となっている。

　2019年（令和元年）から、児童に対する虐待行為をした保護観察対象者に対しては、暴力防止プログラム（児童虐待防止版）（資5-83-8参照）を試行的に実施し、身体的虐待につながりやすい考え方の変容、養育態度の振り返り、児童との適切な関わり方の習得、身体的虐待を防止するために必要な知識の習得を図っている。

　また、2020年（令和2年）3月から、保護観察対象者のうち嗜癖的な窃盗事犯者に対しては、「窃盗事犯者指導ワークブック」や、自立更生促進センターが作成した処遇プログラムを活用し、窃盗の背景要因や問題を分析し、窃盗を止める意欲を高め、具体的な行動計画を考えさせることなどを通じて、その問題性に応じた保護観察処遇も実施している。

　さらに、保護観察対象者の問題性その他の特性を、その犯罪・非行の態様等によって類型化して把握し、類型ごとに共通する問題性等に焦点を当てた処遇として「類型別処遇」を実施しているところ、保護観察の実効性を一層高めることを目的として、2021年（令和3年）1月から新たな「保護観察類型別処遇要領」を定め、同要領に基づき類型別処遇を実施している（資5-83-9参照）。同要領では、昨今の犯罪・非行情勢等を踏まえ、「ストーカー」、「特殊詐欺」、「嗜癖的窃盗」、「就学」類型を新設したほか、「精神障害」類型の下位類型として「発達障害」、「知的障害」類型を定めるなど、類型の区分を見直すとともに、保護観察対象者に対する類型ごとの処遇指針として、「類型別処遇ガイドライン」を新たに定め、同ガイドラインをアセスメント、保護観察の実施計画の作成及び処遇の実施等に活用した処遇を実施している。例えば、「特殊詐欺」類型の保護観察対象者については、特

※20　生活行動指針
　　　保護観察における指導監督を適切に行うため必要があると認めるときに保護観察所の長が定める保護観察対象者の改善更生に資する生活又は行動の指針である。保護観察対象者は、生活行動指針に即して生活し、行動するよう努めることを求められるが、これに違反した場合に、直ちに不良措置をとられるものではない点で、特別遵守事項とは異なる。

殊詐欺グループ以外の居場所をもてるよう、就労や就学を中心とした健全な生活を送るための指導等を行うとともに、特殊詐欺が被害者に与えた影響について理解させ、罪しょう感を深めさせることにより、謝罪や被害弁済等の今後行うべきことを考えさせている。

資5-83-1　刑事施設入所から出所までの矯正指導の流れ（一般改善指導及び特別改善指導の概要）

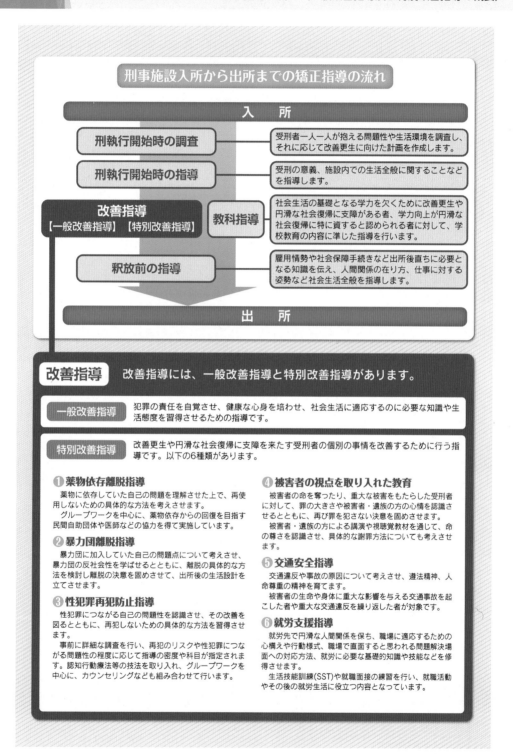

出典：法務省資料による。

| 資5-83-2 | 刑事施設における特別改善指導の受講開始人員 |

（平成30年度～令和4年度）

プログラムの種類	平成30年度	令和元年度	令和2年度	令和3年度	令和4年度
薬 物 依 存 離 脱 指 導	9,728	8,751	7,707	7,493	7,418
暴 力 団 離 脱 指 導	694	557	551	383	374
性 犯 罪 再 犯 防 止 指 導	797	563	424	433	553
被害者の視点を取り入れた教育	793	696	538	468	530
交 通 安 全 指 導	1,863	1,804	1,659	1,583	1,621
就 労 支 援 指 導	3,526	3,664	2,952	2,900	2,868

注　法務省資料による。

| 資5-83-3 | 刑事施設におけるアルコール依存回復プログラムの概要 |

地域社会とともに
開かれた矯正へ

刑事施設における一般改善指導

アルコール依存回復プログラム

- **■　指導の目標**
  自己の飲酒の問題性を理解させ、その改善を図るとともに、再飲酒しないための具体的な方法を習得させる。
- **● 対象者**　　　1　飲酒運転などの交通事犯者
  　　　　　　　　2　飲酒の問題が犯罪や本人の心身の健康に影響を与えている者
- **● 指導者**　　　刑事施設の職員（法務教官、法務技官、刑務官）、民間協力者（民間自助団体）等
- **● 指導方法**　　認知行動療法に基づき、グループワークの手法を用いる。

- **● 実施頻度等**　1単元60分から90分、12単元、標準実施期間：3～6か月

カリキュラム

単元	項目	指導内容
1	オリエンテーション	プログラムの目的とルールを理解し、全体の流れをつかむ。
2	サイクルを止める	飲酒のサイクルについて認識を深め、断酒を実現するための方法について知る。
3	外的引き金	外的引き金の知識を身につけ、自分の外的引き金は何かを知り、回避する方法を学ぶ。
4	内的引き金	内的引き金の知識を身につけ、自分の内的引き金は何かを知り、回避する方法を学ぶ。
5	断酒生活	断酒生活の経過イメージと各過程に生じる心身の特徴的な状態を理解する。
6	再飲酒の兆候（1）	再飲酒の兆候の知識を身につけ、自分の思考的兆候は何かを知り、対処方法を学ぶ。
7	再飲酒の兆候（2）	自分の行動的兆候は何かを知り、対処方法を学ぶ。
8	ストレスへの対処方法	ストレスと再飲酒の関係を理解し、自分のストレスの受け止め方の幅を広げる。
9	スケジュール	断酒生活の実現に向けたスケジュールを立てる。断酒生活を続ける心構えをつくる。
10	断酒生活の維持（1）	断酒生活を継続するための要点を整理し、今後の人間関係について見直す。
11	断酒生活の維持（2）	断酒生活を維持する対人関係の問題点について理解し、飲酒を断る対処方法や飲酒問題の解決方法を学ぶ。
12	まとめ	これまで学習した対処方法などを整理し、断酒生活を実現させるための心構えを確立する。

出典：法務省資料による。

資5-83-4　刑事施設における暴力防止プログラムの概要

地域社会とともに
開かれた矯正へ

刑事施設における一般改善指導

暴力防止プログラム

■　指導の目標
1　暴力を振るうことなく施設内・社会内で生活できるよう、非暴力への動機付けを高めさせる。
2　暴力へと至る自己のパターンを認識させるとともに、そこから抜け出し、暴力以外の手段により将来の望ましい生活を達成するための方法をあらかじめ準備させる。
3　暴力を振るうことなく生活するための具体的なスキルについて、施設在所中から実践を通じて身に付けさせる。
● 　対象者　本件が暴力事犯の者又は過去に暴力の問題を有する者
● 　指導方法　認知行動療法の手法を取り入れたグループワーク、ロールプレイ、課題学習、討議、個別面接等
● 　実施頻度等　1回60〜90分、全18回、おおむね4〜6か月間で実施

カリキュラム

単元	項　目	概　要
1	オリエンテーション	自己紹介・ルール作り・流れの説明・暴力で得たもの、失ったものについて考える。
2	危ない場面での対処法	簡単にできる対処法を理解・修得する。
3	間を取って落ち着く	リラックス方法や間の取り方を理解・修得する。
4	暴力の道筋ときっかけ	暴力に至る道筋ときっかけに気づき、そうならないための方法を考える。
5	暴力と身体的反応（体の変化）	暴力と自己の身体的反応を理解する。
6	暴力と感情（気持ち）	暴力と感情の関係を理解する。
7	暴力と思考（心のつぶやき）	暴力と思考の関係を理解する。
8	思考チェンジ 〜「MCC法」について〜	暴力につながらない思考ができるようにするための方法を理解・修得する。
9	親密な相手への暴力（理解①）	DVや児童虐待等について理解する。
10	親密な相手への暴力（理解②）	
11	親密な相手への暴力（対処法）	親密な相手へ暴力を振るわないよう、対等な人間関係について考える。
12	理想のライフスタイル	理想のライフスタイルを考え、その実現のための段取りを考える。
13	暴力に近づかないためのコミュニケーション	暴力に近づかないためのコミュニケーション方法を理解・修得する。
14	アサーション 〜適切な自己主張〜	適切な自己主張を行うためのコミュニケーション方法を理解・修得する。
15	問題を解決する（計画）	問題を解決する手段を理解するとともに、ロールプレイを通した実践を行う。
16	問題を解決する（実践）	
17	これまでを振り返る	プログラムを振り返り、自分の変化を確認する。

出典：法務省資料による。

資5-83-5 保護観察所における専門的処遇プログラムによる処遇の開始人員

①仮釈放者

プログラムの種類	平成30年	令和元年	令和2年	令和3年	令和4年
性犯罪再犯防止プログラム	589	542	510	442	455
薬物再乱用防止プログラム	1,811	1,823	1,797	1,661	1,588
暴力防止プログラム	167	174	153	118	117
飲酒運転防止プログラム	186	169	173	177	143

②保護観察付全部執行猶予者

プログラムの種類	平成30年	令和元年	令和2年	令和3年	令和4年
性犯罪再犯防止プログラム	299	286	256	273	241
薬物再乱用防止プログラム	418	330	298	323	265
暴力防止プログラム	103	112	103	92	82
飲酒運転防止プログラム	75	83	51	53	51

③保護観察付一部執行猶予者

プログラムの種類	平成30年	令和元年	令和2年	令和3年	令和4年
性犯罪再犯防止プログラム	20	28	25	16	19
薬物再乱用防止プログラム	892	1,345	1,407	1,255	1,173
暴力防止プログラム	9	2	4	7	2
飲酒運転防止プログラム	6	3	3	1	3

注　1　法務省資料による。
　　2　「暴力防止プログラム」及び「飲酒運転防止プログラム」については、プログラムによる処遇を特別遵守事項によらずに受けた者を含む。
　　3　「性犯罪再犯防止プログラム」については、平成29年から令和4年3月までは、「性犯罪者処遇プログラム」による処遇の開始人員を計上している。
　　4　仮釈放期間満了後、一部執行猶予期間を開始した保護観察付一部執行猶予者については、「仮釈放者」及び「保護観察付一部執行猶予者」の両方に計上している。

資5-83-6 保護観察所における暴力防止プログラムの概要

暴力防止プログラム

対象

特別遵守事項によって受講を義務付けられる者
① 保護観察に付される理由となった犯罪事実中に暴力犯罪が含まれ、かつ暴力犯罪の前歴を有する仮釈放者、保護観察付執行猶予者、保護観察処分少年及び少年院仮退院者
② 今回の刑事施設への収容中に執行された刑のうち、暴力犯罪により言い渡されたものが複数ある仮釈放者又は保護観察付一部猶予者

▶ 保護観察付全部猶予者及び保護観察処分少年について、プログラム受講を特別遵守事項に定めることが相当である旨の裁判所の意見が示された者
▶ 保護観察処分少年及び少年院仮退院者について、18歳以上の者のうち、必要性が認められる者

暴力犯罪とは
殺人・傷害・傷害致死・暴行・逮捕又は監禁・逮捕又は監禁致死傷・強盗・強盗致死傷・暴力行為等処罰ニ関スル法律違反（うち暴行・傷害のみ）・組織的な犯罪の処罰及び犯罪収益の規制等に関する法律違反（うち殺人・逮捕・監禁のみ）

プログラムの内容

● ワークブックを用いて、自己の暴力について分析させ、怒りや暴力につながりやすい考え方の変容や暴力の防止に必要な知識の習得を促し、再び暴力を起こしそうな危機場面での対処法、対人関係の技術、暴力につながらない生活態度を習得させる。

● 対処方法は、身体の状態の変化を体験させたり、対人スキルの練習、ロールプレイなどを通じて体験的に習得させる。

● 保護観察官が個別処遇又は集団処遇によりおおむね2週間に1回実施し、受講者とともに個別具体的な再発防止計画を作成する。

DV・飲酒の問題に応じ教育内容を追加

パートナーとの関係

飲酒の問題

ワークブックの課題内容

課程	学習内容
導入	**暴力防止プログラムの受講に当たって**　プログラムの目的及び概要について説明し、事件や当時の生活を振り返らせ、受講の動機付けを高める。
1	**暴力をふるうということ**　行動のコントロールによって暴力を止められること、暴力の被害者のこと、暴力の責任などを学ばせる。
2	**暴力につながりやすい考え方や問題**　暴力に陥りやすい考え方があることを理解させ、暴力につながりにくい考え方への変化を促す。
3	**私にとっての危険信号**　暴力を振るいそうな場面、身体の状況などを把握させ、危機場面での具体的な対処方法を習得させる。
4	**暴力をふるわないための取組**　良好な対人関係のために必要な話し方や態度、ストレスへの取組等、普段からできる取組を習得させる。
5	**二度と暴力をふるわないために**　対処方法を整理し、二度と暴力を振るわないための具体的な再発防止計画を立てさせる。

保護観察開始　保護観察終了

出典：法務省資料による。

特集

第1章

第2章

第3章

第4章

第5章

第6章

第7章

第8章

基礎資料

資5-83-7　保護観察所における飲酒運転防止プログラムの概要

飲酒運転防止プログラム

対象

特別遵守事項によって受講を義務付けられる者
- 保護観察に付される理由となった犯罪事実中に以下の罪に当たる事実が含まれる仮釈放者、保護観察付執行猶予者、保護観察処分少年又は少年院仮退院者
- 保護観察付全部猶予者及び保護観察処分少年について、プログラム受講を特別遵守事項に定めることが相当である旨の裁判所の意見が示された者
- 保護観察処分少年及び少年院仮退院者について、18歳以上の者のうち、必要性が認められる者

① 危険運転致死傷（自動車等の運転により人を死傷させる行為等の処罰に関する法律第2条（第1号に限る。）及び第3条第1項）※
② 酒酔い運転（道路交通法第117号の2第1号）
③ 酒気帯び運転（道路交通法第117号の2の2第3号）
④ 過失運転致死傷アルコール等影響発覚免脱（自動車の運転により人を死傷させる行為等の処罰に関する法律第4条）※
※ アルコールの影響による行為に係るものに限る。同法第6条第1項から第3項まで無免許運転による刑の加重を受ける場合を含む。

保護観察開始

プログラムの内容

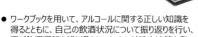

- ワークブックを用いて、アルコールに関する正しい知識を得るとともに、自己の飲酒状況について振り返りを行い、再び飲酒運転を繰り返さないための対処方法等を考えさせる。

- アルコールに関する専門医療機関や自助グループに関する知識を付与することによって、適切な措置を受けるよう働き掛ける。

- 保護観察官が個別処遇又は集団処遇によりおおむね2週間に1回実施し、受講者とともに個別具体的な再発防止計画を作成する。

ワークブックの課題内容

課程	学習内容
導入	**オリエンテーション**
	プログラムの目的及び概要を説明した上でアセスメントを実施し、処遇につながる情報を入手する。
1	**飲酒運転の影響について考える**
	飲酒運転の結果を振り返らせ、飲酒運転を繰り返さないことへの動機付けをする。
2	**アルコールが運転や心身に及ぼす影響について学ぶ**
	アルコールが運転や心身に及ぼす影響について学ばせ、自分とアルコールとの関係について振り返らせる。
3	**アルコールのもたらす悪影響について学ぶ**
	アルコールやアルコール依存症について理解を深めさせ、一般的な問題解決手段についての知識を習得させる。
4	**飲酒運転につながる危険な状況を知る**
	飲酒運転のひきがねとなることがらを特定し、そのひきがねに出会った場合及び出会わないための対処方法を考えさせる。
5	**飲酒運転をしないための対処方法を考える**
	飲酒運転をしないための再発防止計画を作成し、これから実行していくことへの動機を高めさせる。

保護観察終了

出典：法務省資料による。

資5-83-8　保護観察所における暴力防止プログラム（児童虐待防止版）の概要

暴力防止プログラム（児童虐待防止版）

暴力防止プログラム（児童虐待防止版）の試行の実施について

　児童相談所への児童虐待相談対応件数が平成28年度に12万件を超え、虐待により年間約80人もの子供の命が失われている現状に鑑み、平成30年7月20日に「児童虐待防止対策の強化に向けた緊急総合対策」が閣議決定された。
　保護観察所においても、「関係機関と連携しつつ、適切な指導や支援に取り組む」こととされており、児童虐待により保護観察となった者の再犯防止を図ることが急務となっていることから、児童虐待加害者に特化した暴力防止プログラムを作成し、内容の適正化を図るため、一定期間、試行的に実施するものである。

受講対象者

特別遵守事項によって受講を義務付けられる者
① 保護観察に付される理由となった犯罪事実中に児童虐待防止法第2条第1項第1号（身体的虐待）が含まれる仮釈放者及び保護観察付執行猶予者

② ①に該当しない者のうち、従前の暴力防止プログラムの受講が義務付けられる者であり、身体的虐待行為を反復する傾向が認められ、本プログラムによる実施が適切であると認められる者

※保護観察付全部猶予者の場合は、プログラム受講を特別遵守事項に定めることが相当である旨の裁判所の意見が示された者

内容

○ ワークブックを用いて、自己の暴力について分析させ、暴力につながりやすい考え方の変容や、暴力の防止に必要な知識のほか、養育態度の振り返り、子供との適切な関わり、子供の発達についての知識の習得を促す。

○ 暴力を起こしそうな危機場面での対処法、対人関係の技術、暴力につながらない生活態度を習得させる。

○ 対処方法として、子供に対して本当にしたかったことへの気付きや、子供に対して気持ちが伝わりやすい言動等を、ロールプレイなどを通じて体験的に習得させる。

○ 保護観察官が個別処遇により、おおむね2週間に1回実施し、受講者とともに個別具体的な再発防止計画を作成する。

ワークブックの課題内容について

課程	学習内容
1	**暴力をふるうということ**
	事件当時の生活状況を振り返り、事件に至ったきっかけや考え方を整理する。
2	**子供の気持ち・暴力につながりやすい考え方**
	子供の気持ちを考え、暴力につながりやすい考え方の癖を知り、柔軟な考え方を考える。
3	**危険信号と対処**
	暴力をふるいそうな場面、身体の状況などを把握させ、危機場面での具体的な対処方法を習得する。
4	**暴力をふるわないための取組**
	気持ちが伝わりにくい言動や伝わりやすい言動を知り、ロールプレイを通して適切な方法を実践的に学ぶ。
5	**二度と暴力をふるわないために**
	対処方法を整理し、二度と暴力をふるわないための具体的な再発防止計画を立てる。

出典：法務省資料による。

資5-83-9 　保護観察所における類型別処遇の概要

類型別処遇

類型別処遇の目的

保護観察対象者の問題性その他の特性を、その犯罪・非行の態様等によって類型化して把握し、各類型ごとに共通する問題性等に焦点を当てた処遇の方法等に関する知見を活用した保護観察を実施するための指針（※）を定め、犯罪又は非行の要因及び改善更生に資する事項に関する分析、保護観察の実施計画の作成並びにその実施等に活用することにより、保護観察の実効性を高めることを目的とするもの。

※類型別処遇ガイドライン

類型別処遇を実施するための指針として作成したものであり、右記4領域16類型について、その定義を述べた上で、見立てをするための視点を提示し、そのための情報収集の留意事項を記載したほか、各類型に適合した処遇の方法の例を記載している。

類型の区分	
関係性領域	児童虐待
	配偶者暴力
	家庭内暴力
	ストーカー
不良集団領域	暴力団等
	暴走族
	特殊詐欺
社会適応領域	就労困難
	就学（中学生）
	精神障害（発達障害，知的障害）
	高齢
嗜癖領域	薬物
	アルコール
	性犯罪
	ギャンブル
	嗜癖的窃盗

出典：法務省資料による。

（2）社会貢献活動等の充実【施策番号84】

法務省は、刑事施設において、受刑者に社会に貢献していることを実感させることで、その改善更生、社会復帰を図ることを目的として、2011年度（平成23年度）から公園の清掃作業を行うなどの社会貢献作業を実施している（2022年度（令和4年度）は、刑事施設37庁が（前年度：31庁）、55か所の事業主体（前年度：45か所）との協定の下、社会貢献作業を実施）。

少年院では、全庁で特別活動指導[21]として社会貢献活動を実施しており、公園や道路の清掃等、在院者の特性や地域社会の実情等に応じた活動を行っている（**写真5-84-1**参照）。

保護観察所では、保護観察対象者に対し、自己有用感のかん養、規範意識や社会性の向上を図る

写真5-84-1 　社会貢献活動（小学校下駄箱塗装）

写真提供：法務省

ため、公園や河川敷等公共の場所での清掃活動や、福祉施設での介護補助活動といった地域社会の利益の増進に寄与する社会的活動を継続的に行う社会貢献活動（**資5-84-1**参照）を、特別遵守事項として義務付けたり、必要に応じて生活行動指針として設定して実施している。

また、保護観察所における社会貢献活動について、より効果的な運用を図ることを目的として、全国8ブロックにおいて地方別協議会を開催し、社会貢献活動の実施状況等について情報交換を行うほか、効果が認められた実践や当面している課題等に関する協議を行っている。

2022年度（令和4年度）末現在、社会貢献活動場所として2,085か所（前年度：2,069か所）が登録されており、その内訳は、福祉施設が1,029か所（前年度：1,027か所）、公共の場所が813か所（前年度：806か所）、その他が243か所（前年度：236か所）となっている。2022年度（令和

※21　特別活動指導
　　　少年院法第29条に規定される、在院者に対し、その情緒を豊かにし、自主、自律及び協同の精神を養わせることを目的とした指導で、社会貢献活動、野外活動、運動競技、音楽、演劇等に関する指導を行っている。

4年度）においては362回（前年度：322回）の社会貢献活動を実施し、延べ570人（前年度：554人）が参加した。

資5-84-1 保護観察所における社会貢献活動の概要

保護観察における社会貢献活動

!Point 社会貢献活動とは

保護観察対象者に地域社会の利益の増進に寄与する社会的活動を行わせ，善良な社会の一員としての意識の涵養及び規範意識の向上を図るもの　**特別遵守事項で設定**

ねらい（処遇効果）

社会性
社会経験を積み，コミュニケーション能力が向上することなどにより，社会性が向上する

自己有用感
達成感を得たり，感謝される体験をしたりすることにより，自己有用感が高まる

心理的安定
社会的孤立が改善されることにより，心理的に安定する

規範意識
しょく罪の意識が高まることなどにより，規範意識が強化される

社会貢献活動の在り方を考える検討会
H30.9～H31.2

法学,教育,福祉,心理等の有識者がH27.6の運用開始以降の実施状況について検証し，今後の運用の在り方を検討

実施対象者
個々の特性を見極めた上で，処遇効果が見込まれる保護観察対象者を幅広く選定することが可能に

実施回数
一律5回とされていた活動の標準回数を3回（上限5回）に変更し，より弾力的な運用が可能に

等，運用を見直し

活動内容（イメージ）
ありがとう。
保護観察官・保護司による指導
ゴミを捨てちゃダメだよね。
福祉施設での補助活動
更生保護女性会・BBS会員，活動場所スタッフ等の協力
公共の場所の清掃・美化

出典：法務省資料による。

（3）関係機関や地域の社会資源の一層の活用【施策番号85】

　法務省では、刑事施設や少年院、保護観察所において、ダルク※22や自助グループ※23を始めとする民間団体や関係機関、地域社会等と連携し、処遇等を行っている。

　また、法務省及び厚生労働省は、「薬物依存のある刑務所出所者等の支援に関する地域連携ガイドライン」（【施策番号52】参照）を策定し、保護観察付一部執行猶予者等の薬物依存者を支援対象として、都道府県や医療機関等を含めた関係機関や民間支援団体と緊密に連携し、その機能や役割に応じた支援を効果的に実施している。

9 犯罪被害者等の視点を取り入れた指導等【施策番号86】

　法務省は、刑事施設において、罪の大きさや犯罪被害者等の心情等を認識させるとともに、犯罪被害者等に誠意を持って対応するための方法を考えさせるため、特別改善指導（【施策番号83】参照）として被害者の視点を取り入れた教育（資5-86-1参照）を実施している（2022年度（令和4年度）の受講開始人員は530人（前年度：468人）であった）。

　少年院では、全在院者に対し、被害者心情理解指導を実施している。また、特に被害者を死亡させ、又は被害者の心身に重大な影響を与えた事件を起こし、犯罪被害者や遺族に対する謝罪等につい

※22 ダルク
　　Drug Addiction Rehabilitation Centerの略称。薬物依存症者の回復を支援する民間のリハビリ施設。
※23 自助グループ
　　同じ問題を抱える仲間同士が集まり、互いに悩みを打ち明け、助け合って問題を乗り越えることを目的として、ミーティングが行われている。具体的には、薬物依存症者の回復を支援するNA（Narcotics Anonymous）、アルコール依存者の回復を支援するAA（Alcoholics Anonymous）、ギャンブル等依存者等の回復を支援するGA（Gamblers Anonymous）などがある。

て考える必要がある者に対しては、特定生活指導として、被害者の視点を取り入れた教育（**資5-86-2**参照）を実施しており、2022年（令和4年）は、41名（前年：48人）が修了した。これらの指導の結果は、継続的な指導の実施に向け、保護観察所に引き継いでいる。

なお、矯正施設及び保護観察所では、家庭裁判所や検察庁等から送付される処遇上の参考事項調査票等に記載されている犯罪被害者等の心情等の情報を指導に活用している。

保護観察所では、犯罪被害者等の申出に応じ、犯罪被害者等から被害に関する心情、犯罪被害者等の置かれている状況等を聴取し、保護観察対象者に伝達する制度（心情等伝達制度）を実施しており、当該対象者に対して、被害の実情を直視させ、反省や悔悟の情を深めさせる指導監督を徹底している（2022年（令和4年）中に、心情等を伝達した件数は170件（前年：182件））。また、被害者を死亡させ若しくはその身体に重大な傷害を負わせた事件又は被害者に重大な財産的損失を与えた事件による保護観察対象者に対し、しょく罪指導プログラム（**資5-86-3**参照）による処遇を行うとともに、犯罪被害者等の意向にも配慮して、誠実に慰謝等の措置に努めるよう指導している（2022年（令和4年）に、しょく罪指導プログラムの実施が終了した人員は373人（前年：371人））。

さらに、「第4次犯罪被害者等基本計画」（令和3年3月30日閣議決定）、「更生保護の犯罪被害者等施策の在り方を考える検討会」[24]報告書、法制審議会からの諮問第103号に対する答申（**【施策番号80】**参照）を踏まえ、しょく罪指導プログラムの内容を充実させるとともに実施対象を拡大するなど、犯罪被害者等の思いに応える保護観察処遇の一層の充実を図っている。

加えて、一定の条件に該当する保護観察対象者を日本司法支援センター（法テラス）[25]に紹介し、被害弁償等を行うための法律相談を受けさせ、又は弁護士、司法書士等を利用して犯罪被害者等との示談交渉を行うなどの法的支援を受けさせており、保護観察対象者が、犯罪被害者等の意向に配慮しながら、被害弁償等を実行するよう指導・助言を行っている。

---

[24] 更生保護の犯罪被害者等施策の在り方を考える検討会
　　犯罪被害者等の心情等を踏まえた保護観察処遇を実現させるための方策等を検討することを目的に、2019年（平成31年）に法務省保護局長が設置した検討会であり、2020年（令和2年）に提言内容を含む報告書を取りまとめた。
[25] 日本司法支援センター（法テラス）
　　国により設立された、法による紛争解決に必要な情報やサービスを提供する公的な法人。

資5-86-1　刑事施設における被害者の視点を取り入れた教育の概要

地域社会とともに
開かれた矯正へ

刑事施設における特別改善指導

被害者の視点を取り入れた教育

■　指導の目標
　　自らの犯罪と向き合うことで、犯した罪の大きさや被害者やその遺族等の心情等を認識させ、被害者やその遺族等に誠意を持って対応していくとともに、再び罪を犯さない決意を固めさせる。

● 　対象者　　　被害者の命を奪い、又はその身体に重大な被害をもたらす犯罪を犯し、被害者やその遺族等に対する謝罪や賠償等について特に考えさせる必要がある者

● 　指導者　　　刑事施設の職員（法務教官、法務技官、刑務官）、民間協力者（被害者やその遺族等、被害者支援団体のメンバー、被害者問題に関する研究者、警察及び法曹関係者等の専門家）

● 　指導方法　　ゲストスピーカー等による講話、グループワーク、課題図書（被害者の手記等）、役割交換書簡法　等

● 　実施頻度等　１単元５０分　１２単元　標準実施期間：３〜６か月

カリキュラム

項　目	指導内容	方法
オリエンテーション	受講の目的と意義を理解させる。（カリキュラムの説明、動機付け）	講義
命の尊さの認識	命の尊さや生死の意味について、具体的に考えさせる。	講話、グループワーク、課題読書指導
被害者（その遺族等）の実情の理解	被害者及びその遺族等の気持ちや置かれた立場、被害の状況について、様々な観点から多角的に理解させる。①精神的側面②身体的側面③生活全般	講話（ゲストスピーカー等）、視聴覚教材の視聴、講義、課題読書指導（被害者の手記等）
罪の重さの認識	犯罪行為を振り返らせ、客観的に自分が犯した罪の重さ、大きさを認識させる。	課題作文、グループワーク
謝罪及び弁償についての責任の自覚	被害者及びその遺族等に対して、謝罪や弁償の責任があるということについて自覚させる。	グループワーク、役割交換書簡法、講話（ゲストスピーカー等）
具体的な謝罪方法	具体的な謝罪の方法について自分の事件に沿って考えさせる。	グループワーク、課題作文
加害を繰り返さない決意	再加害を起こさないための具体的方策を考えさせるとともに、実行することの難しさを自覚させる。	グループワーク、視聴覚教材の視聴講義

ゲストスピーカー

　被害者について十分な知識と理解を持ち、受刑者の社会復帰に賛同している、犯罪被害者支援団体のメンバーや犯罪被害者（その家族等）を刑事施設に招へいし、受刑者に対し、被害者（その家族等）の苦しみや心の傷について話していただいている。

出典：法務省資料による。

特集　第1章　第2章　第3章　第4章　第5章　第6章　第7章　第8章　基礎資料

少年院における特定生活指導（被害者の視点を取り入れた教育）

★ 指導目標
　　自己の犯罪・非行が与えた被害を直視し、その重大性や被害者の置かれている状況を認識するとともに、被害者及びその家族に対する謝罪の意思を高め、誠意を持って対応していくための方策について考える。

● 対象者　　　　被害者を死亡させ又は生命、身体若しくは自由を害し心身に重大な影響を与えた事件を犯し、被害者等に対する謝罪等について考える必要がある者

● 指導内容　　　①受講者全員に対して統一的に行う中核プログラム、②受講者の個々の必要性に応じて選択的に行う周辺プログラムを組み合わせて実施

● 実施結果　　　更生保護官署（保護観察所等）へ情報提供

指導内容の概要

項目	指導内容	指導方法
①中核プログラム（共通）	自己の与えた被害を直視し、非行の重大性や被害者等の現状を認識するとともに、被害者等に対する謝罪等の気持ちを高めるための指導	・「責任を考える」（ワークブック）を用いた個別指導又はグループワーク
②周辺プログラム	被害者等の心情を正面から受け止めるための指導（3級及び2級の段階に実施することが望ましい）	・ゲストスピーカーによる講話 ・個別面接指導 ・課題作文指導 ・読書指導　　　等
	自己の非行に目を向けるとともに、罪障感を高め、謝罪等に向けた決意を固めるための指導（2級及び1級の段階に実施することが望ましい）	・ロールレタリング ・個別面接指導 ・課題作文指導　等

中核プログラム

○ 実施形式　　　個別指導又はグループワーク

○ 指導時間数　　12単元（1単元100分）

単元	指導科目
第1回	被害者の方等が受けた被害について理解する
第2回	自分と向き合う
第3回	事実と向き合う①
第4回	事実と向き合う②
第5回	事件への自分の関与について考える
第6回	被害者の方等の視点から考える
第7回	償いについて考える①
第8回	償いについて考える②
第9回	償いについて考える③
第10回	償いを実現するための方法について考える①
第11回	償いを実現するための方法について考える②
第12回	これからの生き方について考える

出典：法務省資料による。

資5-86-3 保護観察所におけるしょく罪指導プログラムの概要

しょく罪指導プログラム

対　象	○ 被害者を死亡させ若しくはその身体に重大な傷害を負わせた事件又は被害者に重大な財産的損失を与えた事件により保護観察に付された者（短期保護観察、交通短期保護観察及び更生指導を受けている者を除く） ○ その他、被害の状況や被害者感情等も踏まえ、指導プログラムを実施することが必要と判断された者
目　的	対象者に、犯した罪の大きさを認識させ、悔悟の情を深めさせることを通じ、再び罪を犯さない決意を固めさせるとともに、被害者及びその家族又は遺族（以下「被害者等」という。）に対し、その意向に配慮しながら誠実に対応するよう促すことを目的とする。
実施方法	保護観察官及び保護司による個別指導 ワークブックに沿って各課程の内容について実施対象者と話し合いながら学習を行う

内　容	

導　入	保護観察開始当初の面接等において、指導プログラムの内容、方法等必要な事項を説示するほか、自己の犯罪行為を振り返らせ、指導プログラムに取り組む動機付けを行う。
第1課程	自己の犯した罪の重さを認識させるとともに、加害者として負うべき責任について考えさせる。
第2課程	被害者等の心情や置かれている状況等を理解させる。
第3課程	被害者等に対する謝罪及び被害弁償に関する対応の状況や考えについて整理させる。
第4課程	具体的なしょく罪計画を策定させる。

しょく罪計画の実行に向けた指導、しょく罪計画の見直し

出典：法務省資料による。

10 再犯の実態把握や指導等の効果検証及び効果的な処遇の在り方等に関する調査研究【施策番号87】

　法務省は、検察庁、矯正施設及び更生保護官署がそれぞれのシステムで保有する対象者情報のうち、相互利用に適する情報を対象者ごとにひも付けることにより、一元的に管理・共有する刑事情報連携データベースシステム（SCRP[※26]）を運用している。その上で、他の機関が個々の対象者に実施した処遇・支援等の内容の詳細を把握できる「データ参照機能」や、再犯の状況把握や施策の効果検証等を簡易・迅速化する「データ分析機能」を利活用することにより、①再犯の状況や施策の実施状況の迅速かつ効率的な把握や、②各機関における個々の対象者に対する処遇・支援等の充実、③施策の効果検証や再犯要因等の調査研究の推進を行い、必要に応じ、施策の見直しや新たな施策の企画を行うなどして再犯防止施策の推進を図っている。

　また、効果検証センター[※27]においては、矯正処遇、矯正教育、社会復帰支援、鑑別・観護処遇等に係る効果検証に加え、アセスメントツール（例えば、受刑者用一般リスクアセスメントツール（Gツール）（【施策番号66】参照）、法務省式ケースアセスメントツール（MJCA）（【施策番号66】参照））や処遇プログラムの開発及び維持管理に資する研究等を体系的に実施している[※28]。そのほか、

※26 System for Crime and Recidivism Preventionの略称。システムの機能と実績、活用例等については、令和3年度法務省行政事業レビュー公開プロセス資料参照。
（https://www.moj.go.jp/content/001350629.pdf）

※27 効果検証センター
矯正行政における証拠に基づく政策立案（Evidence Baced Policy Making、EBPM）の担い手として、刑事施設や少年院における処遇プログラムの開発やその再犯防止効果の検証、受刑者や非行少年の再犯可能性や指導・教育上の必要性を把握するアセスメントツールの開発・維持管理等を行う矯正研修所の部署。

有為な人材の育成や職員の職務能力向上に資するため、外部専門家を講師に招いて、拡大研修会を計画的に企画・実施しており、2022年度（令和4年度）は、知能検査の概要と解釈の実践、トラウマインフォームドケア、近年の薬物依存の理解と対応、高齢者のアセスメントと処遇等をテーマとして取り上げた。

なお、2020年（令和2年）6月に性犯罪・性暴力対策強化のための関係府省会議において取りまとめられた「性犯罪・性暴力対策の強化の方針」を踏まえ、仮釈放中の性犯罪者等にGPS機器の装着を義務付けること等について、2022年度（令和4年度）中に、法務省において諸外国の調査を行ったところであり、今後その結果を取りまとめることとしている。

法務総合研究所では、2022年（令和4年）10月に発刊した研究部報告63「犯罪者・非行少年の生活意識と価値観に関する研究」[29]及び同年12月に発刊した令和4年版犯罪白書[30]の特集の一つである「犯罪者・非行少年の生活意識と価値観」において、犯罪者・非行少年に対して実施した質問紙調査の結果を分析し、その特徴、再犯・再非行のリスク要因、改善更生の契機、改善更生のためのニーズ等についてまとめて報告している。2023年（令和5年）3月には、研究部報告64「特殊詐欺事犯者に関する研究」[31]を発刊し、近年の特殊詐欺事犯をめぐる情勢のほか、裁判書や刑事確定記録、詐欺・窃盗初入者に対する質問紙調査結果等を用いて、特殊詐欺事犯者の基本的属性、科刑状況、再犯状況等に関する特徴を中心にまとめて報告した（【施策番号100】参照）。

※28 効果検証センターにおける研究結果
　　刑事施設における職業訓練の効果検証結果について
　　（URL：https://www.moj.go.jp/kyousei1/kyousei13_00004.html）

※29 研究部報告63「犯罪者・非行少年の生活意識と価値観に関する研究」
　　https://www.moj.go.jp/housouken/housouken03_00116.html

※30 令和4年版犯罪白書
　　https://hakusyo1.moj.go.jp/jp/69/nfm/mokuji.html

※31 研究部報告64「特殊詐欺事犯者に関する研究」
　　https://www.moj.go.jp/housouken/housouken03_00119.html

Column 6

長崎刑務所における
知的障害受刑者処遇・支援モデル事業について

長崎刑務所

　長崎刑務所は長崎県諫早市に所在する刑事施設であり、犯罪傾向の進んだ26歳以上の男子受刑者を収容しています。当所は、全国の刑事施設に先駆けて福祉的な観点を取り入れた指導や支援を推進してきた経緯があり、地元の関係機関や福祉事業者との連携実績もあることから、2019年（平成31年）4月に全国の刑事施設で唯一「社会復帰支援部門」を設立しました。以降、認知症等の配慮を要する高齢受刑者を九州各地の刑事施設から一定数集約し、身体機能や認知機能の維持向上を図る処遇を実施しています。

　以上の取組に加え、当所では2022年度（令和4年度）から「知的障害受刑者処遇・支援モデル事業」を実施することになりました。過去の調査研究において、刑事施設には知的障害を有する受刑者が一定数存在していることや、これらの受刑者は刑務所を出所してから再入所するまでの期間が短く、また、刑事施設の入所回数が多い傾向があることが明らかになっています。つまり、知的障害を有する受刑者は、必要な支援が得られないまま出所した場合、短期間で再犯を繰り返してしまうことが懸念され、その再犯防止のためには障害特性に対応した処遇・支援体制の整備が求められます。このような観点から本事業が実施されることになりましたが、刑事施設単独で事業を進めるには専門的知見やノウハウが不十分であるため、触法障害者の支援の実績を有する社会福祉法人南高愛隣会と業務委託契約を締結し、「①特性に応じたアセスメントと処遇計画の立案、②処遇計画に基づく訓練・指導、③療育手帳等の取得に向けた調整、④息の長い寄り添い型支援を可能とする調整」を事業の4つの柱として2022年（令和4年）10月から本格的に事業をスタートしました。

　以後、九州各地の刑事施設から対象者の受入れを進め、対象者個々に作成した処遇計画に基づいて各種プログラムを実施しています。比較的知的能力が高い者には「ジョブトレーニング」や「ビジネスマナー指導」を実施し、就労に必要な知識や技術を身に付けさせています。一方、知的能力の制約が比較的大きい者には、「農園芸作業」のほか、「体感協調プログラム」（和太鼓の練習）や「感情表現プログラム」（絵画作成）を実施し、他者と協調して行動する力や自己表現力を育む指導を実施しています。また、「犯罪防止学習」や「対人関係プログラム」、「生活スキルアップ学習」を共通プログラムとして実施し、再犯防止につながる知識や社会的スキルの習得も目指しています。当初、プログラムの受講に難色を示した者も回数を重ねるごとに意義を感じるようになり、現在はほとんどの対象者が意欲的にプログラムを受講しています。

　療育手帳の取得等、地方自治体が窓口となる福祉的支援の調整のほか、出所後の息の長い寄り添い型支援の実現のためには、地域社会の理解と協力が重要であることから、2023年（令和5年）1月16日に長崎県、諫早市及び当所の三者で地域連携協定を締結しました。また、本事業の効果検証に協力をいただくため、日本福祉大学と法務省矯正局が同日、効果検証に関する連携協定を締結しています。

　本事業は5か年計画のモデル事業であり、その効果を検証した上で、当所以外の刑事施設にも取組を拡大していくことを目指しています。前例のない新たな取組であり、乗り越えなければならない課題も多々ありますが、本事業を通じて知的障害を有する受刑者の再犯防止を推進しつつ、多機関の協力をいただきながら、「誰一人取り残さない」社会の実現につなげていければと考えています。

体感協調プログラム（和太鼓の練習）の様子

長崎刑務所知的障害受刑者処遇・
支援モデル事業に係る協定締結式の様子

第6章

変わってほしい
被害者も
加害者も
生まない
未来のために

みんなで考えよう。
7月は「再犯防止啓発月間」です。
罪を犯した人が更生し、再び罪を犯すことがないように。
「再犯防止」への皆様のご理解をお願いします。

法務省

再犯防止啓発月間ポスター

民間協力者の活動の促進等、広報・啓発活動の推進等のための取組

第1節 民間協力者の活動の促進等

1 民間ボランティアの確保

(1) 民間ボランティアの活動に関する広報の充実【施策番号88】

警察は、2023年（令和5年）4月現在、少年警察ボランティアとして、少年補導員約4万6,000人、少年警察協助員約220人及び少年指導委員約6,000人を委嘱しているほか、2023年（令和5年）3月現在、大学生ボランティア約7,300人が全国で活動している。これらのボランティアの活動への理解や協力を促進するため、啓発資材の作成・配布、警察のウェブサイト[※1]等を通じて、ボランティア活動に関する広報を行っている。

法務省は、"社会を明るくする運動"（【施策番号101】参照）の広報・啓発行事や、ツイッター等のソーシャルネットワーキングサービス[※2]を通じて更生保護ボランティア（【コラム7】参照）の活動を紹介したり、啓発資材を作成・配布したりすることによって、更生保護ボランティアの活動に関する広報の充実を図っている。

また、法務省は、保護司の適任者確保や保護司活動への協力の促進を図るため、保護司が地域の関係機関・団体、民間企業等に対し、保護司活動等について紹介する保護司セミナー[※3]に取り組んでいる。

(2) 更生保護ボランティアの活動を体験する機会の提供【施策番号89】

法務省は、地域の実情に応じ、保護司活動インターンシップ[※4]を実施している。その内容は、保護司会が実施する自主研修や犯罪予防活動に地域住民等が参加するものであるが、実際に保護司活動を体験することにより、保護司に対する理解が深まり、保護司の委嘱につながるなど一定の成果が見られている。

(3) 保護司候補者検討協議会の効果的な実施等【施策番号90】

法務省は、保護司適任者に関する有益な情報が得られるよう、保護司会と協力し、保護司候補者検討協議会[※5]を開催している。同協議会は、特に保護司が必要な区域において開催され、地方公共団体の職員等、地域の実情をよく把握した人を構成員として選定している。

※1　警察庁ウェブサイト「少年非行防止対策」URL
（https://www.npa.go.jp/bureau/safetylife/syonen/index.html）

※2　更生保護ボランティアの活動を紹介するソーシャルネットワーキングサービス
　　　法務省ツイッター（https://twitter.com/MOJ_HOUMU）
　　　法務省保護局ツイッター（https://twitter.com/MOJ_HOGO）
　　　法務省保護局インスタグラム（https://www.instagram.com/moj_kouseihogo/）

※3　保護司セミナー
　　　保護司が地域の関係機関・団体、民間企業等に対し保護司活動等について紹介することにより、保護司活動に対する理解と関心を高め、保護司適任者を確保する間口の拡大及びそれら団体等の保護司活動への協力を促すことを目的としているもの。都道府県保護司会連合会により開催されている。
※4　保護司活動インターンシップ
　　　地域住民等の保護司活動に対する理解と関心を高め、保護司の確保に資することを目的として、保護司会が地域住民又は関係機関・団体に所属する方々に保護司活動を体験する機会を提供するもの。
※5　保護司候補者検討協議会
　　　保護区内の保護司候補者を広く求め、必要な情報の収集及び交換を行うことを目的として、保護観察所と保護司会が共同で設置するもの。保護司のほか、町内会又は自治会関係者、社会福祉事業関係者、教育関係者、地方公共団体関係者、地域の事情に通じた学識経験者等に参加の協力を得て開催されている。

2 　民間ボランティアの活動に対する支援の充実

（1）少年警察ボランティア等の活動に対する支援の充実【施策番号91】

　警察は、少年を見守る社会気運を一層高めるため、自治会、企業、各種地域の保護者の会等に対して幅広く情報発信するとともに、少年警察ボランティア等の協力を得て、通学時の積極的な声掛け・あいさつ運動や街頭補導の実施、社会奉仕体験活動等を通じて大人と触れ合う機会の確保に努めている（【施策番号60、78、88】参照）。こうした少年警察ボランティア等の活動を促進するため、当該活動に関する広報の充実を図るとともに、謝金や交通費等を必要に応じて支給するほか、研修の実施や民間団体等が実施する研修への協力を推進するなど、支援の充実を図っている。

（2）更生保護ボランティアの活動に対する支援の充実【施策番号92】

　法務省は、保護司、更生保護女性会員、BBS会員等の更生保護ボランティアが、それぞれの特性を生かして活動することを促進するため、各種研修の実施を始めとする支援を行っている。また、都道府県等に置かれた更生保護協会等の連絡助成事業者（2023年（令和5年）4月現在、全国で67事業者）は、保護司等の更生保護ボランティアの円滑な活動を支えるための助成、研修等のほか、犯罪予防や更生保護に関する広報活動等を行っており、保護観察所は、これらの活動の促進を図っている。

　さらに、民間協力者による更生保護の諸活動を一層充実したものとするため、保護司会、更生保護女性会及びBBS会の相互の連携を強化することに焦点を当て、各地で三団体合同の研修を実施し、各団体の取組を共有するとともに、新たな連携方策を検討するための講義やグループワークなどを行っている。

　また、保護司については、その担い手の減少傾向と高齢化に歯止めを掛けるため、保護司の活動支援及び担い手の確保の取組を進めてきたところ、2021年（令和3年）1月には、総務大臣から法務大臣に対して、これらの取組をより一層推進するための必要な措置を講ずるよう勧告もなされた。この勧告を踏まえ、地方公共団体に対し、面接場所の確保や保護司適任者の情報提供等についての協力要請を行うとともに、保護司専用ホームページ"Ｈ＠（はあと）"による情報技術の活用、保護観察事件等における複数担当制や地域処遇会議（複数の保護司が集まり、処遇や地域活動に関して情報の交換や共有を行うための会議や打合せ会）等、保護司相互の相談・情報共有を促進する取組を行っている。

　BBS会については、運動の理念や活動の指針を示す「BBS運動基本原則」を約20年ぶりに改定するための検討委員会が日本BBS連盟内に立ち上がり、時代の変化に対応する新たな運動の規範を定めるため、協議が進められている。

　更生保護女性会については、組織の独立性を担保し、活動の幅を広げていくため、全国組織である日本更生保護女性連盟を2023年（令和5年）3月に一般社団法人化した。

　なお、更生保護ボランティアを始めとする地域の民間協力者等の活動を支援するため、2022年（令和4年）10月から、保護観察所3庁（旭川、さいたま及び福井）において、地域の関係機関、民間協力者等による支援ネットワークを構築するとともに、それぞれが行う立ち直りに向けた支援活動の後方支援を行う「更生保護地域連携拠点事業」を民間事業者に委託し、実施している（資6-92-1参照）。

資6-92-1	更生保護地域連携拠点事業の実施イメージ

更生保護地域連携拠点事業の実施イメージ

○関係機関等との連携に関するノウハウを有する民間事業者が、保護観察所から委託を受けて実施
○令和４年１０月から、全国3庁（旭川、さいたま及び福井保護観察所）で実施

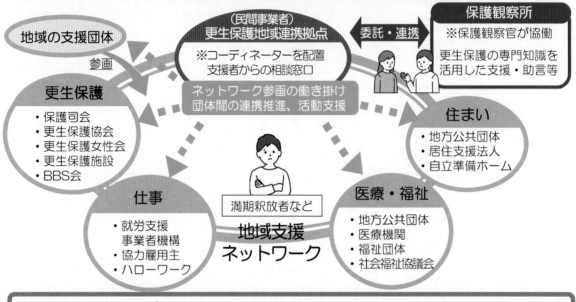

頼れる人や居場所がなく、孤立しやすい満期釈放者などを地域全体で支えます。

出典：法務省資料による。

（3）更生保護サポートセンターの設置の推進【施策番号93】

　更生保護サポートセンター（資6-93-1参照）[6]は、2019年度（令和元年度）末までに全国全ての保護司会に設置された。同センターは、地方公共団体との連携の下、市役所、福祉センター、公民館等に設置されており、保護司が保護観察対象者等との面接場所の確保が困難な場合に利用できるよう面接室を備えている場合が多い。

---

[6]　更生保護サポートセンター
　　保護司会を始めとする更生保護関係団体と、地域の関係機関・団体及び地域住民との連携を強化し、更生保護活動の一層の充実強化を図ることを目的とした更生保護ボランティアの活動拠点である。

資6-93-1　更生保護サポートセンターの概要

更生保護サポートセンターによる保護司活動の推進

○　保護司・保護司会の地域における活動拠点
○　全国の保護司会に整備
○　保護司会が市町村や公的機関の施設の一部を借用するなどし、経験豊富な「企画調整保護司」が常駐
○　地域の関係機関・団体との連携推進や保護司の行う処遇活動に対する支援を実施

更生保護サポートセンターの機能・効果

保護司の行う処遇活動への支援
・保護観察対象者やその家族との面接場所の提供
・保護司の行う処遇活動に関する相談への対応
・保護司同士の処遇協議や情報交換等

地域に根ざした犯罪・非行予防活動の推進
・地域のニーズ等を踏まえた犯罪予防活動の企画・実施
・一般住民からの非行相談の実施

地域支援ネットワークの構築
・地域の様々な機関・団体との処遇協議等の連携
　例　地方公共団体、教育委員会・学校、児童相談所、福祉事務所・社会福祉協議会、警察・少年センター・ハローワーク

地域への更生保護活動の情報発信
・更生保護や保護司会活動に関する情報の発信
・保護司適任者の確保
　（保護司候補者検討協議会の企画・実施、保護司活動インターンシップの企画・実施）

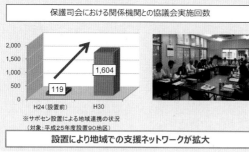

保護司会における関係機関との協議会実施回数

119　H24（設置前）
1,604　H30

※サポセン設置による地域連携の状況
（対象：平成25年度設置90地区）

設置により地域での支援ネットワークが拡大

保護司会活動の活性化について

活性化した（91.6%）
変わらない（7.6%）
その他（0.8%）

（平成29年度までにサポートセンターを設置した501地区を対象）

設置により保護司の活動意欲が向上し、活動が活発化

出典：法務省資料による。

3　更生保護施設による再犯防止活動の促進等

（1）更生保護施設の地域拠点機能の強化【施策番号94】

　法務省は、更生保護施設退所者等が地域生活に定着するまでの間の継続的な支援として、生活相談支援や薬物依存からの回復支援等の実施を更生保護施設（【施策番号26】参照）に委託する取組を行っている。2017年度（平成29年度）からは、更生保護施設退所者等が更生保護施設に通所して支援を受ける「フォローアップ事業」（資6-94-1参照）を実施しており、2022年度（令和4年度）の委託実人員は905人（前年度：400人）、延べ人員は5,866人（前年度：2,701人）であった。さらに、自発的に更生保護施設に通所できないなど、従来の通所型のフォローアップ事業では支援の手が届かない者に対しても必要な支援を行うため、2021年（令和3年）10月から訪問支援事業（資6-94-2参照）を開始し、2023年（令和5年）4月現在で全国11施設において、更生保護施設職員が更生保護施設退所者等の自宅等を訪問するなどして継続的な支援を行う取組を実施している（2022年度（令和4年度）の委託実人員は345人、延べ人員は2,087人である）。

資6-94-1　更生保護施設におけるフォローアップ事業の概要

更生保護施設に対する「通所処遇」の委託
（フォローアップ事業：平成２９年度～）

目的
（更生保護施設を退所するなどして）地域に居住している者の自立更生のため、更生保護施設の有する処遇の知見等を基にした**継続的な支援**を実施するもの。

内容
○　**生活相談支援**
　　更生保護施設職員の面接等による**生活相談への対応**（自立更生に向けた**助言・支援**）
○　その他、薬物等への依存からの回復支援など、改善更生に資する様々な働きかけを集団又は個別で実施

対象
保護観察対象者及び**更生緊急保護対象者**のうち、支援内容に応じて、次の者が対象
①生活相談支援
　原則として**更生保護施設を退所した者**のうち、更生保護施設への**通所が可能**であり、自立更生に向けた生活上の課題解決に向けて生活相談支援が有用であると認められる者
②その他
　更生保護施設への通所が可能な者のうち、薬物への依存を有するなど、改善更生に向けた働きかけが必要と認められる者

（見守りのない者）等
（薬物依存のある者）
【更生保護施設】　【単身アパート等】
通　所
・生活相談
・プログラム等受講

法制上の位置付け
○　**一時保護事業**（更生保護事業法第２条第３項）
○　補導援護及び更生緊急保護における「**社会生活に適応させるために必要な生活指導**」（更生保護法第５８条第６号、第８５条第１項）の委託

出典：法務省資料による。

資6-94-2　更生保護施設における訪問支援事業の概要

訪問支援事業について

背景・導入の経緯

○　更生保護施設を退所するなどしてその生活基盤を地域に移行した者に対する継続的な支援を実施するため**「フォローアップ事業」**を開始（H29年度～）

○　満期釈放者の再入率を減少させるため、**更生保護施設退所者等に対する"息の長い支援"の充実が必要**（R1.12「再犯防止推進計画加速化プラン」）

○　更生保護施設退所者や満期釈放者の中には、自発的に更生保護施設に通所できないなど**援助希求能力が低く、従来の通所を中心とした「フォローアップ事業」によっては支援の手が届かない者が存在**

➡　アウトリーチ型の**「訪問支援事業」**開始（R3.10～）

＜R３年出所者２年以内再入率＞
9.3%　仮釈放者
21.6%　満期出所者
2倍以上

概　　要

実施施設
全国11施設を訪問支援実施施設として指定し、**訪問支援職員**を配置
［函館、宇都宮、さいたま、東京（２施設）、京都、大阪、岡山、広島、福岡、熊本］

対象者
保護観察対象者または更生緊急保護対象者であって、実施施設を退所する等し、**現に実施施設に収容保護されていない者**

支援の方法・内容
訪問支援職員が、更生保護施設退所者等の**自宅等を定期的に訪問**するなどにより生活相談、同行支援、関係機関との協議等を実施

定期的な訪問による生活相談支援等
・日常生活に関する相談　　・福祉関係団体等とのケア会議
・就労支援　　　　　　　　・行政サービスの利用援助
・金銭管理指導　　　　　　・関係機関等への同行支援
　　　　　　　　　　　　　　　　　　　…等

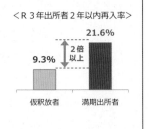

更生保護施設
更生保護施設職員（訪問支援職員）
更生保護施設退所者等

出典：法務省資料による。

（2）更生保護事業の在り方の見直し【施策番号95】

　更生保護施設は、一時的な居場所の提供を行うだけでなく、犯罪をした者等の処遇の専門施設として一層多様かつ高度な機能が求められるようになっている。そのため、法務省は、2018年度（平成30年度）以降、有識者検討会及び実務者等による意見交換会を開催し、2019年（平成31年）3月、有識者検討会から「これからの更生保護事業に関する提言」を得た。同提言においては、更生保護施設退所者へのフォローアップの重要性についてなど、更生保護事業の在り方に関する幅広い指摘がなされた。これを踏まえ、2021年（令和3年）10月から、全国8施設において訪問支援事業を開始し、2023年（令和5年）4月には新たに3施設を指定し、現在11施設において訪問支援事業を行っている。また、2023年（令和5年）4月から、保護観察所が更生保護施設に対して、入所者や施設を退所した者等の特性に応じた多様な措置（特定補導）の委託を開始するなど事業の見直しに取り組んでいる（【施策番号27、94】参照）。

4　民間の団体等の創意と工夫による再犯防止活動の促進

（1）再犯防止活動への民間資金の活用の検討【施策番号96】

　法務省は、2021年度（令和3年度）から、成果連動型民間委託契約方式[7]の一類型であるソーシャル・インパクト・ボンド（SIB）[8]を活用し、少年院に在院している少年のうち、意欲のある者に対し、学習支援を行う事業（資6-96-1参照）を実施している。この事業は、SIBの手法を活用することで民間のノウハウを最大限に引き出しつつ、少年院在院中から出院後まで継続的かつ一貫した学習支援を行うことにより、対象者の再犯・再非行の防止を実現することを目的としている。

　また、法務省は、更生保護女性会やBBS会を始めとする更生保護関係団体による犯罪予防・再犯防止活動等の継続を支援するため、クラウドファンディングを活用した民間資金調達に関する実践研究を行い、更生保護関係団体による効果的な民間資金の活用、更には更生保護や再犯防止の取組に対する国民の理解促進を図ることを目的とした実践マニュアルを作成した（資6-96-2参照）。さらに、BBS会の各種研修用教材として、クラウドファンディングの実践方法を紹介する動画を作成した。

※7　成果連動型民間委託契約方式（Pay For Success、PFS）
　　地方公共団体や国が、民間事業者に事業を委託し、事業の内容について民間事業者に一定の裁量を認めるとともに、事業の成果を評価した上で、その成果に連動して委託費の支払を行うもの。
※8　ソーシャル・インパクト・ボンド（Social Impact Bond、SIB）
　　成果連動型民間委託契約方式（Pay For Success、PFS、成果目標の達成度合に応じて支払額が変動する委託契約方式）の一類型であり、民間事業者が金融機関等の資金提供者から当該事業等に係る資金調達を行い、民間事業者から資金提供者への償還等も成果に連動した地方公共団体等からの支払額に応じて行うもの。

資6-96-1　SIBによる非行少年への学習支援事業

再犯防止分野におけるソーシャル・インパクト・ボンド（ＳＩＢ）事業について

ソーシャル・インパクト・ボンド（SIB）とは

あらかじめ合意した成果目標の達成度合いに応じて支払額が変わる**成果連動型民間委託契約方式（ＰＦＳ）**の一類型であり、**外部の民間資金を活用**した官民連携による社会課題解決の仕組み

ソーシャル・インパクト・ボンド（SIB）のスキームとメリット

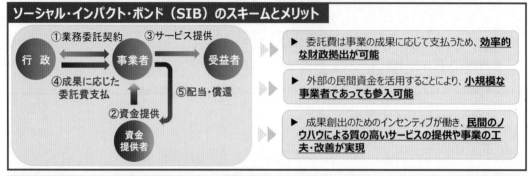

- ▶ 委託費は事業の成果に応じて支払うため、**効率的な財政拠出が可能**
- ▶ 外部の民間資金を活用することにより、**小規模な事業者であっても参入可能**
- ▶ 成果創出のためのインセンティブが働き、**民間のノウハウによる質の高いサービスの提供や事業の工夫・改善が実現**

再犯防止分野におけるSIB事業（非行少年への学習支援（令和3年度から））

官民連携の柔軟かつきめ細やかな学習支援により、学びの継続と充実を図る

少年院在院中	少年院出院後
学習支援計画の策定	学習環境の整備
在院者との関係構築	寄り添い型の学習支援
	学習相談の実施

将来の可能性の広がり

- ▶ 少年院在院中から学習支援計画の策定等を開始し、**出院後最長1年間の継続的な学習支援**を実施
- ▶ 対象者の学習継続率や再処分率等を成果指標とし、事業の成果を評価

出典：法務省資料による。

資6-96-2　更生保護関係団体のためのクラウドファンディング実践マニュアルの概要

更生保護関係団体のためのクラウドファンディング実践マニュアル

○ 更生保護関係団体（保護司、更生保護女性会、BBS会、協力雇用主、更生保護施設、更生保護協会）が**クラウドファンディング**を行うために必要なノウハウを分かりやすく掲載したもの。

※**クラウドファンディング**とは、インターネットを活用し多くの人々に協力を呼びかけ、活動資金を募ることを言う。

本マニュアルの内容
※クラファンとは、クラウドファンディングの略。

第1章	第2章	第3章	第4章	第5章
更生保護をふりかえろう	資金調達について学ぼう	クラウドファンディングを理解しよう	クラウドファンディングに挑戦してみよう	各更生保護関係団体による挑戦事例
クラファンを始める前に、更生保護について改めて理解する。	クラファンのベースとなる「資金調達」（ファンドレイジング）の現状を理解する。	「資金調達」の手法の一つであるクラファンの基礎を理解する。	クラファンの実施に向けた手順を知る。	令和元年度中にクラファンに挑戦した8つの団体の事例を知る。

更生保護関係団体がクラウドファンディングを行うメリット

- ○ 資金の問題から、これまでやりたくてもできなかった活動を実施することができる。
- ○ クラウドファンディングを通じて、**これまで更生保護に関わりのなかった人たちに活動を知ってもらう**ことに繋がる。
- ○ 活動の趣旨に共感する人たちが、**会員や支援者として仲間に加わってくれる。**

クラウドファンディングを通じて、更生保護の「輪」を広げよう！

出典：法務省資料による。

（2）社会的成果（インパクト）評価に関する調査研究【施策番号97】

　法務省は、2019年度（令和元年度）に社会的成果（インパクト）[※9]を含む成果指標やその評価方法について検討を行い、その調査研究結果の報告を公表した[※10]。

　また、「成果連動型民間委託契約方式の推進に関するアクションプラン」（令和5年3月2日成果連動型民間委託契約方式の推進に関する関係府省庁連絡会議決定）[※11]（資6-97-1参照）において、引き続き再犯防止を含む3分野が重点分野とされているとおり、法務省では、ソーシャル・インパクト・ボンド（SIB）を活用した再犯防止事業（【施策番号96】参照）を実施するとともに、地方公共団体が再犯防止分野で同様のスキームを活用する際に情報提供することができるよう、前記事業を通じて得られる知見を蓄積することとしている。

資6-97-1　成果連動型民間委託契約方式アクションプランの概要

PFSアクションプラン（令和5年度〜7年度）の概要

PFSの普及の現状
- 令和3年度末、100件／82団体でPFS事業が実施。重点3分野（医療・健康、介護、再犯防止）では、65件／66団体で実施。
- PFS事業を検討している地方公共団体は、122団体と一定数見られるものの、多くの団体では未だ導入検討に至っていない。
- これまでの事業は、単年度、小規模のものが半数以上。社会課題の解決に資する本質的なPFS事業の普及は進んでいない。

普及促進の進め方
- 前アクションプランに引き続き、重点3分野の事例を蓄積しつつ、他分野（就労支援、まちづくり、環境など）に横展開を進める。
- 官民連携を通じた社会課題の解決というPFS導入の本来の目的に照らし、「先導的なPFS事業」の形成を促進する。
- 地方公共団体等の委託事業に限らず、社会課題を解決し、その成果に応じて収益が生まれる事業の促進について検討する。

普及促進のKPI

令和7年度末までに達成
1. PFS事業案件数（3年間で90件）
2. 重点3分野の新規団体数　（3年間で60団体）
　医療・健康、介護、再犯防止分野
3. 先導的なPFS事業[※]の案件を組成

※先導的なPFS事業

TYPE-A（事例蓄積がある領域）	TYPE-B（事例蓄積が少ない領域）
・アウトカム指標に連動した成果支払 ・複数年度事業 ・オープンサウンディング／公募 ・専門機関の助言・監修 ・厳密な評価デザイン ・便益等の推定 ・5000万以上の事業規模	・アウトカム指標に連動した成果支払 ・複数年度事業 ・オープンサウンディング／公募 ・専門機関の助言・監修 ・モデル性の高い成果指標の設定

具体的な普及促進の施策

分野横断的に取り組む事項
- ガイドラインの改訂、分野別手引きの充実
- 入門事業パッケージの構築
- PFS活用する地方公共団体等に向けた成果評価、行政実務の専門家派遣
- 関係府省や研究機関等が連携しエビデンス環境を充実
- PFS活用経験者と連携した新たな普及啓発・推進体制の構築
- 交付金の拡充、関係府省補助金等との連携など、普及推進へ戦略的な予算確保
- PFS事業で得られた知見を、国等の政策立案、予算措置の検討において活用

医療・健康、介護（厚生労働省、経済産業省）
- 案件形成支援及び標準的モデル構築による横展開の推進
- 大規模実証事業の成果等を踏まえ、支払額等や成果指標の評価の根拠となるエビデンス環境の整備
- 交付金事業を通じたPFS事業の拡大（活用事例の紹介等）

再犯防止（法務省）
- 分野別の手引きを地方公共団体等へ周知、内容を充実
- 地方公共団体が実施する事業につき、PFSの活用を促進し、その導入を支援

多様な主体・分野への展開
- 民間事業者が主体となる新たな成果連動型事業を促進する方策について検討
- 就労支援・環境・まちづくり等、多様な分野への展開を図る

出典：内閣府資料による。

※9　社会的成果（インパクト）
　　事業や活動の結果として生じた、社会的・環境的な変化や効果。
※10「再犯防止活動における民間資金を活用した成果連動型民間委託契約方式の案件組成のための調査研究に係るコンサルティング業務調査等結果報告書」URL
　　（http://www.moj.go.jp/content/001318667.pdf）

※11「成果連動型民間委託契約方式の推進に関するアクションプラン」
　　令和5年3月2日、成果連動型民間委託契約方式の推進に関する関係府省庁連絡会議において、令和7年度までの取組事項等を取りまとめた「成果連動型民間委託契約方式の推進に関するアクションプラン（令和5〜7年度）」が決定された。
　　（https://www8.cao.go.jp/pfs/actionplan.html）

5　民間協力者との連携の強化

(1) 適切な役割分担による効果的な連携体制の構築【施策番号98】

　法務省は、矯正施設において、受刑者や少年院在院者等に対し、篤志面接委員※12や教誨師※13等、多くの民間協力者（【コラム7】参照）の協力を得て、犯罪をした者等の処遇を行っている。

　2022年（令和4年）は、篤志面接委員が9,109件（前年：1万1,156件）の面接・指導を、教誨師が8,969件（前年：1万1,745件）の教誨を実施した。

　保護観察所においては、保護観察及び生活環境の調整を行うに当たり、保護観察官及び保護司の協働態勢を基本としているところ、保護司に過度な負担がかからないよう、保護観察官は医学、心理学、教育学、社会学、その他の更生保護に関する専門的知識を生かし、保護観察の実施計画の策定、保護観察対象者の動機付け、処遇困難な保護観察対象者に対する直接的な指導監督や専門的処遇プログラム等を実施し、保護司は地域事情に通じているといった特色を生かし保護観察対象者と定期的に面接し、生活状況の把握や日常的な指導・助言を行うなど適切な役割分担を行っている。なお、保護司の負担を軽減するため、保護観察又は生活環境の調整の実施上特に必要な場合には、複数の保護司で事件を担当する複数担当制を導入している。2022年度（令和4年度）は、保護観察で1,319件（前年度：1,267件）、生活環境の調整で993件（前年度：1,089件）の複数担当を実施した。

　検察庁においては、地域の実情に応じて、弁護士会との間で協議会等を開催するなどし、再犯の防止等のための連携体制を強化している。

(2) 犯罪をした者等に関する情報提供【施策番号99】

　法務省及び検察庁は、民間協力者に対し、犯罪をした者等に対して実施した指導・支援等に関する情報その他民間協力者が行う支援等に有益と思われる情報について、個人情報等の取扱いに十分配慮しつつ、適切に提供している。

　保護観察所では、継続的に保護観察対象者等の指導や支援を行う保護司や更生保護施設職員、自立準備ホームの職員等に対し、生活環境の調整の段階から保護観察期間を通して、個人情報の適切な取扱いに十分配慮しつつ、保護観察対象者等に関する必要な情報を提供している。

　また、BBS会員に保護観察対象者に対する「ともだち活動」を依頼するなど、民間協力者に一時的な支援を依頼する場合に、保護観察対象者等の情報を提供することが必要と認められる場合には、当該情報の取扱いに十分配慮しつつ、必要かつ相当な範囲で適切に提供している。さらに、民間協力者に対する研修等を通じて、保護観察対象者等の個人情報が適切に取り扱われるよう周知徹底を図っている。

(3) 犯罪をした者等の支援に関する知見等の提供・共有【施策番号100】

　法務省及び検察庁は、民間協力者を対象に実施する研修等（【施策番号38、110】参照）において、犯罪をした者等の支援に関する知見等を提供している。

　少年鑑別所（法務少年支援センター）では、地域援助として、地域における関係機関・団体からの依頼に応じて、臨床心理学等の専門的な知識を有する職員を学校、各種機関・団体の主催する研修会、講演会等に派遣し、非行や子育てについての講話や、青少年に対する教育・指導方法についての助言を行っている。主な内容としては、「最近の少年非行の特徴」、「思春期の子どもの心理と接し方」、「非行防止のための家庭の役割」等で、2022年（令和4年）は1,171件（前年：905件）の講演・研

※12 篤志面接委員
　　矯正施設において、受刑者や少年院在院者等に対して、専門的知識や経験に基づいて相談、助言及び指導等を行うボランティアであり、2022年（令和4年）12月現在の篤志面接委員は1,385人（前年：1,387人）である。
※13 教誨師
　　矯正施設において、受刑者や少年院在院者等の希望に基づき宗教上の儀式行事及び教誨を行うボランティアであり、2022年（令和4年）12月現在の教誨師は1,933人（前年：2,008人）である。

修会を実施した。また、少年院では、教育委員会等からの依頼に基づき、学校教員等に対して、児童・生徒の行動理解及び指導に資する内容の講演、研修講義等を実施している。

　矯正施設職員及び更生保護官署職員は、篤志面接委員、教誨師、保護司、更生保護女性会員、BBS会員、更生保護施設職員、社会福祉法人等の民間協力者に対して、研修や講演の機会を通じて、犯罪をした者等への処遇や支援に関する知見を提供している。特に、2022年度（令和4年度）においては、2022年（令和4年）4月から施行された少年法等の一部を改正する法律（令和3年法律第47号）による改正後の少年法に基づく特定少年に係る新たな保護処分の枠組みに関する説明資料を保護司等に配布するなどし、制度の内容を含む少年保護観察対象者等の処遇に関する知見等を提供している。

　法務総合研究所は、毎年、犯罪白書や研究部報告として、犯罪をした者等に関する調査研究等の成果を取りまとめ、公表している。2022年（令和4年）版犯罪白書[14]の特集の一つである「犯罪者・非行少年の生活意識と価値観」及び研究部報告63「犯罪者・非行少年の生活意識と価値観に関する研究」（2022年（令和4年）10月発刊）[15]においては、犯罪者・非行少年の処遇や再犯・再非行防止に向けた取組を進めるための基礎資料を提供し、研究部報告64「特殊詐欺事犯者に関する研究」（2023年（令和5年）3月発刊）[16]においては、主として特殊詐欺事犯者の処遇や再犯防止に向けた取組を進めるための基礎資料を提供した（【施策番号87】参照）。

6　再犯防止に関する広報・啓発活動の推進

（1）啓発事業等の実施【施策番号101】

　法務省は、国民の間に広く再犯の防止等についての関心と理解を深めるため、再犯防止啓発月間である7月を中心に、広報・啓発活動を積極的に展開している。2022年度（令和4年度）は、「再犯防止4コマ＆1ページ漫画大賞」[17]で法務大臣賞を受賞した作品を活用したポスター（資6-101-1参照）等の作成やSNSを活用した広報啓発を実施した。また、2023年（令和5年）3月には「再犯防止シンポジウム～陣内智則と考える『サイハンボウシ』？～」をYouTube法務省チャンネルで配信した。同番組では、タレントの陣内智則氏の司会進行の下、過去に非行をしたものの立ち直った「当事者」や、当事者の立ち直りを実際に支えた特定非営利活動法人職員などの「支援者」等が一堂に会し、当事者の方の立ち直りの過程を共に振り返りながらクロストークを行った。

資6-101-1　令和4年度再犯防止啓発月間ポスター

7月は「再犯防止啓発月間」です。

出典：法務省資料による。

※14　犯罪白書
　　　各年の犯罪白書の全文を公表している
　　　（https://hakusyo1.moj.go.jp/jp/69/nfm/mokuji.html）

※15　研究部報告63「犯罪者・非行少年の生活意識と価値観に関する研究」
　　　（https://www.moj.go.jp/housouken/housouken03_00116.html）

※16　研究部報告64「特殊詐欺事犯者に関する研究」
　　　（https://www.moj.go.jp/housouken/housouken03_00119.html）

※17　「再犯防止4コマ＆1ページ漫画大賞」
　　　再犯防止をテーマとした印象的な4コマ漫画及び1ページ漫画（1ページ内で完結する漫画をいう。）を広く募集し、優秀作品を法務大臣、法務副大臣及び法務大臣政務官から表彰したもの（2021年度（令和3年度）に開催）。
　　　同大賞など、再犯防止啓発月間に関する取組は、法務省ホームページ「7月は「再犯防止啓発月間」です」（https://www.moj.go.JP/hisho/seisakuhyouka/hisho04_00051.html）を参照。

さらに、法務省は、「"社会を明るくする運動"～犯罪や非行を防止し、立ち直りを支える地域のチカラ～」を主唱している。この運動は、全ての国民が、犯罪や非行の防止と罪を犯した人たちの更生について理解を深め、それぞれの立場において力を合わせ、犯罪や非行のない安全で安心な明るい地域社会を築くための全国的な運動である。2014年（平成26年）12月に犯罪対策閣僚会議において決定した「宣言：犯罪に戻らない・戻さない」において、全ての省庁を本運動の中央推進委員会の構成員にするとともに、2015年（平成27年）からは、毎年、国民の理解を求める内閣総理大臣メッセージを発出するなど、政府全体の取組としてその重要性が高まっている。再犯防止啓発月間である7月は、本運動の強調月間でもあり、全国各地において、運動の推進に当たっての内閣総理大臣メッセージや、ポスター等の広報啓発資材を活用し、地方公共団体や関係機関・団体と連携して、国民に対して広く広報啓発を行っている。

2022年（令和4年）に実施した第72回"社会を明るくする運動"では、「#生きづらさを生きていく。」をテーマ（資6-101-2参照）に、全国で4万2,660回（前年：3万3,495回）の行事が実施され、延べ128万4,167人（前年：86万7,395人）が参加した（【指標番号16】参照）。同運動では、新型コロナウイルス感染症の拡大防止の観点から、デジタルサイネージ等を活用した非接触型の広報や、SNS等の多様な媒体を用いた広報等が行われた（写真6-101-1参照）。また、若年層を始めとする幅広い年齢層の方々にとって身近で親しみの持てるような広報を展開するため、更生保護マスコットキャラクターである「ホゴちゃん」の活用、吉本興業株式会社と連携した広報・啓発活動が行われた。

法務省の人権擁護機関では、刑を終えて出所した人の社会復帰に資するよう、「刑を終えて出所した人やその家族に対する偏見や差別をなくそう」を人権啓発活動の強調事項の一つとして掲げ、啓発冊子の配布等、各種人権啓発活動を実施するとともに、全国の法務局や特設の人権相談所において人権相談に応じている。人権相談等を通じて、刑を終えた人に対する差別等の人権侵害の疑いのある事案を認知した場合は、人権侵犯事件として調査を行い、事案に応じた適切な措置を講じている。2022年（令和4年）における刑を終えた人に対する差別待遇に関する人権侵犯事件の件数は4件であった。

検察庁においては、学生や一般の方々を対象に実施する広報活動等において、検察庁における再犯防止・社会復帰支援に関する取組を説明するなど、再犯防止に関する広報・啓発活動を推進している。

| 資6-101-2 | 第72回"社会を明るくする運動"ポスター |

出典：法務省資料による。

| 写真6-101-1 | 駅構内でのデジタルサイネージの活用 |

出典：法務省資料による。

（2）法教育の充実【施策番号102】

法務省は、学習指導要領を踏まえた学校教育における法教育[18]の実践の在り方及び教育関係者と法曹関係者による連携・協働の在り方等、法教育に関する取組について多角的な視点から検討するため、法教育推進協議会及び部会を開催（2022年度（令和4年度）：6回）している。

2022年度（令和4年度）は、2022年（令和4年）4月に成年年齢が18歳に引き下げられたことを踏まえ、契約や私法の基本的な考え方を学ぶことができる高校生向けのリーフレットを全国の高等学校、教育委員会等に配布したほか、リーフレットの内容に関する専門家の解説動画等を法務省ウェブサイトで公開するなどした[19]。

また、発達段階に応じた法教育教材を作成し、全国の小中学校、高等学校、教育委員会等に配布しており、2022年度（令和4年度）には、刑事裁判手続を模擬的に体験できる視聴覚教材である「もぎさい」法教育教材を作成し、教員用の説明資料、授業用ワークシート等の補助資料とともに法務省ウェブサイトで公開した[20]。

これらの教材の利用促進を図るため、同教材等を活用したモデル授業例を法務省ウェブサイトで公開しているほか、法教育の具体的な実践方法を習得してもらうため、教員向け法教育セミナーを実施している。

さらに、学校現場等に法教育情報を提供することによって、法教育の積極的な実践を後押しするため、法教育に関するリーフレット[21]を作成し、全国の小中学校、高等学校、教育委員会等に配布しているほか、学校や各種団体からの要請に応じて、法務省の職員を講師として派遣し、教員、児童・生徒や、一般の人々に対して法的なものの考え方等について説明する法教育授業を実施している。

矯正施設においても地域の学校等で法教育を行っているところ、特に、少年鑑別所（法務少年支援センター）では、地域援助として、教員研修において少年院・少年鑑別所に関する内容を始めとする少年保護手続等について講義を行うほか、参観の機会等を利用して少年鑑別所の業務等について説明を行うなどの法教育を行っている。主な内容としては、「少年保護手続の仕組み」、「特定の非行・犯罪の防止（薬物・窃盗・暴力等）」、「生活態度・友達づきあい」、「児童・生徒の行動理解及び指導方法」等である。2022年度（令和4年度）には、矯正施設全体として約1,500回、延べ約7万4,000人に対して法教育を実施した。

また、保護観察所において、学校との連携を進める中で又は広報の一環として、保護観察官や保護司が学校等に赴いて、更生保護制度等に関する説明を行うなどの法教育を実施しており、2022年度（令和4年度）には、約270回、延べ約1万7,500人に対して法教育を実施した。

検察庁において、学生や一般の方々に対し、刑事司法制度等に関する講義や説明等を実施するなどし、法教育を推進している。

7　民間協力者に対する表彰【施策番号103】

内閣官房及び法務省は、2018年度（平成30年度）から、内閣総理大臣が顕彰する「安全安心な

※18 法教育
　　法律専門家ではない一般の人々が、法や司法制度、これらの基礎となっている価値を理解し、法的なものの考え方を身に付けるための教育であり、法教育の実践は自他の権利・自由の相互尊重のルールである法の意義やこれを守る重要性を理解させ、規範意識をかん養することを通じて再犯防止に寄与するものである。

※19 成年年齢引下げに向けた高校生向けリーフレット
　　https://www.moj.go.jp/housei/shihouseido/houkyouiku_koukouseimukeleaflet.html

※20 「もぎさい」法教育教材
　　https://www.moj.go.jp/housei/shihouseido/houkyouiku_mogisaiban.html

※21 法教育リーフレット
　　https://www.moj.go.jp/housei/shihouhousei/index2.html

まちづくり関係功労者表彰」において、再犯の防止等に関する活動の推進において特に顕著な功績又は功労のあった個人又は団体を表彰している。2022年度（令和4年度）は、法務省を含む関係省庁や地方公共団体から推薦を得て、再犯を防止する社会づくりについて功績・功労があった合計8の個人及び団体を表彰した[22]（資6-103-1参照）。

資6-103-1	令和4年安全安心なまちづくり関係功労者表彰の受賞者・受賞団体と活動概要

受賞者・受賞団体	活動概要
石井　隆 （団体職員）	・福祉的支援が必要な犯罪をした者等に対し、刑事司法の入口から出口まで全ての段階での支援に尽力 ・刑事施設での受刑者に対する指導に従事するとともに、北海道再犯防止推進会議委員などの各種委員を歴任
平川　吉晴 （自営業）	・少年補導員として、少年に対する農業体験や街頭補導活動を行い、少年の立ち直りを支援 ・駅や商業施設等における防犯啓発活動や、暴力団の危険性や加入防止の呼び掛け等を実施
静岡県更生保護女性連盟 （静岡県静岡市）	・更生保護施設での食事づくりや、矯正施設での誕生日会などの各種行事の企画等を実施 ・"社会を明るくする運動"の一環として、高校生に対して、命や家庭の大切さを考えさせる講座を実施
島根県立松江工業高等学校JRC部 （島根県松江市）	・実習で使用した作業着の補修等を行い、更生保護施設へ寄付する取組を実施 ・同施設の利用者の再犯防止を後押しすることに加え、同校の生徒や地域住民等の再犯防止に対する理解を大きく促進させることにも貢献
特定非営利活動法人 愛知県就労支援事業者機構 （愛知県名古屋市）	・刑務所出所者等の就職活動と職場定着を継続的に支援し、3か月未満離職率の大幅な低下に寄与 ・刑事司法手続を終えた者に対しても、国による支援を引き継ぐ形で職場定着支援を実施
松本少年刑務所少年母の会 （長野県松本市）	・受刑者との文通を通じ、受刑者の出所後の生活等の相談に対する助言を実施 ・教科指導に使用する教材や善行が認められた受刑者に対する賞品等を提供
山梨ダルク （山梨県甲府市）	・地域の団体や住民と連携を図りながら、違法薬物等を使用した者に対し、回復支援を実施 ・同時に、清掃活動を始めとする地域における社会貢献にも取り組み、地域の共生を実現（「山梨モデル」と呼ばれ、他の模範）
Paix² （東京都千代田区）	・全国の矯正施設を慰問し、受刑者等に対して、歌唱の提供と社会復帰に向けた激励メッセージの発信を継続 ・法務省矯正支援官として、受刑者等の再犯防止に向けたメッセージを積極的に発信

※　個人、団体の順に50音順。敬称略。

※22 令和4年安全安心なまちづくり関係功労者表彰の受賞者及び功労概要
　　（https://www.moj.go.jp/content/001390247.pdf）

特集

第1章

第2章

第3章

第4章

第5章

第6章

第7章

第8章

基礎資料

**Column
7**　再犯防止を支える民間協力者の方々

1　篤志面接委員※23

名古屋刑務所篤志面接委員　東松　磐樹

①　篤志面接委員として活動するまでの経緯について教えてください。

警察官を定年退職してしばらく経った頃、刑事時代の先輩から「篤志面接委員にならないか。」と誘われ、ちゅうちょなく引き受けました。ちょうどその頃、現職当時を思い出して、「私が携わった被疑者は刑を終えてから、どんな生活をしているのだろうか。元気でいるのかな。」と気掛かりになっていた頃でした。また、「残りの人生で、これまでやり残してきたことを少しでも埋めることができれば。」と思い、受刑者の皆さんの改善更生に役立ちたいと考えて活動を始めました。

②　篤志面接委員の活動内容について、教えてください。

活動内容は、暴力団組員等の受刑者の皆さんに対し、社会復帰への手助けとして、暴力団離脱のための働き掛けを実施する「暴力団離脱指導」※24です。私の指導は、社会復帰を目指す受刑者の皆さんの背中をソッと押すような微力なものですが、主として、出所後の生活設計について相談に乗っています。社会復帰を目指す受刑者の皆さんは、「自虐感」を持っている方が少なくなく、そうした感情を払拭してもらうため、「誰でも人は優れた面を持っている」ので、「自分には、どんな特徴、特技があるか。やりたい仕事は何か。」を見つけ出し、自分に自信を持って社会に飛び込んでいくよう勇気付けています。

暴力団離脱指導の様子

③　篤志面接委員の活動のやりがいを教えてください。

「暴力団を抜けたいが、生活が心配だ。」、「自分達を社会が受け入れてくれるだろうか。」と出所後の生活に対して不安に思っている受刑者の皆さんは多くいます。確かに、まだまだ受刑者の皆さんが社会復帰するための「受皿」が不十分ではありますが、暴力団からの離脱に一番大切な事は、社会復帰をするという「強い意志と努力だ。」と指導しています。指導の際に、出所して人生に迷いが出た時に、「刑務所にいる間に受けた指導で、先生からこんな事を聞いた。」と思い出してくれたらなと念じながら話をすると、受刑者の皆さんは真剣に耳を傾けてくれます。その姿を見る時、篤志面接委員としての喜びとやりがいを感じます。

④　印象に残っている体験談を教えてください。

これは失敗談になりますが、篤志面接委員になって間もない頃、受刑者の皆さんに一生懸命話しかけても一向に反応がなく、私の言葉が届いていないと感じ、「何か変なことを言ったのかな。」と悩んでしまったことがありました。よくよく考えると、無意識の内に「あなた達を指導してやるのだ。」とでも言わんばかりに、まさに上から目線の思い上がった指導ぶりで、内容も「自分が歩んできた人生訓、成功例」を並べ立て、受刑者の皆さんに対して自慢話でもしているかのようで、今思い返せば大変恥ずかしいものでした。その後は、この経験を強く胸に刻み、受刑者の皆さんと同じ目線で考え、彼らの心情に寄り添い、一緒に考える気持ちで相談に当たるように意識しながら、暴力団離脱に向けた指導に取り組んでいます。

※23　篤志面接委員
　　　【施策番号98】参照
※24　暴力団離脱指導
　　　【施策番号73】参照

2　教誨師[25]

青森刑務所教誨師　高山　元延

①　教誨師として活動するまでの経緯について教えてください。

私は曹洞宗常現寺住職として、檀家さんや地域への寺院活動、布教活動、そして地域子ども会や町内会活動、特に青少年活動に従事していました。そんな中、当時、青森少年院で教誨活動をされていた先輩教誨師が、東京矯正管区内の矯正施設に移籍することとなり、その後任教誨師として、同じ曹洞宗の私に白羽の矢が立ち、平成元年、青森県教誨師会所属の教誨師として委嘱されました。

最初、私は辞退しましたが、「高山さん、あなたなら罪を犯した少年達の心が分かるはずだ。」、「大丈夫。あなたならやれる。」との先輩教誨師の言葉に励まされ、曹洞宗の教えに基づく被収容者の皆さんへの「教誨」を、私自身への「修行」として受け止め、今日まで私の使命として教誨活動を続けています。

②　教誨師の活動内容について、教えてください。

私の「教誨」は、曹洞宗の「坐禅」を基底とした「坐禅教誨」です。当初は脚を組んでの坐禅でしたが、現在は、足の不自由な人、脚を組めない人も楽な姿勢でできるようにと「イス坐禅」を行って「自己の心」を見つめる時間としています。

坐禅中は、静寂の空間となります。故に、私の教誨は、まさに「無言の教誨」でもありますが、1回目の坐禅が終わってから提唱講座の時間を設定しています。そこでは、仏教の教え、お釈迦様の物語、歴史上の人物から現代の出来事等を坐禅参加の被収容者の皆さんに分かりやすく説くように心掛けて講話し、更に2回目の坐禅をして終わります。

イス坐禅の様子

③　教誨師の活動のやりがいを教えてください。

私は被収容者の皆さんに対して、坐禅の基本である「調身・調息・調心」をこれまで何度も説いています。

それは、現在の心構えとして、また、出所後の社会生活にも取り入れてもらいたいからです。「自分の姿勢や身の行いを常に調え、怒ったり、感情的になったりする前に、常に息を調える。そのことによって自分の心を調える」ということを理解してもらいたいとの思いがあるからです。

彼らの感想を直接聞くことはできませんが、私が帰る時になると、各自が安堵に満ちた顔になり、また、笑顔で見送ってくれることもあります。

その時私は、今日の教誨は良かったのかもしれないと感じたり、また、その逆を感じたりする時もあります。その「葛藤」がやりがいであるかもしれません。右の写真は私の「教誨活動日誌」です。まさにその「葛藤の歴史」であり、現在10冊目になりました。

教誨活動日誌

---

[25] 教誨師
【施策番号98】参照

④　印象に残っている体験談を教えてください。

　2013年（平成25年）師走、青森刑務所で「カラオケ大会」が開催されることとなり、その前月に同所所長から、審査委員長を引き受けてもらいたいとの要請がありました。

　私は、お経は唱えますが歌はあまり上手ではありません。悩んだ末、私の住む街のカラオケ大会審査委員長の方に「どのような基準で採点すればよいのか。」と尋ねました。すると「母音をはっきり歌い切っているかです。」と教えられたのです。

　当日、選び抜かれた歌自慢の被収容者の皆さんがステージで歌います。なるほど、それを基準にして聞くと違いが聞き取れました。終了後、そのことを講評で話すと、優秀賞の栄冠に輝いた彼は、にっこりと微笑みを私に返してくれたのです。

3　矯正施設で活動するスポーツインストラクター

名古屋刑務所豊橋刑務支所　檀林　典子

①　刑務所において活動するまでの経緯について教えてください。

スポーツのインストラクターの資格を持っており、これまで、スポーツジム等で10年以上の指導経験があります。現在も、地域の人々の健康に役立つよう、スポーツクラブでエアロビクス、アクアビクス、高齢者の健康体操、こどものスイミングの指導を行っています。

私の知人に刑務所の職員がおり、その職員から私の経験が、受刑者の皆さんの身体機能の維持と向上に役立ち、社会復帰に役立てることができるとの話があって、刑務所で私の仕事を生かすことができるならと興味を持ち、お引き受けすることにしました。

②　活動内容について、教えてください。

1回につき30分間のエアロビクスの指導を月に2回受刑者の皆さんに対して行っています。内容としては、音楽に合わせてウォーミングアップ、メインのエアロビクス、クールダウン、筋トレを中心に、参加者全員で体の動きを合わせ、全員が楽しく体を動かすことができることを心掛けています。

健康運動指導の様子

また、高齢者を対象に、週に1回1時間、全6回で、改善指導として健康運動指導[26]を実施しています。呼吸を意識しながら筋力をつけることで転倒予防にも役立ち、受刑者の皆さんとコミュニケーションを取りながら心のケアとなるような指導をしています。

③　活動のやりがいを教えてください。

社会で自分の意志でクラブや体操教室に通う人と、刑務所の中で授業の一環としてエアロビクスを受ける人とでは、特にモチベーションの面で大きな差があると感じます。体を動かすことが好きな人、嫌いな人、やる気がない人など様々であり、初めは私も戸惑いました。しかし、音楽をかけ、リズムに乗って体を動かしているうちに、受刑者の皆さんは私のコリオ（指示する運動の繰り返し）についてきてくれ、表情が少しずつ変わっていくのが分かります。30分という短い時間ではありますが、受刑者の皆さんの集中力、筋力、体力の向上に役立てられていると感じ、うれしく思います。

④　印象に残っている体験談を教えてください。

健康運動指導は少人数なので、近くで受刑者の皆さんの表情を見ることができます。少しのコミュニケーションで、笑顔が見られるようになり、顔つきも柔らかくなるなどの変化が見られます。教室に入ってくるときは「体が痛い。」と言って、歩くのもつらそうで、椅子に座ったり、立ったりすることが一人でうまくできなかった人が、体操を終えて、帰る時にはスムーズに動けるようになったり、楽しかったという声が出たりするようになった様子を見ると、驚くと同時にやりがいもあると感じています。

※26　健康運動指導
　　【施策番号35】参照

4　保護司[27]

高松地区保護司会　保護司　植松　勉

①　保護司として活動するまでの経緯について教えてください。

　市役所の定年退職まであと数年というときのある日、保護司をしていた地域の先輩から「助けてほしい。これまでに十数人に頼んだが断られた。保護司になってくれないか。」との話がありました。突然のことでしたので、少々戸惑いながら「少し、考えさせてほしい。」と返事を保留しました。私自身、以前から地元の自治会活動に参加するなど、ボランティア活動に関心を持っていたこと、また、当時、家族の一人が更生保護関係の職にあったということもあり、家族全員の理解も得られたことから、保護司に従事するために必要な職場の手続を済ませ、保護司を引き受けることにしました。

②　地方公共団体との連携について、教えてください。

　地元の地方公共団体からは、研修会場や面接場所として、当地区保護司会の更生保護サポートセンター[28]の建物を始め、庁舎や地域のコミュニティセンターの会議室を無償で使用させていただき、また、事業費の助成等、色々な面で協力をいただいています。

　また、地方公共団体の職員で保護司をしている方もいますが、その職員が研修会への参加等の保護司活動を勤務時間中に行うに当たっては、職務専念義務を免除してもらうこともあり、保護司活動に理解と協力をいただいています。

③　高松地区保護司会の活動について教えてください。

　昨今の保護司の担い手不足に対応するため、従来、保護司候補者検討協議会[29]を3つの支部に設置していましたが、それを10ある分区すべてに設置して、これまでよりも情報網を広げ、新任保護司候補者の発掘に積極的に取り組んでいます。

　また、新任保護司等の経験が浅い保護司の不安や悩みごとに対応するため、事例研究・意見交換会を定期的に開催し、経験豊富な保護司がアドバイスをするなど、安心して長く保護司活動を続けられるようにしている分区もあります。

　時代に合わせた保護司会活動を模索するとともに、引き続き、地方公共団体や学校等とも連携しながら、地域とともに活動を続けていきたいと考えています。

高松地区更生保護サポートセンター

※27　保護司
　　　【指標番号15】参照
※28　更生保護サポートセンター
　　　【施策番号93】参照
※29　保護司候補者検討協議会
　　　【施策番号90】参照

5　更生保護女性会[30]

安佐南地区更生保護女性会　会長　安達　千代美

① 更生保護女性会員として活動するまでの経緯を教えてください。

　私は市議会議員として16年近く活動を続けていましたが、ちょうど引退をしようと考え始めた頃に、長く保護司を務めていた友人に声を掛けられ、保護司を引き受けました。保護司になって1年ほど経ってから、更生保護女性会への誘いがあり、更生保護女性会に入会しました。それまで、更生保護の世界をほとんど知りませんでしたが、仕事柄、地域のいろんな方から相談を受ける立場だったこともあり、さらに地域の皆さんのお役に立てるのであればと思い、地域への恩返しの気持ちから引き受けることとしました。今は、周りに支えられながら、会長を務めています。

② 更生保護女性会の活動内容について、教えてください。

　こどもたちの登下校の見守り活動や挨拶運動、紙芝居の読み聞かせ、更生保護施設での食事作りの支援、地域のお祭りやイベントへの参加等の活動をしています。特に、地域の中での子育て支援に力を入れており、学校の先生や保護者を対象に、こどもたちの現状について話し合うミニ集会を開催しています。ミニ集会は、こども向けの紙芝居を保護者に見てもらうことで、こどもとの関わり方を考えてもらう機会となっています。また、高齢者サロンで行った、食育の紙芝居の読み聞かせは、一人暮らしの高齢者に日頃の食事について考えてもらう良い機会となりました。

③ 更生保護女性会の活動のやりがいを教えてください。

　紙芝居の読み聞かせに来てくれたお子さんが、翌日の挨拶運動でたまたま顔を合わせて「更生保護のおばちゃんだ！」と気付いてくれた時は、とても嬉しかったです。このような活動の中で生まれる出会いがやりがいにつながっています。「ありがとう」が言えること、感謝の気持ちを持つ大切さをこどもたちに伝えていきたいと思い、「地域でこどもを育てる」ということを意識しています。私たち自身も、「相手を思う『心』」と「地域に育ててもらっている」という感謝の気持ちを胸に、「あのおばちゃんに話してみようかな」と思ってもらえるよう、笑顔で地域の皆さんと関わり、地域とのつながりや「ご縁」を大事にして活動しています。

④ 「紙芝居の読み聞かせ」の活動について教えてください。

　制作した紙芝居は、食育をテーマにした「おばーの朝ごはん」と、万引きをしてしまう少女の物語で、非行防止をテーマにした「ミミちゃんのてとてとて」のほか数種類があります。保育園、児童館、放課後児童クラブなどで、腹話術の「のんちゃん」の人形を活用して紙芝居の読み聞かせをしています。「のんちゃん」の存在はとても大きく、こどもたちの心をつかんでくれます。また、広い会場でも見えやすいように、地域の中学校の美術部や、こどもを支援する大学のサークルの学生たちにお願いし、紙芝居を拡大したものを制作してもらいました。地域の力を借りて大きくなった紙芝居は、こどもたちも興味津々で聞いてくれました。今後も様々なイベントで使用していく予定です。

児童館における紙芝居の読み聞かせの様子

6　BBS会※31

市川BBSの会（千葉県）　清澤　拓治

①　BBSとして活動するまでの経緯について教えてください。

　大学1年生から20年以上BBS活動をしています。漠然と福祉を学びたいとの思いで福祉系の大学に入学し、大学の先輩に誘われて、大学に千葉県を活動拠点とするBBS会が発足するタイミングで入会しました。不登校児や非行少年の立ち直りをサポートするという取組に興味を持ったからです。私にとって、BBSとの出会いはその後の専門分野（児童福祉系）を決める上で大きなきっかけとなりました。

　大学卒業後は、同じ千葉県内ですが、地元の市川に活動拠点を移し、今に至っています。大学生の頃から、BBSの活動とは別に、市川市内のボランティア活動にも参加していたため、卒業後は地元の方々と一緒にBBS活動を盛り上げたいと思い、移籍しました。

②　BBSの活動内容について、教えてください。

　BBSはBig Brothers and Sisters movementの略称です。少年たちの兄や姉のような立場で一緒に学び、楽しみ、一緒に汗を流す活動をしています。少年との「ともだち活動」※32や「グループワーク」のほか、「社会参加活動」として、地域に貢献する活動も行っています。市川BBSの会では、市民まつりへの参加活動やボッチャ体験等を社会参加活動と位置づけ、少年も、BBS会員とともにスタッフ・地域の一員として、地域の方々と一緒に汗を流せる場を作っています。

③　BBSの活動のやりがいを教えてください。

　市川BBSの会の活動の特徴として、市川浦安地区保護司会や市川地区更生保護女性会を始め、子ども会、特定非営利活動法人、ボランティアグループ、福祉事業所等といった地域の方々と一緒に活動をすることがあります。地域のつながりが希薄になっている昨今ですが、ともだち活動の対象となる少年のほか、地域のこどもからご年配の方まで、年齢、障がいの有無を問わず、みんなが笑顔になっている姿や、みんなで協力しながら活動に取り組む姿を見ると、地区BBS会の活動は意味のあるものだと実感します。

④　市民まつりへの参加活動について、具体的な活動内容や工夫していること、気をつけていること、今後の活動の展望などについて教えてください。

　「いちかわ市民まつり」では、お面作りのお店を出店しています。これは、ともだち活動の対象となる非行少年の社会参加活動であるとともに、こどもの健全育成活動としての側面もあります。少年もスタッフとして、主に来場するこどもたちのお面作りをお手伝いします（紙を切る、お面にするなど）。こどもや保護者から感謝されることもあり、自己有用感の向上につながります。来場するこどもには、使った文具は元の場所に戻すよう、ゴミはゴミ袋に捨てるよう、席は譲り合うよう声掛けします。思いやりや協調性を育むことをこの活動では意識しており、こうしたことが非行・再非行を防止することにつながればと考えています。

※31 BBS会
　　【施策番号59】参照
※32 ともだち活動
　　【施策番号65】参照

令和4年のいちかわ市民まつりの様子

7　協力雇用主 [33]

株式会社TRコーポレーション　宮武　哲也

① 協力雇用主になったきっかけについて教えてください。

　協力雇用主となったのは10年ほど前です。ハローワークに求人票を提出したところ、「犯罪歴のある人でも大丈夫だろうか。」と相談を受けたことがきっかけでした。

　受入れについて初めは戸惑いや不安がありましたが、思い切って雇用したところ、誠実に仕事に向き合う姿を見るにつれ、当初の不安な気持ちが信頼へと大きく変わっていきました。そして犯罪歴がある人は定職に就きづらいこと、それゆえに再犯を繰り返してしまうという状況を知り、自分が何か立ち直りに協力できないかと思い、協力雇用主になりました。

② 協力雇用主の活動内容について、教えてください。

　協力雇用主として、刑務所や少年院を出所・出院した人を雇用するとともに、福岡県協力雇用主会北九州支部副会長を務め、志に賛同していただける新たな協力雇用主の募集活動にも力を入れています。

　なお、協力雇用主とは別に、自立準備ホームの運営や保護司としての活動もしています。

③ 協力雇用主の活動のやりがいを教えてください。

　立ち直りのためには、仕事だけでなく住む場所も重要だと考え、当社では住むところのない人には社員寮を提供し、家財道具もすべて準備します。また会社負担で資格取得をサポートします。責任ある立場で仕事ができるようになり、責任感ややりがいを持って働いてくれるようになります。

　協力雇用主として支援してきた彼らが、今では会社を支える一員として私をサポートしてくれる存在になっていることに気づいた時、心からやりがいを感じます。

④ 非行や犯罪をした人を雇用する上で工夫していることを教えてください。

　雇用を重ねる中で気づいたことは、社員としての扱いと立ち直り支援を両立させる必要性です。支援対象者であっても、基本的には他の社員と同じように対応しますが、仕事はチームでするものなので、チームにうまく溶け込むことができるよう配慮することが重要です。毎日の仕事終わりにはしっかり顔を見て話をし、社員が気軽に相談できるよう、無料で私に電話がつながるフリーダイヤルを設置し、一人一人と向き合っています。社員間の仲間意識を高め、風通しの良いチームづくりが重要だと思います。

※33 協力雇用主
　　【施策番号1、2】参照

8　更生保護協会※34

更生保護法人広島県更生保護協会　理事　中村琢也

①　広島県更生保護協会の成り立ちや現在の組織について教えてください。

当協会は、1935年（昭和10年）11月7日に「広島県連合保護会」として設立され、数度の変遷を経て1957年（昭和32年）8月10日に「財団法人広島県保護観察協会」となり、1996年（平成8年）4月1日より「更生保護法人広島県更生保護協会」として活動を続けています。現在、普通会員237名、賛助会員375名、特別会員3名であり、役員として理事が23名、監事2名、評議員35名となっています。安定した財政基盤を築くために、広く地元の経済界から理事・評議員に就任いただいて、会員の増強を図っています。また、チャリティー事業等を積極的に実施して、更生保護に関する啓発活動と同時に資金協力のお願いをしています。

②　活動内容について、教えてください。

「チャリティー事業」として音楽会や落語会等を主催し、御参加の皆様に更生保護に関するスライド等を御覧いただくなどの啓発を行うとともに、「社会を明るくする運動」※35では、市内の主要箇所にあるデジタルサイネージを利用して市民の皆様に、同運動のコンテンツを御覧いただいています。こうした啓発活動を通じて更生保護の趣旨に賛同いただいた賛助会員や篤志寄付者の皆様から頂戴した会費や寄付金を、関係団体の皆様に助成金として交付しています。さらに、地元で活躍しているスポーツ選手とともに少年院等への慰問活動を行ったり、子ども食堂への参加等の実践活動を行ったりしています。

③　活動のやりがいや困難であったことを教えてください。

2018年（平成30年）2月に、更生保護啓発活動として、保護司の活動を紹介した映画「君の笑顔に会いたくて」の上映会を企画しました。その際には、広島県保護司会連合会や広島県更生保護女性連盟を始め、関係団体や教育・福祉関係の諸団体の皆様に御協力いただき、多数の参加を得て上映会を実施することができました。この他、地方公共団体と連携した取組として、更生保護マスコットキャラクターの"ホゴちゃん"の着ぐるみを作成し、「社会を明るくする運動広島県推進委員会」に寄贈しました。県内における各種の更生保護関連イベントに積極的に活用いただいております。

ホゴちゃんを活用した啓発活動の様子

④　広島県更生保護協会として今後の展望、新たに取り組みたいこと等について、教えてください。

これからの更生保護活動は、もう少し幅の広い観点からの取組が期待されていると考えています。青少年向けの相談窓口の設置や子ども食堂の運営等はその一例です。また、これからの拡充が期待される更生保護地域連携拠点事業※36に対しても、積極的に実施を検討していきたいと考えています。こどもの成長を地域全体で見守り支える社会貢献活動が重要視され、その地域や支える方々の手によって充実が図られていく社会の実現を目指して、より有効な啓発活動や関係機関・団体との連携構築を行っていきたいと考えています。

※34　更生保護協会
　　　保護司、協力雇用主、更生保護女性会、BBS会、更生保護法人等更生保護に協力する民間人・団体に対して助成、研修会の実施、顕彰等を行い、その活動を支援する団体。全国組織である日本更生保護協会と、各地方更生保護委員会や保護観察所に対応する形で更生保護協会がある。
※35　社会を明るくする運動
　　　【施策番号101】参照
※36　更生保護地域連携拠点事業
　　　【施策番号92】参照

Column 8　持続可能な保護司制度の確立に向けた検討会の取組

法務省保護局

　我が国の更生保護は、慈愛の心に基づく明治時代の免囚保護事業に源を発し、多くの民間篤志家の努力により、世界に類を見ない官民協働態勢のもとで発展を遂げてきた。その中でも保護司は、更生保護制度の中核を担っている。その地道な活動の積み重ねは、刑事司法の領域にとどまらず、安全に安心して暮らせる地域社会、ひいては日本社会の基盤を形成するもので、保護司は社会にとっての貴重な財産ともいうべき存在である。

　1950年（昭和25年）に保護司法が制定され、現在の保護司制度の骨格が作られて以降、全国の保護司は、「人は変われる」という信念のもと、同じ地域に住む隣人の一人として、罪を犯した人や非行のある少年たちの立ち直りを支援するとともに、広報啓発活動や犯罪予防活動に積極的に取り組んできた。

　この長年の活動実績を踏まえ、1998年（平成10年）には、保護司組織の位置付けを明確化するとともに、保護司及び保護司組織に対する地方公共団体からの協力規定を新設するなどの保護司法の改正が行われるに至った。

　また、2021年（令和3年）に第14回国連犯罪防止刑事司法会議（京都コングレス）のサイドイベントとして開催した「世界保護司会議」では、「世界保護司デー」の創設等を盛り込んだ「京都保護司宣言」が採択されるなど、"HOGOSHI"の輪は、我が国の枠を超えて世界への広がりを見せている。

　一方で、日本国内では、保護司の高齢化が進んでいる上、担い手の確保も年々困難となっている。その背景として、地域社会における人間関係の希薄化といった社会環境の変化に加え、保護司活動に伴う不安や負担が大きいことが指摘される。

　上記のように、時代を超えて承継されてきた保護司制度の本流をしっかりと見据え、次世代に受け継いでいくことが求められる中、2023年（令和5年）3月17日に閣議決定された「第二次再犯防止推進計画」では、「持続可能な保護司制度の確立に向けた検討・試行」（【施策番号64】参照）が盛り込まれた。

> **持続可能な保護司制度の確立に向けた検討・試行【施策番号64】**
> 法務省は、時代の変化に適応可能な保護司制度の確立に向け、保護司の待遇や活動環境、推薦・委嘱の手順、年齢条件及び職務内容の在り方並びに保護観察官との協働態勢の強化等について検討・試行を行い、2年を目途として結論を出し、その結論に基づき所要の措置を講じる。

　これを受け、法務省では、保護司や外部有識者等から構成される「持続可能な保護司制度の確立に向けた検討会」[※37]を設置した（令和5年5月17日法務大臣決定）。

　検討会では、第二次再犯防止推進計画に例示されている事項に加え、これら実務的な課題を横断的に貫く理念として「保護司の使命」を検討することとしている。

　2023年（令和5年）5月以降、定期的に検討会を開催して検討を進めることとしており、2024年（令和6年）に迎える更生保護制度施行75周年の節目に合わせて、一定の結論を出すことを目指している。

※37　持続可能な保護司制度の確立に向けた検討会
　　　検討会の議事録等は法務省ホームページで公表している。
　　　https://www.moj.go.jp/hogo1/kouseihogoshinkou/jizokuhogo05.html

第1回検討会の様子

第2回検討会の様子（視察）

Column 9　保護司制度の国際発信

法務省保護局

1. 保護司制度の国際発信の意義

　皆さんは、保護司制度を知っていますか。保護司とは、罪を犯した人と同じ地域の一員として、罪を犯した人の良き相談相手となり、その再犯防止や立ち直り支援に大きな貢献をしているボランティアです。

　近年、フィリピンやケニアでは日本の保護司制度を参考にしたボランティア制度が導入されるなどしていますが、世界において保護司制度が広く認められているとは言い難い状況にあります。

　国際発信を通じて保護司制度の国際的な認知度を一層向上させることは、多くの国々において再犯防止の取組を進める上での参考となり、世界全体の安全・安心な社会づくりに寄与するものであると考えています。

2. 国際会議等における具体的な国際発信の取組

　保護司制度の国際発信に関する主な取組について紹介します。

(1) 第1回アジア保護司会議（2014年（平成26年）、東京）

　保護司制度やそれに類するボランティア制度を導入しているアジア諸国等（韓国、フィリピン、シンガポール及びタイ。オブザーバーとして中国及びケニア。）から保護司等のボランティアや政府関係者等が集い、それぞれの制度や現状、課題について発表が行われました。会議の総括として、保護司の国際的ネットワークの構築などを盛り込んだ「アジア保護司会議における東京宣言」が採択され、この会議を契機に、日本の保護司制度の国際発信が活発になりました。

(2) 第2回アジア保護司会議（2017年（平成29年）、東京）

　第1回会議に引き続き、アジア諸国等から参加者が集い、保護司の社会的認知度の向上をテーマに議論が行われました。社会内処遇に関する国際会合である世界保護観察会議に併せての開催だったため、保護司に類似した制度のない国の方々にも、実際の保護司活動を知っていただく良い機会になりました。

(3) 世界保護司会議（2021年（令和3年）、京都）

　第14回国連犯罪防止刑事司法会議（京都コングレス）のサイドイベントとして、アジア諸国のほか、ヨーロッパや北米等からの参加者も得て開催され、保護司を始めとする地域ボランティアが再犯防止の取組に参画することの重要性等について議論されました。本会議では、「京都保護司宣言」の採択を通じ、「世界保護司デー」の創設を目指すことなど、保護司に代表される民間ボランティアを世界に発信・普及させることの重要性等が確認されました。（詳細は令和3年版再犯防止推進白書の特集2「京都コングレス」参照。）

　法務省保護局では、保護司組織や関係国とも連携しながら、今後とも保護司を始めとする地域ボランティアの更なる発展と普及に向けた国際発信を推進し、「誰一人取り残さない」社会の実現に取り組んでまいります。

アジア保護司会議の様子

世界保護司会議の様子

Column
10
更生保護地域連携拠点事業の取組

更生保護法人旭川更生保護協会　地域支援コーディネーター　澤田　弘志

　国からの委託事業も初めて、事業内容も新規と初物尽くしで取り組んだ「更生保護地域連携拠点事業」（【施策番号92】参照）では、保護観察期間を終えた人、刑務所を満期で出所した人等が安心して相談できる"人と場所（居場所）づくり"のため、2022年（令和4年）10月1日から手探り状態で地域の支援ネットワーク構築等を進めてきました。その過程で感じたことなどを具体的な事例を交えて、御紹介したいと思います。

　それでは、地域支援ネットワークの構築からお話させていただきます。

　旭川保護観察所管内は、約22,856平方キロメートルと四国4県と京都府を足した広さで、管内の稚内市から旭川市間は259キロメートル、紋別市から旭川市間は180キロメートル離れています。担当するエリアが余りにも広いため、旭川市外に住む支援対象者の視点に立てば、旭川市は身近で気軽に訪れることのできる相談場所とは言い難いのが実情です。

　最初は、旭川地域のネットワークを構築し、次に、遠隔地にも支援対象者がおり、支援が届きにくいという課題を解消するため、稚内地域と紋別地域のネットワーク構築に取り組みました。ネットワーク構築のために訪問した支援機関・団体に対して、事業の説明とネットワークへの参画を依頼する際には、保護観察所の御協力のもと作成した2種類（支援者向け、支援対象者向け）のパンフレットが、限られた時間で御理解いただくための効果的なツールとなりました。

　初めのうちは、支援機関・団体からネットワークに参画するメリットを求められ大変困惑しましたが、事業成果が再犯防止につながり、安全・安心な地域づくりに役立つものとお話しし、理解を得られネットワークに参画していただきました。地域支援コーディネーターには、更生保護の知識の他に営業力が不可欠ではないかとさえ思ったところです。

　支援事例の一つとして、ハローワークから相談要請があった50代男性の事例を御紹介します。

　ハローワークがネットワークの一員であり、対応が難しい生活困窮の相談であったことから、連携相談として"つながった"ものです。支援対象者は、怪我により就労困難となり、生活困窮に陥っていました。じっくり時間を掛け、支援対象者から相談に至った経緯と内容を聞き取り、社会福祉協議会に支援対象者とともに訪問し、必要な支援を話し合い、「緊急小口資金」を申し込むこととなりました。

　ただし、貸付金の実行までに日数を要し、この支援対象者は貸付実行日までのつなぎ資金が十分でなかったため、いつでも連絡が取れるようにするなど、日常生活の見守りをしっかりと行うこととなりました。支援までに要する期間を短縮できる制度が必要ではと考えさせられた事例でもありました。

　最後に、この事業の今後の課題をお話しします。支援対象者が再び過ちを繰り返さないため、この事業の周知について、支援機関・団体におけるパンフレットの配布だけではなく、効果的な方法がないか検討する必要があります。加えて、各地域のネットワークの構築と並行して地域連絡会議を随時開催していくことが、各支援機関・団体スタッフの継続した意識づけには重要なものと感じています。

　また、更生保護という言葉の認知度の低さをいかに向上させていくかという点や、支援対象者の目線に配慮した姿勢等を踏まえ、今後、どのように取り組んで行くべきか考えることが大切ではないかと感じています。

旭川地域拠点ネットワーク連絡会議の様子

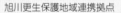
旭川更生保護地域連携拠点

稚内地域拠点ネットワーク連絡会議の様子

第7章

僕のおばあちゃん

地方公共団体との連携強化等のための取組

第1節　地方公共団体との連携強化等

1　地方公共団体による再犯の防止等の推進に向けた取組の支援

（1）再犯防止担当部署の明確化【施策番号104】

　法務省は、都道府県及び指定都市については全て、市町村（特別区を含む。以下この章において同じ。）については、市町村再犯防止等推進会議（【施策番号110】参照）の構成員となった市町村（2023年（令和5年）4月1日現在で306市町村）について、それぞれの再犯防止等を担当する部署の連絡窓口を把握し、再犯防止等に関する必要な情報提供を行っている。

（2）地域社会における再犯の防止等に関する実態把握のための支援【施策番号105】

　法務省は、国と地方公共団体が連携して再犯防止施策の推進を図るため、2018年度（平成30年度）から2020年度（令和2年度）までを事業期間として、地域再犯防止推進モデル事業（**資7-105-1**参照）を実施した（**資7-105-2**参照）。2021年度（令和3年度）以降、その成果等を共有し、地方公共団体における再犯防止の取組を促進するための協議会として、「全国会議」[※1]及び「ブロック協議会」[※2]を開催している（この他、2021年度（令和3年度）には「地域連携協議会」[※3]を開催した。）。

資7-105-1　地域再犯防止推進モデル事業の概要

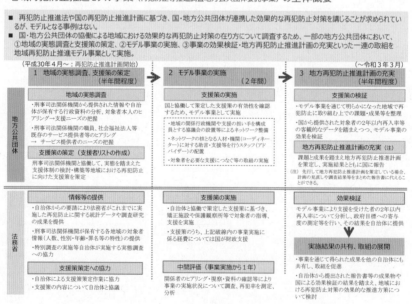

出典：法務省資料による。

※1　全国会議
　　　モデル事業において蓄積された成果や課題等を共有するため、都道府県、指定都市及びモデル事業実施団体を対象に実施するもの。
※2　ブロック協議会
　　　全国会議の開催を受け、全国6ブロックにおいて、再犯防止の取組を進める意欲を持つ地方公共団体に対し、情報提供や意見交換等を実施するもの。
※3　地域連携協議会
　　　都道府県と市町村の連携モデルの検討を行うため実施したもの。令和3年度に愛知県、滋賀県及び鳥取県で開催。

資7-105-2　地域再犯防止推進モデル事業における取組状況等

【2018年度（平成30年度）開始分】

	自治体名	担当部署	再委託先	主な取組内容	取組の主な類型
1	北海道	環境生活部 道民生活課	（株）ピーアールセンター	①テレビ、ラジオ等多様な媒体を活用し、広く道民に、再犯防止に係る現状と課題、取組の必要性などについて周知。 ②道内市町村での再犯防止、更生支援への取組状況を調査し、その結果や昨年度実施した道内実態調査の結果を取りまとめ市町村等に送付。 ③道内4ブロックで、保護司等を対象として、就労や地域生活支援に関する課題や取組例などの知識の習得や他の支援者等との情報交換を目的とした研修会を実施。 ④道内4ブロックで、地域の更生支援者等を対象に、地域社会全体として更生を支えるネットワーク形成を目指した勉強会、意見交換会を実施。 ⑤犯罪をした者等に対する支援の必要性を周知するための道民向けのリーフレットを配布。	広報・啓発 その他
2	北海道 旭川市	福祉保険部 福祉保険課	（一社）道北地方物質使用障害研究会	物質使用障害者に対する支援策として、 ①薬物依存症者への直接的な支援としてのリカバリーセミナー ②薬物依存に関する市民の理解促進を目的としたフォーラム ③物質使用障害に対して支援を行う者の知識やスキルの向上を目的とした学習会・スーパービジョン等を実施。	薬物 広報・啓発
3	岩手県	保健福祉部 地域福祉課	（社福）岩手県社会福祉事業団	①保護観察所等の依頼に基づき、満期釈放予定者のうち、特別調整の対象とならなかった者に対し、出口支援として、矯正施設入所中から出所後の生活環境調整を開始し、円滑に地域社会に移行できるようにするための支援を実施。 ②弁護士、検察庁、保護観察所等の依頼に基づき、起訴前段階、不起訴処分及び執行猶予となった者のうち、高齢者又は障害のある福祉的支援が必要な者に対して、入口支援として、福祉サービス等につなげるための支援を実施。	高齢・障害 その他
			―	③関係機関によるネットワーク構築を目的とした協議会の開催。個々のケースについての支援会議も随時開催し、情報共有、意見交換を実施。	
4	岩手県 盛岡市	保健福祉部 地域福祉課	―	①市民向けフォーラムの開催。 ②満期釈放、起訴猶予等となった者のうち、就労場所以外の居場所づくりが本人の更生に資すると判断できる者について、本人が「必要とされている」と感じることのできる居場所等のマッチングを実施。また、犯罪をした者をボランティアとして受け入れてくれる社会福祉法人の開拓を目的とした福祉関係者向けの研修会を開催。 ③モデル事業の円滑な推進及び再犯防止推進計画への助言を目的とした関係機関による協議会を開催。 ④公営住宅の活用を含めた既存の制度による住宅確保策を検討、実施。	住居支援 広報・啓発
5	茨城県	保健福祉部 福祉指導課 人権施策推進室	（特非）茨城県就労支援事業者機構	水戸更生保護サポートセンター内にコーディネーターを配置し、水戸刑務所を満期出所して茨城県内に帰住する見込みの者を対象に、出口支援として、就労先の紹介・面談手続、居住先の確保・手続、生活保護等の申請手続など就労・居住に係る支援を実施。	就労支援 住居支援
6	栃木県	保健福祉部 薬務課	―	①モデル事業の効果的な実施のため、関係機関による連絡会議（栃木県薬物再犯防止推進会議）を開催。 ②薬物依存症に関する正しい知識の普及を目的として、関係機関を対象に研修会を開催。	薬物 就労支援 住居支援 広報・啓発
			（特非）栃木ダルク	③矯正施設及び保護観察所からの依頼に基づき、満期出所者及び保護観察期間終了者を対象に、各種支援窓口の紹介等を含めた伴走型の支援（コーディネート）を実施。また、認知行動療法を活用した再犯防止教育プログラムを提供。 ④薬物依存症者の家族を対象に、認知行動療法を活用したグループミーティング等を提供（家族会）。	
			（特非）栃木県就労支援事業者機構	⑤上記のモデル事業対象者のうち、就労支援が必要と認められる者に対して、支援を実施。	
			更生保護法人尚徳有隣会	⑥上記のモデル事業対象者のうち、住居確保支援が必要と認められる者（男性）に対して、支援を実施。	
			更生保護法人栃木明徳会	⑦上記のモデル事業対象者のうち、住居確保支援が必要と認められる者（女性）に対して、支援を実施。	

	自治体名	担当部署	再委託先	主な取組内容	取組の主な類型
7	埼玉県	福祉部 社会福祉課	（社福）親愛会	①保護観察所からの依頼に基づき、高齢・障害がある者等で更生緊急保護が適用になった起訴猶予、執行猶予者等に対し、入口支援として、福祉・年金等の各種手続、福祉支援、医療、就労、住居の確保等の調整を実施。また、戻る場所のない支援対象者に対し、更生保護施設、自立準備ホームと連携・協働して地域生活が定着するための息の長い支援を実施。 ②弁護士、福祉事務所、地方公共団体等の支援者から相談があった場合、必要に応じて、各種相談窓口の紹介等のコーディネート業務を実施。	高齢・障害
8	千葉県	健康福祉部 健康福祉指導課	―	①「生活支援調整関係機関会議」（ケース会議）において、保護観察所、矯正施設等からの依頼に基づき、保護観察対象者、満期出所者等のうち、地域生活上何らかの支援を必要とする者を対象に、支援方針の検討や支援の利用調整、千葉県が設置している総合相談支援機関「中核地域生活支援センター」へのつなぎ支援を実施。 ②支援対象者に県の取組を周知するため、パンフレットを配布。 ③県の取組を周知することや犯罪をした者等の社会復帰支援についての理解促進を目的に、関係者、支援機関を対象にフォーラムを開催。	広報・啓発 その他
9	東京都	都民安全推進本部総合推進部 都民安全推進課	（一社）社会支援ネット・早稲田すぱいく	万引きなどの犯罪をしてしまう高齢者やその家族等を対象に、社会福祉士や精神保健福祉士等が電話相談を受け付け、本人の状況や生活環境等についてアセスメントを行うことで、適切な支援につなげる。	高齢・障害 その他
10	神奈川県	福祉子どもみらい局 福祉部 地域福祉課	（公社）神奈川県社会福祉士会	①犯罪をした高齢者や障がい者等への更生支援に係るスキルアップと理解促進を図ることを目的として、市町村職員や社会福祉協議会職員等の福祉関係者を対象に、研修会を開催。	高齢・障害 広報・啓発 その他
			（特非）全国万引犯罪防止機構	②高齢者万引きの再犯防止に関する啓発を内容として作成した冊子を対象者に配付し、効果検証を実施。 ③高齢者万引きの再犯防止に関する啓発を内容とした動画を作成。	
11	長野県	健康福祉部 地域福祉課	（公社）長野県社会福祉士会	①県再犯防止推進計画の策定進捗状況の報告やモデル事業等の内容を共有することを目的とした関係機関協議会を開催。 ②圏域ごとに、制度周知や福祉関係者と司法関係者との相互理解のための研修会を開催。 ③関係機関を対象に、対象者の支援方法等に関する相談支援を実施。	広報・啓発 その他
			長野県保護司会連合会	④更生保護サポートセンターに、犯罪をした者や地域住民を対象とした犯罪・非行に関する相談窓口を設置。	
12	愛知県	防災安全局 県民安全課	愛知県弁護士会	①弁護士が、犯罪をした者等に対して、入口支援及び出口支援として、刑事司法の各段階（検察・裁判・矯正・保護）において、面会等を通じて社会復帰に向けた支援の聞き取りを行うとともに、居住手続や就労支援窓口、医療・福祉等関係機関への引継などを実施。	就労支援 広報・啓発 その他
		労働局 就業促進課	（特非）愛知県就労支援事業者機構	②刑務所出所者等の職場定着のため、面談を通して、就労継続に向けた助言や意欲喚起等のフォローアップ支援を実施。また、出所者等を雇用する協力雇用主に対しても、出所者等の問題行動に対する対処方法等の助言等のフォローアップ支援を実施。 ③出所者等の雇用に係る情報や経験を共有することを目的に、協力雇用主を対象とした研修会を開催。	
13	名古屋市	市民経済局 企画経理課	（特非）くらし応援ネットワーク	①検察庁、保護観察所の依頼に基づき、起訴猶予となった者のうち、福祉的な支援を必要とする高齢者・障害者・若者（39歳以下）に対して、入口支援として、福祉サービス等につなげるため、支援プランを作成の上、窓口同行や申請書類の作成支援等を実施するとともに、一定期間寄り添いながら支援を行う伴走支援を実施。	高齢・障害 広報・啓発
			（学）日本福祉大学	②上記①の支援の中間調査を実施し、伴走支援の意義及び課題等を考察し調査報告書に取りまとめ、事業終了後に効果検証を実施。	
			―	③モデル事業実施結果に関する市民報告会を開催。	

	自治体名	担当部署	再委託先	主な取組内容	取組の主な類型
14	滋賀県	健康医療福祉部 健康福祉政策課	(社福) グロー	①弁護士、検察庁等の依頼に基づき、刑事手続段階にある高齢者又は障害のある者に対し、入口支援として、必要な支援のアセスメント及びコーディネートを実施。 ②支援を実施する上で、関係機関による連携会議を開催。困難事例と判断したケースでは、医療・福祉・司法の専門家による調査委員会において、医療的・福祉的アセスメントを実施。 ③地域におけるコーディネート体制構築のため、連携会議や調査委員会において、情報交換・意見交換を実施。 ④司法・福祉・医療機関等に対して、本事業の周知を目的に、講師を派遣し、説明を実施。	高齢・障害 広報・啓発 その他
			更生保護法人滋賀県更生保護事業協会	⑤再犯防止地域支援員を設置し、協力雇用主及び医療機関の理解促進のため、個別訪問やアンケート調査を実施。 ⑥協力雇用主を対象に、制度紹介等を目的とした研修会を実施。	
			(公社) 滋賀県社会福祉士会	⑦雇用主や福祉事業所を対象とした相談窓口を設置し、対象者への対応等に関する助言を実施。 ⑧電話・訪問相談の結果、更なる支援が必要と判断したケースについては、事例検討会を開催し、支援プランを作成。アドバイザーが支援プランに即して、当事者を支援する方法の助言や支援者が開催するケース会議への参加、必要に応じて当事者との直接面談を実施。 ⑨地域の支援者や相談員を対象に、対象者の支援方法や先進事例を学ぶことを目的とした研修会を開催。	
15	京都府	健康福祉部 家庭支援課	—	①学校、児童相談所等の依頼に基づき、非行問題を抱える小学生及び中学1、2年生の少年と保護者を対象に、相談支援や学習支援等を実施。	少年
			更生保護法人 西本願寺白光荘	②週1回、非行をした少女を対象とした居場所を開設し、少女特有の悩み等に対する相談支援や自立に向けた生活訓練等を実施。	
16	京都市	保健福祉局 保健福祉部 保健福祉総務課	京都わかくさねっと	①矯正施設を出所した若年女性等を対象に、支援計画を作成した上で、相談支援や関係機関の紹介・同行支援等を実施することによって、生活課題の解決・就労の確保等つなげていく「寄り添い支援」を実施。	広報・啓発 その他
			—	②犯罪をした人等が刑務所等の施設出所後に困難や悩みを抱えた時の相談窓口や支援機関等を紹介したハンドブック「つなぐつながる」を作成。 ③地方再犯防止推進計画の策定に当たって、広く意見・助言等をもらうため、刑事司法機関及び民間団体等で構成する京都市再犯防止推進会議を開催。	
17	大阪府	青少年・地域 安全室 治安対策課	—	①性犯罪 (痴漢、盗撮、公然わいせつ、児童ポルノ関係) を行った起訴猶予者等のうち、支援を申し込んだ者に対し、臨床心理士による全5回の心理カウンセリングプログラムを提供。	性犯罪 高齢・障害 就労支援
		福祉部 障がい福祉室 自立支援課	—	②検察庁や弁護士等からの依頼に基づき、障がいのある起訴猶予者等となった者等に対し、入口支援として、福祉サービスや支援機関等へのつなぎ支援を実施。	
18	兵庫県	健康福祉部 障害福祉局 障害福祉課	(社福) みつみ福祉会	①弁護士会の依頼に基づき、起訴猶予等となる見込みのある者のうち、高齢者又は障害のある福祉的支援が必要な者に対して、入口支援として、福祉サービス等へのつなぎ支援を実施。	高齢・障害 就労支援
		産業労働部 政策労働局 労政福祉課	ヒューマンアカデミー(株)	②保護観察対象者等と1か月間の雇用契約を締結の上、対象者に対し、ビジネス基礎研修や職場体験を提供。また、マッチング支援や定着フォローアップなどの就職活動支援を最大4か月間実施。	
19	兵庫県 明石市	福祉局地域 共生社会室	(社福) 明石市社会福祉協議会	①警察署、検察庁、保護観察所等からの依頼に基づき、不起訴処分及び執行猶予等により釈放されることが見込まれる者のうち、高齢又は障害のある福祉的支援の必要な者に対して、入口支援として、窓口への手続同行や申請書類の作成支援など福祉サービス等へのつなぎ支援を実施。 ②刑務所等からの依頼に基づき、刑務所等の出所時期が概ね半年以内となっている者のうち、高齢又は障害のある福祉的支援の必要な者に対して、出口支援として、生活保護受給申請の支援や担当保護司の帰住先調査への同行など円滑な地域帰住促進のための支援を実施。	高齢・障害 広報・啓発
			—	③市民の更生支援・再犯防止に対する理解促進を目的として、市民向けイベント (あかし更生支援フェア) を開催し、再犯防止等に関する法務省や市の取組報告及び講演会 (更生支援フォーラム) を実施するとともに、18の関係機関・団体の出展の下、刑務作業製品の展示・即売やパネル展示等を実施。	

	自治体名	担当部署	再委託先	主な取組内容	取組の主な類型
20	奈良県	福祉医療部 地域福祉課	―	①再犯防止等の機運醸成を目的として、一般県民を対象としたシンポジウムを実施。シンポジウム終了後は、非行予防及び就労支援に係る個別相談会を開催。 ②犯罪をした者等を雇用する際の不安を解消するため、協力雇用主を対象としたセミナーを実施。 ③保護観察期間中の少年を対象に、専門家による社会技能訓練（SST）を月1回程度実施。 ④協力雇用主が出所者等を雇用した際の不安解消を図るノウハウや、保護観察対象者等が職業的自立を図る際に活用できる相談窓口等を紹介するハンドブックを作成。 ⑤有識者等を構成員として、「更生支援のあり方」についての検討会を開催。	就労支援 広報・啓発 その他
21	鳥取県	福祉保健部 福祉保健課	（一社）とっとり東部権利擁護支援センター	①弁護士、検察庁、保護観察所等の依頼に基づき、不起訴処分及び執行猶予等となった者のうち、高齢又は障がいのある福祉的支援の必要な者に対して、入口支援として、窓口同行、申請書類の作成支援、生活環境の整備（住居確保、成年後見人の確保等）などの福祉サービス等へのつなぎ支援を実施。	高齢・障害
			―	②鳥取県再犯防止推進計画の進捗管理や課題・情報共有のため、関係機関による推進会議を開催。	
22	島根県	健康福祉部 地域福祉課	―	①再犯防止推進計画の内容や更生支援関係機関の取組等を周知することを目的に、市町村担当者・県の関係機関担当者による会議を開催。 ②更生支援計画作成の技能を習得することを目的として、社会福祉士や精神保健福祉士などを対象に研修会を開催。 ③刑事司法関係機関や支援者等からの依頼に基づき、②の研修会の修了者（更生支援コーディネーター）を派遣し、福祉的支援が必要な罪を犯した者等の更生支援計画を作成。 ④更生支援に関する理解促進を目的に、広報資材（ポスター、リーフレット等）を作成。	広報・啓発 その他
23	広島県	環境県民局 県民活動課	―	①県内の関係機関・団体が非行少年等の立ち直りに向けて実施する支援の内容や実施に係る課題等を整理し、今後の取組について協議することを目的とした連絡会議等の実施を踏まえて、支援ガイド等を作成。	少年 就労支援
			（特非）広島県就労支援事業者機構	②保護観察を終了した少年をはじめとした、立ち直りに向けた支援を必要としているのにも関わらず、公的な支援を受けることができない非行や罪を犯した無職等の少年に対し、支援コーディネートを行い、就労準備支援、就労体験や学習支援等、立ち直りに向けた総合的支援を実施。	
24	山口県	健康福祉部 厚政課	（社福）山口県社会福祉協議会	①検察庁からの依頼に基づき、不起訴処分及び執行猶予となった者のうち、高齢又は障害のある福祉的支援の必要な者に対して、入口支援として、帰住先確保等の福祉的支援や相談窓口への同行等の福祉サービス等へのつなぎ支援を実施。 ②保護観察所からの依頼に基づき、刑務所出所予定者等のうち、特別調整の対象とならない者に対して、特別調整に準ずる者への出口支援として、帰住先確保等の福祉的支援を実施。 ③保護観察所からの依頼に基づき、保護観察期間終了者のうち、福祉的支援の必要な者に対して、出口支援として、保護観察期間終了前から帰住先確保等の福祉的支援及び福祉サービス等へのつなぎ支援を実施。 ④再犯防止の取組等に関する普及啓発等を目的として、再犯防止に関するポータルサイトを作成。	高齢・障害 広報・啓発
25	香川県	健康福祉部 障害福祉課	（社福）竜雲学園	①検察庁、保護観察所からの依頼に基づき、不起訴処分及び執行猶予となった者のうち、高齢又は障害のある福祉的支援の必要なものに対して、入口支援として、窓口同行や申請書類作成支援など福祉的サービス等へのつなぎ支援を実施。 ②入口支援の意義や取組内容等を周知することを目的に、関係機関を対象とした研修会等を開催。	高齢・障害 広報・啓発
26	北九州市	保健福祉局 障害福祉部 障害者支援課	（公社）北九州市障害者相談支援事業協会	①65歳未満で知的障害等のある窃盗・無銭飲食などの罪を犯した者に対して、入口支援として、自立に向けた支援計画の作成や継続的な見守りを実施。 ②上記の者を受け入れることが見込まれる協力雇用主や障害福祉サービス事業者等に対して、支援対象者の行動の理解や対応の方法について研修を実施。 ③支援対象者の就職や就労の定着に向けた個別支援会議を開催。	高齢・障害 就労支援 広報・啓発
27	長崎県	福祉保健部 福祉保健課	（社福）南高愛隣会	①高齢者又は障害のある犯罪をした者等に対して、入口支援として、検察庁・弁護士等の依頼に基づき、相談支援専門員協会や障害者自立支援協議会等と連携した支援を実施。 ②薬物依存のある犯罪をした者等に対して、入口支援として、精神保健福祉センターやダルク等と連携した支援を実施。 ③身寄りのない犯罪をした者等に対して、入口支援として、県居住支援協議会等と連携して居場所の確保に向けた支援を実施。	薬物 高齢・障害 住居支援

	自治体名	担当部署	再委託先	主な取組内容	取組の主な類型
28	熊本県	環境生活部 県民生活局 くらしの安全 推進課	（社福）恩賜財団済生会 支部熊本県済生会	①検察庁や更生保護施設等からの依頼に基づき、微罪処分、不起訴処分及び執行猶予等となった者のうち、高齢又は障害のある福祉的支援を必要とする者に対し、入口支援として、申請書類作成支援、相談窓口同行等の福祉サービス等へのつなぎ支援を実施。 ②犯罪をした者等の受入れへの理解促進を目的として、福祉施設等支援関係者を対象に、講習会を開催。	高齢・障害 広報・啓発
29	熊本市	市民局 市民生活部 生活安全課	職業訓練法人熊本市職業訓練センター	①雇用ニーズの高い介護分野の資格を取得することを目的として、保護観察対象者等を対象に、資格取得訓練を実施。	就労支援 広報・啓発
			（株）あつまるホールディングス	②犯罪をした者等向けの求人誌を作成。 ③犯罪をした者等を雇用する事業者を増やすことを目的とした企業向けセミナーや、保護観察対象者等の就職を目的とした合同就職説明会を開催。	
30	鹿児島県 奄美市	保健福祉部 福祉政策課	（特非）奄美青少年支援センターゆずり葉の郷	①再委託先施設の元入所者宅を訪問し、家族・本人に対して相談支援を実施。必要に応じて、修学支援や就労支援を併せて実施。	高齢・障害 少年 就労支援 その他
			―	②上記再委託先の入所者・元入所者やその家族のうち、必要な者に対して市役所相談室でカウンセリングを実施。 ③上記再委託先の入所者・元入所者のうち、障がい者に対して、障がい者支援施策を活用しながら一般就労、就労支援A型・B型につなげる。	

【2019年度（令和元年度）開始分】

	自治体名	担当部署	再委託先	主な取組内容	取組の主な類型
1	宮城県	保健福祉部 社会福祉課	（特非）ワンファミリー仙台	①刑務所出所者等やその関係者を対象とした相談窓口を週3回程度開設し、住居確保に関する相談を実施。 ②刑務所出所者等のうち、就労等の日中活動に結びついてない者を対象に、週3回程度、軽作業等を実施する日中活動の場を提供。	就労支援 住居支援
2	秋田県	健康福祉部 地域・家庭 福祉課	令和2年度からは更生保護支援ボランティアふれあいサークルに委託	①次のいずれかに該当し、かつ支援を受けることに同意している者に対し、定期的な訪問による見守り支援を実施する。 ・地域生活定着支援事業による特別調整の対象として支援を受けた又は受けていること。 ・更生保護施設又は自立準備ホームを退所した又は退所予定であること。	高齢・障害 住居支援 広報・啓発
			令和2年度からは（株）ディーノに委託	②再犯防止施策への理解促進を目的に、啓発パンフレット及びポスターを作成。	
			―	③秋田地方検察庁の所管で起訴猶予、執行猶予、罰金・科料となったこと又は秋田保護観察所の所管で保護観察対象又は更生緊急保護対象であること又は東北管内の矯正施設を退所予定の者のうち、秋田県横手市に帰住を希望している者について、横手市居住支援協議会が秋田地方検察庁や秋田保護観察所、東北管内の矯正施設からの依頼に基づき、宅地建物取引業者への住居調整依頼を行うなどして住居確保に向けた支援を行う。 ④モデル事業の取組紹介や、支援関係者の素養向上を目的に、県民や支援関係者を対象とした研修会を実施。 ⑤罪を犯した人の見守り支援に従事するボランティア会員や行政などの関係団体が、再犯防止推進と罪を犯した人の見守り支援への理解と協力を広く県民に呼びかける広報活動を実施。	
3	山形県	健康福祉部 地域福祉推進課	（社福）山形県社会福祉事業団	①矯正施設等からの依頼に基づき、特別調整とならなかった満期釈放者等を対象として、出口支援として、住居や就労先の確保に向けた支援を実施。 ②性犯罪や入口支援等の理解促進を目的として、関係者を対象にセミナーを開催。	薬物 高齢・障害 就労支援 住居支援 広報・啓発
			（特非）鶴岡ダルク	③ダルクに入所した者や依存症者の家族を対象に、認知行動療法等を活用したプログラムを提供。	
			令和2年度からは更生保護法人山形県更生保護事業協会に委託	④県民、事業者等を対象としたパンフレットを作成。	
4	茨城県 牛久市	保健福祉部 こども家庭課	（株）キズキ	①茨城農芸学院在院中の発達上の課題を有する少年を対象に、学習支援の専門家と地域の学習指導員による学習支援を実施。 ②発達上の課題を有する児童・生徒を含む市内の児童・生徒に対し、放課後カッパ塾において学習支援を実施。また、地域の学習指導員に対し、学習支援の専門家による研修会を実施。	高齢・障害 少年 広報・啓発 その他
			（株）LITALICO	③発達上の課題を持った少年・少女、非行のある少年・少女、性非行及び性に関して問題行動のあった少年・少女等の現状やニーズ等を把握するため、放課後カッパ塾指導員、特別支援教育コーディネーターにニーズ調査を実施。	

	自治体名	担当部署	再委託先	主な取組内容	取組の主な類型
5	愛媛県	県民環境部 県民生活局 県民生活課	（特非）愛媛県就労支援事業者機構	①刑務所出所者や保護観察対象者等を対象（令和2年度は起訴猶予者等も対象）に、ビジネスマナー等のセミナーの受講調整、臨床心理士によるメンタルチェック・ケアや協力雇用主の協力のもと複数の職場を順次巡る方法での就労体験等の就労支援を実施。 ②性犯罪者を対象に臨床心理士等によるカウンセリングなどを実施。 ③協力雇用主の不安軽減等を目的とした研修会等を開催。	性犯罪 就労支援 広報・啓発 その他
			―	④再犯の現状、犯罪をした者等が抱える課題や支援実例を共有することを目的に、関係機関等による地域別会議を開催。 ⑤県民の理解促進を目的としたリーフレットを作成。 ⑥性犯罪を犯した者への対応ノウハウの獲得を目的に、関係機関等を対象者した研修会を開催。 ⑦モデル事業の成果等を周知することを目的に、県民向け報告会を開催。	
6	福岡県	福祉労働部 福祉総務課	（特非）抱樸	①「立ち直りサポートセンター」を設置し、高齢者・障害者・住居不定者・依存症者・薬物事犯者・性犯罪者に対する入口支援（性犯罪者については出所後の支援（出口支援）も含む。）を実施。	薬物 性犯罪 高齢・障害 その他
			（公社）福岡県社会福祉士会	②①において、ケース会議を開催し、個別支援計画の策定や支援業務に対する支援を実施。	
			（特非）抱樸【再掲】	③支援対象者の就労先、入所先、地域での見守り等の担い手に対する研修の実施。	
			―	④福岡県再犯防止推進会議の設置・開催	

出典：法務省資料による。

（3）地域のネットワークにおける取組の支援【施策番号106】

　一部の地方公共団体においては、刑事司法関係機関の職員、支援を行う民間団体の職員等を構成員とする会議体を設置し、再犯防止に係る取組の実施状況・課題の把握や対策の検討等を行っている。

　法務省は、こうした会議への職員の参画や必要な情報提供等を通じて、公的機関や保健医療・福祉関係機関、各種の民間団体等の地域の多様な機関・団体におけるネットワークの構築や連携を支援している。2021年度（令和3年度）以降、これらの取組を更に促進するため、ブロック協議会（【施策番号105】参照）を開催している。

　また、2022年（令和4年）10月から実施している「更生保護地域連携拠点事業」（【施策番号92】参照）を通じて、地方公共団体を含めた地域のネットワーク構築や連携に取り組んでいる。

（4）資金調達手段の検討の促進【施策番号107】

　法務省は、2019年度（令和元年度）、「再犯防止活動における民間資金を活用した成果連動型民間委託契約方式の案件組成のための調査研究」を実施し、その結果を公表している（【施策番号97】参照）。また、ソーシャル・インパクト・ボンド（SIB）が、民間団体等の創意と工夫を最大限に引き出すこと等が期待される仕組みであることを踏まえ、地方公共団体に対し、2021年度（令和3年度）から実施しているSIBを活用した再犯防止事業（【施策番号96】参照）の実施状況を共有しつつ、再犯防止に向けた活動を推進するための資金調達手段の検討を働き掛けている。

　内閣府は、2021年（令和3年）2月に、SIBを含む成果連動型民間委託契約方式（PFS）事業を実施しようとする国又は地方公共団体等が当該事業を円滑に実施できるよう、PFS事業の実施に関する一連の手続の概説等を示した「成果連動型民間委託契約方式（PFS：Pay For Success）共通的ガイドライン」※4を作成、公表した。また、2021年度（令和3年度）からSIBを含むPFS事業を実施する地方公共団体を対象として、より高い成果創出時に必要となる委託費の成果連動部分等について複数年にわたる補助を行うとともに、評価の専門機関が当該PFS事業に必要な成果評価を支援する

※4　成果連動型民間委託契約方式（PFS：Pay For Success）共通的ガイドライン
　　https://www.8.cao.go.jp/pfs/guidelines.pdf

事業「成果連動型民間委託契約方式推進交付金」等（**資7-107-1**）の取組を開始している。

資7-107-1　成果連動型民間委託契約方式推進交付金等について

成果連動型民間委託契約方式推進交付金

● ＰＦＳ事業を実施する地方公共団体に対する複数年の交付金
● 成果評価について、評価の専門機関による支援（内閣府がコンサルを派遣）
● 令和5年度〜交付金の補助率、上限額、補助対象経費を拡充

補助率・補助限度額等

【成果連動部分】
・補助率：2分の1・・・上限額：4,000万円（但し先導案件の場合、3分の2／上限額5,000万円）
【中間支援事業者の活用費用部分（先導案件のみ）】
・補助率：10分の10・・・上限額1,000万円または総事業費の1割の低い方
【ファイナンス部分（SIBのみ）】
・補助率：10分の10・・・上限額：500万円

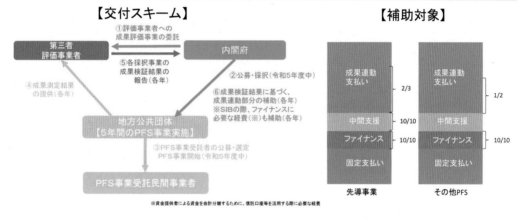

出典：内閣府資料による。

2　地方再犯防止推進計画の策定等の促進【施策番号108】

法務省は、「地方再犯防止推進計画策定の手引き」[※5]（**資7-108-1**参照）を作成し、全国の地方公共団体に配布するとともに、検察庁、矯正施設、保護観察所等の刑事司法関係機関が連携し、保護司等民間協力者の協力を得て、地方公共団体に対し、再犯防止対策に関する説明や協議を実施している。

さらに、地方公共団体に対して、第一次再犯防止推進計画（平成29年12月15日閣議決定）において設定された再犯の防止等に関する施策の指標（出所受刑者の2年以内再入率等）に関する都道府県別データの提供を行っているほか、警察庁からデータの提供を受け、警察署管轄別の犯罪統計に係る情報についても提供している。

加えて、地方公共団体における再犯防止の取組を促進するための協議会（【施策番号105】参照）等の開催等を通じて、引き続き、都道府県や市町村に対して、前記の情報提供等を行うとともに、地方再犯防止推進計画の策定に向けた支援等を行っている（地方再犯防止推進計画の策定数は【指標番号17】参照）。

※5　地方再犯防止推進計画策定の手引き（令和5年3月改定版）
　　https://www.moj.go.jp/content/001395209.pdf

| 資7-108-1 | 「地方再犯防止推進計画策定の手引き」について |

「地方再犯防止推進計画策定の手引き」について

概要

● 「地方再犯防止推進計画」とは、地方公共団体が再犯防止等に関する施策について定める計画。再犯防止推進法においては、その策定が努力義務とされている。
● 「地方再犯防止推進計画策定の手引き」は、特に市町村における地方再犯防止推進計画の策定を促進するため、計画策定に至るまでの事務手続例や、計画に盛り込む施策の具体例などをまとめたもの。

手引きの構成

第1章　計画策定の意義等
　1　法的根拠
　2　計画策定の意義
　3　計画策定の流れ
第2章　計画に盛り込むことが考えられる主な内容とその考え方について
　1　計画策定の趣旨等
　2　地域における再犯防止を取り巻く状況
　3　重点課題・成果指標
　4　取組内容
　5　推進体制
第3章　具体的な取組の記載例等
　1　就労・住居の確保等を通じた自立支援のための取組
　2　保健医療・福祉サービスの利用の促進等のための取組
　3　学校等と連携した修学支援の実施等のための取組
　4　犯罪をした者等の特性に応じた効果的な指導の実施等のための取組
　5　民間協力者の活動の促進等のための取組
　6　地域による包摂を推進するための取組
　7　再犯防止に向けた基盤の整備等のための取組

出典：法務省資料による。

3　地方公共団体との連携の強化

(1) 犯罪をした者等の支援等に必要な情報の提供【施策番号109】

　法務省は、地方公共団体が犯罪をした者等の支援を円滑に実施できるよう、矯正施設及び保護観察所において、地方公共団体の求めに応じ、当該団体が犯罪をした者等の支援等を行うために必要な情報について、個人情報等の取扱いに十分配慮しつつ、適切に提供している。

　例えば、大阪府や福岡県においては、条例により一定の性犯罪者に住所の届出義務を課し、それを通じて性犯罪者の存在を把握した上で、性犯罪者に対する社会復帰支援等を行うという再犯防止の取組が進められており、法務省としても、それらの府県が、条例で定める対象者であることを確認できるようにするため、情報提供を始めとする必要な協力を行っている。

　また、検察庁においては、入口支援を実施するに当たり、犯罪をした者等の再犯防止を実現するため、関係機関等と十分なコミュニケーションを図りつつ、関係機関等に対し、適切な情報提供を行うこととしている。

　さらに、矯正局では、2022年（令和4年）9月から、今後、再犯防止を一層推進していくに当たっては、矯正施設が被収容者に関する情報を適切かつ効果的に関係機関等との間で共有していくことが極めて重要であるとし、関係機関等への適切な情報提供を積極的に行うこととしている。

　なお、「性犯罪・性暴力対策の更なる強化の方針」（令和5年3月30日性犯罪・性暴力対策強化のための関係府省会議決定）においても、上記の大阪府や福岡県における事例を踏まえ、刑事施設及び保護観察所において、必要な体制ができた地方公共団体に対し、引き続き、出所者に関する情報を含め、必要な情報提供を行うこととされている。

(2) 犯罪をした者等の支援に関する知見等の提供・共有【施策番号110】

　法務省は、2018年度（平成30年度）及び2019年度（令和元年度）、再犯防止の取組における国

及び市町村間のネットワークの構築等を目的として、市町村の施策担当者を対象に市町村再犯防止等推進会議を開催するとともに、都道府県の施策担当者を対象に、再犯防止の取組等の情報共有を目的とした都道府県再犯防止等推進会議を開催した。

2020年度（令和2年度）については、新型コロナウイルス感染症の影響を踏まえ、市町村再犯防止等推進会議は中止、都道府県再犯防止等推進会議はオンラインによる開催とした。

2021年度（令和3年度）以降も、市町村再犯防止等推進会議は中止したが、同会議の登録団体には、「ブロック協議会」（【施策番号105】参照）への参加を案内した。また、都道府県再犯防止等推進会議については、「全国会議」（【施策番号105】参照）に名称を変更し、2020年度（令和2年度）に引き続きオンラインにて実施した。

また、性犯罪をした者の再犯防止のためには、刑事司法手続終了後も地域社会において支援を継続することが重要であるところ、地方公共団体においては、そうしたノウハウを十分に持ち合わせていない実情があることに鑑み、2023年（令和5年）3月、地方公共団体等が地域社会で活用可能な性犯罪をした者に対する再犯防止のガイドラインを作成し、都道府県及び指定都市に配布した[6]。

また、職員を地方公共団体、司法関係団体等が開催する研修やシンポジウム等に講師として派遣するなどし、地方公共団体の職員や犯罪をした者等の支援を行う関係者等に対して、法務省における取組や支援に関する知見等を提供している。

加えて、法務総合研究所において、毎年、犯罪白書や研究部報告として、犯罪をした者等に関する調査研究等の成果を取りまとめ、公表している（【施策番号47、87、100】参照）。

（3）国・地方協働による施策の推進【施策番号111】

法務省は、国と地方公共団体が連携して施策の推進を図るため、2018年度（平成30年度）から、2020年度（令和2年度）までを事業期間として、地域再犯防止推進モデル事業を実施してきた（【施策番号105】参照）。また、国と地方公共団体において、総合的かつ効果的な再犯防止施策の実施を推進するため、再犯防止啓発月間である7月に合わせて再犯防止広報・啓発ポスター等を作成し、2017年（平成29年）以降、全国の都道府県警察本部、都道府県及び市町村等に送付の上、ポスター掲示等による広報・啓発活動への協力を依頼している（【施策番号101】参照）。

市町村における再犯の防止等に関する取組として、2018年（平成30年）6月、矯正施設所在自治体会議の趣旨に賛同し、設立発起人となった29の市町の首長を構成員とする矯正施設所在自治体会議設立発起人会議が開催され、2019年（令和元年）6月には、90の市町村の首長を会員として、矯正施設所在自治体会議の設立総会が開催された（2023年（令和5年）4月時点で100の市町村が参加）。2022年度（令和4年度）は新型コロナウイルス感染症対策のため、総会は書面開催とされたものの、全国7ブロックにおいて、対面又はオンライン形式での地域部会が開催されるなど、新型コロナウイルス感染症の拡大状況下においても実施可能な取組が実施された。

さらに、2023年（令和5年）3月に閣議決定された第二次再犯防止推進計画には、再犯防止分野において国、都道府県及び市区町村が担う具体的役割（資7-111-1参照）が明記された。国と地方公共団体はそれぞれ、この役割を踏まえ、相互に連携しながら再犯の防止等に向けた取組を推進していくこととなる。

※6　性犯罪の再犯防止に向けた地域ガイドライン～再犯防止プログラムの活用～
　　https://www.moj.go.jp/hisho/saihanboushi/hisho04_00091.html

資7-111-1　第二次再犯防止推進計画に明記された国・都道府県・市区町村の役割

第二次再犯防止推進計画に明記された国・都道府県・市区町村の役割について

国
- 刑事司法手続の枠組みにおいて、犯罪をした者等が抱える課題を踏まえた必要な指導・支援を実施する。
- 再犯防止に関する専門的知識を活用し、刑執行終了者等からの相談に応じるほか、地域住民や、地方公共団体を始めとする関係機関等からの相談に応じて必要な情報の提供、助言等を行う。

都道府県
広域自治体として、
- 各市区町村で再犯の防止等に関する取組が円滑に行われるよう、市区町村に対する必要な支援や地域のネットワーク構築に努める。
- 市区町村が単独で実施することが困難と考えられる、就労・住居の確保に向けた支援や罪種・特性に応じた専門的支援などの実施に努める。

市区町村
地域住民に最も身近な地方公共団体として、
- 福祉等の各種行政サービスを必要とする者、とりわけこうしたサービスへのアクセスが困難である者等に対して適切にサービスを実施する。

（4）国の施策に対する理解・協力の促進【施策番号112】

　法務省は、2018年度（平成30年度）以降、毎年、各種会議（【施策番号105、110】参照）や、広報・啓発イベント（【施策番号101】参照）等を開催し、国の施策について地方公共団体に周知を図り、必要な協力が得られるよう働き掛けを行っている。

　警察庁は都道府県警察に対し、文部科学省は各都道府県・指定都市教育委員会等に対し、厚生労働省は各都道府県等の民生主管部局や各都道府県労働局に対し、それぞれ文書や会議等を通じて、推進計画について周知するとともに、計画に基づく施策の実施について協力等を依頼している。

Column 11

静岡市における再犯防止の取組

静岡市保健福祉長寿局健康福祉部福祉総務課

　基礎自治体である市区町村には、再犯防止の推進においてどのような役割が求められているのでしょうか。2023年（令和5年）3月に策定された国の第二次再犯防止推進計画では、市区町村の役割として次の記述があります。

　「保健医療・福祉等の各種行政サービスを必要とする犯罪をした者等（中略）が、地域住民の一員として地域で安定して生活できるよう、地域住民に最も身近な基礎自治体として、適切にサービスを提供するよう努める。」、「立ち直りを決意した人を受け入れていくことができる地域社会づくりを担うことが期待されている。」

　静岡市では、2021年度（令和3年度）から「付添い支援」と「伴走型支援」の2つの支援策を展開していますが、これら支援策がまさに基礎自治体として求められていることであると実感しています。

　一つ目の「付添い支援」は、満期出所や起訴猶予処分、保護観察が付かない刑の全部の執行猶予判決を受けて釈放された方等を対象に、市民ボランティアが行政等の窓口での手続に付き添い、支援を必要とする方を適切な支援制度に結び付けようとするものです。

　静岡市としては、様々なサービスをそれぞれの窓口で提供していますが、出所や釈放直後の人は、「釈放されても転入や健康保険等の市役所の手続ができず、福祉サービスを受けられない。」、「市役所で必要な手続をしようとしても、一人では10分、15分の待ち時間に耐えられず手続が完了できない。」といった課題があり、これらのサービスにたどり着くことができず、再び犯罪に手を染めてしまうことがあります。このような福祉的ケアが必要な対象者を確実に支援に結び付ける事業が「付添い支援」です。静岡市では、静岡地方検察庁を始めとした関係機関から事前に対象者情報を提供いただき、「よりそい支援員」の愛称で呼ばれる市民ボランティアが当該機関と市役所とを結び付け、各行政機関との間の切れ目のない支援を提供しています。

　また、「よりそい支援員」は、その名前のとおり対象者に寄り添った支援を行います。サービスを提供する側の市職員は、申請書の記入を求めたり、サービス提供の決定をしたりと、どうしても対象者と対峙する「相手」となってしまうことがあります。一方で、「よりそい支援員」は、隣で優しく声をかけ、緊張をほぐし、和やかな雰囲気を作るなど、対象者にとって心理的に「味方」となることができる存在であると感じています。現在は、市に3つある行政区からそれぞれ3人ずつ、合計9人の保護司の方に「よりそい支援員」として御協力をいただいていますが、窓口でのスムーズな手続になくてはならない存在であると実感しています。

　二つ目の「伴走型支援」は、対象者に対し、面談、電話連絡、訪問等で1か月に1、2回程度、対象者から生活の様子を聴いたり、何か困ったことがないかと相談に乗ったりすることで、小さなつまずきなども見逃さず、必要に応じて支援につないでいくものです。

　出所や釈放直後の人が新しく仕事を見つけたとしても、その仕事が長続きするとは限りません。実際に、「伴走型支援」の対象者の中には、一度仕事が見つかったものの結局断ってしまったり、諸事情から仕事ができる状況ではなくなってしまったりした人がいます。このようなつまずきが、対象者にとって再び罪を犯すきっかけになってしまわないよう、長期にわたり対象者自身を受け入れ、伴走することを目的とした支援を実施しています。

　事業を開始した2021年度（令和3年度）当初、「付添い支援」は手探り状態でした。「伴走型支援」についても思うように利用が進まないなどの課題がありましたが、いずれもこの2年間の取組の中で少しずつ軌道に乗ってきたように感じます。

　事業の実現に当たっては、静岡市再犯防止推進協議会の委員である国や民間協力者の方に大変な御尽力をいただきました。犯罪を抑止し、安全に安心して暮らせる地域社会の実現のために、基礎自治体としてできることは限られているのかもしれません。しかしながら、基礎自治体だからこそできることがあるとも感じています。引き続き、関係機関等と連携を図り、より一層の切れ目のない支援を実現していきたいと考えています。

よりそい支援員による付添い支援の様子

第8章

読書感想画『獣の奏者』を読んで―四神―

関係機関の人的・物的体制の整備等のための取組

第1節 関係機関の人的・物的体制の整備等

1 関係機関における人的体制の整備【施策番号113】

　警察庁は、ストーカー事案を始めとする人身安全関連事案への迅速・的確な対応、少年非行の未然防止、暴力団員の社会復帰対策に係る体制整備を推進している。

　法務省は、高齢者や障害を有する者を始めとして、出所後に福祉的支援を要する受刑者等に対して的確な支援を行うため、矯正施設に福祉専門官を配置（【施策番号34】参照）している。

　また、地方更生保護委員会及び保護観察所には、受刑者に対する重点的・継続的な生活環境の調整、満期釈放者に対する社会復帰支援の充実強化等のため、地方更生保護委員会に調整指導官を配置し、一部の保護観察所に社会復帰対策官を配置している。

　検察庁は、起訴猶予者等のうち入口支援が必要である者について、社会福祉事務所や保健医療機関、特定非営利活動法人等に受入れを依頼したりするなどの社会復帰支援業務等を担当する検察事務官の配置を進めている。

　厚生労働省は、刑務所出所者等に対して就労支援を行う就職支援ナビゲーターをハローワークに配置している。

2 関係機関の職員等に対する研修の充実等【施策番号114】

　警察庁は、都道府県警察において、ストーカー加害者への対応、非行少年に対する支援、暴力団からの離脱に向けた指導等を担当する警察職員に対し、実務に必要な専門的知識を習得させるための教育・研修を行っている。

　法務省における研修については【施策番号38】を参照。

　法務省及び検察庁職員の研修等への派遣については【施策番号100、110】を参照。

　厚生労働省は、刑務所出所者等に対する就労支援を担当する労働局やハローワークの職員等に対して、必要な研修等を実施している。

3 矯正施設の環境整備【施策番号115】

　法務省は、矯正施設において、医療体制の充実、バリアフリー化や各種矯正処遇の充実等のための環境整備を行うほか、老朽化した矯正施設の建替えを始め、物的体制の整備を進めている。2022年度（令和4年度）は、職業訓練等の指導を円滑に実施するための改修・修繕を行ったほか、新潟刑務所や長野刑務所等の再犯防止施策に資する施設の整備を推進した。しかしながら、矯正施設277庁（農場及び婦人補導院を含む。）のうち、108庁が現行の耐震基準制定以前に建築された施設であり、老朽化対策を必要とする施設が多く残っていることから、今後も、拘禁刑を見据えた模様替え工事等を始め、各種施策に合わせた改修・修繕を行うとともに、現行の耐震基準制定以前に建築された老朽施設の建替え・長寿命化改修等を実施することとしている。

再犯防止等施策に関する基礎資料

1. 再犯の防止等の推進に関する法律（平成28年法律第104号）※

第一章　総則

（目的）

第一条　この法律は、国民の理解と協力を得つつ、犯罪をした者等の円滑な社会復帰を促進すること等による再犯の防止等が犯罪対策において重要であることに鑑み、再犯の防止等に関する施策に関し、基本理念を定め、国及び地方公共団体の責務を明らかにするとともに、再犯の防止等に関する施策の基本となる事項を定めることにより、再犯の防止等に関する施策を総合的かつ計画的に推進し、もって国民が犯罪による被害を受けることを防止し、安全で安心して暮らせる社会の実現に寄与することを目的とする。

（定義）

第二条　この法律において「犯罪をした者等」とは、犯罪をした者又は非行少年（非行のある少年をいう。以下同じ。）若しくは非行少年であった者をいう。

2　この法律において「再犯の防止等」とは、犯罪をした者等が犯罪をすることを防ぐこと（非行少年の非行をなくすこと及び非行少年であった者が再び非行少年となることを防ぐことを含む。）をいう。

（基本理念）

第三条　再犯の防止等に関する施策は、犯罪をした者等の多くが安定した職業に就くこと及び住居を確保することができないこと等のために円滑な社会復帰をすることが困難な状況にあることを踏まえ、犯罪をした者等が、社会において孤立することなく、国民の理解と協力を得て再び社会を構成する一員となることを支援することにより、犯罪をした者等が円滑に社会に復帰することができるようにすることを旨として、講ぜられるものとする。

2　再犯の防止等に関する施策は、犯罪をした者等が、その特性に応じ、矯正施設（刑務所、少年刑務所、拘置所、少年院、少年鑑別所及び婦人補導院をいう。以下同じ。）に収容されている間のみならず、社会に復帰した後も途切れることなく、必要な指導及び支援を受けられるよう、矯正施設における適切な収容及び処遇のための施策と職業及び住居の確保に係る支援をはじめとする円滑な社会復帰のための施策との有機的な連携を図りつつ、関係行政機関の相互の密接な連携の下に、総合的に講ぜられるものとする。

3　再犯の防止等に関する施策は、犯罪をした者等が、犯罪の責任等を自覚すること及び被害者等の心情を理解すること並びに自ら社会復帰のために努力することが、再犯の防止等に重要であるとの認識の下に、講ぜられるものとする。

4　再犯の防止等に関する施策は、犯罪及び非行の実態、再犯の防止等に関する各般の施策の有効性等に関する調査研究の成果等を踏まえ、効果的に講ぜられるものとする。

（国等の責務）

第四条　国は、前条の基本理念（次項において「基本理念」という。）にのっとり、再犯の防止等に関する施策を総合的に策定し、及び実施する責務を有する。

2　地方公共団体は、基本理念にのっとり、再犯の防止等に関し、国との適切な役割分担を踏まえて、その地方公共団体の地域の状況に応じた施策を策定し、及び実施する責務を有する。

（連携、情報の提供等）

第五条　国及び地方公共団体は、再犯の防止等に関する施策が円滑に実施されるよう、相互に連携を図らなければならない。

2　国及び地方公共団体は、再犯の防止等に関する施策の実施に当たっては、再犯の防止等に関する活動を行う民間の団体その他の関係者との緊密な連携協力の確保に努めなければならない。

3　国及び地方公共団体は、再犯の防止等に関する施策の実施に当たっては、再犯の防止等に関する

活動を行う民間の団体その他の関係者に対して必要な情報を適切に提供するものとする。

4 再犯の防止等に関する活動を行う民間の団体その他の関係者は、前項の規定により提供を受けた犯罪をした者等の個人情報その他の犯罪をした者等の個人情報を適切に取り扱わなければならない。

（再犯防止啓発月間）

第六条 国民の間に広く再犯の防止等についての関心と理解を深めるため、再犯防止啓発月間を設ける。

2 再犯防止啓発月間は、七月とする。

3 国及び地方公共団体は、再犯防止啓発月間の趣旨にふさわしい事業が実施されるよう努めなければならない。

（再犯防止推進計画）

第七条 政府は、再犯の防止等に関する施策の総合的かつ計画的な推進を図るため、再犯の防止等に関する施策の推進に関する計画（以下「再犯防止推進計画」という。）を定めなければならない。

2 再犯防止推進計画は、次に掲げる事項について定めるものとする。

一 再犯の防止等に関する施策の推進に関する基本的な事項

二 再犯の防止等に向けた教育及び職業訓練の充実に関する事項

三 犯罪をした者等の社会における職業及び住居の確保並びに保健医療サービス及び福祉サービスの利用に係る支援に関する事項

四 矯正施設における収容及び処遇並びに保護観察に関する体制その他の関係機関における体制の整備に関する事項

五 その他再犯の防止等に関する施策の推進に関する重要事項

3 法務大臣は、再犯防止推進計画の案を作成し、閣議の決定を求めなければならない。

4 法務大臣は、再犯防止推進計画の案を作成しようとするときは、あらかじめ、関係行政機関の長と協議しなければならない。

5 法務大臣は、第三項の規定による閣議の決定があったときは、遅滞なく、再犯防止推進計画を公表しなければならない。

6 政府は、少なくとも五年ごとに、再犯防止推進計画に検討を加え、必要があると認めるときは、これを変更しなければならない。

7 第三項から第五項までの規定は、再犯防止推進計画の変更について準用する。

（地方再犯防止推進計画）

第八条 都道府県及び市町村は、再犯防止推進計画を勘案して、当該都道府県又は市町村における再犯の防止等に関する施策の推進に関する計画（次項において「地方再犯防止推進計画」という。）を定めるよう努めなければならない。

2 都道府県及び市町村は、地方再犯防止推進計画を定め、又は変更したときは、遅滞なく、これを公表するよう努めなければならない。

（法制上の措置等）

第九条 政府は、この法律の目的を達成するため、必要な法制上、財政上又は税制上の措置その他の措置を講じなければならない。

（年次報告）

第十条 政府は、毎年、国会に、政府が講じた再犯の防止等に関する施策についての報告を提出しなければならない。

　　第二章　基本的施策

第一節　国の施策

（特性に応じた指導及び支援等）

第十一条　国は、犯罪をした者等に対する指導及び支援については、矯正施設内及び社会内を通じ、指導及び支援の内容に応じ、犯罪をした者等の犯罪又は非行の内容、犯罪及び非行の経歴その他の経歴、性格、年齢、心身の状況、家庭環境、交友関係、経済的な状況その他の特性を踏まえて行うものとする。

2　国は、犯罪をした者等に対する指導については、犯罪の責任等の自覚及び被害者等の心情の理解を促すとともに、円滑な社会復帰に資するものとなるように留意しなければならない。

（就労の支援）

第十二条　国は、犯罪をした者等が自立した生活を営むことができるよう、その就労を支援するため、犯罪をした者等に対し、その勤労意欲を高め、これに職業上有用な知識及び技能を習得させる作業の矯正施設における実施、矯正施設内及び社会内を通じた職業に関する免許又は資格の取得を目的とする訓練その他の効果的な職業訓練等の実施、就職のあっせん並びに就労及びその継続に関する相談及び助言等必要な施策を講ずるものとする。

（非行少年等に対する支援）

第十三条　国は、少年が可塑性に富む等の特性を有することに鑑み、非行少年及び非行少年であった者が、早期に立ち直り、善良な社会の一員として自立し、改善更生することを助けるため、少年院、少年鑑別所、保護観察所等の関係機関と学校、家庭、地域社会及び民間の団体等が連携した指導及び支援、それらの者の能力に応じた教育を受けられるようにするための教育上必要な支援等必要な施策を講ずるものとする。

（就業の機会の確保等）

第十四条　国は、国を当事者の一方とする契約で国以外の者のする工事の完成若しくは作業その他の役務の給付又は物品の納入に対し国が対価の支払をすべきものを締結するに当たって予算の適正な使用に留意しつつ協力雇用主（犯罪をした者等の自立及び社会復帰に協力することを目的として、犯罪をした者等を雇用し、又は雇用しようとする事業主をいう。第二十三条において同じ。）の受注の機会の増大を図るよう配慮すること、犯罪をした者等の国による雇用の推進その他犯罪をした者等の就業の機会の確保及び就業の継続を図るために必要な施策を講ずるものとする。

（住居の確保等）

第十五条　国は、犯罪をした者等のうち適切な住居、食事その他の健全な社会生活を営むために必要な手段を確保することができないことによりその改善更生が妨げられるおそれのある者の自立を支援するため、その自助の責任を踏まえつつ、宿泊場所の供与、食事の提供等必要な施策を講ずるとともに、犯罪をした者等が地域において生活を営むための住居を確保することを支援するため、公営住宅（公営住宅法（昭和二十六年法律第百九十三号）第二条第二号に規定する公営住宅をいう。）への入居における犯罪をした者等への特別の配慮等必要な施策を講ずるものとする。

（更生保護施設に対する援助）

第十六条　国は、犯罪をした者等の宿泊場所の確保及びその改善更生に資するよう、更生保護施設の整備及び運営に関し、財政上の措置、情報の提供等必要な施策を講ずるものとする。

（保健医療サービス及び福祉サービスの提供）

第十七条　国は、犯罪をした者等のうち高齢者、障害者等であって自立した生活を営む上での困難を有するもの及び薬物等に対する依存がある者等について、その心身の状況に応じた適切な保健医療サービス及び福祉サービスが提供されるよう、医療、保健、福祉等に関する業務を行う関係機関における体制の整備及び充実を図るために必要な施策を講ずるとともに、当該関係機関と矯正施設、保護観察所及び民間の団体との連携の強化に必要な施策を講ずるものとする。

（関係機関における体制の整備等）

第十八条　国は、犯罪をした者等に対し充実した指導及び支援を行うため、関係機関における体制を整備するとともに、再犯の防止等に係る人材の確保、養成及び資質の向上のために必要な施策を講

ずるものとする。

　（再犯防止関係施設の整備）

第十九条　国は、再犯防止関係施設（矯正施設その他再犯の防止等に関する施策を実施する施設をいう。以下この条において同じ。）が再犯の防止等に関する施策の推進のための重要な基盤であることに鑑み、再犯防止関係施設の整備を推進するために必要な施策を講ずるものとする。

　（情報の共有、検証、調査研究の推進等）

第二十条　国は、再犯の防止等に関する施策の効果的な実施に資するよう、関係機関が保有する再犯の防止等に資する情報を共有し、再犯の防止等に関する施策の実施状況及びその効果を検証し、並びに犯罪をした者等の再犯の防止等を図る上で効果的な処遇の在り方等に関する調査及び研究を推進するとともに、それらの結果等を踏まえて再犯の防止等に関する施策の在り方について検討する等必要な施策を講ずるものとする。

　（社会内における適切な指導及び支援）

第二十一条　国は、犯罪をした者等のうち社会内において適切な指導及び支援を受けることが再犯の防止等に有効であると認められる者について、矯正施設における処遇を経ないで、又は一定期間の矯正施設における処遇に引き続き、社会内において指導及び支援を早期かつ効果的に受けることができるよう、必要な施策を講ずるものとする。

　（国民の理解の増進及び表彰）

第二十二条　国は、再犯の防止等に関する施策の重要性について、国民の理解を深め、その協力を得られるよう必要な施策を講ずるものとする。

2　国は、再犯の防止等の推進に寄与した民間の団体及び個人の表彰に努めるものとする。

　（民間の団体等に対する援助）

第二十三条　国は、保護司会及び協力雇用主その他民間の団体又は個人の再犯の防止等に関する活動の促進を図るため、財政上又は税制上の措置等必要な施策を講ずるものとする。

第二節　地方公共団体の施策

第二十四条　地方公共団体は、国との適切な役割分担を踏まえて、その地方公共団体の地域の状況に応じ、前節に規定する施策を講ずるように努めなければならない。

　　　附　則

　（施行期日）

1　この法律は、公布の日から施行する。

　（検討）

2　国は、この法律の施行後五年を目途として、この法律の施行の状況について検討を加え、その結果に基づいて必要な措置を講ずるものとする。

　　　附　則　（令和四年五月二五日法律第五二号）　抄

　（施行期日）

第一条　この法律は、令和六年四月一日から施行する。ただし、次の各号に掲げる規定は、当該各号に定める日から施行する。

一　次条並びに附則第三条、第五条及び第三十八条の規定　公布の日

　（政令への委任）

第三十八条　この附則に定めるもののほか、この法律の施行に関し必要な経過措置は、政令で定める。

※　再犯の防止等の推進に関する法律の概要
　　https://www.moj.go.jp/content/001323307.pdf

2. 再犯防止推進計画（平成29年12月15日閣議決定）※1

Ⅰ 再犯防止推進計画策定の目的

第1 再犯防止のための諸施策における再犯防止推進計画の位置付け

〔再犯の現状と再犯防止対策の必要性・重要性〕

　我が国の刑法犯の認知件数は平成8年以降毎年戦後最多を記録し、平成14年にピークを迎えた。これを受け、政府は国民の安全・安心な暮らしを守るべく、平成15年に犯罪対策閣僚会議を設置し、主に犯罪の抑止を喫緊の課題として様々な取組を進めた。その結果、平成15年以降刑法犯の認知件数は14年連続で減少し、平成28年は戦後最少となった。

　他方で、刑法犯により検挙された再犯者については、平成18年をピークとして、その後は漸減状態にあるものの、それを上回るペースで初犯者の人員も減少し続けているため、検挙人員に占める再犯者の人員の比率（以下「再犯者率」という。）は一貫して上昇し続け、平成28年には現在と同様の統計を取り始めた昭和47年以降最も高い48.7パーセントとなった。

　平成19年版犯罪白書は、戦後約60年間にわたる犯歴記録の分析結果等を基に、全検挙者のうちの約3割に当たる再犯者によって約6割の犯罪が行われていること、再犯者による罪は窃盗、傷害及び覚せい剤取締法違反が多いこと、刑事司法関係機関がそれぞれ再犯防止という刑事政策上の目的を強く意識し、相互に連携して職務を遂行することはもとより、就労、教育、保健医療・福祉等関係機関や民間団体等とも密接に連携する必要があること、犯罪者の更生に対する国民や地域社会の理解を促進していく必要があることを示し、国民が安全・安心に暮らすことができる社会の実現の観点から、再犯防止対策を推進する必要性と重要性を指摘した。

〔政府におけるこれまでの再犯防止に向けた取組〕

　再犯防止対策の必要性・重要性が認識されるようになったことを受け、平成24年7月には、再犯の防止は政府一丸となって取り組むべき喫緊の課題という認識の下、犯罪対策閣僚会議において、我が国の刑事政策に初めて数値目標を盛り込んだ「再犯防止に向けた総合対策」※2（以下「総合対策」という。）を決定した。総合対策においては、「出所等した年を含む2年間における刑務所等に再入所する者の割合（以下「2年以内再入率」という。）を平成33年までに20パーセント以上減少させる。」という数値目標を設定した。

　平成25年12月には、平成32年（2020年）のオリンピック・パラリンピック東京大会の開催に向け、犯罪の繰り返しを食い止める再犯防止対策の推進も盛り込んだ「「世界一安全な日本」創造戦略」を閣議決定した。

　平成26年12月には、犯罪対策閣僚会議において、「宣言：犯罪に戻らない・戻さない～立ち直りをみんなで支える明るい社会へ～」※3（以下「宣言」という。）を決定した。宣言においては、「平成32年（2020年）までに、犯罪や非行をした者の事情を理解した上で雇用している企業の数を現在（平成26年）の3倍にする。」、「平成32年（2020年）までに、帰るべき場所がないまま刑務所から社会に戻る者の数を3割以上減少させる。」という数値目標を設定した。

※1　「再犯防止推進計画」概要版
　　　https://www.moj.go.jp/content/001322220.pdf

※2　「再犯防止に向けた総合対策」
　　　https://www.moj.go.jp/hisho/seisakuhyouka/hisho04_00020.html

※3　宣言：犯罪に戻らない・戻さない～立ち直りをみんなで支える明るい社会へ～
　　　https://www.moj.go.jp/hisho/seisakuhyouka/hisho04_00026.html

　平成28年7月には、犯罪対策閣僚会議において、薬物依存者や犯罪をした高齢者又は障害のある者等に対して刑事司法のあらゆる段階のみならず、刑事司法手続終了後を含めた「息の長い」支援の実施を盛り込んだ「薬物依存者・高齢犯罪者等の再犯防止緊急対策～立ち直りに向けた"息の長い"支援につながるネットワーク構築～」※4（以下「緊急対策」という。）を決定した。

　さらに、国民の安全と安心を確保することは、我が国の経済活性化の基盤であるとの観点から、平成17年6月に閣議決定した「経済財政運営と構造改革に関する基本方針2005」（いわゆる「骨太の方針」）に、初めて「再犯の防止」を盛り込んで以降、「骨太の方針2017」まで継続して「再犯防止対策」を盛り込んできた。

　こうした取組により、「総合対策」及び「宣言」において設定された各数値目標の達成は道半ばではあるものの、2年以内再入率が減少するなど、相当の成果が認められた。

〔再犯防止に向けた取組の課題〕

　再犯の防止等のためには、犯罪等を未然に防止する取組を着実に実施することに加え、捜査・公判を適切に運用することを通じて適正な科刑を実現することはもとより、犯罪をした者等が、犯罪の責任等を自覚すること及び犯罪被害者の心情等を理解すること並びに自ら社会復帰のために努力することが重要であることはいうまでもない。刑事司法関係機関はこれらを支える取組を実施してきたが、刑事司法関係機関による取組のみではその内容や範囲に限界が生じている。こうした中、貧困や疾病、嗜癖、障害、厳しい生育環境、不十分な学歴など様々な生きづらさを抱える犯罪をした者等が地域社会で孤立しないための「息の長い」支援等刑事司法関係機関のみによる取組を超えた政府・地方公共団体・民間協力者が一丸となった取組を実施する必要性が指摘されるようになった。これを受け、最良の刑事政策としての最良の社会政策を実施すべく、これまでの刑事司法関係機関による取組を真摯に見直すことはもとより、国、地方公共団体、再犯の防止等に関する活動を行う民間の団体その他の関係者が緊密に連携協力して総合的に施策を講じることが課題として認識されるようになった。また、再犯の防止等に関する取組は、平成32年（2020年）に我が国において開催される第14回国際連合犯罪防止刑事司法会議（コングレス）の重要論点の一つとして位置付けられるなど、国際社会においても重要な課題として認識されている。

〔再犯の防止等の推進に関する法律の制定と再犯防止推進計画の策定〕

　そのような中、平成28年12月、再犯の防止等に関する国及び地方公共団体の責務を明らかにするとともに、再犯の防止等に関する施策を総合的かつ計画的に推進していく基本事項を示した「再犯の防止等の推進に関する法律」（平成28年法律第104号、以下「推進法」という。）が制定され、同月に施行された。推進法において、政府は、再犯の防止等に関する施策の総合的かつ計画的な推進を図るため、再犯防止推進計画（以下「推進計画」という。）を策定するとされた。

　政府は、推進法の施行を受け、平成28年12月に犯罪対策閣僚会議の下に新たに法務大臣が議長を務め、関係省庁の局長等を構成員とする「再犯防止対策推進会議」を閣議口頭了解により設置した。また、平成29年2月には、推進計画案の具体的内容を検討する場として、法務副大臣を議長とし、関係省庁の課長等や外部有識者を構成員とする「再犯防止推進計画等検討会」（以下「検討会」という。）を設置し、検討会における計9回にわたる議論等を経て、推進計画の案を取りまとめ、ここに推進計画を定めるに至った。

※4　薬物依存者・高齢犯罪者等の再犯防止緊急対策～立ち直りに向けた"息の長い"支援につなげるネットワーク構築～
　　 https://www.moj.go.jp/hisho/seisakuhyouka/hisho04_00048.html

第2　基本方針

　基本方針は、犯罪をした者等が、円滑に社会の一員として復帰することができるようにすることで、国民が犯罪による被害を受けることを防止し、安全で安心して暮らせる社会の実現に寄与するという目的を達成するために、個々の施策の策定・実施や連携に際し、実施者が目指すべき方向・視点を示すものである。

　推進法は、第3条において「基本理念」を掲げているところであり、施策の実施者が目指すべき方向・視点は、この基本理念を踏まえて設定すべきである。

　そこで、推進法第3条に掲げられた基本理念を基に、以下の5つの基本方針を設定する。

〔5つの基本方針〕

① 　犯罪をした者等が、多様化が進む社会において孤立することなく、再び社会を構成する一員となることができるよう、あらゆる者と共に歩む「誰一人取り残さない」社会の実現に向け、関係行政機関が相互に緊密な連携をしつつ、地方公共団体・民間の団体その他の関係者との緊密な連携協力をも確保し、再犯の防止等に関する施策を総合的に推進すること。

② 　犯罪をした者等が、その特性に応じ、刑事司法手続のあらゆる段階において、切れ目なく、再犯を防止するために必要な指導及び支援を受けられるようにすること。

③ 　再犯の防止等に関する施策は、生命を奪われる、身体的・精神的苦痛を負わされる、あるいは財産的被害を負わされるといった被害に加え、それらに劣らぬ事後的な精神的苦痛・不安にさいなまれる犯罪被害者等が存在することを十分に認識して行うとともに、犯罪をした者等が、犯罪の責任等を自覚し、犯罪被害者の心情等を理解し、自ら社会復帰のために努力することの重要性を踏まえて行うこと。

④ 　再犯の防止等に関する施策は、犯罪及び非行の実態、効果検証及び調査研究の成果等を踏まえ、必要に応じて再犯の防止等に関する活動を行う民間の団体その他の関係者から意見聴取するなどして見直しを行い、社会情勢等に応じた効果的なものとすること。

⑤ 　国民にとって再犯の防止等に関する施策は身近なものではないという現状を十分に認識し、更生の意欲を有する犯罪をした者等が、責任ある社会の構成員として受け入れられるよう、再犯の防止等に関する取組を、分かりやすく効果的に広報するなどして、広く国民の関心と理解が得られるものとしていくこと。

第3　重点課題

　再犯防止施策は、極めて多岐にわたるが、推進法第2章が規定する基本的施策に基づき、以下に掲げる7つの課題に整理した。これらの課題は相互に密接に関係していることから、関係府省庁が施策を実施するに当たっては、各課題に対する当該施策の位置付けを明確に認識することはもとより、施策間の有機的関連を意識しつつ総合的な視点で取り組んでいく必要がある。

〔7つの重点課題〕

① 　就労・住居の確保等

② 　保健医療・福祉サービスの利用の促進等

③ 　学校等と連携した修学支援の実施等

④ 　犯罪をした者等の特性に応じた効果的な指導の実施等

⑤ 　民間協力者の活動の促進等、広報・啓発活動の推進等

⑥ 　地方公共団体との連携強化等

⑦ 　関係機関の人的・物的体制の整備等

第4　計画期間と迅速な実施

　推進法第７条第６項が、少なくとも５年ごとに、再犯防止推進計画に検討を加えることとしていることから、計画期間は、平成30年度から平成34年度末までの５年間とする。

　推進計画に盛り込まれた個々の施策のうち、実施可能なものは速やかに実施することとする。これらの施策のうち、実施のための検討を要するものについては、本推進計画において検討の方向性を明示しているので、単独の省庁で行うものについては原則１年以内に、複数省庁にまたがるものや大きな制度改正を必要とするものは原則２年以内に結論を出し、それぞれ、その結論に基づき施策を実施することとする。

　推進計画に盛り込まれた施策については、犯罪対策閣僚会議の下に設置された再犯防止対策推進会議において、定期的に施策の進捗状況を確認するとともに、施策の実施の推進を図ることとする。

　また、「総合対策」及び「宣言」において設定された各数値目標については、推進計画に盛り込まれた施策の速やかな実施により、その確実な達成を図る。

Ⅱ　今後取り組んでいく施策

第1　再犯の防止等に関する施策の指標

１．再犯の防止等に関する施策の成果指標

○　刑法犯検挙者中の再犯者数及び再犯者率

（出典：警察庁・犯罪統計）

基準値110,306人・48.7%（平成28年）

○　新受刑者中の再入者数及び再入者率

（出典：法務省・矯正統計年報）

基準値12,179人・59.5%（平成28年）

○　出所受刑者の２年以内再入者数及び２年以内再入率

（出典：法務省調査）

基準値4,225人・18.0%（平成27年出所受刑者）

○　主な罪名（覚せい剤取締法違反、性犯罪（強制性交等・強姦・強制わいせつ）、傷害・暴行、窃盗）・特性（高齢（65歳以上）、女性、少年）別２年以内再入率

（出典：法務省調査）

基準値（覚せい剤取締法違反、性犯罪、傷害・暴行、窃盗）

19.2%・6.3%・16.2%・23.2%（平成27年出所受刑者）

基準値（高齢、女性）

23.2%・12.6%（平成27年出所受刑者）

基準値（少年）

11.0%（平成27年少年院出院者）

２．再犯の防止等に関する施策の動向を把握するための参考指標

（１）就労・住居の確保等関係

○　刑務所出所者等総合的就労支援対策の対象者のうち、就職した者の数及びその割合

（出典：厚生労働省調査）

基準値2,790人・37.4%（平成28年度）

○　協力雇用主数、実際に雇用している協力雇用主数及び協力雇用主に雇用されている刑務所出所者等数

（出典：法務省調査）

基準値18,555社・774社・1,204人（平成29年4月1日現在）

○　保護観察終了時に無職である者の数及びその割合

（出典：法務省・保護統計年報）

基準値6,864人・22.1%（平成28年）

○　刑務所出所時に帰住先がない者の数及びその割合

（出典：法務省・矯正統計年報）

基準値4,739人・20.7%（平成28年）

○　更生保護施設及び自立準備ホームにおいて一時的に居場所を確保した者の数

（出典：法務省調査）

基準値11,132人（平成28年）

（2）保健医療・福祉サービスの利用の促進等関係

○　特別調整により福祉サービス等の利用に向けた調整を行った者の数

（出典：法務省調査）

基準値704人（平成28年度）

○　薬物事犯保護観察対象者のうち、保健医療機関等による治療・支援を受けた者の数及びその割合

（出典：法務省調査）

基準値333人・4.4%（平成28年度）

（3）学校等と連携した修学支援の実施等関係

○　少年院において修学支援を実施し、出院時点で復学・進学を希望する者のうち、出院時又は保護観察中に復学・進学決定した者の数及び復学・進学決定率

（出典：法務省調査）

基準値　−

○　上記により復学・進学決定した者のうち、保護観察期間中に高等学校等を卒業した者又は保護観察終了時に高等学校等に在学している者の数及びその割合

（出典：法務省調査）

基準値　−

○　矯正施設における高等学校卒業程度認定試験の受験者数、合格者数及び合格率

（出典：文部科学省調査）

基準値（受験者数・合格者数・合格率）

1,049人・375人・35.7%（平成28年度）

基準値（受験者数・1以上の科目に合格した者の数・合格率）

1,049人・990人・94.4%（平成28年度）

（4）民間協力者の活動の促進等、広報・啓発活動の推進等関係

○　保護司数及び保護司充足率

（出典：法務省調査）

基準値47,909人・91.3%（平成29年1月1日）

○　"社会を明るくする運動" 行事参加人数

（出典：法務省調査）

基準値2,833,914人（平成28年）

（5）地方公共団体との連携強化等関係

○　地方再犯防止推進計画を策定している地方公共団体の数及びその割合

（出典：法務省調査）

基準値　－

第2　就労・住居の確保等のための取組（推進法第12条、第14条、第15条、第16条、第21条関係）
1．就労の確保等
（1）現状認識と課題等

　刑務所に再び入所した者のうち約7割が、再犯時に無職であった者となっている。また、仕事に就いていない者の再犯率は、仕事に就いている者の再犯率と比べて約3倍と高く、不安定な就労が再犯リスクとなっていることが明らかになっている。

　政府においては、「宣言」に基づき、矯正施設における社会のニーズに合った職業訓練・指導の実施、矯正就労支援情報センター室（通称「コレワーク」）の設置を始めとする矯正施設・保護観察所・ハローワークが連携した求人・求職のマッチングの強化、協力雇用主の開拓・拡大、刑務所出所者等就労奨励金制度の導入、国による保護観察対象者の雇用等の様々な施策に取り組んできた。

　しかしながら、前科等があることに加え、求職活動を行う上で必要な知識・資格等を有していないなどのために求職活動が円滑に進まない場合があること、社会人としてのマナーや対人関係の形成や維持のために必要な能力を身に付けていないなどのために職場での人間関係を十分に構築できない、あるいは自らの能力に応じた適切な職業選択ができないなどにより、一旦就職しても離職してしまう場合があること、協力雇用主となりながらも実際の雇用に結びついていない企業等が多いこと、犯罪をした者等の中には、障害の程度が福祉的支援を受けられる程度ではないものの、一般就労をすることも難しい者が少なからず存在することなどの課題がある。

（2）具体的施策
①　職業適性の把握と就労につながる知識・技能等の習得
ア　職業適性等の把握【施策番号1】

　法務省は、厚生労働省の協力を得て、就労意欲や職業適性等を把握するためのアセスメントを適切に実施する。【法務省、厚生労働省】

イ　就労に必要な基礎的能力等の習得に向けた指導・支援【施策番号2】

　法務省は、厚生労働省の協力を得て、矯正施設における協力雇用主、生活困窮者自立支援法における就労準備支援事業や認定就労訓練事業を行う者等と連携した職業講話、社会貢献作業等を実施する。また、矯正施設及び保護観察所において、コミュニケーションスキルの付与やビジネスマナーの体得を目的とした指導・訓練を行うなど、犯罪をした者等の勤労意欲の喚起及び就職に必要な知識・技能等の習得を図るための指導及び支援の充実を図る。【法務省、厚生労働省】

ウ　矯正施設における職業訓練等の充実【施策番号3】

　法務省は、各矯正施設において、需要が見込まれる分野に必要な技能の習得を意識した効果的な職業訓練等を行うため、総務省及び厚生労働省の協力を得て、矯正施設、保護観察所のほか、地方公共団体、都道府県労働局、地域の経済団体、協力雇用主、各種職業能力開発施設、専門教育機関等が参画する協議会等を開催し、各矯正施設における職業訓練等の方針、訓練科目、訓練方法等について検討する。その結論を踏まえ、矯正施設職員に対する研修を充実させること、矯正施設における職業訓練等に上記の関係機関等が参画することを推進すること等を

通じて、矯正施設における職業訓練等の実施体制の強化を図るとともに、矯正施設が所在する地域の理解・支援を得て、外部通勤制度や外出・外泊等を積極的に活用し、受刑者等に矯正施設の外で実施される職業訓練を受講させたり、協力雇用主等を訪問させたりすることを可能とする取組を推進する。【総務省、法務省、厚生労働省】

エ　資格制限等の見直し【施策番号4】

法務省は、犯罪をした者等の就労の促進の観点から需要が見込まれる業種に関し、前科があることによる就業や資格取得の制限の在り方について検討を行い、2年以内を目途に結論を出し、その結論に基づき、各府省は、所管の該当する資格制限等について、当該制限の見直しの要否を検討し、必要に応じた措置を実施する。【各府省】

②　就職に向けた相談・支援等の充実

ア　刑務所出所者等総合的就労支援を中心とした就労支援の充実【施策番号5】

法務省及び厚生労働省は、適切な就労先の確保に向けた生活環境の調整、ハローワーク相談員の矯正施設への駐在や更生保護施設への協力の拡大、更生保護就労支援事業の活用など、矯正施設、保護観察所及びハローワークの連携による一貫した就労支援対策の一層の充実を図る。また、法務省及び国土交通省は、矯正施設及び地方運輸局等の連携による就労支援対策についても、一層の充実を図る。【法務省、厚生労働省、国土交通省】

イ　非行少年に対する就労支援【施策番号6】

警察庁は、非行少年を生まない社会づくりの活動の一環として少年サポートセンター（都道府県警察に設置し、少年補導職員を中心に非行防止に向けた取組を実施）等が行う就労を希望する少年に対する立ち直り支援について、都道府県警察に対する指導や好事例の紹介等を通じ、少年の就職や就労継続に向けた支援の充実を図る。【警察庁】

③　新たな協力雇用主の開拓・確保

ア　企業等に対する働き掛けの強化【施策番号7】

法務省は、警察庁及び厚生労働省の協力を得て、協力雇用主の要件や登録の在り方を整理するとともに、矯正施設及び保護観察所において、企業等に対し、協力雇用主の意義や、コレワークの機能、刑務所出所者等就労奨励金制度等の協力雇用主に対する支援制度に関する説明を行うなど、適切な協力雇用主の確保に向けた企業等への働き掛けを強化する。【警察庁、法務省、厚生労働省】

イ　各種事業者団体に対する広報・啓発【施策番号8】

総務省、厚生労働省、農林水産省、経済産業省及び国土交通省は、法務省の協力を得て、関係する各種事業者団体に対し、所属する企業等に対する広報・啓発を依頼するなどして、協力雇用主の拡大に向け、協力雇用主の活動の意義や協力雇用主に対する支援制度についての積極的な広報・啓発活動を推進する。【総務省、法務省、厚生労働省、農林水産省、経済産業省、国土交通省】

ウ　多様な業種の協力雇用主の確保【施策番号9】

法務省は、総務省、厚生労働省、農林水産省、経済産業省及び国土交通省の協力を得て、協力雇用主として活動している企業等の業種に大きな偏りがあることを踏まえ、これまで協力雇用主のいない業種を含め多様な業種の協力雇用主の確保に努める。また、刑務所出所者等を農

業の担い手に育成する就業支援センター等の取組が成果を挙げていることを踏まえ、農業を始め刑務所出所者等の改善更生に有用と考えられる業種の協力雇用主の確保に向けた取組の強化を図る。【総務省、法務省、厚生労働省、農林水産省、経済産業省、国土交通省】

④ 協力雇用主の活動に対する支援の充実

ア 協力雇用主等に対する情報提供【施策番号10】

法務省は、コレワークにおいて、協力雇用主等に対して、受刑者等が矯正施設在所中に習得・取得可能な技能・資格を紹介するとともに、協力雇用主等の雇用ニーズに合う受刑者等が在所する矯正施設の紹介や、職業訓練等の見学会の案内をするほか、総務省、厚生労働省、農林水産省、経済産業省及び国土交通省の協力を得て、協力雇用主の活動を支援する施策の周知を図るなど、協力雇用主等に対する情報提供の充実を図る。また、個人情報等の適切な取扱いに十分配慮しつつ、犯罪をした者等の就労に必要な個人情報を適切に提供していく。【総務省、法務省、厚生労働省、農林水産省、経済産業省、国土交通省】

イ 協力雇用主の不安・負担の軽減【施策番号11】

法務省は、身元保証制度や刑務所出所者等就労奨励金制度の活用、協力雇用主に対する助言など、犯罪をした者等を雇用しようとする協力雇用主の不安や負担を軽減するための支援の充実を図る。【法務省】

ウ 住居を確保できない者を雇用しようとする協力雇用主に対する支援【施策番号12】

法務省は、住込就労が可能な協力雇用主に対する支援の充実を図るとともに、犯罪をした者等を雇用しようとする協力雇用主がいても、犯罪をした者等が、その通勤圏内に住居を確保できず、就職できない場合があることを踏まえ、就労・住居の確保等のための取組を一体的に実施するなど、通勤圏内に住居を確保できない犯罪をした者等を雇用しようとする協力雇用主に対する支援の充実を図る。【法務省】

エ 協力雇用主に関する情報の適切な共有【施策番号13】

法務省は、各府省における協力雇用主に対する支援の円滑かつ適切な実施に資するよう、各府省に対して、協力雇用主に関する情報を適時適切に提供する。【法務省】

⑤ 犯罪をした者等を雇用する企業等の社会的評価の向上等

ア 国による雇用等【施策番号14】

法務省は、保護観察対象者を非常勤職員として雇用する取組事例を踏まえ、犯罪をした者等の国による雇用等を更に推進するための指針について検討を行い、2年以内を目途に結論を出し、その結論に基づき、各府省は、各府省における業務の特性や実情等を勘案し、その雇用等に努める。【各府省】

イ 協力雇用主の受注の機会の増大【施策番号15】

法務省は、公共調達において、協力雇用主の受注の機会の増大を図る指針について検討を行い、2年以内を目途に結論を出し、その結論に基づき、各府省は、対象となる公共調達の本来達成すべき目的が阻害されないよう留意しつつ、協力雇用主の受注の機会の増大を図るための取組の推進に配慮する。【各府省】

ウ　補助金の活用【施策番号 16】

　　法務省は、補助金の本来達成すべき目的を阻害しない範囲内で、協力雇用主の活動に資する補助金の活用指針について検討を行い、2年以内を目途に結論を出し、各府省は、その結論に基づく取組の推進に配慮する。【各府省】

エ　協力雇用主に対する栄典【施策番号 17】

　　内閣府は、協力雇用主に対する栄典の授与に係る検討を行い、1年以内を目途に結論を出し、その結論に基づき施策を実施する。【内閣府】

⑥　就職後の職場定着に向けたフォローアップの充実
ア　就労した者の離職の防止【施策番号 18】

　　法務省及び厚生労働省は、矯正施設、保護観察所、更生保護施設、ハローワーク等において、就職した犯罪をした者等に対し、仕事や職場の人間関係の悩みなどを細かに把握し、適切な助言を行うなど、離職を防止するための支援の充実を図る。【法務省、厚生労働省】

イ　雇用した協力雇用主に対する継続的支援【施策番号 19】

　　法務省及び厚生労働省は、犯罪をした者等を雇用した協力雇用主の雇用に伴う不安や負担を細かに把握し、その協力雇用主に対し、雇用継続に向けた助言を行うなど、継続的な支援の充実を図る。【法務省、厚生労働省】

ウ　離職した者の再就職支援【施策番号 20】

　　法務省は、離職した犯罪をした者等を、積極的に雇用する協力雇用主のネットワークの構築を図る。また、法務省及び厚生労働省は、上記協力雇用主のネットワークとハローワークが連携するなどし、離職後の速やかな再就職に向けた犯罪をした者等と協力雇用主との円滑なマッチングを推進する。【法務省、厚生労働省】

⑦　一般就労と福祉的支援の狭間にある者の就労の確保
ア　受刑者等の特性に応じた刑務作業等の充実【施策番号 21】

　　法務省は、障害の程度が福祉的支援を受けられる程度ではないものの、一般就労をすることも難しい者や、就労に向けた訓練等が必要な者など、一般就労と福祉的支援の狭間にある者への対応が課題となっていることを踏まえ、受刑者等の特性に応じて刑務作業等の内容の一層の充実を図る。【法務省】

イ　障害者・生活困窮者等に対する就労支援の活用【施策番号 22】

　　法務省及び厚生労働省は、障害を有している犯罪をした者等が、その就労意欲や障害の程度等に応じて、障害者支援施策も活用しながら、一般の企業等への就労や、就労継続支援A型（雇用契約に基づく就労が可能である者に対して、雇用契約の締結等による就労の機会の提供等を行うもの）又は同B型（雇用契約に基づく就労が困難である者に対して、就労の機会の提供等を行うもの）事業における就労を実現できるよう取り組んでいく。また、生活が困窮していたり、軽度の障害を有しているなど、一般の企業等への就労が困難な犯罪をした者等に対しては、生活困窮者自立支援法（平成25年法律第105号）に基づく生活困窮者就労準備支援事業や生活困窮者就労訓練事業の積極的活用を図る。【法務省、厚生労働省】

ウ ソーシャルビジネスとの連携【施策番号23】

法務省は、障害者雇用における農福連携の取組等を参考に、厚生労働省、農林水産省及び経済産業省の協力を得て、高齢者・障害者の介護・福祉やホームレス支援、ニート等の若者支援といった社会的・地域的課題の解消に取り組む企業・団体等に、犯罪をした者等の雇用を働き掛けるなど、ソーシャルビジネスとの連携を推進する。【法務省、厚生労働省、農林水産省、経済産業省】

2．住居の確保等

（1）現状認識と課題等

刑務所満期出所者のうち約5割が適当な帰住先が確保されないまま刑務所を出所していること、これらの者の再犯に至るまでの期間が帰住先の確保されている者と比較して短くなっていることが明らかとなっている。適切な帰住先の確保は、地域社会において安定した生活を送るための大前提であって、再犯防止の上で最も重要であるといっても過言ではない。

政府においては、「宣言」に基づき、受刑者等の釈放後の生活環境の調整の充実や、親族等のもとに帰住することができない者の一時的な居場所となる更生保護施設の受入れ機能の強化、自立準備ホーム（あらかじめ保護観察所に登録した民間法人・団体等の事業者に、保護観察所が、宿泊場所の供与と自立のための生活指導のほか、必要に応じて食事の給与を委託する際の宿泊場所）の確保など、矯正施設出所後の帰住先の確保に向けた取組を進めてきた。

しかしながら、親族等のもとへ帰住できない者の割合も増加傾向にあることから、引き続き更生保護施設や自立準備ホームでの受入れを進める必要がある。また、更生保護施設には、かつての宿泊提供支援だけでなく、薬物依存症者その他の処遇困難者に対する処遇及び地域生活への移行支援が求められるなど、その役割が急激に拡大しており、更生保護施設における受入れ・処遇機能の強化の必要性が指摘されている。

加えて、更生保護施設や自立準備ホームはあくまで一時的な居場所であり、更生保護施設等退所後は地域に生活基盤を確保する必要があるが、身元保証人を得ることが困難であったり、家賃滞納歴等により民間家賃保証会社が利用できなかったりすることなどにより、適切な定住先を確保できないまま更生保護施設等から退所し、再犯等に至る者が存在することなどの課題がある。

（2）具体的施策

① 矯正施設在所中の生活環境の調整の充実

ア 帰住先確保に向けた迅速な調整【施策番号24】

法務省は、平成28年6月に施行された更生保護法（平成19年法律第88号）の一部改正に基づき、保護観察所が実施する受刑者等の釈放後の生活環境の調整における地方更生保護委員会の関与を強化し、受刑者等が必要とする保健医療・福祉サービスを受けることができる地域への帰住を調整するなど、適切な帰住先を迅速に確保するための取組の充実を図る。【法務省】

イ 受刑者等の親族等に対する支援【施策番号25】

法務省は、受刑者等とその親族等の交流において、必要のある者については、その関係の改善という点についても配慮するとともに、受刑者等の親族等に対して、受刑者等の出所に向けた相談支援等を実施する引受人会・保護者会を開催するなど、受刑者等の親族等に対する支援の充実を図る。【法務省】

② 更生保護施設等の一時的な居場所の充実

ア 更生保護施設における受入れ・処遇機能の充実【施策番号26】

法務省は、社会福祉法人等といった更生保護法人以外の者による整備を含め、更生保護施設の整備及び受入れ定員の拡大を着実に推進するほか、罪名、嗜癖等本人が抱える問題性や地域との関係により特に受入れが進みにくい者や処遇困難な者を更生保護施設で受け入れて、それぞれの問題に応じた処遇を行うための体制の整備を推進し、更生保護施設における受入れ及び処遇機能の充実を図る。【法務省】

イ 更生保護施設における処遇の基準等の見直し【施策番号27】

法務省は、高齢者又は障害のある者や薬物依存症者等を含めた更生保護施設入所者の自立を促進するため、更生保護事業の在り方の見直し（Ⅱ第6.1（2）③イ）と併せ、更生保護施設における処遇の基準等の見直しに向けた検討を行い、2年以内を目途に結論を出し、その結論に基づき所要の措置を講じる。【法務省】

ウ 自立準備ホームの確保と活用【施策番号28】

法務省は、厚生労働省及び国土交通省の協力を得て、専門性を有する社会福祉法人やNPO法人などに対する委託により一時的な居場所の確保等を推進するほか、空き家等の既存の住宅ストック等を活用するなどして多様な居場所である自立準備ホームの更なる確保を進めるとともに、各施設の特色に応じた活用を図る。【法務省、厚生労働省、国土交通省】

③ 地域社会における定住先の確保

ア 住居の確保を困難にしている要因の調査等【施策番号29】

法務省は、犯罪をした者等の住居の確保を困難にしている要因について調査を行い、1年以内を目途に結論を出し、その調査結果に基づき、身元保証制度の在り方の見直しを含め、必要に応じ、所要の施策を実施する。【法務省】

イ 住居の提供者に対する継続的支援の実施【施策番号30】

法務省は、保護観察対象者等であることを承知して住居を提供する者に対し、住居の提供に伴う不安や負担を細かに把握した上で、身元保証制度の活用を含めた必要な助言等を行うとともに、個人情報等の適切な取扱いに十分配慮しつつ、保護観察対象者等についての必要な個人情報を提供する。併せて、保護観察対象者等に対し、必要な指導等を行うなど、保護観察対象者等であることを承知して住居を提供する者に対する継続的支援を実施する。【法務省】

ウ 公営住宅への入居における特別な配慮【施策番号31】

国土交通省は、保護観察対象者等であることを承知して住居を提供する場合は、上記イの法務省による継続的支援が受けられることを踏まえ、保護観察対象者等が住居に困窮している状況や、地域の実情等に応じて、保護観察対象者等の公営住宅への入居を困難としている要件を緩和すること等について検討を行うよう、地方公共団体に要請する。また、矯正施設出所者については、通常、著しく所得の低い者として、公営住宅への優先入居の取扱いの対象に該当する旨を地方公共団体に周知・徹底する。【国土交通省】

エ 賃貸住宅の供給の促進【施策番号32】

法務省は、国土交通省の協力を得て、住宅確保要配慮者に対する賃貸住宅の供給の促進に関する法律（平成19年法律第112号）に基づき、犯罪をした者等のうち、同法第2条第1項が

規定する住宅確保要配慮者に該当する者に対して、賃貸住宅に関する情報の提供及び相談の実施に努めるとともに、保護観察対象者等であることを承知して住居を提供する場合は、上記イの法務省による継続的支援が受けられることを周知するなどして、その入居を拒まない賃貸人の開拓・確保に努める。【法務省、国土交通省】

オ　満期出所者に対する支援情報の提供等の充実【施策番号33】

　　　法務省は、帰住先を確保できないまま満期出所となる受刑者の再犯を防止するため、刑事施設において、受刑者に対し、更生緊急保護の制度や希望する地域の相談機関に関する情報を提供するとともに、保護観察所においては、更生緊急保護対象者に対し、地域の支援機関等についての適切かつ充実した情報の提供を行うとともに、必要に応じ、更生保護施設等の一時的な居場所の提供や定住先確保のための支援を行う。【法務省】

第3　保健医療・福祉サービスの利用の促進等のための取組（推進法第17条、第21条関係）

1．高齢者又は障害のある者等への支援等

（1）現状認識と課題等

　高齢者（65歳以上の者）が、出所後2年以内に刑務所に再び入所する割合は、全世代の中で最も高いほか、出所後5年以内に再び刑務所に入所した高齢者のうち、約4割の者が出所後6か月未満という極めて短期間で再犯に至っている。また、知的障害のある受刑者についても、全般的に再犯に至るまでの期間が短いことが明らかとなっている。

　政府においては、矯正施設出所者等に対する支援（出口支援）の一つとして、受刑者等のうち、適当な帰住先が確保されていない高齢者又は障害のある者等が、矯正施設出所後に、社会福祉施設への入所等の福祉サービスを円滑に利用できるようにするため、地域生活定着支援センターの設置や、矯正施設及び更生保護施設への社会福祉士等の配置を進め、矯正施設や保護観察所、更生保護施設、地域生活定着支援センターその他の福祉関係機関が連携して必要な調整を行う取組（特別調整）を実施してきた。

　また、犯罪をした高齢者又は障害のある者等の再犯防止のためには、出口支援だけでなく、起訴猶予者等についても、必要な福祉的支援に結び付けることなどが、犯罪等の常習化を防ぐために重要である場合があることを踏まえ、検察庁において、知的障害のある被疑者や高齢の被疑者等福祉的支援を必要とする者について、弁護士や福祉専門職、保護観察所等関係機関・団体等と連携し、身柄釈放時等に福祉サービスに橋渡しするなどの取組（入口支援）を実施してきた。

　しかしながら、「緊急対策」で指摘された事項に加えて、福祉的支援が必要であるにもかかわらず、本人が希望しないなどの理由から特別調整の対象とならない場合があること、地方公共団体や社会福祉施設等の取組状況等に差があり、必要な協力が得られない場合があること、刑事司法手続の各段階を通じた高齢又は障害の状況の把握とそれを踏まえたきめ細かな支援を実施するための体制が不十分であることなどの課題がある。

（2）具体的施策

①　関係機関における福祉的支援の実施体制等の充実

ア　刑事司法関係機関におけるアセスメント機能等の強化【施策番号34】

　　　法務省は、犯罪をした者等について、これまで見落とされがちであった福祉サービスのニーズを早期に把握して福祉サービスの利用に向けた支援等を実施することにより円滑に福祉サービスを利用できるようにするため、少年鑑別所におけるアセスメント機能の充実を図るとともに、矯正施設における社会福祉士等の活用や、保護観察所における福祉サービス利用に向けた調査・調整機能の強化を図る。【法務省】

イ　高齢者又は障害のある者等である受刑者等に対する指導【施策番号35】

　　法務省は、歩行や食事等の日常的な動作全般にわたって介助やリハビリを必要とする受刑者等が増加していることを踏まえ、高齢者又は障害のある者等である受刑者等の円滑な社会復帰のため、体力の維持・向上のための健康運動指導や福祉サービスに関する知識及び社会適応能力等の習得を図るための指導について、福祉関係機関等の協力を得ながら、その指導内容や実施体制等の充実を図る。【法務省】

ウ　矯正施設、保護観察所及び地域生活定着支援センター等の多機関連携の強化等【施策番号36】

　　法務省及び厚生労働省は、矯正施設、保護観察所及び地域生活定着支援センター等の多機関連携により、釈放後速やかに適切な福祉サービスに結び付ける特別調整の取組について、その運用状況等を踏まえ、一層着実な実施を図る。また、高齢者又は障害のある者等であって自立した生活を営む上での困難を有する者等に必要な保健医療・福祉サービスが提供されるようにするため、矯正施設、保護観察所及び地域の保健医療・福祉関係機関等との連携が重要であることを踏まえ、矯正施設、保護観察所及び地域生活定着支援センターなどの関係機関との連携機能の充実強化を図る。【法務省、厚生労働省】

エ　更生保護施設における支援の充実【施策番号37】

　　法務省は、「宣言」において設定された目標を踏まえつつ、犯罪をした高齢者又は障害のある者等の更生保護施設における受入れやその特性に応じた必要な支援の実施を充実させるための施設・体制の整備を図る。【法務省】

オ　刑事司法関係機関の職員に対する研修の実施【施策番号38】

　　法務省は、刑事司法の各段階において、犯罪をした者等の福祉的支援の必要性を的確に把握することができるよう、刑事司法関係機関の職員に対して、高齢者及び障害のある者等の特性等について必要な研修を実施する。【法務省】

②　保健医療・福祉サービスの利用に関する地方公共団体等との連携の強化【施策番号39】

ア　地域福祉計画・地域医療計画における位置付け

　　厚生労働省は、地方公共団体が、地域福祉計画や地域医療計画を策定するに当たり、再犯防止の観点から、高齢者又は障害のある者等を始め、保健医療・福祉等の支援を必要とする犯罪をした者等に対し、保健医療・福祉サービス、住まい、就労、その他生活困窮への支援などの地域での生活を可能とするための施策を総合的に推進するよう、必要な助言を行う。法務省及び厚生労働省は、地方公共団体が地方再犯防止推進計画を策定するに当たり、地域福祉計画を積極的に活用していくことも考えられることから、関係部局と連携を図るよう、必要な周知を行う。【法務省、厚生労働省】

イ　社会福祉施設等の協力の促進【施策番号40】

　　厚生労働省は、高齢者又は障害のある者等に福祉サービスを提供する社会福祉施設等に支給する委託費等の加算措置の充実を含め、社会福祉施設等全体の取組に対する評価について更に検討を行うなど、社会福祉施設等による高齢者又は障害のある者等への福祉サービスの提供の促進を図る。【厚生労働省】

ウ　保健医療・福祉サービスの利用に向けた手続の円滑化【施策番号41】

　　法務省及び厚生労働省は、犯罪をした高齢者又は障害のある者等が、速やかに、障害者手帳の交付、保健医療・福祉サービスの利用の必要性の認定等を受け、これを利用することができるよう、総務省の協力を得て実施責任を有する地方公共団体の明確化を含む指針等を作成し、地方公共団体に対してその周知徹底を図る。また、法務省は、住民票が消除されるなどした受刑者等が、矯正施設出所後速やかに保健医療・福祉サービスを利用することができるよう、総務省の協力を得て矯正施設・保護観察所の職員に対して住民票に関する手続等の周知徹底を図るなどし、矯正施設在所中から必要な支援を実施する。【総務省、法務省、厚生労働省】

③　高齢者又は障害のある者等への効果的な入口支援の実施

ア　刑事司法関係機関の体制整備【施策番号42】

　　法務省は、検察庁において社会復帰支援を担当する検察事務官や社会福祉士の配置を充実させるなど、検察庁における社会復帰支援の実施体制の充実を図るとともに、保護観察所において福祉的支援や更生緊急保護を担当する保護観察官の配置を充実させるなど、保護観察所における実施体制の充実を図り、入口支援が必要な者に対する適切な支援が行われる体制を確保する。【法務省】

イ　刑事司法関係機関と保健医療・福祉関係機関等との連携の在り方の検討【施策番号43】

　　法務省及び厚生労働省は、Ⅱ第7.1（2）①ウに記載の地域のネットワークにおける取組状況も参考としつつ、一層効果的な入口支援の実施方策を含む刑事司法関係機関と保健医療・福祉関係機関等との連携の在り方についての検討を行い、2年以内を目途に結論を出し、その結論に基づき施策を実施する。【法務省、厚生労働省】

2．薬物依存を有する者への支援等

（1）現状認識と課題等

　覚せい剤取締法違反による検挙者数は毎年1万人を超え、引き続き高い水準にあるほか、新たに刑務所に入所する者の罪名の約3割が覚せい剤取締法違反となっている。また、平成27年に出所した者全体の2年以内再入率は18.0パーセントであるのと比較して、覚せい剤取締法違反により受刑した者の2年以内再入率は19.2パーセントと高くなっている。

　薬物事犯者は、犯罪をした者等であると同時に、薬物依存症の患者である場合もあるため、薬物を使用しないよう指導するだけではなく、薬物依存症は適切な治療・支援により回復することができる病気であるという認識を持たせ、薬物依存症からの回復に向けた治療・支援を継続的に受けさせることが必要である。

　政府においては、矯正施設・保護観察所における一貫した専門的プログラムの開発・実施、「薬物依存のある刑務所出所者等の支援に関する地域連携ガイドライン」の作成、地域において薬物依存症治療の拠点となる医療機関の整備等の施策に取り組むとともに、「緊急対策」に基づき、薬物依存からの回復に向けた矯正施設・保護観察所による指導と医療機関による治療、回復支援施設や民間団体等による支援等を一貫して行うための体制を整備するほか、平成28年6月から施行された刑の一部の執行猶予制度の適切な運用を図ることとしている。

　しかしながら、矯正施設、保護観察所、地域の保健医療・福祉関係機関、回復支援施設や民間団体等について効果的な支援等を行う体制が不十分であること、そもそも薬物依存症治療を施すことができる専門医療機関や薬物依存症からの回復支援を行う自助グループ等がない地域もあるなど一貫性のある支援等を行うための関係機関等の連携が不十分であること、海外において薬物依存症からの効果的な回復措置として実施されている刑事司法と保健医療・福祉との連携の在り方について調査研究す

る必要があること、薬物事犯者の再犯の防止等の重要性・緊急性に鑑み、刑事司法関係機関、保健医療・福祉関係機関、自助グループを含めた民間団体等各種関係機関・団体が、薬物依存からの回復を一貫して支援する新たな取組を試行的に実施する必要があることなどが指摘されている。

（2）具体的施策

① 刑事司法関係機関等における効果的な指導の実施等

ア 再犯リスクを踏まえた効果的な指導の実施【施策番号44】

法務省は、厚生労働省の協力を得て、矯正施設及び保護観察所において、薬物事犯者ごとに、その再犯リスクを適切に把握した上で、そのリスクに応じた専門的指導プログラムを一貫して実施するとともに、そのための処遇情報の確実な引継ぎを図る。【法務省、厚生労働省】

イ 矯正施設・保護観察所における薬物指導等体制の整備【施策番号45】

法務省は、厚生労働省の協力を得て、指導に当たる職員の知識・技能の向上や、保護観察所における薬物処遇の専門性を有する管理職員の育成・配置など、薬物事犯者に対する指導体制の充実を図る。【法務省、厚生労働省】

ウ 更生保護施設による薬物依存回復処遇の充実【施策番号46】

法務省は、薬物事犯者の中には、地域において薬物乱用を繰り返していたことにより、あるいは、薬物密売者等からの接触を避けるため、従前の住居に戻ることが適当でない者が多く存在することを踏まえ、更生保護施設における薬物事犯者の受入れ、薬物依存からの回復に資する処遇を可能とする施設や体制の整備を推進し、更生保護施設による薬物依存回復処遇の充実を図る。【法務省】

エ 薬物事犯者の再犯防止対策の在り方の検討【施策番号47】

法務省及び厚生労働省は、薬物事犯者の再犯の防止等に向け、刑の一部の執行猶予制度の運用状況や、薬物依存症の治療を施すことのできる医療機関や相談支援等を行う関係機関の整備、連携の状況、自助グループ等の活動状況等を踏まえ、海外において薬物依存症からの効果的な回復措置として実施されている各種拘禁刑に代わる措置も参考にしつつ、新たな取組を試行的に実施することを含め、我が国における薬物事犯者の再犯の防止等において効果的な方策について検討を行う。【法務省、厚生労働省】

② 治療・支援等を提供する保健・医療機関等の充実

ア 薬物依存症治療の専門医療機関の拡大【施策番号48】

厚生労働省は、薬物依存症の治療を提供できる医療機関が限られており、薬物依存症者の中には、遠方の医療機関への通院が困難であるため、治療を受けない者や治療を中断してしまう者が存在することを踏まえ、薬物依存症を含む依存症治療の専門医療機関の更なる充実を図るとともに、一般の医療機関における薬物依存症者に対する適切な対応を促進する。【厚生労働省】

イ 薬物依存症に関する相談支援窓口の充実【施策番号49】

厚生労働省は、薬物依存症からの回復には、薬物依存症者本人が地域において相談支援を受けられることに加え、その親族等が薬物依存症者の対応方法等について相談支援を受けられることが重要であることを踏まえ、全国の精神保健福祉センター等に、薬物依存症を含む依存症対策の専門員である依存症相談員を配置するなど、保健行政機関における薬物依存症に関する

相談支援窓口の充実を図る。【厚生労働省】

ウ　自助グループを含めた民間団体の活動の促進【施策番号50】

厚生労働省は、薬物依存症者に対して、薬物依存症からの回復に向けた就労と住居の一体的支援活動を行う民間団体の活動の援助など、自助グループを含めた民間団体の活動を促進するための支援の充実を図る。【厚生労働省】

エ　薬物依存症者の親族等の知識等の向上【施策番号51】

厚生労働省は、一般国民に向けた講習会の開催や、冊子の配布等を通じ、薬物依存症についての一般国民、取り分け、薬物依存症者の親族等の意識・知識の向上を図る。【厚生労働省】

オ　薬物依存症対策関係機関の連携強化【施策番号52】

警察庁、法務省及び厚生労働省は、薬物依存症者の回復には、医療機関による治療だけでなく、自助グループを含めた民間団体等と連携した継続的な支援が重要であることを踏まえ、各地域において、薬物依存症者の治療・支援等を行うこれらの関係機関の職員等による連絡協議会等を開催し、地域における薬物依存症に関する課題を共有し、協働してその課題に対応するための方法を検討するなど、薬物依存症の対策に当たる各関係機関の連携強化を図る。【警察庁、法務省、厚生労働省】

カ　薬物依存症治療の充実に資する診療報酬の検討【施策番号53】

厚生労働省は、次回の診療報酬改定に向けて、薬物依存症治療の診療報酬上の評価の在り方について、関係者の意見も踏まえて検討する。【厚生労働省】

③　薬物依存症の治療・支援等ができる人材の育成

ア　薬物依存症に関する知見を有する医療関係者の育成【施策番号54】

厚生労働省は、薬物依存症の回復に向けた保健医療・福祉サービスの実施体制を充実させるために、薬物依存症者の治療・支援等に知識を有する医療関係者が必要であることを踏まえ、医師の臨床研修の内容や、保健師、助産師、看護師の国家試験出題基準の見直しに向けた検討を行う。【厚生労働省】

イ　薬物依存症に関する知見を有する福祉専門職の育成【施策番号55】

厚生労働省は、薬物依存症者への相談支援体制を充実させるために、薬物依存症に関する専門的知識を有し、薬物依存症者が抱える支援ニーズを適切に把握し、関係機関につなげるなどの相談援助を実施する福祉専門職が必要であることを踏まえ、精神保健福祉士及び社会福祉士の養成カリキュラムの見直しに向けた検討を行う。【厚生労働省】

ウ　薬物依存症に関する知見を有する心理専門職の育成【施策番号56】

厚生労働省は、薬物依存症からの回復に向けて効果が認められている治療・支援が、認知行動療法に基づくものであり、薬物依存症に関する知識と経験を有する心理学の専門職が必要となることを踏まえ、新たに創設される公認心理師の国家資格の養成カリキュラムや国家試験の出題基準について、薬物依存症を含む依存症対策への対応という観点からも検討を行う。【厚生労働省】

エ　薬物依存症に関する知見を有する支援者の育成【施策番号57】

　　法務省は、薬物依存症のある保護観察対象者については、その症状や治療の状況に応じた支援が重要であることを踏まえ、その指導・支援に当たる者に対する研修等の充実を図る。また、厚生労働省は、薬物依存症からの回復に向けて、地域における継続した支援が必要であることを踏まえ、薬物依存症者への生活支援を担う支援者に対する研修の充実を図る。【法務省、厚生労働省】

第4　学校等と連携した修学支援の実施等のための取組（推進法第11条、第13条関係）
1．学校等と連携した修学支援の実施等
（1）現状認識と課題等

　我が国の高等学校進学率は、98.5パーセントであり、ほとんどの者が高等学校に進学する状況にあるが、その一方で、少年院入院者の28.9パーセント、入所受刑者の37.4パーセントが、中学校卒業後に高等学校に進学していない。また、非行等に至る過程で、又は非行等を原因として、高等学校を中退する者も多く、少年院入院者の36.8パーセント、入所受刑者の24.6パーセントが高等学校を中退している状況にある。

　政府においては、高等学校の中退防止のための取組や、中学校卒業後に高等学校等へ進学しない者及び高等学校等を中退する者に対する就労等支援を実施するとともに、矯正施設内における高等学校卒業程度認定試験の実施、少年院における教科指導の充実、少年院出院後の修学に向けた相談支援・情報提供、少年院在院中の高等学校等の受験に係る調整、BBS会（Big Brothers and Sistersの略であり、非行少年の自立を支援するとともに、非行防止活動を行う青年ボランティア団体）等の民間ボランティアの協力による学習援等を実施してきた。

　しかしながら、学校や地域における非行の未然防止に向けた取組が十分でないこと、犯罪をした者等の継続した学びや進学・復学のための支援等が十分でないことなどの課題がある。

（2）具体的施策
①　児童生徒の非行の未然防止等
ア　学校における適切な指導等の実施【施策番号58】

　　文部科学省は、警察庁及び法務省の協力を得て、弁護士会等の民間団体にも協力を求めるなどし、いじめ防止対策推進法（平成25年法律第71号）等の趣旨を踏まえたいじめ防止のための教育や、人権啓発のための教育と併せ、再非行の防止の観点も含め、学校における非行防止のための教育、薬物乱用未然防止のための教育及び薬物再乱用防止のための相談・指導体制の充実を図る。また、厚生労働省の協力を得て、学校生活を継続させるための本人及び家族等に対する支援や、やむを得ず中退する場合の就労等の支援の充実を図る。【警察庁、法務省、文部科学省、厚生労働省】

イ　地域における非行の未然防止等のための支援【施策番号59】

　　内閣府、警察庁、法務省、文部科学省及び厚生労働省は、非行等を理由とする児童生徒の修学の中断を防ぐため、貧困や虐待等の被害体験などが非行等の一因になることも踏まえ、地域社会における子供の居場所作りや子供、保護者及び学校関係者等に対する相談支援の充実、民間ボランティア等による犯罪予防活動の促進、高等学校卒業程度資格の取得を目指す者への学習相談・学習支援など、児童生徒の非行の未然防止や深刻化の防止に向けた取組を推進する。

　　また、同取組を効果的に実施するために、子ども・若者育成支援推進法に基づき、社会生活を円滑に営む上での困難を有する子供・若者の支援を行うことを目的として、地方公共団体に「子ども・若者支援地域協議会」の設置及び「子ども・若者総合相談センター」としての機能

を担う体制の確保について努力義務が課されていることなどについて、非行の未然防止等の観点も踏まえ、関係機関等に周知し、連携の強化を図る。【内閣府、警察庁、法務省、文部科学省、厚生労働省】

ウ　警察における非行少年に対する支援【施策番号60】

警察庁は、非行少年を生まない社会づくり活動の一環として、少年サポートセンター等が少年警察ボランティア等（少年指導委員、少年補導員、少年警察協助員及び大学生ボランティア）の民間ボランティアや関係機関と連携して行う、修学に課題を抱えた少年に対する立ち直り支援について、都道府県警察に対する指導や好事例の紹介等を通じ、その充実を図る。【警察庁】

②　非行等による学校教育の中断の防止等
ア　学校等と保護観察所が連携した支援等【施策番号61】

法務省及び文部科学省は、保護司による非行防止教室の実施等保護司と学校等が連携して行う犯罪予防活動を促進し、保護司と学校等の日常的な連携・協力体制の構築を図るとともに、保護観察所、保護司、学校関係者等に対し、連携事例を周知するなどして、学校に在籍している保護観察対象者に対する生活支援等の充実を図る。【法務省、文部科学省】

イ　矯正施設と学校との連携による円滑な学びの継続に向けた取組の充実【施策番号62】

法務省は、矯正施設において、民間の学力試験の活用や適切な教材の整備を進めるなどして、対象者の能力に応じた教科指導が実施できるようにする。また、法務省及び文部科学省は、矯正施設や学校関係者に対し、相互の連携事例を周知することに加え、矯正施設や学校関係者への職員研修等の実施に当たっては、相互に職員を講師として派遣するなど、矯正施設と学校関係者との相互理解・協力の促進を図る。さらに、法務省は、通信制高校に在籍し、又は入学を希望する矯正施設在所者が、在所中も学習を継続しやすくなるよう、文部科学省の協力を得て、在所中の面接指導（高等学校通信教育規程（昭和37年文部省令32号）第2条に定める面接指導をいう。）の実施手続等を関係者に周知するなど、通信制高校からの中退を防止し、又は在所中の入学を促進するための取組の充実を図る。【法務省、文部科学省】

ウ　矯正施設における高等学校卒業程度認定試験の指導体制の充実【施策番号63】

法務省及び文部科学省は、矯正施設における高等学校卒業程度認定試験を引き続き実施する。また、法務省は、同試験の受験コースを設け、外部講師の招へい、教材の整備等を集中的に実施している施設の取組状況を踏まえ、他施設についても指導体制の充実を図る。【法務省、文部科学省】

③　学校や地域社会において再び学ぶための支援
ア　矯正施設からの進学・復学の支援【施策番号64】

法務省は、矯正施設において、個々の対象者の希望や事情を踏まえつつ、就労や資格取得と関連付けた修学の意義を理解させるとともに、学校の種類、就学援助や高等学校等就学支援金制度等の教育費負担軽減策に関する情報の提供を行うなどして、修学に対する動機付けを図る。また、法務省及び文部科学省は、矯正施設における復学手続等の円滑化や高等学校等入学者選抜・編入学における配慮を促進するため、矯正施設・保護観察所、学校関係者に対し、相互の連携事例を周知する。加えて、法務省及び文部科学省は、矯正施設・保護観察所の職員と学校関係者との相互理解を深めるため、矯正施設・保護観察所における研修や学校関係者への

研修等の実施に当たって相互に職員を講師として派遣するなどの取組を推進する。【法務省、文部科学省】

イ　高等学校中退者等に対する地域社会における支援【施策番号65】

　　法務省は、保護司、更生保護女性会、BBS会、少年友の会等の民間ボランティアや協力雇用主と連携して、学校に在籍していない非行少年等が安心して修学することができる場所の確保を含めた修学支援を実施する。特に、矯正施設において修学支援等を受けた者については、施設内処遇の内容を踏まえ、矯正施設、保護観察所及び民間ボランティアが協働して、本人の状況に応じた学びの継続に向けた効果的な支援を実施する。また、法務省及び文部科学省は、矯正施設在所者・保護観察対象者のうち、高等学校卒業程度資格の取得を目指す者に対し、地方公共団体における学習相談・学習支援の取組の利用を促す。【法務省、文部科学省】

第5　犯罪をした者等の特性に応じた効果的な指導の実施等のための取組（推進法第11条、第13条、第21条関係）

１．特性に応じた効果的な指導の実施等

（１）現状認識と課題等

　再犯防止のための指導等を効果的に行うためには、犯罪や非行の内容はもとより、対象者一人一人の経歴、性別、性格、年齢、心身の状況、家庭環境、交友関係、経済的な状況等の特性を適切に把握した上で、その者にとって適切な指導等を選択し、一貫性を持って継続的に働き掛けることが重要である。また、指導等の効果を検証し、より効果的な取組につなげる必要がある。

　政府においては、「総合対策」に基づき、性犯罪者、暴力団関係者等再犯リスクが高い者、可塑性に富む少年・若年者、被虐待体験や摂食障害等の問題を抱える女性など、それぞれの対象者の特性に応じた指導及び支援の充実を図るとともに、犯罪被害者の視点を取り入れた指導及び支援等の実施を図ってきた。

　しかしながら、対象者の特性や処遇ニーズを的確に把握するためのアセスメント機能や、刑事司法関係機関や民間団体等における指導・支援の一貫性・継続性が不十分であるなどの課題があり、これらを強化するとともに、指導・支援の効果の検証を更に推進していく必要がある。

（２）具体的施策

①　適切なアセスメントの実施

ア　刑事司法関係機関におけるアセスメント機能の強化【施策番号66】

　　法務省は、少年鑑別所において、「法務省式ケースアセスメントツール（MJCA）」の活用等により、鑑別の精度の一層の向上を図るとともに、処遇過程においてもそのアセスメント機能を発揮し、少年保護手続を縦貫した継続的な鑑別の実施を推進する。また、刑事施設・保護観察所において、再犯リスクや処遇指針の決定に資する情報を的確に把握し、受刑者や保護観察対象者に対する効果的な処遇を実施するため、アセスメント機能の強化を図る。【法務省】

イ　関係機関等が保有する処遇に資する情報の適切な活用【施策番号67】

　　法務省は、多角的な視点から適切にアセスメントを行い、それに基づく効果的な指導等を実施するため、必要に応じ、更生支援計画（主として弁護人が社会福祉士などの協力を得て作成する、個々の被疑者・被告人に必要な福祉的支援策等について取りまとめた書面）等の処遇に資する情報を活用した処遇協議を実施するなど、刑事司法関係機関を始めとする公的機関や再犯の防止等に関する活動を行う民間団体等が保有する処遇に資する情報の活用を推進する。【法務省】

② 特性に応じた指導等の充実

i 性犯罪者・性非行少年に対する指導等

ア 性犯罪者等に対する専門的処遇【施策番号68】

法務省は、厚生労働省の協力を得て、海外における取組などを参考にしつつ、刑事施設における性犯罪再犯防止指導や少年院における性非行防止指導、保護観察所における性犯罪者処遇プログラム等の性犯罪者等に対する指導等について、効果検証の結果を踏まえた指導内容・方法の見直しや指導者育成を進めるなどして、一層の充実を図るとともに、医療・福祉関係機関等との連携を強化し、性犯罪者等に対する矯正施設収容中から出所後まで一貫性のある効果的な指導の実施を図る。【法務省、厚生労働省】

イ 子供を対象とする暴力的性犯罪をした者の再犯防止【施策番号69】

警察庁は、法務省の協力を得て、子供を対象とする暴力的性犯罪をした者について、刑事施設出所後の所在確認を実施するとともに、その者の同意を得て面談を実施し、必要に応じて、関係機関・団体等による支援等に結び付けるなど、再犯の防止に向けた措置の充実を図る。【警察庁、法務省】

ii ストーカー加害者に対する指導等

ア 被害者への接触防止のための措置【施策番号70】

警察庁及び法務省は、ストーカー加害者による重大な事案が発生していることを踏まえ、当該加害者の保護観察実施上の特別遵守事項や問題行動等の情報を共有し、被害者への接触の防止のための指導等を徹底するとともに、必要に応じ、仮釈放の取消しの申出又は刑の執行猶予の言渡しの取消しの申出を行うなど、ストーカー加害者に対する適切な措置を実施する。【警察庁、法務省】

イ ストーカー加害者に対するカウンセリング等【施策番号71】

警察庁は、ストーカー加害者への対応を担当する警察職員について、研修の受講を促進するなどして、精神医学的・心理学的アプローチに関する技能や知識の向上を図るとともに、ストーカー加害者に対し、医療機関等の協力を得て、医療機関等によるカウンセリング等の受診に向けた働き掛けを行うなど、ストーカー加害者に対する精神医学的・心理学的なアプローチを推進する。【警察庁】

ウ ストーカー加害者に対する指導等に係る調査研究【施策番号72】

警察庁及び法務省は、ストーカー加害者が抱える問題等や、効果的な指導方策等について調査研究を行い、2年以内を目途に結論を出し、その調査結果に基づき、必要な施策を実施する。【警察庁、法務省】

iii 暴力団関係者等再犯リスクが高い者に対する指導等

ア 暴力団からの離脱に向けた指導等【施策番号73】

警察庁及び法務省は、警察・暴力追放運動推進センターと矯正施設・保護観察所との連携を強化するなどして、暴力団関係者に対する暴力団離脱に向けた働き掛けの充実を図るとともに、離脱に係る情報を適切に共有する。【警察庁、法務省】

イ 暴力団員の社会復帰対策の推進【施策番号74】

警察庁は、暴力団からの離脱及び暴力団離脱者の社会への復帰・定着を促進するため、離

脱・就労や社会復帰に必要な社会環境・フォローアップ体制の充実に関する効果的な施策を検討の上、可能なものから順次実施する。【警察庁】

iv 少年・若年者に対する可塑性に着目した指導等

ア 刑事司法関係機関における指導体制の充実【施策番号75】

法務省は、少年院において複数職員で指導を行う体制の充実を図るなどして、少年・若年者の特性に応じたきめ細かな指導等を実施するための体制の充実を図る。【法務省】

イ 関係機関と連携したきめ細かな支援等【施策番号76】

法務省は、支援が必要な少年・若年者については、児童福祉関係機関に係属歴がある者や発達障害等の障害を有している者が少なくないなどの実情を踏まえ、少年院・保護観察所におけるケース検討会を適時適切に実施するなど、学校、児童相談所、児童福祉施設、福祉事務所、少年サポートセンター、子ども・若者総合支援センター（地方公共団体が子ども・若者育成支援に関する相談窓口の拠点として設置するもの）等関係機関との連携を強化し、きめ細かな支援等を実施する。【法務省】

ウ 少年鑑別所における観護処遇の充実【施策番号77】

法務省は、少年鑑別所在所中の少年に対し、学校等の関係機関や民間ボランティアの協力を得て、学習や文化活動等に触れる機会を付与するなど、少年の健全育成のために必要な知識及び能力の向上を図る。【法務省】

エ 非行少年に対する社会奉仕体験活動等への参加の促進【施策番号78】

警察庁は、非行少年を生まない社会づくり活動の一環として、少年サポートセンター等が民間ボランティアや関係機関と連携して行う、非行少年の状況に応じた社会奉仕体験活動等への参加の促進等の立ち直り支援について、都道府県警察に対する指導や好事例の紹介等を通じ、その充実を図る。【警察庁】

オ 保護者との関係を踏まえた指導等の充実【施策番号79】

法務省は、保護観察対象少年及び少年院在院者に対し、その保護者との関係改善に向けた指導・支援の充実を図るとともに、保護者に対し、対象者の処遇に対する理解・協力の促進や保護者の監護能力の向上を図るための指導・助言、保護者会への参加依頼、保護者自身が福祉的支援等を要する場合の助言等を行うなど、保護者に対する働き掛けの充実を図る。また、保護者による適切な監護が得られない場合には、地方公共団体を始めとする関係機関や民間団体等と連携し、本人の状況に応じて、社会での自立した生活や未成年後見制度の利用等に向けた指導・支援を行う。【法務省】

カ 非行少年を含む犯罪者に対する処遇を充実させるための刑事法の整備等【施策番号80】

法務省は、少年法における「少年」の上限年齢の在り方及び非行少年を含む犯罪者に対する処遇を一層充実させるための刑事法の整備の在り方についての法制審議会の答申が得られたときには、それを踏まえて所要の措置を講じる。【法務省】

v 女性の抱える問題に応じた指導等【施策番号81】

法務省は、女性受刑者や女子少年等について、虐待等の被害体験や性被害による心的外傷、摂食障害等の精神的な問題を抱えている場合が多いこと、妊娠・出産等の事情を抱えている場

合があることなどを踏まえ、矯正施設において、このような特性に配慮した指導・支援の実施及び実施状況に基づく指導内容等の見直し、指導者の確保・育成を行うとともに、厚生労働省の協力を得て、女性の抱える問題の解決に資する社会資源を把握し、矯正施設出所後に地域の保健医療・福祉関係機関等に相談できるようにするなど、関係機関等と連携した社会復帰支援等を行う。また、法務省は、更生保護施設においても、女性の特性に配慮した指導・支援を推進するなど、社会生活への適応のための指導・支援の充実を図る。【法務省、厚生労働省】

vi　発達上の課題を有する犯罪をした者等に対する指導等【施策番号82】

法務省は、犯罪をした者等の中には、発達上の課題を有し、指導等の内容の理解に時間を要したり、理解するために特別な配慮を必要とする者が存在することを踏まえ、発達上の課題を有する者のための教材の整備を図るとともに、厚生労働省の協力を得て、発達上の課題を有する者に対する指導等に関する研修等の充実、関係機関との連携強化等を図る。【法務省、厚生労働省】

vii　その他の効果的な指導等の実施に向けた取組の充実

ア　各種指導プログラムの充実【施策番号83】

法務省は、刑事施設における、アルコール依存を含む問題飲酒、ドメスティック・バイオレンス（DV）を含む対人暴力等の再犯要因を抱える者に対する改善指導プログラムの実施や、少年院における特殊詐欺等近年の非行態様に対応した指導内容の整備、保護観察所における飲酒や暴力などに関する専門的処遇プログラムの実施など、対象者の問題性に応じた指導の一層の充実を図る。【法務省】

イ　社会貢献活動等の充実【施策番号84】

法務省は、犯罪をした者等の善良な社会の一員としての意識の涵養や規範意識の向上を図るため、社会貢献活動などの取組について、実施状況に基づいて取組内容等を見直し、一層の充実を図る。【法務省】

ウ　関係機関や地域の社会資源の一層の活用【施策番号85】

法務省は、矯正施設において、地方公共団体を始めとする関係機関及び自助グループや当事者団体を含む民間団体等の改善指導等への参画の推進、外部通勤制度・院外委嘱指導等の活用による社会内での指導機会の拡大を図るとともに、保護観察所において、地方公共団体を始めとする関係機関及び自助グループや当事者団体を含む民間団体等の協力を得ながら効果的な指導等の充実を図るなど、広く関係機関や地域社会と連携した指導等を推進する。【法務省】

③　犯罪被害者等の視点を取り入れた指導等【施策番号86】

法務省は、犯罪をした者等が社会復帰する上で、自らのした犯罪等の責任を自覚し、犯罪被害者等が置かれた状況やその心情を理解することが不可欠であることを踏まえ、矯正施設において、被害者の視点を取り入れた教育を効果的に実施するほか、保護観察所において、犯罪被害者等の心情等伝達制度の一層効果的な運用に努めるとともに、しょく罪指導プログラムを実施するなど、犯罪被害者等の視点を取り入れた指導等の充実を図る。【法務省】

④ **再犯の実態把握や指導等の効果検証及び効果的な処遇の在り方等に関する調査研究**【施策番号87】

　法務省は、検察庁・矯正施設・保護観察所等がそれぞれ保有する情報を機動的に連携するデータベースを、再犯防止対策の実施状況等を踏まえ、効果的に運用することにより、指導の一貫性・継続性を確保し、再犯の実態把握や指導等の効果検証を適切に実施するとともに、警察庁、文部科学省及び厚生労働省の協力を得て、犯罪をした者等の再犯の防止等を図る上で効果的な処遇の在り方等に関する調査研究を推進する。【警察庁、法務省、文部科学省、厚生労働省】

第6　民間協力者の活動の促進等、広報・啓発活動の推進等のための取組（推進法第5条、第22条、第23条、第24条関係）

1．民間協力者の活動の促進等

（1）現状認識と課題等

　我が国における再犯の防止等に関する施策の実施は、地域において犯罪をした者等の指導・支援に当たる保護司、犯罪をした者等の社会復帰を支援するための幅広い活動を行う更生保護女性会、BBS会等の更生保護ボランティアや、矯正施設を訪問して矯正施設在所者の悩みや問題について助言・指導する篤志面接委員、矯正施設在所者の希望に応じて宗教教誨を行う教誨師、非行少年等の居場所作りを通じた立ち直り支援に取り組む少年警察ボランティアなど、多くの民間ボランティアの協力により支えられてきた。また、更生保護法人を始めとする様々な民間団体等による、犯罪をした者等の社会復帰に向けた自発的な支援活動も行われており、こうした活動により、地域社会における「息の長い」支援が少しずつ形作られてきている。

　こうした再犯の防止等に関する活動を行う民間ボランティアや民間団体等の民間協力者は、再犯の防止等に関する施策を推進する上で、欠くことのできない存在であり、まさに全国津々浦々において、「世界一安全な日本」の実現に向けて陰に陽に地道な取組を積み重ねて来た方々である。

　しかしながら、保護司の高齢化が進んでいること、保護司を始めとする民間ボランティアが減少傾向となっていること、地域社会の人間関係が希薄化するなど社会環境が変化したことにより従前のような民間ボランティアの活動が難しくなっていること、民間団体等が再犯の防止等に関する活動を行おうとしても必要な体制等の確保が困難であること、刑事司法関係機関と民間協力者との連携がなお不十分であることなど、民間協力者による再犯の防止等に関する活動を促進するに当たっての課題がある。

（2）具体的施策

① 民間ボランティアの確保

ア 民間ボランティアの活動に関する広報の充実【施策番号88】

　警察庁及び法務省は、国民の間に、再犯の防止等に協力する気持ちを醸成するため、少年警察ボランティアや更生保護ボランティア等の活動に関する広報の充実を図る。【警察庁、法務省】

イ 更生保護ボランティアの活動を体験する機会の提供【施策番号89】

　法務省は、若年層を含む幅広い年齢層や多様な職業など様々な立場にある国民が、実際に民間協力者として活動するようになることを促進するため、保護司活動を体験する保護司活動インターンシップ制度など、更生保護ボランティアの活動を体験する機会の提供を推進する。【法務省】

ウ　保護司候補者検討協議会の効果的な実施等【施策番号90】

　　法務省は、保護司候補者を確保するため、総務省、文部科学省、厚生労働省及び経済産業省
の協力を得て、地方公共団体、自治会、福祉・教育・経済等の各種団体と連携して、保護司候
補者検討協議会における協議を効果的に実施し、若年層を含む幅広い年齢層や多様な職業分野
から地域の保護司適任者に関する情報収集を促進する。また、法務省は、同協議会で得られた
情報等を踏まえて、保護司適任者に対して、実際に保護司として活動してもらえるよう、積極
的な働き掛けを実施する。【総務省、法務省、文部科学省、厚生労働省、経済産業省】

②　民間ボランティアの活動に対する支援の充実

ア　少年警察ボランティア等の活動に対する支援の充実【施策番号91】

　　警察庁は、少年警察ボランティアの活動を促進するため、少年警察ボランティアの活動に対
して都道府県警察が支給する謝金等の補助や、都道府県警察や民間団体が実施する少年警察ボ
ランティア等に対する研修への協力を推進するなどして、少年警察ボランティア等の活動に対
する支援の充実を図る。【警察庁】

イ　更生保護ボランティアの活動に対する支援の充実【施策番号92】

　　法務省は、更生保護ボランティアの活動を促進するため、更生保護ボランティアに対する研
修の充実を図るとともに、BBS会による学習支援などの更生保護ボランティア活動に対する
支援の充実を図る。また、法務省は、保護観察対象者等の指導・支援を担当している保護司
が、保護司相互の相談・研修等の機会が得られるようにするとともに、保護司会の活動である
保護司の適任者確保、"社会を明るくする運動"等の広報・啓発活動、地域の関係機関等と連
携した再犯防止のための取組等を促進するため、保護司経験者や専門的知見を有する者からの
助言等を受けられるようにすることを含めた保護司会の活動に対する支援の充実を図る。【法
務省】

ウ　更生保護サポートセンターの設置の推進【施策番号93】

　　法務省は、保護司と保護観察対象者等との面接場所や保護司組織の活動拠点を確保するとと
もに、更生保護ボランティアと地域の関係機関等との連携を促進するため、総務省の協力を得
て、地方公共団体等と連携して、地域における更生保護ボランティアの活動の拠点となる更生
保護サポートセンターの設置を着実に推進する。【総務省、法務省】

③　更生保護施設による再犯防止活動の促進等

ア　更生保護施設の地域拠点機能の強化【施策番号94】

　　法務省は、更生保護施設が、更生保護施設等を退所した者にとって、地域社会に定着できる
までの間の最も身近かつ有効な支援者であることを踏まえ、更生保護施設が地域で生活する刑
務所出所者等に対する支援や処遇を実施するための体制整備を図る。【法務省】

イ　更生保護事業の在り方の見直し【施策番号95】

　　法務省は、更生保護施設が、一時的な居場所の提供だけではなく、犯罪をした者等の処遇の
専門施設として、高齢者又は障害のある者、薬物依存症者に対する専門的支援や地域における
刑務所出所者等の支援の中核的存在としての機能が求められるなど、現行の更生保護施設の枠
組が構築された頃と比較して、多様かつ高度な役割が求められるようになり、その活動は難し
さを増していることを踏まえ、これまでの再犯防止に向けた取組の中で定められた目標の達成
に向け、更生保護事業の在り方について検討を行い、2年以内を目途に結論を出し、その結論

に基づき所要の措置を講じる。【法務省】

④ **民間の団体等の創意と工夫による再犯防止活動の促進**
　ア **再犯防止活動への民間資金の活用の検討**【施策番号96】
　　　法務省は、更生保護法人のほか、NPO法人、社団法人、財団法人その他各種の団体等が、再犯の防止等に関する活動を行うための民間資金を活用した支援の在り方について検討を行い、2年以内を目途に結論を出し、その結論に基づき施策を実施する。【法務省】

　イ **社会的成果（インパクト）評価に関する調査研究**【施策番号97】
　　　法務省は、関係府省の協力を得て、民間の団体等が行う再犯の防止等に関する活動における社会的成果（インパクト）評価に関する調査研究を行い、2年以内を目途に結論を出し、再犯の防止等に関する活動を行う民間団体等に対してその調査結果を提供し、共有を図る。【法務省】

⑤ **民間協力者との連携の強化**
　ア **適切な役割分担による効果的な連携体制の構築**【施策番号98】
　　　法務省は、保護司、篤志面接委員、教誨師等民間協力者が有する特性を踏まえつつ、民間協力者の負担が大きくならないよう留意しながら民間協力者との適切な役割分担を図り、効果的な連携体制を構築する。また、法務省は、再犯の防止等において、弁護士が果たしている役割に鑑み、弁護士との連携を強化していく。【法務省】

　イ **犯罪をした者等に関する情報提供**【施策番号99】
　　　法務省は、警察庁、文部科学省及び厚生労働省の協力を得て、犯罪をした者等に対して国や地方公共団体が実施した指導・支援等に関する情報その他民間協力者が行う支援等に有益と思われる情報について、個人情報等の適切な取扱いに十分配慮しつつ、民間協力者に対して適切に情報提供を行う。【警察庁、法務省、文部科学省、厚生労働省】

　ウ **犯罪をした者等の支援に関する知見等の提供・共有**【施策番号100】
　　　法務省は、警察庁、文部科学省及び厚生労働省の協力を得て、民間協力者に対し、犯罪をした者等に対する指導・支援に関する調査研究の成果を提供するほか、矯正施設、保護観察所等の刑事司法関係機関の職員を民間協力者の実施する研修等へ講師として派遣するなどし、民間協力者に対して犯罪をした者等の支援に関する知見等を提供し、共有を図る。【警察庁、法務省、文部科学省、厚生労働省】

2．広報・啓発活動の推進等
（1）現状認識と課題等
　犯罪をした者等の社会復帰のためには、犯罪をした者等の自らの努力を促すだけでなく、犯罪をした者等が社会において孤立することのないよう、国民の理解と協力を得て、犯罪をした者等が再び社会を構成する一員となることを支援することが重要である。
　政府においては、これまでも、全ての国民が、犯罪や非行の防止と罪を犯した人の更生について、理解を深め、それぞれの立場において力を合わせ、犯罪のない地域社会を築こうとする全国的な運動である"社会を明るくする運動"を推進するとともに、再犯の防止等に関する広報・啓発活動や法教育などを実施し、再犯の防止等について国民の関心と理解を深めるよう努めてきた。
　しかしながら、再犯の防止等に関する施策は、国民にとって必ずしも身近でないため、国民の関心

と理解を得にくく、"社会を明るくする運動"が十分に認知されていないなど、国民の関心と理解が十分に深まっているとは言えないこと、民間協力者による再犯の防止等に関する活動についても国民に十分に認知されているとはいえないことなどの課題がある。

（2）具体的施策

① 再犯防止に関する広報・啓発活動の推進

ア 啓発事業等の実施【施策番号101】

法務省は、各府省、地方公共団体、民間協力者と連携して、推進法第6条に規定されている再犯防止啓発月間において、国民の間に広く犯罪をした者等の再犯の防止等についての関心と理解を深めるための事業の実施を推進するとともに、検察庁、矯正施設、保護観察所等の関係機関における再犯の防止等に関する施策や、その効果についての積極的な情報発信に努める。また、"社会を明るくする運動"においても、推進法の趣旨を踏まえて、再犯の防止等についてより一層充実した広報・啓発活動が行われるよう推進するとともに、広く国民各層に関心をもってもらうきっかけとするため、効果検証を踏まえて、広報媒体や広報手法の多様化に努める。【各府省】

イ 法教育の充実【施策番号102】

法務省は、文部科学省の協力を得て、再犯の防止等に資するための基礎的な教育として、法や司法制度及びこれらの基礎となっている価値を理解し、法的なものの考え方を身に付けるための教育を推進する。加えて、法務省は、再犯の防止等を含めた刑事司法制度に関する教育を推進し国民の理解を深める。【法務省、文部科学省】

② 民間協力者に対する表彰【施策番号103】

内閣官房及び法務省は、民間協力者による優れた再犯の防止等に関する活動を広く普及し、民間の個人・団体等による再犯の防止等に関する活動を促進するため、再犯を防止する社会づくりについて功績・功労があった民間協力者に対する表彰を実施する。【内閣官房、法務省】

第7 地方公共団体との連携強化等のための取組（推進法第5条、第8条、第24条関係）

1．地方公共団体との連携強化等

（1）現状認識と課題等

犯罪をした者等の中には、安定した仕事や住居がない者、薬物やアルコール等の依存のある者、高齢で身寄りがない者など地域社会で生活する上での様々な課題を抱えている者が多く存在する。政府においては、犯罪をした者等の抱えている課題の解消に向けて、各種の社会復帰支援のための取組を実施してきたところであるが、その範囲は原則として刑事司法手続の中に限られるため、刑事司法手続を離れた者に対する支援は、地方公共団体が主体となって一般市民を対象として提供している各種サービスを通じて行われることが想定されている。

この点について、推進法においては、地方公共団体は、基本理念にのっとり、再犯の防止等に関し、国との適切な役割分担を踏まえて、その地方公共団体の地域の状況に応じた施策を策定し、実施する責務があることや、地方公共団体における再犯の防止等に関する施策の推進に関する計画（以下「地方再犯防止推進計画」という。）を定めるように努めなければならないことが明記された。

こうした中、一部の地方公共団体においては、自らがコーディネーターとなって、継続的な支援等を実施するためのネットワークを構築するなどソーシャル・インクルージョン（全ての人々を孤独や孤立、排除や摩擦から援護し、健康で文化的な生活の実現につなげるよう、社会の構成員として包み支え合う）のための取組が実施されつつある。

　しかしながら、地方公共団体には、犯罪をした者等が抱える様々な課題を踏まえた対応といった支援のノウハウや知見が十分でないこと、支援を必要としている対象者に関する情報の収集が容易でないことなどの課題があり、これらのことが、地方公共団体が主体的に、再犯の防止等に関する施策を進めていく上での課題となっている。

（2）具体的施策
①　地方公共団体による再犯の防止等の推進に向けた取組の支援
ア　再犯防止担当部署の明確化【施策番号104】

　法務省は、総務省の協力を得て、全ての地方公共団体に再犯の防止等を担当する部署を明確にするよう、必要な働き掛けを実施する。【総務省、法務省】

イ　地域社会における再犯の防止等に関する実態把握のための支援【施策番号105】

　法務省は、地域における犯罪をした者等の実情や支援の担い手となり得る機関・団体の有無等といった、地域において再犯の防止等に関する取組を進める上で必要な実態把握に向けた調査等を行う地方公共団体の取組を支援する。【法務省】

ウ　地域のネットワークにおける取組の支援【施策番号106】

　法務省は、刑事司法手続を離れた者を含むあらゆる犯罪をした者等が、地域において必要な支援を受けられるようにするため、警察庁、総務省、文部科学省、厚生労働省及び国土交通省の協力を得て、地域の実情に応じて、刑事司法関係機関、地方公共団体等の公的機関や保健医療・福祉関係機関、各種の民間団体等の地域の多様な機関・団体が連携した支援等の実施に向けたネットワークにおける地方公共団体の取組を支援する。【警察庁、総務省、法務省、文部科学省、厚生労働省、国土交通省】

エ　資金調達手段の検討の促進【施策番号107】

　法務省は、関係府省の協力を得て、地方公共団体に対して、地域における再犯の防止等に関する施策や民間の団体等の活動を推進するための資金を調達する手段の検討を働き掛けていく。【法務省】

②　地方再犯防止推進計画の策定等の促進【施策番号108】

　法務省は、地方公共団体において、再犯の防止等に関する施策の検討の場が設けられるよう、また、地域の実情を踏まえた地方再犯防止推進計画が早期に策定されるよう働き掛ける。法務省は、警察庁、総務省、文部科学省、厚生労働省、農林水産省、経済産業省及び国土交通省の協力を得て、再犯の現状や動向、推進計画に基づく施策の実施状況等に関する情報を提供するなど、地方公共団体が地方再犯防止推進計画や再犯防止に関する条例等、地域の実情に応じて再犯の防止等に関する施策を検討・実施するために必要な支援を実施する。【警察庁、総務省、法務省、文部科学省、厚生労働省、農林水産省、経済産業省、国土交通省】

③　地方公共団体との連携の強化
ア　犯罪をした者等の支援等に必要な情報の提供【施策番号109】

　法務省は、警察庁、文部科学省、厚生労働省及び国土交通省の協力を得て、地方公共団体に対し、国が犯罪をした者等に対して実施した指導・支援等に関する情報その他地方公共団体が支援等を行うために必要な情報について、個人情報等の適切な取扱いに十分配慮しつつ、適切に情報を提供する。【警察庁、法務省、文部科学省、厚生労働省、国土交通省】

イ　犯罪をした者等の支援に関する知見等の提供・共有【施策番号110】

　　法務省は、警察庁、文部科学省及び厚生労働省の協力を得て、犯罪をした者等に対する指導・支援に関する調査研究等の成果を提供するほか、矯正施設、保護観察所等の刑事司法関係機関の職員を地方公共団体の職員研修等へ講師として派遣するなどし、地方公共団体に対して犯罪をした者等の支援に関する知見等を提供し、共有を図る。【警察庁、法務省、文部科学省、厚生労働省】

ウ　国・地方協働による施策の推進【施策番号111】

　　法務省は、警察庁、総務省、文部科学省、厚生労働省、農林水産省、経済産業省及び国土交通省の協力を得て、国と地方公共団体における再犯の防止等に関する施策を有機的に連携させ、総合的かつ効果的な再犯の防止等に関する対策を実施するため、国と地方公共団体の協働による再犯の防止等に関する施策の実施を推進する。【警察庁、総務省、法務省、文部科学省、厚生労働省、農林水産省、経済産業省、国土交通省】

エ　国の施策に対する理解・協力の促進【施策番号112】

　　警察庁、法務省、文部科学省、厚生労働省、農林水産省、経済産業省及び国土交通省は、必要に応じ総務省の協力を得て、国が実施する再犯の防止等に関する施策について、地方公共団体に対して周知を図り、必要な協力が得られるよう働き掛けていくとともに、地方公共団体においても、地域の状況に応じつつ、国が実施する再犯の防止等に関する施策と同様の取組を実施するよう働き掛けていく。【警察庁、総務省、法務省、文部科学省、厚生労働省、農林水産省、経済産業省、国土交通省】

第8　関係機関の人的・物的体制の整備等のための取組（推進法第18条、第19条関係）
1．関係機関の人的・物的体制の整備等
（1）現状認識と課題等

　犯罪をした者等が円滑に社会に復帰することができるようにするためには、犯罪をした者等が犯罪の責任等を自覚して自ら社会復帰のために努力することはもとより、社会において孤立しないよう、犯罪をした者等に対して適切な指導及び支援を行い得る人材を確保・養成し、資質の向上を図っていくことが求められている。また、矯正施設を始めとする再犯防止関係施設は、再犯の防止等に関する施策を実施するための重要な基盤であり、その整備を推進していくことが求められている。

　しかしながら、刑事司法関係機関や保健医療・福祉関係機関等は、それぞれ十分とはいえない体制の中で業務を遂行している現状にあり、様々な課題を抱えた犯罪をした者等に対して十分な指導・支援を行うことが困難な状況にあること、例えば、矯正施設については、地域住民の避難場所等災害対策の役割をも担っているにもかかわらず、現行の耐震基準制定以前に築造されたものが多く、高齢受刑者が増加している中でバリアフリー化に対応できていない施設、あるいは医療設備が十分でない施設も存在することなど、再犯の防止等に関する施策を担う人的・物的体制の整備が急務である。

（2）具体的施策
①　関係機関における人的体制の整備【施策番号113】

　　警察庁、法務省及び厚生労働省は、関係機関において、本計画に掲げる具体的施策を適切かつ効果的に実施するために必要な人的体制の整備を着実に推進する。【警察庁、法務省、厚生労働省】

②　関係機関の職員等に対する研修の充実等【施策番号114】

　　警察庁、法務省、文部科学省及び厚生労働省は、再犯の防止等に関する施策が、犯罪をした者等の円滑な社会復帰を促進するだけでなく、犯罪予防対策としても重要であり、安全で安心して暮らせる社会の実現に寄与するものであることを踏まえ、刑事司法関係機関の職員のみならず、警察、ハローワーク、福祉事務所等関係機関の職員、学校関係者等に対する教育・研修等の充実を図る。【警察庁、法務省、文部科学省、厚生労働省】

③　矯正施設の環境整備【施策番号115】

　　法務省は、矯正施設について、耐震対策を行うとともに、医療体制の充実、バリアフリー化、特性に応じた効果的な指導・支援の充実等のための環境整備を着実に推進する。【法務省】

3. 再犯防止推進計画加速化プラン
～満期釈放者対策を始めとした"息の長い"支援の充実に向けて～[※]

[令和元年12月23日 犯罪対策閣僚会議決定]

第1 本プランについて

　政府においては、「再犯防止推進計画」（平成29年12月15日閣議決定）の策定以降、同計画に基づき、関係省庁が連携協力して再犯防止施策を推進しているところ、政府目標である出所後2年以内に再び刑事施設に入所する者の割合（2年以内再入率）が、直近の平成29年出所者において初めて17%を下回るなど、着実な成果を上げつつある。

　その一方で、刑事施設内で刑期を終えて社会に復帰する満期釈放者は、出所受刑者の約4割に上るところ、その2年以内再入率は、直近の平成29年出所者において25.4%となっており、刑期終了前に社会に戻り、社会内で保護観察を受ける仮釈放者（10.7%）と比較すると、2倍以上高くなっている。「令和3年度までに2年以内再入率を16%以下にする」という政府目標を確実に達成するとともに、同目標を達成した後も更に2年以内再入率を低下させるためには、満期釈放者の再犯をいかに防ぐかが極めて重要である。

　また、満期釈放者はもとより、刑事司法手続の入口段階にある起訴猶予者等を含む犯罪をした者等の再犯・再非行を防ぐためには、刑事司法関係機関における取組のみでは十分でなく、それぞれの地域社会において、住民に身近な各種サービスを提供している地方公共団体による取組が不可欠である。現在、再犯防止の取組を積極的に進める地方公共団体も増えつつあり、こうした動きを更に促進するためにも、推進計画に掲げられている地方公共団体との連携強化をより一層推進していく必要がある。

　さらに、刑事司法手続終了後を含めた"息の長い"支援を実現していくためには、国・地方公共団体との連携はもとより、民間協力者との連携協力が不可欠である。しかしながら、民間協力者の財政基盤は脆弱であることが多く、財政上の問題から、本来、有意義な再犯防止活動が限定的な効果にとどまっている例も少なくないのが実情である。

　そのため、「再犯防止推進計画加速化プラン」として、現下の課題に対応するため、①満期釈放者対策の充実強化、②地方公共団体との連携強化、③民間協力者の活動の促進について、政府一丸となって、効果的な取組を積極的に進めていくこととする。

第2 再犯防止推進計画加速化プランの内容

1 満期釈放者対策の充実強化
（1）現状と課題の解決に向けた方向性

　満期釈放者の2年以内再入率が仮釈放者のそれと比較して高い背景として、刑事施設釈放後、仮釈放者は、保護観察を通じて、保護観察官等の指導監督を受けながら、個々の実情に応じた必要な支援に結びつける様々な援助を受ける機会があるのに対し、満期釈放者は、支援を受ける機会がより限定されていることが挙げられる。

　また、受刑者が満期釈放となる背景として最も多いのは、社会復帰後の適当な帰住先が確保されないことであり、刑事施設において仮釈放の申出がなされなかった理由の約4割を住居調整不良が占め

※　「再犯防止推進計画加速化プラン」概要版
　　https://www.moj.go.jp/content/001322224.pdf

ている。そして、満期釈放者の約4割が出所後、ネットカフェやビジネスホテルなど不安定な居住環境に身を置かざるを得ない状況にある。

さらに、満期釈放者の再犯率が高い背景としては、社会復帰後の安定した生活を送るために必要な支援を社会内で継続的に受けられていないことが挙げられる。

こうした課題を解決するため、刑事施設と保護観察所が緊密な連携を図りながら、刑事施設入所早期に行うニーズ把握から出所後の各種支援に至るまで、切れ目のない"息の長い"支援体制を構築することで、社会での適当な帰住先を確保した状態で社会復帰させるための施策の強化を図るとともに、満期釈放となった場合であっても、地域の支援につなげる仕組みを構築することが必要である。

（2）成果目標

令和4年までに、満期釈放者の2年以内再入者数を2割以上減少させる（※）。

（※）直近の5年間（平成25年から平成29年まで）に出所した満期釈放者の2年以内再入者数の平均は2,726人であることを踏まえ、これを基準として、令和4年までに、その2割以上を減少させ、2,000人以下とするものである。

（3）成果目標の達成に向けた具体的な取組

ア　刑事施設入所早期からのニーズの把握と意欲の喚起

刑執行開始時調査等により刑事施設入所早期から受刑者個々の社会復帰に向けたニーズを把握するだけでなく、刑事施設在所期間中の様々な機会において、働き掛けや指導等を行い、社会復帰に向けた意欲を高める。

また、警察及び暴力追放運動推進センターにおいては、矯正施設と連携し、暴力団員の離脱に係る情報を適切に共有するとともに、矯正施設に職員が出向いて、暴力団員の離脱意志を喚起するための講演を実施するなど、暴力団員の離脱に向けた働き掛けを行う。【法務省、警察庁、文部科学省】

イ　生活環境の調整の充実強化と仮釈放の積極的な運用

刑事施設と更生保護官署の連携の下、生活環境の調整を充実強化することにより、受刑者の帰住先の確保を促進するとともに、改善指導等の矯正処遇や就労支援を始めとする社会復帰支援を充実させ、悔悟の情や改善更生の意欲のある受刑者については、仮釈放を積極的に運用する。【法務省】

ウ　満期釈放者に対する受け皿等の確保

釈放後の支援の必要性が高い満期釈放者について、生活環境の調整の結果に基づき、刑事施設、保護観察所、公共職業安定所、更生保護就労支援事業所、地域生活定着支援センター及び地方公共団体が、就労支援、職場への定着支援及び福祉サービスの利用支援等の面での連携を強化し、更生保護施設、自立準備ホーム、住込み就労が可能な協力雇用主、福祉施設、公営住宅等の居場所の確保に努める。また、居住支援法人と連携した新たな支援の在り方を検討する。

さらに、暴力団離脱者については、警察のほか、暴力追放運動推進センター、職業安定機関、矯正施設、保護観察所、協賛企業等で構成される社会復帰対策協議会の枠組みを活用して、暴力団離脱者のための安定した雇用の場の確保に努める。【法務省、警察庁、厚生労働省、国土交通省】

エ　満期釈放者の相談支援等の充実

更生保護施設を退所した者に対する継続的な相談支援によるフォローアップを強化するととも

に、就労支援又は居住支援と連携した満期釈放者に対する生活相談の在り方を検討する。

　　また、暴力団からの離脱に向けた指導等を担当する警察職員等に対し、実務に必要な専門的知識を習得させるための教育・研修の充実を図る。【法務省、警察庁、厚生労働省、国土交通省】

オ　満期釈放者対策の充実に向けた体制の整備

　　満期釈放者対策の充実を図るため、刑事施設、地方更生保護委員会、保護観察所、地域生活定着支援センター等の体制を強化する。【法務省、厚生労働省】

2　地方公共団体との連携強化の推進
（1）現状と課題の解決に向けた方向性

　高齢、障害、生活困窮等の様々な生きづらさを抱える犯罪をした者等の再犯を防止し、その立ち直りを実現するためには、従来の刑務所等からの円滑な社会復帰を目的とした支援だけでは不十分であり、地方公共団体や民間団体等と刑事司法関係機関が分野を越えて連携する、切れ目のない"息の長い"支援が必要である。

　政府においては、地域における再犯防止施策を促進するため、これまで地域再犯防止推進モデル事業を通じた地方公共団体における先進的な取組の創出・共有や、地方公共団体による再犯防止推進計画策定の参考となる各種統計データ・手引き等の基礎的資料の作成、様々な機会を捉えた説明の実施などの取組を進めてきた。

　こうした中、一部の地方公共団体では、犯罪をした者等の円滑な社会復帰や再犯防止にとどまらず、誰一人取り残さない「共生のまちづくり」の一環として、住民が犯罪の被害者とならない安全・安心で活力ある共生社会を実現する「更生支援」という理念の下、条例や地方再犯防止推進計画（以下「地方計画」という。）を策定し、地方公共団体、関係機関、住民、民間団体等が主体となった取組が進められている。

　また、矯正施設が所在する地方公共団体においては、矯正施設が有する人的・物的資源等を「地域の資源・強み」と捉えて、例えば、地域で担い手が減少している伝統工芸品の制作や災害発生時に地元の地方公共団体等との連絡体制の構築や避難場所の提供といった地域と連携した防災対策を推進するなど、再犯防止と地方創生を連携させながら、地域における取組を進めているところもある。

　その一方で、本年10月1日現在、地方計画を策定した地方公共団体は、全国で22団体にとどまっており、再犯防止に向けた取組が全国で進んでいるとは必ずしもいいがたい状況にある。

　また、地方公共団体からは、地域の取組が進みにくい事情として、複合的な課題を抱える犯罪をした者等を必要な支援につなぐコーディネーターとなる人材や必要な支援を提供できる民間団体等が地域にないこと、地域での受入れについて住民の理解を得られないなどの課題があることに加えて、再犯防止・更生支援の取組を地域で進めようとする地方公共団体に対する国からの支援が十分でないことなどが指摘されている。

　犯罪をした者等の再犯防止・更生支援に不可欠な"息の長い"支援を、地域で実現するためには、国、地方公共団体、民間団体が互いの本来の役割を踏まえつつ、それぞれの分野を越えて連携するための取組が不可欠である。

　この点、再犯防止推進法においては、地方公共団体は、国との適切な役割分担を踏まえて、再犯防止施策を講ずることとされている。国は、原則として刑事司法手続の範囲で、各種の社会復帰支援を実施する役割を有している。一方、地方公共団体は、刑事司法手続終了後も含め、犯罪をした者等のうち、保健医療・福祉サービスといった各種の行政サービスを必要とするもの、特に、こうしたサービスへのアクセスが困難であるものに対して適切にサービスを提供することはもとより、複合的な課題を抱えるものについては適当な行政サービスにつなげ、地域移行を図るなど、国と連携して"息の長い"支援を実施する役割を有している。

　国と地方公共団体には、こうした本来の役割を踏まえ、垣根を越えて連携し、取組を進めることが求められている。

（2）成果目標
　令和3年度末までに、100以上の地方公共団体で地方計画が策定されるよう支援する。

（3）成果目標の達成に向けた具体的な取組
　　ア　地方公共団体が地方計画の策定や再犯防止施策を推進するために必要な各種統計情報を整備し、提供する。【法務省】
　　イ　地方公共団体や民間団体の好事例など、地域において再犯防止に取り組む上で参考となる情報を集約し、閲覧するなど、取組の横展開を図る仕組みを整備する。【法務省】
　　ウ　地方公共団体が効果的な再犯防止の実施体制を構築できるよう、必要な支援を実施する。【法務省、総務省】

3　民間協力者の活動の促進
（1）現状と課題の解決に向けた方向性
　"息の長い"支援を実現するためには、更生保護ボランティアや少年警察ボランティア、更生保護法人、協力雇用主、教誨師や篤志面接委員といった、これまで長年に渡って犯罪をした者等の立ち直りを支援してきた民間協力者に加え、ダルク等の自助グループ、医療・保健・福祉関係等の民間団体、企業等は不可欠な存在であり、その活動を支援する必要がある。

　取り分け、犯罪をした者等の立ち直りを支える保護司については、その活動を支援するため、地域の活動拠点である「更生保護サポートセンター」が令和元年度末までに、全ての保護司会（886か所）で設置される予定であるとともに、平成31年3月には、平成26年に全国保護司連盟と共同して策定した「保護司の安定的確保に関する基本的指針」を改訂し、保護司活動インターンシップ（地域住民等に対する保護司活動を体験する機会の提供）や保護司候補者検討協議会（地域の関係団体等が参加し、保護司候補者に関する必要な情報の収集及び交換を行うもの）を積極的に運用することとしている。

　また、更生保護施設においては、被保護者の特性等を理解し信頼関係が構築されている更生保護施設職員が、退所後に生活相談等のため自ら更生保護施設を訪れて来る者に対して、その相談に応じる等の継続的な指導や援助を行うことにより、退所者の再犯を防止するフォローアップ事業を実施しているほか、更生保護女性会員、BBS会員等の更生保護ボランティアは、地域の関係団体と連携しながら、保護観察処遇への協力や矯正施設への支援はもとより、近年は、子育て中の親子や高齢者、児童生徒等の支援として、「サロン」や「子ども食堂」の運営、「学習支援」などの取組を実施している。

　このように、近年、民間協力者の求められる役割や活動範囲は大きく広がっており、それに伴い、国による一層効果的な支援が強く求められている。また、民間協力者の財政基盤は脆弱であることが多く、財政上の問題から、地域における再犯防止活動が限定的な効果にとどまっていることも少なくないのが実情である。

　こうした課題を解決するため、"息の長い"支援に取り組む民間協力者に対する継続的支援を強化するとともに、民間資金を活用して、民間協力者による活動のための財政基盤を整備していくことが必要である。

（2）具体的な取組

ア　幅広い年齢層や多様な職業など様々な立場にある国民から保護司の適任者を得られるよう、保護司活動インターンシップ及び保護司候補者検討協議会の取組を推進するとともに、保護司適任者確保に関する調査研究を踏まえた実効性のある対策を実施する。【法務省】

イ　更生保護就労支援事業や身元保証制度、刑務所出所者等就労奨励金等を活用した協力雇用主への継続的支援の強化や、犯罪をした者等を受け入れる農福連携等による立ち直りの取組を推進するとともに、刑務所出所者等が地域社会に定着できるまでの間の最も身近かつ有効な支援者である更生保護施設の体制整備を図り、更生保護施設の地域拠点機能を強化する。【法務省、農林水産省、厚生労働省】

ウ　ソーシャル・インパクト・ボンド等の成果連動型民間委託契約方式（PFS）の仕組みを通じ、社会的課題に取り組むNPO、民間企業・団体等と連携した効果的な再犯防止・立ち直りに向けた活動を推進する。【法務省、内閣府】

エ　少年を見守る社会気運を一層高めるため、自治会、企業、各種地域の保護者の会等に対して幅広く情報発信するとともに、少年警察ボランティア等の協力を得て、社会奉仕体験活動等を通じて大人と触れ合う機会の確保に努めるほか、少年警察ボランティア等の活動を促進するため、研修の実施等支援の充実を図る。【警察庁】

オ　保護司、更生保護女性会員、BBS会員、協力雇用主及び少年警察ボランティア等民間協力者の活動について、国民の理解と協力を得られるよう、新聞・テレビを始め、関係機関のウェブサイトやSNS等様々な媒体を通じた広報を充実強化するとともに、民間協力者によるクラウドファンディングや基金等の活用を促進する。【法務省、警察庁】

4. 第二次再犯防止推進計画（令和5年3月17日閣議決定）※

Ⅰ 第二次再犯防止推進計画策定の目的

第1 再犯防止の現状と再犯防止施策の重要性

　我が国の刑法犯の認知件数は、平成8年以降毎年戦後最多を記録し、平成14年（285万3,739件）にピークを迎えたが、平成15年以降は減少を続け、令和3年（56万8,104件）には戦後最少となった。

　この数字は、諸外国と比較しても、我が国の治安の良さを示しており、令和4年3月に公表された内閣府の世論調査では、8割を超える国民が現在の日本は治安が良く、安全で安心して暮らせる国だと回答している。

　他方、刑法犯により検挙された再犯者数は減少傾向にあるものの、それを上回るペースで初犯者数も減少し続けているため、検挙人員に占める再犯者の人員の比率（再犯者率）は上昇傾向にあり、令和3年には48.6パーセントと刑法犯検挙者の約半数は再犯者という状況にある。

　このような再犯の傾向は、第一次の再犯防止推進計画（以下「第一次推進計画」という。）を策定した平成29年当時においても同様であり、政府は、新たな被害者を生まない安全・安心な社会を実現するために、再犯の防止等に向けた取組が重要であるとの認識の下、第一次推進計画を策定し、これに基づき、様々な取組を行ってきた。

　国・地方公共団体・民間協力者等の連携が進み、より機能し始めた再犯の防止等に向けた取組を更に深化させ、推進していくためには、これまでの取組を検証して必要な改善を図るとともに、新たな施策をも含めた、第二次再犯防止推進計画（以下「第二次推進計画」という。）を策定することが必要とされる。

第2 第二次推進計画策定の経緯

〔第一次推進計画の策定〕

　平成28年12月、再犯の防止等に関する国及び地方公共団体の責務を明らかにするとともに、再犯の防止等に関する施策を総合的かつ計画的に推進していくための基本事項を示した「再犯の防止等の推進に関する法律」（平成28年法律第104号、以下「推進法」という。）が制定、施行された。

　政府は、推進法において、再犯の防止等に関する施策の総合的かつ計画的な推進を図るための計画を策定することとされ、これを受け、平成29年12月、再犯の防止等に関する政府の施策等を定めた初めての計画である第一次推進計画を閣議決定した。

　第一次推進計画は、5つの基本方針の下、①就労・住居の確保、②保健医療・福祉サービスの利用の促進、③学校等と連携した修学支援、④特性に応じた効果的な指導、⑤民間協力者の活動促進、⑥地方公共団体との連携強化、⑦関係機関の人的・物的体制の整備、という7つの重点課題と115の具体的施策により構成され、その計画期間は平成30年度から令和4年度までの5年間とされた。

　令和元年12月、政府は、第一次推進計画に基づき実施している再犯防止施策のうち、より重点的に取り組むべき課題への対応を加速化させるため、犯罪対策閣僚会議において、「再犯防止推進計画加速化プラン」（以下「加速化プラン」という。）を決定した。加速化プランでは、①「満期釈放者対策の充実強化」、②「地方公共団体との連携強化の推進」、③「民間協力者の活動の促進」の3つの取組を加速化させることとし、具体的な成果目標として、「令和4年までに、満期釈放者の2年以内再入者数を2割以上減少させる」こと、及び、「令和3年度末までに、100以上の地方公共団体で地方

※　「第二次再犯防止推進計画」概要版
https://www.moj.go.jp/content/001392899.pdf

再犯防止推進計画が策定されるよう支援する」ことが設定された。

〔第一次推進計画に基づく取組〕

政府は、第一次推進計画や加速化プランに基づき、地方公共団体や民間協力者等の理解・協力も得て、各種施策に取り組み、一定の成果も上がってきた。

例えば、就労の確保については、矯正施設・保護観察所とハローワークが連携した就労先確保に向けた取組等により、矯正施設在所中から支援を受けて就職した者の数が増加し、住居の確保については、更生保護施設等による住居確保支援や矯正施設在所中の生活環境の調整の強化等により、適当な帰住先が確保されていない刑務所出所者数が減少している。また、満期釈放者対策の充実強化については、矯正施設在所中の生活環境の調整の強化や更生保護施設退所者に対する継続的な相談支援等の実施により、加速化プランにおいて設定された上記目標が達成された。

さらに、地方公共団体の取組としては、国と地方公共団体の協働による地域における効果的な再犯防止施策の在り方について調査するための「地域再犯防止推進モデル事業」の実施や、協議会等を通じた同事業の成果や好事例等の共有等が行われるとともに、令和4年10月1日現在で402の地方公共団体で地方再犯防止推進計画等が策定され、地域の実情に応じた様々な取組が進められている。また、民間協力者等の取組については、民間資金の活用などにより、地域における草の根の支援活動など多様な活動が更に広がった。

こうした一つ一つの取組の結果、「再犯防止に向けた総合対策」（平成24年犯罪対策閣僚会議決定）において設定された「出所年を含む2年間において刑務所に再入所する割合（2年以内再入率）を令和3年までに16％以下にする」という数値目標を令和元年出所者について達成するに至った。

〔第一次推進計画に基づく取組の検証〕

政府は、第二次推進計画の策定を見据え、法務副大臣を議長とし、関係省庁の課長等や外部有識者を構成員とする「再犯防止推進計画等検討会」（以下「検討会」という。）において、4回にわたる議論等を経て、第一次推進計画下における取組状況や成果を検証するとともに、今後の課題について整理した。

その結果、「個々の支援対象者に十分な動機付けを行い、自ら立ち直ろうとする意識を涵養した上で、それぞれが抱える課題に応じた指導・支援を充実させていく必要があること」、「支援を必要とする者が支援にアクセスできるよう、支援を必要とする者のアクセシビリティ（アクセスの容易性）を高めていく必要があること」、「支援へのアクセス自体が困難な者が存在するため、訪問支援等のアウトリーチ型支援を実施していく必要があること」、「地方公共団体における再犯の防止等に向けた取組をより一層推進するため、国と地方公共団体がそれぞれ果たすべき役割を明示するとともに、国、地方公共団体、民間協力者等の連携を一層強化していく必要があること」などの課題が確認された。

その上で、検討会は、これらの課題を踏まえ、第二次推進計画の策定に向けた基本的な方向性として、以下の3つを取りまとめ、議論を進めた。

① 犯罪をした者等が地域社会の中で孤立することなく、生活の安定が図られるよう、個々の対象者の主体性を尊重し、それぞれが抱える課題に応じた"息の長い"支援を実現すること。

② 就労や住居の確保のための支援をより一層強化することに加え、犯罪をした者等への支援の実効性を高めるための相談拠点及び民間協力者を含めた地域の支援連携（ネットワーク）拠点を構築すること。

③ 国と地方公共団体との役割分担を踏まえ、地方公共団体の主体的かつ積極的な取組を促進するとともに、国・地方公共団体・民間協力者等の連携を更に強固にすること。

〔第二次推進計画の策定〕

　政府は、検討会における更に計４回にわたる議論等を経て、第二次推進計画の案を取りまとめ、ここに第二次推進計画を定めるに至った。

Ⅱ　基本方針及び重点課題

第1　基本方針

　第一次推進計画では、犯罪をした者等が、円滑に社会の一員として復帰することができるようにすることで、国民が犯罪による被害を受けることを防止し、安全で安心して暮らせる社会の実現に寄与するという目的を達成するために、個々の施策の策定・実施や連携に際し、実施者が目指すべき方向・視点として、推進法第３条の「基本理念」を踏まえ、以下の５つの基本方針が設定された。

　本基本方針は、施策の実施者が目指すべき方向・視点として、第二次推進計画においても踏襲する。

〔５つの基本方針〕

①　犯罪をした者等が、多様化が進む社会において孤立することなく、再び社会を構成する一員となることができるよう、あらゆる者と共に歩む「誰一人取り残さない」社会の実現に向け、関係行政機関が相互に緊密な連携をしつつ、地方公共団体・民間の団体その他の関係者との緊密な連携協力をも確保し、再犯の防止等に関する施策を総合的に推進すること。

②　犯罪をした者等が、その特性に応じ、刑事司法手続のあらゆる段階において、切れ目なく、再犯を防止するために必要な指導及び支援を受けられるようにすること。

③　再犯の防止等に関する施策は、生命を奪われる、身体的・精神的苦痛を負わされる、あるいは財産的被害を負わされるといった被害に加え、それらに劣らぬ事後的な精神的苦痛・不安にさいなまれる犯罪被害者等が存在することを十分に認識して行うとともに、犯罪をした者等が、犯罪の責任等を自覚し、犯罪被害者の心情等を理解し、自ら社会復帰のために努力することの重要性を踏まえて行うこと。

④　再犯の防止等に関する施策は、犯罪及び非行の実態、効果検証及び調査研究の成果等を踏まえ、必要に応じて再犯の防止等に関する活動を行う民間の団体その他の関係者から意見聴取するなどして見直しを行い、社会情勢等に応じた効果的なものとすること。

⑤　国民にとって再犯の防止等に関する施策は身近なものではないという現状を十分に認識し、更生の意欲を有する犯罪をした者等が、責任ある社会の構成員として受け入れられるよう、再犯の防止等に関する取組を、分かりやすく効果的に広報するなどして、広く国民の関心と理解が得られるものとしていくこと。

第2　重点課題

　第一次推進計画では、推進法第２章が規定する基本的施策に基づき、多岐にわたる再犯防止施策が７つの重点課題に整理された。第二次推進計画においては、第一次推進計画の重点課題を踏まえつつ、前記第二次推進計画の策定に向けた基本的な方向性に沿って、以下に掲げる７つの事項を重点課題とする。

〔７つの重点課題〕

①　就労・住居の確保等

②　保健医療・福祉サービスの利用の促進等

③　学校等と連携した修学支援の実施等

④ 犯罪をした者等の特性に応じた効果的な指導の実施等
⑤ 民間協力者の活動の促進等
⑥ 地域による包摂の推進
⑦ 再犯防止に向けた基盤の整備等

第3 計画期間と迅速な実施

推進法第7条第6項が、少なくとも5年ごとに、再犯防止推進計画に検討を加えることとしていることから、計画期間は、令和5年度から令和9年度末までの5年間とする。

第二次推進計画に盛り込まれた施策は、可能な限り速やかに実施することとし、犯罪対策閣僚会議の下に設置された再犯防止対策推進会議において、定期的に施策の進捗状況を確認するとともに、施策の実施の推進を図ることとする。

また、Ⅳの第1に掲げる成果指標については、第二次推進計画に盛り込まれた施策の速やかな実施により、その向上を図り、このうち、出所受刑者の2年以内再入率及び3年以内再入率を更に低下させることを目標として定める。

Ⅲ 今後取り組んでいく施策

第1 就労・住居の確保等を通じた自立支援のための取組（推進法第12条、第14条、第15条、第16条、第21条関係）

1．就労の確保等

（1）現状認識と課題等

不安定な就労が再犯の要因となっていることに鑑み、政府においては、これまで、犯罪をした者等の就労を確保するため、法務省と厚生労働省の協働による刑務所出所者等総合的就労支援対策の実施、矯正就労支援情報センター室（通称「コレワーク」）の設置、刑務所出所者等就労奨励金制度の導入等に取り組んできた。

さらに、第一次推進計画策定後は、就労やその継続の大前提となるコミュニケーション能力等の基本的な能力の強化、職場定着に向けた取組の強化等にも努めてきた。

その結果、新型コロナウイルス感染症拡大の影響を受けつつも、矯正施設在所中から支援を受けて就職した者の数や犯罪をした者等を実際に雇用している協力雇用主の数が第一次推進計画策定前に比べて増加するなど、就労の確保に向けた政府の取組は、着実に成果を上げてきた。

しかしながら、依然として、保護観察終了時に無職である者は少なくないこと、実際に雇用された後も人間関係のトラブル等から離職してしまう者が少なくないことなどの課題があるほか、職業訓練を社会復帰後の就労に結び付くものとしていく必要があるとの指摘もある。

これらの課題に対応するため、適切な職業マッチングを促進するための多様な業種の協力雇用主の開拓、寄り添い型の就職・職場定着支援、コミュニケーションスキルやビジネスマナーといった就労やその継続に必要な知識・技能の習得、社会復帰後の自立や就労を見据えた職業訓練・刑務作業の実施等を更に充実させる必要がある。

（2）具体的施策

① 職業適性の把握と就労につながる知識・技能等の習得

ア 職業適性の把握等【施策番号1】

法務省は、矯正施設において、厚生労働省の協力を得て、就労意欲や職業適性、個々の受刑者等が持つ能力等を把握するためのアセスメントを適切に実施するとともに、その結果を踏まえ、刑期の早い段階から、社会復帰後を見据え、職業訓練や就労支援指導を計画的に実施して

いく体制の整備を検討する。【法務省、厚生労働省】

イ　施設内から社会内への一貫した指導・支援スキームの確立【施策番号2】

　法務省は、厚生労働省の協力を得て、効果的に就労支援を実施するため、出所後の本人を取り巻く生活環境を踏まえるなどし、矯正施設在所中から出所後の職場定着までの計画的かつ一貫した指導・支援に取り組む。【法務省、厚生労働省】

ウ　就労に必要な基礎的能力等の習得に向けた処遇等【施策番号3】

　法務省は、矯正施設及び保護観察所において、コミュニケーションスキルの付与やビジネスマナーの体得を目的とした刑務作業や指導を行うなど、犯罪をした者等の勤労意欲の喚起及び就職に必要な知識・技能等の習得を図るための処遇の充実を図る。【法務省】

エ　刑事施設における受刑者の特性に応じた刑務作業の充実等【施策番号4】

　法務省は、拘禁刑下において、刑務作業が、受刑者の改善更生及び円滑な社会復帰に必要な場合に行わせるべきものと位置付けられたことを踏まえ、アセスメント結果を基に動機付けを十分に行って就労意欲を喚起した上で、個々の受刑者の特性に応じた刑務作業を適切に課す。また、社会復帰後の自立や就労を見据えて、実社会で必要となる社会性や自発性を身に付けさせるためのコミュニケーション能力やマネジメント能力等を養成する刑務作業等を実施するほか、高齢の受刑者や心身に障害のある受刑者のうち、福祉的支援の対象とならない者に対しても、就労につながるよう、その心身の機能の維持・向上を図る刑務作業等を実施する。【法務省】

オ　刑事施設における職業訓練等の充実【施策番号5】

　法務省は、関係機関や犯罪をした者等の雇用を希望する事業主等から意見を聴取するなどし、雇用ニーズに合わせて訓練種目の整理を行うとともに、就労に必要なパソコンスキルや職場等への定着に欠かせない課題解決能力については、勤労を中心として自立した社会生活を営んでいく必要がある全ての受刑者に対し、訓練・指導する体制を構築する。

　また、職業訓練を修了した者に対しては、可能な限り関連する刑務作業に就業させることにより、身に付けた知識や技能を維持・向上させるほか、出所前における訓練内容の再指導や、出所後の就労先となる企業と連携した実践的訓練を積極的に実施するなどし、職業訓練及び刑務作業が、受刑者の改善更生及び円滑な社会復帰に資するものとなるよう、その内容の見直しを含め、より一層の充実強化を図る。

　加えて、法務省は、厚生労働省の協力を得て、協力雇用主、生活困窮者自立支援法（平成25年法律第105号）における就労準備支援事業や認定就労訓練事業を行う者等と連携した職業講話や職場定着等に向けた指導・支援を充実させる。【法務省、厚生労働省】

カ　資格制限等の見直し【施策番号6】

　法務省は、「前科による資格制限の在り方に関する検討ワーキンググループ」において実施した資格制限の見直しに関するニーズ調査結果、各資格等に関する制限内容及びその趣旨等に関する調査結果や、少年法等の一部を改正する法律（令和3年法律第47号）の審議における資格制限の見直しに関する議論の内容等を踏まえ、関係省庁と協力し、前科があることによる資格等の制限やその運用の在り方・方向性について、総合的な検討を進める。

　各府省は、その検討結果を踏まえ、所管する資格等の制限やその運用の在り方について、業務の性質等も考慮して、見直しの要否を検討し、必要に応じた措置を講じる。【各府省】

② 就職に向けた相談・支援等の充実

ア 刑務所出所者等総合的就労支援を中心とした就労支援の充実【施策番号7】

法務省及び厚生労働省は、犯罪をした者等の適切な就労先の確保のため、より効果的な連携体制の在り方を検討するとともに、ハローワーク相談員の矯正施設への駐在や保護観察所等への協力の拡大など、就労支援対策の一層の充実を図る。また、法務省及び厚生労働省は、矯正施設出所後の職場定着につなげるため、矯正施設在所中に内定企業や就労を希望する業種での就労を体験する職場体験を積極的に実施する。さらに、法務省及び国土交通省は、矯正施設及び地方運輸局等の連携による就労支援対策についても、一層の充実を図る。【法務省、厚生労働省、国土交通省】

イ 非行少年に対する就労支援【施策番号8】

警察庁は、非行少年を生まない社会づくりの活動の一環として少年サポートセンター（都道府県警察に設置し、少年補導職員を中心に非行防止に向けた取組を実施）等が行う就労を希望する少年に対する立ち直り支援について、都道府県警察に対する指導や好事例の紹介等を通じ、少年の就職や就労継続に向けた支援の充実を図る。【警察庁】

③ 協力雇用主の開拓・確保及びその活動に対する支援の充実

ア 多様な業種の協力雇用主の確保【施策番号9】

法務省は、犯罪をした者等がそれぞれの適性に応じた業種等に就職できるよう支援するため、社会における労働需要や矯正施設における職業訓練等の内容も踏まえつつ、多様な業種の協力雇用主の確保に努める。また、各府省は、法務省の協力を得て、対象となる公共調達の本来達成すべき目的が阻害されないよう留意しつつ、協力雇用主の受注の機会の増大を図るとともに、関係する各種事業者団体に対し、所属する企業等への協力雇用主の拡大に向けた周知を依頼するなど、積極的な広報・啓発活動を推進する。【各府省】

イ 協力雇用主等に対する情報提供【施策番号10】

法務省は、コレワークにおいて、協力雇用主等に対して、受刑者等が矯正施設在所中に習得・取得可能な技能・資格を紹介するとともに、協力雇用主等の雇用ニーズに合う受刑者等が在所する矯正施設の紹介や、職業訓練等の見学会の案内をするほか、総務省、厚生労働省、農林水産省、経済産業省及び国土交通省の協力を得て、協力雇用主の活動を支援する施策の周知を図るなど、協力雇用主等に対する情報提供の充実を図る。また、個人情報等の適正な取扱いを確保しつつ、犯罪をした者等の就労に必要な個人情報を適切に提供する。【総務省、法務省、厚生労働省、農林水産省、経済産業省、国土交通省】

ウ 協力雇用主の不安・負担の軽減【施策番号11】

法務省は、身元保証制度、刑務所出所者等就労奨励金制度、更生保護就労支援事業といった各種制度や、協力雇用主に対する助言や研修など、犯罪をした者等を雇用しようとする協力雇用主の不安や負担を軽減するための支援の充実を図る。【法務省】

エ 協力雇用主に関する情報の適切な共有【施策番号12】

法務省は、各府省や地方公共団体における協力雇用主に対する支援の実施に資するよう、各府省や地方公共団体に対する協力雇用主に関する情報提供の在り方について検討し、適切に情報を提供する。【法務省】

オ　国による雇用等の推進【施策番号13】

　　各府省は、「犯罪をした者等の就労の確保等のための取組に係る参考指針」を踏まえ、各府省における業務の特性や実情も勘案し、犯罪をした者等の雇用等に努める。法務省は、各府省におけるこうした取組を促進するために必要な支援等を行う。【各府省】

④　就労した者の離職の防止及び離職した者の再就職支援【施策番号14】

　　法務省及び厚生労働省は、矯正施設、保護観察所、更生保護施設、ハローワーク等において、犯罪をした者等に対し、悩みなどを把握した上で適切な助言を行うなど、離職を防止するための支援や離職後の再就職に向けた支援の充実を図る。また、寄り添い型の支援を行う更生保護就労支援事業などにより、犯罪をした者等及び協力雇用主の双方に対する継続的な支援の充実を図ることで、職場定着を促進するとともに、再就職のための円滑な就労マッチングを推進する。【法務省、厚生労働省】

⑤　一般就労と福祉的就労の狭間にある者の就労の確保
ア　障害者・生活困窮者等に対する就労支援の活用【施策番号15】

　　法務省及び厚生労働省は、障害のある犯罪をした者等が、その就労意欲や障害の程度等に応じて、障害者支援施策も活用しながら、一般の企業等への就労や、就労継続支援A型（一般の企業等に雇用されることが困難な障害者に対して、雇用契約の締結等による就労の機会の提供等を行うもの）又は同B型（一般の企業等に雇用されることが困難な障害者に対して、就労の機会の提供等を行うもの）事業における就労を実現できるよう取り組む。また、生活が困窮している者で、就労に向けて一定の準備を必要とする犯罪をした者等に対しては、生活困窮者自立支援法に基づく生活困窮者就労準備支援事業や生活困窮者就労訓練事業の積極的活用を図る。【法務省、厚生労働省】

イ　農福連携に取り組む企業・団体等やソーシャルビジネスとの連携【施策番号16】

　　法務省は、矯正施設及び保護観察所において、厚生労働省、農林水産省、経済産業省及び国土交通省の協力を得て、農福連携に取り組む企業・団体等とも連携し、犯罪をした者等のうち、障害等により一般の企業等への就労が困難な者に対する働き掛けを通じて就農意欲を喚起し、農業等への就労促進を図るほか、農福連携関係団体から食材等の調達を推進する取組を通じ、双方にとって効果的で持続可能な関係構築を図る。また、高齢者・障害者の介護・福祉、ホームレス支援、ニート等の若者支援といった社会的・地域的課題の解消に取り組む企業・団体等に、協力雇用主への登録を促し、犯罪をした者等の雇用を働き掛けるなど、ソーシャルビジネスとの連携を推進する。【法務省、厚生労働省、農林水産省、経済産業省、国土交通省】

２．住居の確保等
（１）現状認識と課題等

　適当な帰住先が確保されていない刑務所出所者の２年以内再入率が、更生保護施設等へ入所した仮釈放者に比べて約２倍高くなっていることから明らかなように、適切な帰住先の確保は、地域社会において安定した生活を送るための欠かせない基盤であり、再犯の防止等を推進する上で最も重要な要素の一つといえる。

　政府においては、これまで、受刑者等の釈放後の生活環境の調整の充実強化、更生保護施設の受入れ機能の強化や自立準備ホームの確保など、矯正施設出所後の帰住先の確保に向けた取組を進めてきた。また、更生保護施設や自立準備ホームを退所した後の地域における生活基盤の確保のため、居住支援法人との連携方策についても検討を進めてきた。

その結果、適当な帰住先が確保されていない刑務所出所者数の減少（平成28年に比べて令和3年は4割減少）や満期釈放者の2年以内再入者数の減少（平成28年出所者に比べて令和2年出所者は3割減少）など、住居の確保に向けた政府の取組は、一定の成果を上げてきた。

しかしながら、依然として、満期釈放者のうちの約4割が適当な帰住先が確保されないまま刑務所を出所していることや、出所後、更生保護施設等に入所できても、その後の地域における定住先の確保が円滑に進まない場合があるなどの課題もある。

これらの課題に対応するため、矯正施設在所中の生活環境の調整の充実や更生保護施設等の受入れ・処遇機能の更なる強化、地域社会での定住先の確保を円滑に進めるための支援の充実、更生保護施設退所後の本人への訪問等による専門的・継続的な支援の拡大等の取組を進めていく必要がある。

（2）具体的施策
① 矯正施設在所中の生活環境の調整の充実
ア 矯正施設在所中の生活環境の調整の充実【施策番号17】

法務省は、保護観察所による受刑者等の釈放後の生活環境の調整に地方更生保護委員会が積極的に関与し、その者が必要とする保健医療・福祉サービスを受けることができる地域への帰住を調整する取組を拡大させるなど、適切な帰住先を迅速に確保するための取組の充実を図る。【法務省】

イ 受刑者等の親族等に対する支援【施策番号18】

法務省は、支援が必要な受刑者等の親族等に対し、受刑者等との適切な関係の構築という点に配慮しつつ、出所に向けた相談支援等を実施する引受人会・保護者会を開催するなど、受刑者等の親族等に対する支援の充実を図る。【法務省】

② 更生保護施設等の機能の充実・一時的な居場所の確保
ア 更生保護施設の整備及び受入れ・処遇機能の充実【施策番号19】

法務省は、更生保護施設の整備を着実に推進するほか、罪名、嗜癖等本人が抱える課題や地域との関係により特に受入れが進みにくい者や処遇困難な者を更生保護施設で受け入れ、それぞれの課題に応じた処遇を行うとともに、地域社会での自立生活を見据えた処遇を行うための体制の整備を推進するなど、更生保護施設における受入れ及び処遇機能の充実を図る。【法務省】

イ 自立支援の中核的担い手としての更生保護施設等の事業の促進及び委託費構造の見直し【施策番号20】

法務省は、宿泊保護はもとより、更生保護施設退所後に向けた高齢者又は障害のある者等に対する福祉的支援への移行、薬物依存症者に対する回復支援の実施、満期釈放者や施設退所者等に対する継続的な通所・訪問支援の実施等、地域における犯罪をした者等の自立支援の中核的担い手として多様かつ高度な役割が更生保護施設に求められるようになり、その活動が難しさを増していることを踏まえ、更生保護施設等の事業の促進を図るとともに、更生保護委託費の構造等の見直しに向けた検討を行う。【法務省】

ウ 自立準備ホームの確保と活用【施策番号21】

法務省は、厚生労働省及び国土交通省の協力を得て、専門性を有する社会福祉法人やNPO法人などに対する委託により犯罪をした者等の一時的な居場所の確保等を推進するほか、空き家等の既存の住宅ストック等を活用するなどして多様な居場所である自立準備ホームの更なる

確保を進めるとともに、各施設の特色に応じた活用を図る。【法務省、厚生労働省、国土交通省】

③ 地域社会における定住先の確保

ア 居住支援法人との連携の強化【施策番号22】

法務省は、国土交通省の協力を得て、保護観察対象者等の住居の確保のため、居住支援法人との連携を強化し、住居提供者に対する不安軽減に向けた取組を行うとともに、見守りなど要配慮者への生活支援を行う居住支援法人との更なる連携の方策を検討する。

また、法務省は、国土交通省の協力を得て、住宅確保要配慮者に対する賃貸住宅の供給の促進に関する法律（平成19年法律第112号）に基づき、犯罪をした者等のうち、同法第2条第1項が規定する住宅確保要配慮者に該当する者に対して、賃貸住宅に関する情報の提供及び相談の実施に努めるとともに、保護観察対象者等であることを承知して住居を提供する場合は、保護観察対象者等に対する必要な指導等、法務省による継続的支援が受けられることを周知するなどして、その入居を拒まない賃貸人の開拓・確保に努める。【法務省、国土交通省】

イ 公営住宅への入居における特別な配慮【施策番号23】

国土交通省は、保護観察対象者等であることを承知して住居を提供する場合は、上記（施策番号22）の法務省による継続的支援が受けられることを踏まえ、保護観察対象者等が住居に困窮している状況や地域の実情等に応じて、保護観察対象者等の公営住宅への入居を困難としている要件を緩和すること等について検討を行うよう、引き続き、地方公共団体に要請する。また、矯正施設出所者については、通常、著しく所得の低い者として、公営住宅への優先入居の取扱いの対象に該当する旨、引き続き、地方公共団体に周知・徹底を図る。【国土交通省】

ウ 住居の提供者に対する継続的支援の実施【施策番号24】

法務省は、保護観察対象者等であることを承知して住居を提供する者に対し、住居の提供に伴う不安や負担を細かに把握した上で、身元保証制度の活用を含めた必要な助言等を行うとともに、個人情報等の適正な取扱いを確保しつつ、保護観察対象者等についての必要な個人情報を提供する。併せて、保護観察対象者等に対し、必要な指導等を行うなど、保護観察対象者等であることを承知して住居を提供する者に対する継続的支援を実施する。【法務省】

エ 満期釈放者等に対する支援情報の提供等の充実【施策番号25】

法務省は、帰住先を確保できないまま満期出所となる受刑者等の再犯を防止するため、矯正施設において、必要が認められる受刑者等に対し、更生緊急保護や希望する地域の相談機関に関する情報の提供等、受刑者等の個別のニーズ等を踏まえた相談支援を行う。また、保護観察所において、更生緊急保護の申出のあった満期釈放者等に対し、地域の支援機関等についての必要な情報の提供を行うほか、更生緊急保護として、必要に応じ、更生保護施設や地域の社会資源等を活用した居場所の確保に向けた支援を行うとともに、定住先確保のための支援を行う。加えて、刑法等の一部を改正する法律（令和4年法律第67号）による改正後の更生保護法に基づき、矯正施設在所中に更生緊急保護の申出があった場合は、満期出所後直ちに必要な措置を受けられるよう、必要な調査や調整を行う。【法務省】

第2　保健医療・福祉サービスの利用の促進等のための取組（推進法第17条、第21条関係）

1．高齢者又は障害のある者等への支援等

（1）現状認識と課題等

　高齢者の2年以内再入率は他の世代に比べて高く、また、知的障害のある受刑者については、一般に再犯に至るまでの期間が短いことなどが明らかとなっている。

　政府においては、これまで、必要とされる福祉的支援が行き届いていないことを背景として再犯に及ぶ者がいることを踏まえ、矯正施設在所中の段階から、高齢者又は障害のある者等に対して必要な指導を実施するなどして、福祉的支援についての理解の促進や動機付けを図ってきた。さらに、これらの受刑者等が矯正施設出所後に必要な福祉サービス等を受けられるよう、矯正施設、更生保護官署、更生保護施設、地域生活定着支援センター及びその他の保健医療・福祉関係機関が連携して特別調整等を実施してきた。

　また、起訴猶予者等に対するいわゆる入口支援についても、法務省と厚生労働省による検討会の結果を踏まえ、令和3年度から、高齢又は障害により福祉的支援を必要とする被疑者・被告人に対し、検察庁、保護観察所、地域生活定着支援センター等が連携して支援を実施する新たな取組を開始した。

　その結果、矯正施設から出所する者が年々減少する中にあって、特別調整の対象者数や地域生活定着支援センターによる支援の実施件数が増加するなど、福祉的支援に向けた取組は、着実に実績を積み重ねてきた。

　しかしながら、高齢者や知的障害、精神障害のある者等、福祉的ニーズを抱える者をより的確に把握していく必要があること、福祉的支援が必要であるにもかかわらず、本人が希望しないことを理由に支援が実施できない場合があること、支援の充実に向け、刑事司法関係機関、地域生活定着支援センター、地方公共団体、地域の保健医療・福祉関係機関等の更なる連携強化を図る必要があることなどの課題もあり、これらの課題に対応した取組を更に進める必要がある。

（2）具体的施策

①　関係機関における福祉的支援の実施体制等の充実

**　ア　刑事司法関係機関におけるアセスメント機能等の強化【施策番号26】**

　　法務省は、犯罪をした高齢者又は障害のある者等が円滑に必要な福祉サービスを利用できるようにするため、少年鑑別所におけるアセスメント機能の充実を図るとともに、矯正施設における社会福祉士等の活用や、保護観察所における福祉サービス利用に向けた調査・調整機能の強化を図ることにより、福祉的支援が必要な者の掘り起こしや福祉サービスのニーズの把握を適切に行う。また、検察庁においては、入口支援の実施に当たって効果的な支援先の選定ができるよう、可能な限り弁護人とも協働しつつ、支援対象者の抱える課題や福祉サービスのニーズを適切に把握する。【法務省】

**　イ　高齢者又は障害のある者等である受刑者等に対する指導【施策番号27】**

　　法務省は、矯正施設において、社会福祉士等によるアセスメントを適切に実施し、福祉的支援の必要が認められる者に対し、支援に関する方針を明確にした上で、福祉関係機関等の協力を得ながら、健康運動指導や福祉サービスに関する知識及び社会適応能力等を習得させるための指導を行うとともに、福祉施設の事前体験等の機会を適切に設けるなどし、福祉的支援についての動機付けも含む円滑な社会復帰に向けた指導を行う。また、福祉的支援の必要が認められるものの就労が可能な者に対しては、個人の特性に応じて就労に向けた支援を行うなど、個々の特性に応じた必要な支援の充実を図る。【法務省】

ウ　矯正施設、保護観察所、更生保護施設、地域生活定着支援センター、地方公共団体等の多機関連携の強化等【施策番号28】

　　法務省及び厚生労働省は、特別調整の取組について、矯正施設、保護観察所、地域生活定着支援センター等の多機関連携はもとより、地方公共団体とも協働しつつ、一層着実な実施を図る。また、特別調整の対象とはならないものの、高齢者又は障害のある者等であって自立した生活を営む上での困難を有する者等に対し、必要な保健医療・福祉サービスが提供されるようにするため、矯正施設、保護観察所、更生保護施設、地域生活定着支援センター、地方公共団体、地域の保健医療・福祉関係機関等の連携の充実強化を図る。【法務省、厚生労働省】

②　保健医療・福祉サービスの利用に関する地方公共団体等との連携の強化

ア　保健医療・福祉サービスの利用に向けた手続の円滑化【施策番号29】

　　法務省及び厚生労働省は、犯罪をした高齢者又は障害のある者等が、速やかに、障害者手帳の交付、保健医療・福祉サービスの利用の必要性の認定等を受け、これを利用することができるよう、地方公共団体との調整を強化するなどして、釈放後の円滑な福祉サービスの受給を促進する。また、法務省は、住民票が消除されるなどした受刑者等が、矯正施設出所後速やかに保健医療・福祉サービスを利用することができるよう、引き続き、矯正施設・更生保護官署の職員に対して住民票に関する手続等の周知・徹底を図る。【法務省、厚生労働省】

イ　社会福祉施設等の協力の促進【施策番号30】

　　厚生労働省は、犯罪をした高齢者又は障害のある者等が地域社会で生活できるよう、自立に向けた訓練や就労の支援を行うなど、社会福祉施設等による福祉サービスの提供の充実を図る。【厚生労働省】

③　被疑者等への支援を含む効果的な入口支援の実施【施策番号31】

　　法務省は、保護観察所において、更生緊急保護の枠組みを活用し、検察庁を含む関係機関との連携により、勾留中の被疑者の段階から、その支援の必要性に応じ、本人の意思やニーズを踏まえつつ、住居、就労先、福祉サービス等に係る生活環境の調整を行うとともに、釈放後に、重点的な生活指導や福祉サービスに係る調整等を行う。法務省及び厚生労働省は、これら被疑者・被告人のうち、高齢又は障害により、自立した生活を営む上で、公共の福祉に関する機関その他の機関による福祉サービスを受けることが必要な者に対し、検察庁、保護観察所、地域生活定着支援センター等の多機関連携により、釈放後速やかに適切な福祉サービスに結び付ける取組について、本人の意思やニーズを踏まえつつ、地方公共団体とも協働し、着実な実施を図る。【法務省、厚生労働省】

④　保健医療・福祉サービスの利用の促進等のための研修・体制の整備【施策番号32】

（ア）刑事司法関係機関

　　法務省は、検察庁における社会復帰支援を担当する検察事務官や社会福祉士、矯正施設における福祉専門官等及び保護観察所における更生緊急保護等の社会復帰支援を担当する保護観察官の配置を充実させるなど、検察庁、矯正施設及び保護観察所における社会復帰支援の実施体制の充実を図る。また、犯罪をした者等の福祉的支援の必要性を的確に把握することができるよう、刑事司法関係機関の職員に対する高齢者及び障害のある者等の特性等に関する研修を実施する。

（イ）更生保護施設

法務省は、犯罪をした高齢者又は障害のある者等の更生保護施設における受入れやその特性に応じた支援の実施を充実させるための施設・体制の整備を図る。

（ウ）地域生活定着支援センター、保健医療・福祉関係機関

厚生労働省は、地域生活定着支援センターについて、その実施主体である地方公共団体と協働し、活動基盤の充実を図るとともに、同センターの職員に対する必要な研修を実施する。

また、法務省は、地域の保健医療・福祉関係機関の職員等に対し、刑事司法手続等に関する必要な研修を実施する。【法務省、厚生労働省】

２．薬物依存の問題を抱える者への支援等
（１）現状認識と課題等

薬物事犯者は、犯罪をした者であると同時に、薬物依存症の患者である場合があることから、政府においては、これまで、矯正施設や保護観察所における専門的プログラムの実施といった改善更生に向けた指導を充実させるとともに、薬物を使用しないよう指導するだけではなく、薬物依存症からの回復に向けて、地域社会の保健医療機関等につなげるための支援を進めてきた。

また、薬物依存症は、薬物の使用を繰り返すことにより本人の意思とは関係なく誰でもなり得る病気であり、回復可能であることについての普及啓発、薬物依存の問題を抱える者が地域で相談や治療を受けられるようにするための相談拠点・専門医療機関の拡充、医療従事者等の育成等を進めてきた。さらに、これまで支援が届きにくかった保護観察の付かない全部執行猶予判決を受けた者等を含む薬物依存の問題を抱える者に対し、麻薬取締部による専門的プログラムを実施してきた。

その結果、覚醒剤取締法違反により受刑した者の2年以内再入率は、平成27年出所者が19.2パーセントであったところ、令和2年出所者は15.5パーセントまで減少するなど、薬物事犯者に対する再犯の防止等に関する施策は、一定の成果を上げてきた。

しかしながら、薬物依存の問題を抱える者等への相談支援や治療等に携わる人材・機関は、いまだ十分とは言い難い状況にあり、薬物事犯保護観察対象者のうち保健医療機関等で治療・支援を受けた者の割合は低調に推移している。また、大麻事犯の検挙人員が8年連続で増加し、その約7割を30歳未満の者が占めるなど、若年者を中心とした大麻の乱用が拡大しているなど課題もある。

これらの課題に対応するため、薬物依存の問題を抱える者等への相談支援や治療等に携わる人材・機関の更なる充実を図るとともに、刑事司法関係機関、地域社会の保健医療機関等の各関係機関が、"息の長い"支援を実施できるよう、連携体制を更に強化していく必要がある。さらに、増加する大麻事犯者の再犯の防止等に向けた取組を迅速に進めていく必要がある。また、薬物依存の問題を抱える者の回復過程においては、その他の精神疾患に陥る場合があることや、断薬に向けて治療等の継続と就労を並行して行うことが容易ではない場合があることを念頭に置いて、対応していく必要がある。

（２）具体的施策
① 薬物乱用を未然に防止するための広報・啓発活動の充実【施策番号33】

警察庁、法務省、文部科学省及び厚生労働省は、薬物乱用を許容しない環境づくりが最大の再犯防止策であることを踏まえ、薬物乱用を未然に防止するため、広く国民に対し、薬物乱用の危険性や有害性、薬物乱用への勧誘に対する対応方法等について、効果的な広報・啓発を実施する。【警察庁、法務省、文部科学省、厚生労働省】

②　刑事司法関係機関等における効果的な指導の実施等

ア　再犯リスクを踏まえた効果的な指導等の実施【施策番号34】

　　法務省は、厚生労働省の協力を得て、矯正施設及び保護観察所において、薬物事犯者の再犯リスク等を適切に把握した上で、専門的プログラムなどの指導を一貫して実施するとともに、関係機関と連携した生活環境の調整や社会復帰支援を充実させる。また、薬物依存の問題を抱える者の回復過程においては、アルコールや医薬品への依存に陥る場合があるとの指摘があることや、犯罪をした者等の中には、アルコールや医薬品への依存が認められる者が一定数いることを踏まえ、そうした個々の対象者が抱える問題に応じた指導や支援を併せて実施する。加えて、指導・支援の効果をより一層高めるため、指導内容・方法の改善を図るほか、薬物依存症に関する知見を深める機会を充実させるなどして、指導や支援に当たる職員の育成を進める。【法務省、厚生労働省】

イ　増加する大麻事犯に対応した処遇等の充実【施策番号35】

　　法務省は、厚生労働省の協力を得て、少年院における大麻に関する新たな指導教材の作成を行うとともに、保護観察所における専門的プログラムに大麻に関する指導項目を新設するなど、大麻事犯に対応した処遇の充実を図る。

　　厚生労働省は、大麻規制の見直しについての検討を進め、その検討結果に基づき、法改正を含む所要の措置を講じるほか、主として若年者に対して、大麻の危険性等を周知するための広報・啓発活動を推進する。【法務省、厚生労働省】

ウ　更生保護施設等による薬物依存回復処遇の充実【施策番号36】

　　法務省は、薬物事犯者の中には、再犯につながるおそれのある環境から離脱するため従前の住居に戻ることが適当でない者が多く存在すること等を踏まえ、更生保護施設等における薬物事犯者の受入れを促進するとともに、薬物依存からの回復に資する処遇を行うための施設や体制の整備を推進し、更生保護施設等による薬物依存回復処遇の充実を図る。【法務省】

エ　麻薬取締部が実施する薬物乱用防止対策事業の拡大【施策番号37】

　　厚生労働省は、法務省と連携し、「薬物乱用者に対する再乱用防止対策事業」として、薬物事犯に係る保護観察の付かない全部執行猶予判決を受けた者等を対象にプログラム等を実施しているところ、同事業の拡充に向けた検討を進める。【法務省、厚生労働省】

③　治療・支援等を提供する保健医療機関等の充実及び円滑な利用の促進

ア　薬物依存の問題を抱える者等に対応する専門医療機関等の拡充及びその円滑な利用の促進【施策番号38】

　　厚生労働省は、薬物依存の問題を抱える者等が、地域において、専門的な相談や入院から外来までの継続的な治療を受けることができるようにするため、相談支援や専門医療に従事する者の確保及び育成を進めるとともに、専門医療機関等の拡充や一般医療機関における適切な対応の促進を図る。

　　警察庁、法務省及び厚生労働省は、薬物依存の問題を抱える者等を、保健医療機関等へ適切につなぐことができるようにするため、各関係機関間において、情報共有、課題の抽出及び解決方策の検討をするなどし、連携体制の強化を図る。また、薬物依存の問題を抱える者だけではなく、その親族を始めとした身近な者が適切な機関に相談できるようにするため、精神保健福祉センターを始めとした相談支援機関等の周知を行うなど、支援に関する情報についての広報・啓発活動を推進する。【警察庁、法務省、厚生労働省】

イ　自助グループ等の民間団体と共同した支援の強化【施策番号39】

　　法務省は、薬物依存からの回復に向けた支援活動を行う自助グループ等の民間団体が果たす役割の重要性に鑑み、矯正施設及び保護観察所において、同民間団体との連携を強化し、刑事司法手続が終了した後も薬物依存の問題を抱える者等への支援が継続できる体制の整備を図る。

　　厚生労働省は、同民間団体の活動を促進するための支援の充実を図る。【法務省、厚生労働省】

ウ　薬物依存症に関する知見を有する医療関係者の育成【施策番号40】

　　厚生労働省は、薬物依存症の回復に向けた一般的な保健医療・福祉サービスの中での実施体制を充実させるために、薬物依存症に関する基本的な知識を有する医療関係者が必要であることを踏まえ、令和2年度からは医師臨床研修制度において、精神科研修を必修化するとともに、経験すべき疾病・病態の一つとして「依存症（ニコチン・アルコール・薬物・病的賭博）」を位置付けたところであり、引き続き臨床研修を推進する。【厚生労働省】

エ　薬物依存症に関する知見を有する福祉専門職や心理専門職等の育成【施策番号41】

　　厚生労働省は、薬物依存への問題を抱える者等への相談支援体制を充実させるために、薬物依存の問題を抱える者等の支援ニーズを適切に把握し、関係機関につなげるなどの相談援助を実施する福祉専門職・心理専門職が必要であることを踏まえ、精神保健福祉士、社会福祉士及び公認心理師の養成課程においても薬物依存症に関する適切な教育がなされるよう努める。

　　また、薬物依存等からの回復に向けて、地域における継続した支援が必要であることを踏まえ、薬物依存を抱える者等への生活支援を担う支援者に対する研修の充実を図る。【厚生労働省】

④　薬物事犯者の再犯防止施策の効果検証及び効果的な方策の検討【施策番号42】

　　法務省及び厚生労働省は、刑の一部執行猶予判決を受けた者の再犯状況、刑事司法関係機関や保健医療機関等における指導・支援の効果等を検証するとともに、諸外国において薬物依存症からの効果的な回復措置として実施されている各種拘禁刑に代わる措置について調査を行うなどし、新たな取組を試行的に実施することも含め、我が国における薬物事犯者の再犯の防止等において効果的な方策について検討を行う。【法務省、厚生労働省】

第3　学校等と連携した修学支援の実施等のための取組（推進法第11条、第13条関係）

1．学校等と連携した修学支援の実施等

（1）現状認識と課題等

　我が国の高等学校への進学率は、98.8パーセントであり、ほとんどの者が高等学校に進学する状況にあるが、その一方で、入所受刑者の33.8パーセントは高等学校に進学しておらず、23.8パーセントは高等学校を中退している。また、少年院入院者の24.4パーセントは中学校卒業後に高等学校に進学しておらず、中学校卒業後に進学した者のうち56.9パーセントは高等学校を中退している状況にある。

　社会において、就職して自立した生活を送る上では、高等学校卒業程度の学力が求められることが多い実情にあることに鑑み、政府においては、これまで、高等学校の中退防止のための取組や、高等学校中退者等に対する学習相談や学習支援を実施してきた。また、矯正施設における高等学校卒業程度認定試験に向けた指導、少年院在院者に対する高等学校教育機会の提供や出院後の進路指導、保護観察所における保護司やBBS会等の民間ボランティアと連携した学習支援等を実施してきた。

　その結果、矯正施設における高等学校卒業程度認定試験の全科目合格者率が増加するなど、修学支援のための取組は、一定の成果を上げてきた。

　しかしながら、依然として、少年院出院時に復学・進学を希望している者のうち、約7割は復学・進学が決定しないまま少年院を出院しているなどの課題もある。

　これらの課題に対応するため、引き続き、矯正施設において、民間のノウハウやICTの活用などにより教科指導の充実を図るとともに、少年院出院後も一貫した修学支援を実施できるよう、矯正施設、保護観察所、学校等の関係機関の連携を強化していく必要がある。また、非行が、修学からの離脱を助長し、又は復学を妨げる要因となっているとの指摘があることも踏まえ、非行防止に向けた取組を強化していく必要がある。

（2）具体的施策
①　児童生徒の非行の未然防止等
ア　学校における適切な指導等の実施【施策番号43】

　文部科学省は、警察庁、法務省及び厚生労働省の協力を得て、弁護士会等の民間団体にも協力を求めるなどし、いじめ防止対策推進法（平成25年法律第71号）等の趣旨を踏まえたいじめ防止のための教育や、人権尊重の精神を育むための教育と併せ、再非行の防止の観点も含め、学校における非行防止のための教育、性犯罪の防止のための教育、薬物乱用未然防止のための教育及び薬物再乱用防止のための相談・指導体制の充実、復学に関する支援体制の充実を図る。また、厚生労働省の協力を得て、学校生活を継続させるための本人及び家族等に対する支援や、やむを得ず中退する場合の就労等の支援の充実を図るとともに、高等学校中退者等に対して高等学校卒業程度の学力を身に付けさせるための学習相談及び学習支援等を実施する地方公共団体の取組を支援する。【警察庁、法務省、文部科学省、厚生労働省】

イ　地域における非行の未然防止等のための支援【施策番号44】

　内閣府、警察庁、法務省、文部科学省及び厚生労働省は、非行等を理由とする児童生徒の修学の中断を防ぐため、貧困や虐待等の被害体験などが非行等の一因になることも踏まえ、地域社会における子供の居場所作りや子供、保護者及び学校関係者等に対する相談支援の充実、民間ボランティア等による犯罪予防活動の促進、高等学校卒業程度資格の取得を目指す者への学習相談・学習支援など、児童生徒の非行の未然防止や深刻化の防止に向けた取組を推進する。

　また、同取組を効果的に実施するために、子ども・若者育成支援推進法（平成21年法律第71号）に基づき、社会生活を円滑に営む上での困難を有する子ども・若者の支援を行うことを目的として、地方公共団体に「子ども・若者支援地域協議会」の設置及び「子ども・若者総合相談センター」としての機能を担う体制の確保について努力義務が課されていることなどについて、関係機関等に周知し、連携の強化を図る。

　さらに、法務省は、一部の少年鑑別所と都道府県警察において協定を締結し、継続補導対象者へのカウンセリング、心理検査を実施するなどしているところ、これらの取組の拡充を検討するなど、連携の強化を図る。【内閣官房、内閣府、警察庁、法務省、文部科学省、厚生労働省】

②　非行等による学校教育の中断の防止等
ア　学校等と保護観察所が連携した支援等【施策番号45】

　法務省及び文部科学省は、保護司による非行防止教室など保護司と学校等が連携して行う犯罪予防活動を促進し、保護司と学校等の日常的な連携・協力体制の構築を図るとともに、保護観察所、保護司、学校関係者等に対し、連携事例を周知するなどして、学校に在籍している保

護観察対象者に対する生活指導・支援等の充実を図る。【法務省、文部科学省】

イ　矯正施設と学校との連携による円滑な学びの継続に向けた取組の充実【施策番号46】

　　法務省は、矯正施設において、個々の対象者の希望や事情を踏まえつつ、就労や資格取得と関連付けた修学に対する動機付けを図るほか、引き続き、民間の学力試験の活用や適切な教材の整備、ICTの活用を進めるなどして、対象者の能力に応じた教科指導を実施する。また、法務省は、文部科学省と連携しながら、少年院在院者のうち希望する者について、在院中の通信制高校への入学及び出院後の継続した学びに向けた調整等を行うことにより、高等学校教育機会の提供についての取組の更なる充実を図る。【法務省、文部科学省】

ウ　矯正施設における高等学校卒業程度認定試験の指導体制の充実【施策番号47】

　　法務省及び文部科学省は、矯正施設における高等学校卒業程度認定試験を引き続き実施する。また、法務省は、ICTの活用を進めるなどして、矯正施設における同試験に係る指導を強化するとともに、同試験に合格した少年院在院者等の希望進路の実現に向けた指導の充実を図る。【法務省、文部科学省】

③　学校や地域社会において再び学ぶための支援

ア　学校や地域社会における修学支援【施策番号48】

　　法務省は、保護司、更生保護女性会、BBS会、少年友の会等の民間ボランティアや協力雇用主と連携して、学校に在籍していない非行少年等が安心して修学することができる場所の確保を含めた修学支援を促進する。また、保護観察対象者のうち、修学の継続のために支援が必要な者については、矯正施設における修学支援を始めとした施設内処遇の内容等を踏まえ、矯正施設、保護観察所及び民間ボランティア等が協働して、本人が抱える課題や実情等に応じた修学支援を実施するとともに、実施事例を通じて得られた知見を踏まえ、地域社会における効果的な修学支援施策を展開する。

　　法務省及び文部科学省は、矯正施設在所者・保護観察対象者のうち、修学支援の対象となる者に対し、地方公共団体における学習相談・学習支援の取組の利用を促す。【法務省、文部科学省】

イ　矯正施設・保護観察所職員と学校関係者の相互理解の促進等【施策番号49】

　　法務省及び文部科学省は、矯正施設や保護観察所の職員と学校関係者との相互理解を深めるため、矯正施設・保護観察所における研修や学校関係者への研修等の実施に当たって相互に職員を講師として派遣するなどの取組を推進する。また、矯正施設・保護観察所の職員や学校関係者に対し、相互の連携事例の周知・共有を図る。【法務省、文部科学省】

第4　犯罪をした者等の特性に応じた効果的な指導の実施等のための取組（推進法第11条、第13条、第21条関係）

1．特性に応じた効果的な指導の実施等

（1）現状認識と課題等

　　出所受刑者等の2年以内再入率の推移を罪名別（覚醒剤取締法違反、性犯罪、傷害・暴行、窃盗）、属性別（高齢、女性、少年）に見ると、それぞれに傾向があり、また、各個人に着目しても、犯罪や非行の内容はもちろんのこと、心身の状況、家庭環境、交友関係等、犯罪の背景にある事情は様々である。

　　再犯の防止等のためには、罪種ごとに認められる特徴や各個人の特性を的確に把握し、それらに応

じた効果的な指導等を行うことが重要であることから、政府においては、これまで、刑事施設における受刑者用一般リスクアセスメントツール（Gツール）や保護観察所におけるアセスメントツール（CFP）を開発するなど、アセスメント機能の強化を進めるとともに、各種プログラム等の罪種・類型別の専門的指導の充実を図ってきた。また、特定少年を含む少年に対して、早期の段階から非行の防止に向けた取組を行っていくことが有益であることから、関係府省間で「特定少年等に係る非行対策」を申し合わせ、早期の段階から、学校、刑事司法関係機関、地域の関係機関等が連携して非行の未然防止に取り組んでいく体制を強化し、必要な対策を進めてきた。

　しかしながら、矯正施設及び保護観察所におけるアセスメント内容等の関係機関への有機的な引継ぎが必ずしも十分とはいえないこと、刑事司法手続を離れた者が地域社会で特性に応じた支援を受けることができる体制が十分に整っているとはいえないことなどの課題もあり、これらの課題に対応した取組を進める必要がある。また、「刑法等の一部を改正する法律」が成立し、今後、受刑者に対し、改善更生のために必要な作業と指導を柔軟に組み合わせた処遇が可能となることなどを受け、犯罪被害者等の視点も取り入れながら、個々の対象者の特性に応じた指導等を一層充実させていく必要がある。

（2）具体的施策

① 刑事司法関係機関におけるアセスメント機能の強化と関係機関等が保有する情報の活用【施策番号50】

　法務省は、矯正施設及び保護観察所において、社会情勢や犯罪動向の変化も考慮した上で、犯罪をした者等の特性や再犯リスク等を踏まえた適切な処遇方針を策定するため、更生支援計画書等の公的機関や民間団体等が保有する処遇に資する情報を活用した多角的な視点によるアセスメントを行うことも含め、アセスメント機能の強化を図るとともに、アセスメント内容の他機関への適切な引継ぎを行う。

　法務省は、刑事施設における受刑者用一般リスクアセスメントツール（Gツール）や少年鑑別所における法務省式ケースアセスメントツール（MJCA）、保護観察所におけるアセスメントツール（CFP）などを適切に活用するとともに、AI技術の活用も含め、アセスメント精度の更なる向上に向けた検討を行う。【法務省】

② 特性に応じた指導等の充実

ⅰ 性犯罪者・性非行少年に対する指導等

ア 性犯罪者等に対する効果的な指導等の実施【施策番号51】

　法務省は、厚生労働省の協力を得て、海外における取組などを参考にしつつ、刑事施設における性犯罪再犯防止指導や少年院における性非行防止指導、保護観察所における性犯罪再犯防止プログラム等の性犯罪者等に対する指導等について、指導者育成を進めるなどして、一層の充実を図るとともに、地域の医療・福祉関係機関等との連携を強化し、性犯罪者等に対する矯正施設在所中から出所後まで一貫性のある効果的な指導の実施を図る。また、刑事司法手続終了後も継続的な支援が実施できるよう、地方公共団体や民間協力者が利用可能な支援ツールを提供し、その活用を促進する。

　加えて、法務省は、海外において導入されているGPS等により位置情報を取得・把握する運用や性犯罪対象者の自発的意思によって支援を受けることのできる社会内サポート体制も参考にしつつ、性犯罪者等の処遇の充実方策について検討する。【法務省、厚生労働省】

イ 子供を対象とする暴力的性犯罪をした者の再犯防止【施策番号52】

　警察庁は、法務省の協力を得て、子供を対象とする暴力的性犯罪をした者について、刑事

施設出所後の所在確認を実施するとともに、その者の同意を得て面談を実施し、必要に応じて、関係機関・団体等による支援等に結び付けるなど、再犯の防止に向けた措置の充実を図る。【警察庁、法務省】

ii ストーカー・DV加害者に対する指導等

ア 被害者への接触防止のための措置【施策番号53】

警察庁及び法務省は、ストーカー・DV加害者による重大な事案が発生していることを踏まえ、これら加害者の保護観察実施上の特別遵守事項や問題行動等の情報を共有し、被害者への接触の防止のための指導等を徹底するとともに、必要に応じ、仮釈放の取消しの申出又は刑の執行猶予の言渡しの取消しの申出を行うなど、これら加害者に対する適切な措置を実施する。【警察庁、法務省】

イ ストーカー加害者等に対するカウンセリング等【施策番号54】

警察庁は、ストーカー加害者への対応を担当する警察職員について、研修の受講を促進するなどして、精神医学的・心理学的アプローチに関する技能や知識の向上を図るとともに、ストーカー加害者に対し、医療機関等の協力を得て、医療機関等によるカウンセリング等の受診に向けた働き掛けを行うなど、関係機関・団体と連携して、ストーカー加害者に対する精神医学的・心理学的なアプローチを推進する。

また、法務省は、個々のストーカー・DV加害者が抱える問題性等を踏まえ、矯正施設における改善指導や保護観察所における類型別処遇ガイドラインに基づく処遇を適切に実施する。【警察庁、法務省】

iii 暴力団からの離脱、社会復帰に向けた指導等【施策番号55】

警察庁及び法務省は、警察・暴力追放運動推進センター等と矯正施設・保護観察所との連携を強化するなどして、暴力団員に対する暴力団離脱に向けた働き掛けの充実を図るとともに、離脱に係る情報を適切に共有する。また、警察庁、法務省等の関係省庁は連携の上、暴力団からの離脱及び暴力団離脱者等の社会への復帰・定着を促進するため、離脱・就労や預貯金口座の開設支援などの社会復帰に必要な社会環境・フォローアップ体制の充実を図る。【警察庁、金融庁、法務省】

iv 少年・若年者に対する可塑性に着目した指導等

ア 刑事司法関係機関における指導体制の充実【施策番号56】

法務省は、少年院において、複数職員で指導を行う体制の充実を図るとともに、少年鑑別所において、在所中の少年に対し、その自主性を尊重しつつ、健全育成に向けた支援等を適切に実施するほか、学校等の関係機関や民間ボランティアの協力も得て、学習や文化活動等に触れる機会を付与するなど、少年の健全育成を考慮した処遇の充実を図る。また、刑事施設においても、おおむね26歳未満の若年受刑者に対し、少年院における矯正教育の手法やノウハウ、その建物・設備等を活用しながら、少年・若年者の特性に応じたきめ細かな指導等の充実を図る。【法務省】

イ 関係機関と連携したきめ細かな支援等【施策番号57】

法務省は、支援が必要な少年・若年者については、児童福祉関係機関に係属歴がある者、虐待等の被害体験や発達障害等の障害を有している者が少なくないなどの実情を踏まえ、少年院・保護観察所におけるケース検討会を適時適切に実施するなど、学校、児童相談所、児

童福祉施設、福祉事務所、少年サポートセンター、子ども・若者総合支援センター（地方公共団体が子ども・若者育成支援に関する相談窓口の拠点として設置するもの）、地域若者サポートステーション（働くことに悩みを抱えている者を対象に、就労に向けた支援を行う機関）、弁護士・弁護士会、医療機関等関係機関との連携を強化し、きめ細かな支援等を実施する。【法務省】

ウ　非行少年に対する立ち直り支援活動の充実【施策番号58】

警察庁は、非行少年を生まない社会づくり活動の一環として、少年サポートセンター等が民間ボランティアや関係機関と連携して行う、修学、就労に向けた支援や社会奉仕体験活動等への参加機会の確保等、個々の非行少年の状況に応じた立ち直り支援について、都道府県警察に対する指導や好事例の紹介等を通じ、その充実を図る。【警察庁】

エ　保護者との関係を踏まえた指導等の充実【施策番号59】

法務省は、保護観察対象少年及び少年院在院者に対し、保護者との適切な関係に関する指導・支援の充実を図るとともに、保護者に対し、対象者の処遇に対する理解・協力の促進や保護者の監護能力の向上を図るための指導・助言、保護者会への参加依頼、保護者自身が福祉的支援等を要する場合の助言等を行うなど、保護者に対する働き掛けの充実を図る。また、保護者による適切な監護が得られない場合には、地方公共団体を始めとする関係機関や民間団体等と連携し、本人の状況に応じて、社会での自立した生活や未成年後見制度の利用等に向けた指導・支援を行う。【法務省】

ⅴ　女性の抱える困難に応じた指導等【施策番号60】

法務省は、女性受刑者等について、妊娠・出産等の事情を抱えている場合があること、虐待等の被害体験や性被害による心的外傷、依存症・摂食障害等の精神的な問題を抱えている場合が多いことなどを踏まえ、矯正施設において、関係機関との連携を強化し、これらの困難に応じた指導・支援を効果的に実施するとともに、女性のライフスタイルの多様化への対応や自身の被害防止の観点からの教育の充実を図る。また、法務省は、女性受刑者等のうち、女性であることにより様々な困難な問題を抱える者については、矯正施設出所後速やかに地域の保健医療・福祉サービス等を利用することができるよう、厚生労働省の協力を得て、困難な問題を抱える女性への支援のための諸制度や社会資源も活用しつつ、矯正施設在所中から関係機関等と連携した切れ目のない社会復帰支援等を行う。

さらに、法務省は、矯正施設出所後の自立した社会生活を視野に入れ、矯正施設において、女性受刑者等の就労意欲を喚起するとともに、女性の労働状況や特性を踏まえた矯正処遇等を実施するほか、更生保護施設においても、女性の特性に配慮した指導・支援を推進するなど、社会生活への適応のための指導・支援の充実を図る。【法務省、厚生労働省】

ⅵ　発達上の課題を有する犯罪をした者等に対する指導等【施策番号61】

法務省は、犯罪をした者等の中には、発達上の課題を有し、指導等の内容の理解に時間を要する者や、指導等の内容を理解するために特別な配慮を必要とする者のほか、虐待等の被害体験を有する者が存在することを踏まえ、その者の特性に応じた指導等の充実を図るとともに、厚生労働省や民間団体等の協力を得て、発達上の課題を有する者等に対する指導に関する研修の充実や関係機関との連携強化等を図る。また、知的障害等のある受刑者等について、関係機関との連携を強化しつつ、民間の知見も活用するなどし、その特性に応じた指導・支援の充実を図る。【法務省、厚生労働省】

vii 各種指導プログラムの充実【施策番号62】

　　　　法務省は、刑事施設において、拘禁刑の創設の趣旨を踏まえ、自身の罪や被害者等に向き合い、作業や改善指導に対する動機付けを高める働き掛けを強化しつつ、アルコール依存を含む依存症の問題や、DVを含む対人暴力の問題を抱える者等に対し、その特性に応じた柔軟な指導が可能となるよう改善指導プログラムの充実を図る。また、少年院において、特定少年に対する成年としての自覚・責任を喚起する指導や社会人として必要な知識の付与に加え、特殊詐欺等近年の犯罪態様に対応した指導等の充実を図る。保護観察所においては、飲酒や暴力などに関する専門的プログラムの実施や社会貢献活動など、個々の対象者の特性に応じた指導の一層の充実を図る。【法務省】

③ 犯罪被害者等の視点を取り入れた指導等【施策番号63】

　　　　法務省は、犯罪をした者等が社会復帰する上で、自らが犯した罪等の責任を自覚し、犯罪被害者等の置かれた状況や心情等を理解することが不可欠であることを踏まえ、矯正施設において、被害者の視点を取り入れた教育を効果的に実施するほか、新設される「刑の執行段階等における被害者等の心情等の聴取・伝達制度」に必要となる人的・物的体制を整備するなどして、被害者等の心情等を考慮した矯正処遇・矯正教育の充実を図る。

　　　　また、保護観察所においても、犯罪被害者等の心情等伝達制度の一層効果的な運用に努めるほか、必要となる人的体制を整備するなどして、新設される犯罪被害者等の心情等を聴取する制度の適切な運用に努める。加えて、しょく罪指導プログラムの実施や犯罪被害者等の被害の回復・軽減に誠実に努めるよう指導監督することなどにより、犯罪被害者等の思いに応える保護観察処遇の一層の充実を図る。【法務省】

第5　民間協力者の活動の促進等のための取組（推進法第5条、第22条、第23条関係）

1．現状認識と課題等

　犯罪をした者等の社会復帰支援は、数多くの民間協力者の活動に支えられている。再犯の防止等に関する民間協力者の活動は、刑事司法手続が進行中の段階から終了した後の段階まで、あらゆる段階をカバーする裾野の広いもので、刑事司法関係機関や地方公共団体といった官の活動とも連携した取組が行われている。こうした民間協力者の活動は、SDGsに掲げられたマルチステークホルダー・パートナーシップを体現し、「持続可能な社会」・「インクルーシブな社会」の実現に欠かせない尊いものでもあり、社会において、高く評価されるべきものである。

　民間協力者のうち、保護司は、犯罪をした者等が孤立することなく、社会の一員として安定した生活が送れるよう、保護観察官と協働して保護観察を行うなどの活動を行っており、地域社会の安全・安心にとっても、欠くことのできない存在である。保護司が担う役割は、国際的な評価も高く、第14回国連犯罪防止刑事司法会議（京都コングレス）のサイドイベントとして開催した「世界保護司会議」では、「世界保護司デー」の創設等を盛り込んだ「京都保護司宣言」が採択されるなど、"HOGOSHI"の輪は、我が国の枠を超えて世界への広がりを見せている。

　また、犯罪をした者等の社会復帰を支援するための地域に根ざした幅広い活動を行う更生保護女性会やBBS会等の更生保護ボランティア、矯正施設を訪問して矯正施設在所者の悩みや問題について助言・指導する篤志面接委員、矯正施設在所者の希望に応じて宗教教誨を行う教誨師、非行少年等の居場所づくりを通じた立ち直り支援に取り組む少年警察ボランティア、都道府県からの委託を受けて活動する地域生活定着支援センター、更生支援計画の策定等に関わる社会福祉士・精神保健福祉士、刑事弁護や少年事件の付添人としての活動のみならず社会復帰支援・立ち直り支援にも関わる弁護士、自らの社会復帰経験に基づいて支援を行う自助グループなど、数多くの民間協力者が、それぞれの立場や強みを生かし、相互に連携し、あるいは刑事司法関係機関や地方公共団体とも連携しなが

ら、再犯の防止等に関する施策を推進する上で欠くことのできない活動を行っている。

政府は、こうした民間協力者が果たす役割の重要性に鑑み、民間協力者の活動を一層促進していくことはもとより、より多くの民間協力者に再犯の防止等に向けた取組に参画してもらえるよう、新たな民間協力者の開拓も含め、積極的な働き掛けを行っていく必要がある。また、民間協力者が、"息の長い"支援を行う上で極めて重要な社会資源であることを踏まえ、民間協力者との連携を一層強化していく必要がある。

保護司については、担い手の確保が年々困難となり、高齢化も進んでいる。その背景として、地域社会における人間関係の希薄化といった社会環境の変化に加え、保護司活動に伴う不安や負担が大きいことが指摘されて久しい。こうした課題に対応し、幅広い世代から多様な人材を確保することができる持続可能な保護司制度の構築に向けて、保護司組織の運営を含む保護司活動の支障となる要因の軽減等について検討を進め、保護司活動の基盤整備を一層推進していく必要がある。

２．持続可能な保護司制度の確立とそのための保護司に対する支援
（１）具体的施策
① 持続可能な保護司制度の確立に向けた検討・試行【施策番号64】

法務省は、時代の変化に適応可能な保護司制度の確立に向け、保護司の待遇や活動環境、推薦・委嘱の手順、年齢条件及び職務内容の在り方並びに保護観察官との協働態勢の強化等について検討・試行を行い、２年を目途として結論を出し、その結論に基づき所要の措置を講じる。【法務省】

② 保護司活動のデジタル化及びその基盤整備の推進【施策番号65】

法務省は、保護司活動に関する事務の多くをオンライン上で実施できる体制の構築を目指し、保護司専用ホームページ"H@（はあと）"の機能拡充を図るとともに、保護司が使用するタブレット端末等を整備するなど、保護司活動の一層のデジタル化を図る。【法務省】

③ 保護司適任者に係る情報収集及び保護司活動を体験する機会等の提供【施策番号66】

法務省は、保護司候補者を確保するため、総務省、文部科学省、厚生労働省及び経済産業省の協力を得て、保護観察所において、地方公共団体、自治会、福祉・教育・経済等の各種団体と連携して、保護司候補者検討協議会における協議を効果的に実施し、地域の保護司適任者に関する情報を収集する取組を強化する。また、法務省は、保護観察所において、保護司活動についての理解を広げるための保護司セミナーや保護司活動を体験する保護司活動インターンシップなどを通じて、同協議会で情報提供のあった保護司候補者等に対して、保護司活動についての理解を深めてもらうとともに、実際に保護司として活動してもらえるよう、積極的に働き掛ける。【総務省、法務省、文部科学省、厚生労働省、経済産業省】

④ 地方公共団体からの支援の確保【施策番号67】

法務省は、総務省と連携し、地方公共団体に対し、保護司適任者に関する情報提供や職員の推薦、更生保護サポートセンターの設置場所や自宅以外で面接できる場所の確保、顕彰等による保護司の社会的認知の向上、保護司確保に協力した事業主に対する優遇措置など、保護司活動に対する充実した支援が得られるよう働き掛ける。【総務省、法務省】

⑤ 国内外への広報・啓発【施策番号68】

法務省は、幅広い世代から多様な人材を保護司として迎え入れるため、保護司セミナーによる地域の関係機関等への広報、若年層にも訴求する多様な手法による広報を展開するとともに、地

方公共団体による保護司への顕彰を促進することなどを通じ、国内における保護司の社会的認知・評価の向上を図る。

また、京都保護司宣言を踏まえ、国際会議等の場で保護司制度やその活動についての国際発信を推進し、保護司の国際的な認知・評価の向上を図る。【法務省】

3．民間協力者（保護司を除く）の活動の促進
（1）具体的施策
① 民間ボランティアの活動に対する支援の充実
ア　少年警察ボランティア等の活動に対する支援の充実【施策番号69】

警察庁は、少年警察ボランティアの活動を促進するため、少年警察ボランティアの活動に対して都道府県警察が支給する謝金等の補助や、都道府県警察や民間団体が実施する少年警察ボランティア等に対する研修への協力を推進するなどして、少年警察ボランティア等の活動に対する支援の充実を図る。【警察庁】

イ　更生保護ボランティアの活動に対する支援の充実【施策番号70】

法務省は、更生保護ボランティアの活動を促進するため、更生保護女性会やBBS会といった更生保護ボランティアに対する研修の充実を図るとともに、積極的な広報等により、担い手の確保を図る。また、地域の中で困難を抱える人を支援するため、更生保護ボランティアの活動に対する支援の充実を図る。【法務省】

② 民間協力者との連携強化
ア　地域の民間協力者の開拓及び一層の連携等【施策番号71】

法務省は、再犯の防止等に関する施策を推進する上で、民間協力者が果たす役割の重要性に鑑み、地域で再犯の防止等に資する取組を行うNPO法人、社会福祉法人、企業、弁護士、社会福祉士や、自らの社会復帰経験に基づいて相互理解や支援をし合う自助グループといった民間協力者の把握に努めるとともに、そうした民間協力者を積極的に開拓し、より一層の連携を図る。

また、矯正施設において、民間事業者の協力を得ながら、外部通勤作業・院外委嘱指導等を活用して、社会内での指導機会の拡大を図るとともに、保護観察所において、自助グループや当事者団体を含む民間団体の協力を得ながら、効果的な指導・支援の充実を図るなど、広く地域の民間協力者と連携した指導等を推進する。

加えて、篤志面接委員や教誨師等、かねてから、犯罪をした者等の立ち直りに向けた取組を実施してきた民間協力者の特性や役割を踏まえ、効果的な連携を図る。【法務省】

イ　弁護士・弁護士会との連携強化【施策番号72】

法務省は、犯罪をした者等に対して、切れ目のない効果的な支援を実施していく上で、刑事司法手続が進行中の段階から終了した後まで継続的な関わりができる弁護士・弁護士会との連携が重要であることに鑑み、入口支援を始めとする再犯防止・社会復帰支援分野における弁護士・弁護士会との連携の在り方を検討し、連携の強化を図る。【法務省】

ウ　犯罪をした者等に関する情報提供【施策番号73】

法務省は、警察庁、文部科学省及び厚生労働省の協力を得て、犯罪をした者等に対して国や地方公共団体が実施した指導・支援等に関する情報その他民間協力者が行う支援等に有益と思われる情報について、個人情報等の適正な取扱いを確保しつつ、民間協力者に対して適切に情

報提供を行う。【警察庁、法務省、文部科学省、厚生労働省】

③ 民間の団体等の創意と工夫による再犯防止活動の促進【施策番号74】

　　法務省は、再犯防止分野において、ソーシャル・インパクト・ボンド（SIB）を含む成果連動型民間委託契約方式（PFS）事業を推進するとともに、地方公共団体に対してもPFSを活用した再犯防止事業の導入に向けた支援を行うなどして、民間事業者が持つ資金・ノウハウを活用した再犯防止活動の促進を図る。【法務省】

④ 民間協力者の確保及びその活動に関する広報の充実

ア 民間協力者の活動に関する広報の充実【施策番号75】

　　警察庁及び法務省は、国民の間に、再犯の防止等に協力する気持ちを醸成するため、少年警察ボランティアや更生保護ボランティア等、民間協力者の活動に関する広報の充実を図る。【警察庁、法務省】

イ 民間協力者に対する表彰【施策番号76】

　　内閣官房及び法務省は、民間協力者による再犯の防止等に関する活動を更に普及・促進するとともに、新たな活動の道を開く民間協力者の開拓にも資するよう、再犯を防止する社会づくりに功績・功労があった民間協力者を表彰する「安全安心なまちづくり関係功労者表彰」を引き続き実施し、効果的な広報に努める。【内閣官房、法務省】

第6　地域による包摂を推進するための取組（推進法第5条、第8条、第24条関係）

1．現状認識と課題等

　犯罪をした者等が地域社会の中で孤立することなく、自立した社会の構成員として安定した生活を送るためには、刑事司法手続段階における社会復帰支援のみならず、刑事司法手続終了後も、国、地方公共団体、地域の保健医療・福祉関係機関、民間協力者等がそれぞれの役割を果たしつつ、相互に連携して支援することで、犯罪をした者等が、地域社会の一員として、地域のセーフティネットの中に包摂され、地域社会に立ち戻っていくことができる環境を整備することが重要となる。

　刑事司法手続を離れた者に対する支援は、主に地方公共団体が主体となって一般住民を対象として提供している各種行政サービス等を通じて行われることが想定されるため、「地域による包摂」を進めていく上では、地域住民に身近な地方公共団体の取組が求められる。そのため、政府においては、国と地方公共団体の協働による地域における効果的な再犯防止施策の在り方について調査することを目的として、一部の地方公共団体と連携し、「地域再犯防止推進モデル事業」を実施するとともに、その成果等をその他の地方公共団体に共有するための協議会等を開催するなどしてきた。こうした国の取組に呼応し、地方公共団体においても、地方再犯防止推進計画の策定が進められており、「地域による包摂」に向けた取組には、一定の進展が見られる。

　しかしながら、再犯防止分野において国と地方公共団体が担うべき具体的役割が必ずしも明確とは言い難い面もあり、再犯の防止等に関する地方公共団体の理解や施策の実施状況には依然として地域差が認められること、地方公共団体は再犯の防止等に関する知見・ノウハウ・情報に乏しく、国において、これらを提供するなどの支援をしていく必要があること、支援へのアクセシビリティを確保するという観点から、地域社会における関係機関や民間協力者等との連携を更に強化していく必要があることなどの課題も見えてきている。

　これらの課題に対応するため、国と地方公共団体が担う役割を具体的に明示することで、地方公共団体の取組を促進するとともに、地域社会における国・地方公共団体・民間協力者等による支援連携体制を更に強化していくことなどが必要である。

2. 地方公共団体との連携強化等

(1) 国と地方公共団体の役割

国と地方公共団体は、それぞれ以下の役割を踏まえ、相互に連携しながら再犯の防止等に向けた取組を推進する。

① 国の役割

各機関の所管及び権限に応じ、刑事司法手続の枠組みにおいて、犯罪をした者等に対し、それぞれが抱える課題を踏まえた必要な指導・支援を実施する。また、再犯の防止等に関する専門的知識を活用し、刑執行終了者等からの相談に応じるほか、地域住民や、地方公共団体を始めとする関係機関等からの相談に応じて必要な情報の提供、助言等を行うなどして、地域における関係機関等による支援ネットワークの構築を推進する。

加えて、再犯の防止等に関する施策を総合的に立案・実施する立場として、地方公共団体や民間協力者等に対する財政面を含めた必要な支援を行う。

② 都道府県の役割

広域自治体として、域内の市区町村の実情を踏まえ、各市区町村で再犯の防止等に関する取組が円滑に行われるよう、市区町村に対する必要な支援や域内のネットワークの構築に努めるとともに、犯罪をした者等に対する支援のうち、市区町村が単独で実施することが困難と考えられる就労に向けた支援や配慮を要する者への住居の確保支援、罪種・特性に応じた専門的な支援などについて、地域の実情に応じた実施に努める。

③ 市区町村の役割

保健医療・福祉等の各種行政サービスを必要とする犯罪をした者等、とりわけこれらのサービスへのアクセスが困難である者や複合的な課題を抱える者が、地域住民の一員として地域で安定して生活できるよう、地域住民に最も身近な基礎自治体として、適切にサービスを提供するよう努める。

また、立ち直りを決意した人を受け入れていくことができる地域社会づくりを担うことが期待されている。

(2) 具体的施策

① 地方公共団体による再犯の防止等の推進に向けた取組の支援

ア 市区町村による再犯の防止等の推進に向けた取組の促進【施策番号77】

法務省は、市区町村が、犯罪をした者等の個々のニーズに応じた伴走型支援を実施するなどして、上記の役割を十全に果たすことができるよう、都道府県とも連携しつつ、市区町村と刑事司法関係機関との連携体制を構築し、犯罪をした者等が必要な行政サービスを受けられるための市区町村に対するつなぎや情報の提供、行政サービスにつながった後の助言等の必要な支援を行う。また、市区町村に対し、行政サービスの提供に当たっては、重層的支援体制整備事業における相談支援や支援会議、基幹相談支援センターによる相談等の活用が考えられることを周知する。

さらに、矯正施設が所在する市区町村等と連携協力し、再犯防止にも地方創生にも資する取組を一層推進する。【法務省】

イ 都道府県による再犯の防止等の推進に向けた取組の促進【施策番号78】

法務省は、都道府県が、各地域の実情も踏まえ、域内の市区町村と連携し、再犯の防止等に

関する取組を切れ目なく実施するために必要な調整や体制構築を行うなどして、上記の役割を十全に果たすことができるよう、都道府県に対して適切な情報提供や体制の整備に関する支援等を行う。【法務省】

② 地方再犯防止推進計画の策定等の支援【施策番号79】

　法務省は、地方再犯防止推進計画が未策定である地方公共団体に対し、矯正官署や保護観察所等の刑事司法関係機関や都道府県を通じるなどして、地域の実情に応じて地方再犯防止推進計画を策定できるよう支援する。支援に当たっては、地域福祉計画の活用を含む地方再犯防止推進計画策定の手引を必要に応じて改訂するなどして、策定のために必要な情報を提供する。

　また、既に地方再犯防止推進計画を策定済みの地方公共団体に対しては、その改訂や取組状況の評価等のために必要な支援を実施する。【法務省】

③ 地方公共団体との連携の強化

ア 犯罪をした者等の支援等に必要な情報の提供【施策番号80】

　法務省は、地方公共団体における再犯の防止等に関する施策の企画・立案及び評価等に資するよう、各府省の協力を得て、国における再犯の防止等に関する施策についての情報や関連する統計情報を適切に提供するとともに、市区町村単位の統計情報の把握・提供方法について早期に検討し、その提供を実現する。

　また、法務省は、地方公共団体が犯罪をした者等に対する支援等を行うために必要な犯罪をした者等の個人に関する情報等について、それらの情報を提供するための方策を検討した上で、個人情報等の適正な取扱いを確保しつつ、適切に提供する。【各府省】

イ 再犯の防止等の推進に関する知見等の提供及び地方公共団体間の情報共有等の推進【施策番号81】

　法務省は、地方公共団体に対して、犯罪をした者等に対する専門的な指導・支援等に関する調査研究等の成果を提供するほか、矯正官署、保護観察所等の刑事司法関係機関の職員を地方公共団体の職員研修等へ講師として派遣するなど、再犯の防止等に関する知見を提供する。また、協議会の開催等を通じ、先進的な取組や好事例、課題等について各地方公共団体間での共有を図る。【法務省】

ウ 地域のネットワークにおける取組の支援【施策番号82】

　法務省は、刑事司法手続を離れた者を含むあらゆる犯罪をした者等が、地域において必要な支援を受けられるようにするため、警察庁、総務省、文部科学省、厚生労働省及び国土交通省の協力を得て、地域における国・地方公共団体・民間協力者等の多様な機関・団体による支援ネットワークの構築を推進するとともに、ネットワークにおける地方公共団体の取組を支援する。【警察庁、総務省、法務省、文部科学省、厚生労働省、国土交通省】

3. 支援の連携強化
(1) 具体的施策

① 更生保護に関する地域援助の推進【施策番号83】

　法務省は、刑法等の一部を改正する法律による改正後の更生保護法の規定に基づき、保護観察所において、更生保護に関する専門的知識を活用し、地域住民、地方公共団体、民間団体等からの相談に応じて必要な情報の提供、助言等を行うことを通じ、関係機関等による犯罪をした者等に対する支援の充実を図る。【法務省】

② 更生保護地域連携拠点事業の充実等【施策番号84】

　法務省は、「更生保護地域連携拠点事業」における、犯罪をした者等が困ったときに身近に相談できる場所や日常の居場所を地域に確保したり支援団体による地域支援ネットワークを構築するなどの支援体制の整備業務や、犯罪をした者等に対する支援を行う民間協力者からの相談に応じるなどの支援者支援業務を充実させることにより、地域における"息の長い"支援を推進する。【法務省】

③ 法務少年支援センターにおける地域援助の充実【施策番号85】

　法務省は、法務少年支援センター（少年鑑別所）において、非行・犯罪をした者や、その支援を行う関係機関等の依頼に適切に対応できるよう、地域における多機関連携を一層強化する。また、支援を必要とする当事者等の利便性向上の観点から、WEB面談システムの活用や、関係機関に赴くなどのアウトリーチ型の支援等について検討を進めるとともに、地域援助に関する制度の周知広報のための取組を積極的に推進するなどして、地域援助の充実を図る。【法務省】

４．相談できる場所の充実
（1）具体的施策
① 刑執行終了者等に対する援助の充実【施策番号86】

　法務省は、保護観察所において、刑法等の一部を改正する法律による改正後の更生保護法の規定に基づき、仮釈放や仮退院の期間を満了した者等から、電話やメールによるものを含め相談を受けるなどした場合、その改善更生を図るために必要があると認めるときは、保護観察所において、その意思に反しないことを確認した上で、更生保護に関する専門的知識を活用し、その特性や支援ニーズに応じた情報の提供、助言等を行うほか、地域の関係機関による支援につながるよう、必要な調整その他の援助を行う。【法務省】

② 更生保護施設による訪問支援事業の拡充【施策番号87】

　法務省は、更生保護施設が、更生保護施設等を退所した者にとって、地域社会に定着できるまでの間の最も身近かつ有効な支援者であることを踏まえ、訪問支援事業を早期に全国展開するなど、更生保護施設が地域で生活する犯罪をした者等に対して継続的なアウトリーチ型支援を実施するための体制の整備を図る。【法務省】

第7　再犯防止に向けた基盤の整備等のための取組（推進法第18条、第19条、第20条、第22条関係）

１．再犯防止に向けた基盤の整備等
（1）現状認識と課題等

　第6までに掲げられた再犯の防止等に関する施策を効果的かつ迅速に実施するためには、その基盤となる人的・物的体制の整備、施策の実施状況や効果の検証による施策の不断の見直し、効果的な広報・啓発活動の実施等が必要である。

　政府においては、これまで、新たな官職の設置や専門スタッフの増配置、矯正施設を始めとする関係施設の整備、刑事情報連携データベースの開発運用等の体制整備を行うとともに、「再犯防止啓発月間」や「"社会を明るくする運動"強調月間」等を中心とした広報・啓発活動などに取り組んできた。

　しかしながら、いまだ課題は多く、再犯の防止等の関係機関における業務のデジタル化を含めた体制の整備、施策の効果検証やその結果に基づく施策の見直し、再犯の防止等に関わる人材の育成や官民の関係者・関係機関の相互理解などの取組を更に進める必要がある。

（2）具体的施策

① 関係機関における人的・物的体制の整備

ア 関係機関における人的体制の整備【施策番号88】

　警察庁、法務省及び厚生労働省は、関係機関において、本計画に掲げる具体的施策を適切かつ効果的に実施するために必要な人的体制の整備を着実に推進する。【警察庁、法務省、厚生労働省】

イ 関係機関の職員等に対する研修の充実等【施策番号89】

　警察庁、法務省、文部科学省及び厚生労働省は、再犯の防止等に関する施策が、犯罪をした者等の円滑な社会復帰を促進するだけでなく、犯罪予防対策としても重要であり、安全で安心して暮らせる社会の実現に寄与するものであることを踏まえ、刑事司法関係機関の職員のみならず、警察、ハローワーク、福祉事務所等関係機関の職員、学校関係者等に対する教育・研修等の充実を図る。【警察庁、法務省、文部科学省、厚生労働省】

ウ 矯正施設の環境整備【施策番号90】

　法務省は、矯正施設について、引き続き、耐震対策を行いつつ、医療体制の充実強化及びバリアフリー化に取り組む。また、被収容者の特性に応じた処遇の充実強化及び新設される「刑の執行段階等における被害者等の心情等の聴取・伝達制度」の適切な運用等のための環境整備を着実に推進する。【法務省】

② 業務のデジタル化、効果検証の充実等

ア 矯正行政・更生保護行政のデジタル化とデータ活用による処遇等の充実のための基盤整備【施策番号91】

　法務省は、受刑者等の情報を管理する業務システムの刷新により、情報をデジタル化し、一元的管理を推進することで、矯正行政の効率化を図るとともに、より精度の高いデータに基づく処遇の実態把握や再犯防止効果の可視化を通じて矯正処遇の一層の充実を図る。また、保護司活動の負担低減、データ活用による保護観察の高度化、刑事手続と保護司活動とのデータ連係等に向けて、更生保護業務全般のデジタル化に取り組み、保護観察処遇等を一層充実させるための基盤を整備する。【法務省】

イ 再犯状況の把握と効果的な処遇の実施に向けた一層の情報連携と高度利活用【施策番号92】

　法務省は、再犯の状況をより迅速かつ詳細に把握し、効果的な処遇を実施するため、刑事司法における情報通信技術の活用状況等を踏まえて、検察庁・矯正施設・保護観察所等の保有する情報の一層の連携を促進するとともに、刑事情報連携データベースの機能等を見直してその効率化・高度化を図る。また、連携した情報のより効果的な利活用方策を検討し、犯罪や非行の実態等に関する調査研究を推進する。【法務省】

ウ 再犯防止施策の効果検証の充実と検証結果等を踏まえた施策の推進【施策番号93】

　法務省は、就労支援を受けた者のその後の就労継続の状況や薬物依存のある者を地域における治療・支援につなげることによる効果を把握する方法を検討するなど、再犯の防止等に関する施策についての効果検証の一層の充実を図る。また、効果検証の結果や、社会復帰を果たした者等が犯罪や非行から離脱することができた要因を踏まえ、施策の見直しを含め、再犯の防止等に関する施策の一層の推進を図る。【法務省】

③ 再犯防止関係者の人材育成等【施策番号94】

法務省は、研修等を通じ、地方公共団体や民間協力者等との知見の共有や相互の情報交換等を行うことで、再犯の防止等に関わる専門人材や理解者の育成を図る。また、相互理解の促進や連携強化のため、地方公共団体等との人事交流の積極化を図る。【法務省】

④ 広報・啓発活動の推進

ア 啓発事業等の実施【施策番号95】

法務省は、各府省、地方公共団体、民間協力者と連携して、再犯防止啓発月間や"社会を明るくする運動"強調月間を中心として、広く国民が犯罪をした者等の再犯の防止等についての関心と理解を深めるための事業を推進するとともに、検察庁、矯正施設、保護観察所等の関係機関における再犯の防止等に関する施策や、その効果についての積極的な情報発信に努める。また、広く国民各層に訴える広報媒体や広報手法を用いるよう努める。【各府省】

イ 法教育の充実【施策番号96】

法務省は、文部科学省の協力を得て、再犯の防止等に資する基礎的な教育として、法や司法制度及びこれらの基礎となっている価値を理解し、法的なものの考え方を身に付けるための教育を推進する。加えて、法務省は、再犯の防止等を含めた刑事司法制度に関する教育を推進し国民の理解を深める。【法務省、文部科学省】

Ⅳ 再犯の防止等に関する施策の指標

第1 再犯の防止等に関する施策の成果指標

○ 検挙者中の再犯者数及び再犯者率【指標番号1】

（出典：警察庁・犯罪統計）

基準値　109,626人・47.0%（令和3年）

うち刑法犯検挙者中の再犯者数及び再犯者率

基準値　85,032人・48.6%（令和3年）

うち特別法犯検挙者中の再犯者数及び再犯者率

基準値　24,594人・42.3%（令和3年）

○ 新受刑者中の再入者又は刑の執行猶予歴のある者の数及び割合【指標番号2】

（出典：法務省・矯正統計年報）

基準値　13,475人・83.4%（令和3年）

うち再入者数及び再入者率

基準値　9,203人・57.0%（令和3年）

○ 出所受刑者の2年以内再入者数及び2年以内再入率【指標番号3】

（出典：法務省調査）

基準値　2,863人・15.1%（令和2年出所受刑者）

○ 主な罪名（覚醒剤取締法違反、性犯罪（強制性交等・強制わいせつ）、傷害・暴行、窃盗）・特性（高齢（65歳以上）、女性、少年）別2年以内再入率【指標番号4】

（出典：法務省調査）

基準値（覚醒剤取締法違反、性犯罪、傷害・暴行、窃盗）

15.5%・5.0%・12.3%・20.0%（令和2年出所受刑者）

基準値（高齢、女性）

20.7%・11.0%（令和2年出所受刑者）

基準値（少年）

9.0%（令和2年少年院出院者の2年以内再入院率）

9.7%（令和2年少年院出院者の2年以内再入院及び刑事施設入所率）

○ 出所受刑者の3年以内再入者数及び3年以内再入率【指標番号5】

（出典：法務省調査）

基準値　4,983人・25.0%（令和元年出所受刑者）

○ 主な罪名（覚醒剤取締法違反、性犯罪（強制性交等・強制わいせつ）、傷害・暴行、窃盗）・特性（高齢（65歳以上）、女性、少年）別3年以内再入率【指標番号6】

（出典：法務省調査）

基準値（覚醒剤取締法違反、性犯罪、傷害・暴行、窃盗）

27.3%・11.6%・24.2%・33.0%（令和元年出所受刑者）

基準値（高齢、女性）

29.2%・20.2%（令和元年出所受刑者）

基準値（少年）

13.2%（令和元年少年院出院者の3年以内再入院率）

15.6%（令和元年少年院出院者の3年以内再入院及び刑事施設入所率）

○ 保護観察付（全部）執行猶予者及び保護観察処分少年の再処分者数及び再処分率【指標番号7】

（出典：法務省・保護統計年報）

基準値　（保護観察付（全部）執行猶予者）

618人・25.5%（令和3年）

基準値　（保護観察処分少年）

1,219人・16.1%（令和3年）

第2　再犯の防止等に関する施策の動向を把握するための参考指標

1．就労・住居の確保等関係

○ 刑務所出所者等総合的就労支援対策の対象者のうち、就職した者の数及びその割合【指標番号8】

（出典：厚生労働省調査）

基準値　3,130人・50.3%（令和3年度）

○ 協力雇用主数、実際に雇用している協力雇用主数及び協力雇用主に雇用されている刑務所出所者等数【指標番号9】

（出典：法務省調査）

基準値　24,665社・1,208社・1,667人（令和3年10月1日現在）

○ 国及び地方公共団体において雇用した犯罪をした者等の数【指標10】

（出典：法務省調査）

基準値　－

○ 保護観察終了時に無職である者の数及びその割合【指標番号11】

（出典：法務省・保護統計年報）

基準値　5,653人・24.0%（令和3年）

○ 刑務所出所時に帰住先がない者の数及びその割合【指標番号12】

（出典：法務省・矯正統計年報）

基準値　2,844人・16.0%（令和3年）

○ 更生保護施設及び自立準備ホームにおいて一時的に居場所を確保した者の数【指標番号13】

（出典：法務省調査）

基準値　10,291人（令和3年度）

2．保健医療・福祉サービスの利用の促進等関係

○　特別調整により福祉サービス等の利用に向けた調整を行った者の数【指標番号14】

（出典：法務省調査）

基準値　826人（令和3年度）

○　検察庁等と保護観察所との連携による入口支援を実施した者の数【指標番号15】

（出典：法務省調査）

基準値　－

○　薬物事犯保護観察対象者のうち、保健医療機関・民間支援団体等による治療・支援を受けた者の数及びその割合【指標番号16】

（出典：法務省調査）

基準値　－

3．学校等と連携した修学支援の実施等関係

○　少年院において修学支援を実施し、出院時点で復学・進学を希望する者のうち、出院時に復学・進学決定した者の数及び復学・進学決定率【指標番号17】

（出典：法務省調査）

基準値　54人・30.5%（令和3年）

○　保護観察所において修学支援を実施し、保護観察期間中に高等学校等を卒業若しくは高等学校卒業程度認定試験に合格した者又は保護観察終了時に高等学校等に在学している者の数及びその割合【指標番号18】

（出典：法務省調査）

基準値　－

○　矯正施設における高等学校卒業程度認定試験の受験者数、合格者数及び合格率【指標番号19】

（出典：文部科学省調査）

基準値（受験者数・合格者数・合格率）

797人・316人・39.6%（令和3年度）

基準値（受験者数・1以上の科目に合格した者の数・合格率）

797人・776人・97.4%（令和3年度）

4．民間協力者の活動の促進等関係

○　保護司数及び保護司充足率【指標番号20】

（出典：法務省調査）

基準値　46,705人・89.0%（令和4年1月1日）

○　"社会を明るくする運動"行事参加人数【指標番号21】

（出典：法務省調査）

基準値　867,395人（令和3年）

5．地域による包摂の推進関係

○　地方再犯防止推進計画を策定している地方公共団体の数及びその割合【指標番号22】

（出典：法務省調査）

基準値（都道府県、指定都市、その他の市町村（特別区を含む。））

特集　第1章　第2章　第3章　第4章　第5章　第6章　第7章　第8章　基礎資料

47団体・100%、18団体・90.0%、306団体・17.7%（令和4年4月1日）

6．その他の参考指標

○　出所受刑者の5年以内再入者数及び5年以内再入率【指標番号23】

（出典：法務省調査）

基準値　8,175人・37.2%（平成29年出所受刑者）

注　1　「基準値」は、確定している最新の数値である。
　　2　「基準値　－」は、新規の指標又は指標の内容を変更したことにより、今後、新たに統計を収集するものである。

5. 再犯防止推進計画等検討会関係資料

再犯防止推進計画等検討会設置要綱

> 平成29年2月2日
> 法 務 大 臣 決 定
> 平成31年2月21日
> 一 部 改 正
> 令和2年3月30日
> 一 部 改 正
> 令和3年3月30日
> 一 部 改 正
> 令和4年1月31日
> 一 部 改 正
> 令和4年3月28日
> 一 部 改 正
> 令和5年5月24日
> 一 部 改 正

1　名称

　　再犯防止推進計画等検討会

2　目的

　　再犯防止推進計画等検討会（以下「検討会」という。）は、法務大臣が「再犯の防止等の推進に関する法律」（平成28年法律第104号）第7条第3項に基づき作成する「再犯防止推進計画の案」に掲げる事項の検討及び同条第1項に基づき定められた「再犯防止推進計画」に盛り込まれた施策の進捗状況の確認等を行うことを目的とする。

3　検討会の構成

（1）検討会の議長は、法務副大臣とする。

（2）検討会は、関係行政機関の職員で、法務大臣が指名した官職にある者のほか、有識者をもって構成する。

（3）検討会の構成員となる有識者は、法務大臣が委嘱する。

（4）検討会の構成員となる有識者の任期は、1年とする。ただし、再任を妨げない。

（5）検討会に副議長を置く。副議長は、構成員の中から法務大臣が指名する。

（6）議長は、必要に応じ、構成員以外の関係行政機関の職員その他関係者の出席を求めることができる。

4　検討会の庶務は、大臣官房秘書課企画再犯防止推進室において処理する。

5　前各項に定めるもののほか、検討会の運営に関する事項その他必要な事項は、議長が定める。

再犯防止推進計画等検討会構成員

議　　　長　　法務副大臣

副　議　長　　法務省大臣官房政策立案総括審議官
構　成　員　　内閣官房内閣参事官（内閣官房副長官補付）
（関係省庁）　警察庁生活安全局生活安全企画課長
　　　　　　　警察庁刑事局組織犯罪対策部組織犯罪対策第一課長
　　　　　　　総務省地域力創造グループ地域政策課長
　　　　　　　法務省大臣官房秘書課企画再犯防止推進室長
　　　　　　　法務省刑事局総務課長
　　　　　　　法務省矯正局更生支援管理官
　　　　　　　法務省保護局総務課長
　　　　　　　法務省保護局更生保護振興課長
　　　　　　　文部科学省総合教育政策局男女共同参画共生社会学習・安全課長
　　　　　　　文部科学省初等中等教育局初等中等教育企画課長
　　　　　　　文部科学省初等中等教育局児童生徒課長
　　　　　　　厚生労働省職業安定局雇用開発企画課就労支援室長
　　　　　　　厚生労働省人材開発統括官付参事官（人材開発政策担当）
　　　　　　　厚生労働省社会・援護局総務課長
　　　　　　　厚生労働省社会・援護局障害保健福祉部精神・障害保健課依存症対策推進室長
　　　　　　　農林水産省経営局就農・女性課長
　　　　　　　林野庁林政部経営課林業労働・経営対策室長
　　　　　　　水産庁漁政部企画課長
　　　　　　　中小企業庁経営支援部経営支援課長
　　　　　　　国土交通省住宅局住宅企画官

（有 識 者）　川出　敏裕　東京大学大学院法学政治学研究科教授
　　　　　　　幸島　　聡　日本更生保護協会事務局長
　　　　　　　堂本　暁子　元千葉県知事
　　　　　　　野口　義弘　有限会社野口石油取締役会長（協力雇用主）
　　　　　　　松田美智子　公益財団法人矯正協会特別研究員
　　　　　　　宮田　桂子　弁護士
　　　　　　　村木　厚子　元厚生労働事務次官
　　　　　　　森久保康男　更生保護法人全国保護司連盟副理事長
　　　　　　　和田　　清　昭和大学薬学部客員教授

（敬称略）

6. 政府・地方公共団体の再犯防止等施策担当窓口一覧

政府の再犯防止等施策担当窓口一覧	
内閣官房	内閣官房副長官補室
内閣府	内閣府大臣官房企画調整課
こども家庭庁	支援局総務課
警察庁	生活安全局生活安全企画課
総務省	地域力創造グループ地域政策課
法務省	大臣官房秘書課企画再犯防止推進室
文部科学省	総合教育政策局男女共同参画共生社会学習・安全課
厚生労働省	職業安定局雇用開発企画課
	社会・援護局総務課
	社会・援護局障害保健福祉部企画課
	人材開発総務担当参事官室
農林水産省	経営局就農・女性課
水産庁	漁政部企画課
経済産業省 中小企業庁	経営支援部経営支援課
国土交通省	総合政策局政策課

都道府県・政令指定都市　再犯防止等施策担当窓口部局等一覧	
地方公共団体名	窓口部局等名
北海道	環境生活部くらし安全局道民生活課
青森県	健康福祉部健康福祉政策課
岩手県	保健福祉部地域福祉課
宮城県	保健福祉部社会福祉課
秋田県	健康福祉部地域・家庭福祉課
山形県	健康福祉部地域福祉推進課
福島県	保健福祉部こども未来局こども・青少年政策課
茨城県	福祉部福祉政策課
栃木県	生活文化スポーツ部くらし安全安心課
群馬県	生活こども部生活こども課
埼玉県	福祉部社会福祉課
千葉県	健康福祉部健康福祉指導課
東京都	生活文化スポーツ局都民安全推進部都民安全課
神奈川県	福祉子どもみらい局福祉部地域福祉課
新潟県	福祉保健部福祉保健総務課
富山県	厚生部厚生企画課
石川県	健康福祉部厚生政策課
福井県	健康福祉部地域福祉課
山梨県	県民生活部県民生活安全課
長野県	健康福祉部地域福祉課
岐阜県	健康福祉部地域福祉課
静岡県	くらし・環境部県民生活局くらし交通安全課
愛知県	防災安全局県民安全課
三重県	子ども・福祉部地域福祉課
滋賀県	健康医療福祉部健康福祉政策課
京都府	文化生活部安心・安全まちづくり推進課
大阪府	政策企画部危機管理室治安対策課
兵庫県	県民生活部くらし安全課
奈良県	福祉医療部地域福祉課
和歌山県	環境生活部県民局県民生活課
鳥取県	福祉保健部ささえあい福祉局孤独・孤立対策課

島根県	健康福祉部地域福祉課
岡山県	県民生活部くらし安全安心課
広島県	環境県民局県民活動課
山口県	健康福祉部厚政課
徳島県	危機管理環境部消費者くらし安全局消費者政策課
香川県	健康福祉部子ども政策推進局子ども政策課
愛媛県	県民環境部県民生活局県民生活課
高知県	子ども・福祉政策部地域福祉政策課
福岡県	福祉労働部福祉総務課
佐賀県	健康福祉部社会福祉課
長崎県	福祉保健部福祉保健課
熊本県	環境生活部県民生活局くらしの安全推進課
大分県	生活環境部私学振興・青少年課
宮崎県	福祉保健部福祉保健課
鹿児島県	総務部男女共同参画局青少年男女共同参画課
沖縄県	子ども生活福祉部福祉政策課
札幌市	市民文化局地域振興部区政課
仙台市	健康福祉局地域福祉部社会課
さいたま市	福祉局生活福祉部福祉総務課
千葉市	保健福祉局健康福祉部地域福祉課
横浜市	健康福祉局地域福祉保健部福祉保健課
川崎市	健康福祉局地域包括ケア推進室
相模原市	健康福祉局生活福祉部生活福祉課
新潟市	福祉部福祉総務課
静岡市	保健福祉長寿局健康福祉部福祉総務課
浜松市	健康福祉部福祉総務課（人権啓発センター）
名古屋市	スポーツ市民局市民生活部地域安全推進課
京都市	保健福祉局保健福祉部保健福祉総務課
大阪市	市民局区政支援室地域安全担当
堺市	健康福祉局生活福祉部地域共生推進課
神戸市	福祉局相談支援課
岡山市	保健福祉局保健福祉部福祉援護課
広島市	市民局市民安全推進課
北九州市	市民文化スポーツ局安全・安心推進課
福岡市	市民局生活安全部防犯・交通安全課
熊本市	文化市民局市民生活部生活安全課

7．再犯防止等施策関係予算（令和４年度、令和５年度）

施策番号		施策・事業	令和4年度予算額（単位：百万円）	令和5年度当初予算額（単位：百万円）	対前年度増△減額（単位：百万円）	施策・事業の概要	備考
1次計画	2次計画						
59	44	地域における子供・若者支援体制の整備推進【こども家庭庁】	54	54	0	困難な状態にあるこども・若者に対し、教育、福祉、保健、医療、雇用など地域における様々な機関がネットワークを形成して支援を行う「子ども・若者支援地域協議会」の設置及びその機能向上を促進、こども・若者に関する相談にワンストップで応じる「子ども・若者総合相談センター」の設置及びその機能向上を促進	
59	44	地域における若者支援に当たる人材養成【こども家庭庁】	25	28	3	地域において相談業務や訪問支援（アウトリーチ）等に従事する者に対し、知識・技法の向上等に資する研修を実施	
59	44	ひとり親家庭高等学校卒業程度認定試験合格支援事業【こども家庭庁】	16,564	16,241	△ 323	ひとり親家庭の学び直しを支援することで、より良い条件での就職や転職に向けた可能性を広げ、正規雇用を中心とした就業につなげていくため、高等学校卒業程度認定試験合格のための講座を受講する場合に、その費用の一部を支給する。	母子家庭等対策総合支援事業の内数
59	44	こどもの生活・学習支援事業【こども家庭庁】	16,564	16,241	△ 323	放課後児童クラブ等の終了後に、ひとり親家庭や貧困家庭等のこどもに対し、児童館・公民館・民家やこども食堂等において、悩み相談を行いつつ、基本的な生活習慣の習得支援・学習支援、食事の提供等を行う。	母子家庭等対策総合支援事業の内数
6 59 60 78	8 44 58	少年に手を差し伸べる立ち直り支援活動【警察庁】	34	34	0	再非行のおそれのある少年に対する居場所づくり活動の充実強化	
52	38	薬物再乱用防止パンフレットの作成【警察庁】	2	2	0	薬物乱用者やその家族を対象とした薬物再乱用防止のためのパンフレット作成	薬物対策用資料事業の内数
71	54	ストーカー事案の加害者に対する精神医学的・心理学的アプローチに関する地域精神科医療等との連携【警察庁】	12	12	0	警察官が加害者への対応方法、治療やカウンセリングの必要性について助言等を受けることができるよう、地域精神科医等と連携	
71、114	54、89	ストーカー対策担当者専科【警察庁】	6	6	0	警察本部のストーカー事案及び配偶者からの暴力事案対策担当者を対象に、専門教育を実施	

施策番号		施策・事業	令和4年度予算額（単位：百万円）	令和5年度当初予算額（単位：百万円）	対前年度増△減額（単位：百万円）	施策・事業の概要	備考
1次計画	2次計画						
72		ストーカー加害者に対する再犯防止のための効果的な精神医学的・心理学的アプローチに関する調査研究【警察庁】	12	0	△ 12	地方公共団体、医療機関、カウンセリング実施機関等の関係機関・団体に対するアンケート、ヒアリング等を通じて、ストーカー加害者に対する効果的な受診の働き掛けに資する多機関連携の在り方等について調査研究を実施	
88 91	75 69	少年警察ボランティア等の活動に対する支援【警察庁】	138	138	0	・少年警察ボランティア等の活動に対する謝金・少年警察ボランティア等に対する研修・大学生ボランティア裾野拡大	
113 114	88 89	担当職員に対する研修【警察庁】	9	9	0	少年補導職員の研修等	
1、2、3、5、7、10、11、19、21、22、23、25、32、33、34、35、36、38、41、44、45、47、52、62、63、66、67、68、72、73、81、83、84、85、86、87、98、100、106、108、109、110、111、112、113、114、115	1、3、4、5、7、9、10、11、14、15、16、18、22、25、26、27、28、29、32、34、38、42、46、47、50、51、55、60、62、63、71、79、80、81、82、88、89、90、92、93、94、	刑事施設における矯正処遇の充実【法務省】	52,826	46,699	△ 6,127	刑事施設における、受刑者に対する矯正処遇の充実を図る。	
3	4	刑事施設における職業訓練の充実【法務省】	426	430	4	刑事施設において、青少年受刑者等に職業訓練を実施することにより、職業技能を付与し、その円滑な社会復帰を図る。	刑事施設における矯正処遇の充実の一部
21	4	刑務作業の充実【法務省】	2,959	3,108	149	刑事施設作業の円滑な実施と作業内容の改善向上を図る。	刑事施設における矯正処遇の充実の一部
34、35、36、38	26、27、28、32	高齢受刑者・障害を有する受刑者に対する指導・支援の充実【法務省】	924	1,029	105	社会福祉士・精神保健福祉士の確保、認知症傾向のある受刑者に対する処遇の充実、社会復帰支援指導プログラムの効果的な実施、地域生活定着支援の充実等を図る。	刑事施設における矯正処遇の充実の一部
44、45、52	34、38	刑事施設における薬物事犯者に対する指導の充実【法務省】	173	188	15	刑事施設において、薬物依存離脱指導（R1）の効果的な実施及び指導体制の充実を図る。	刑事施設における矯正処遇の充実の一部

施策番号		施策・事業	令和４年度予算額（単位：百万円）	令和５年度当初予算額（単位：百万円）	対前年度増△減額（単位：百万円）	施策・事業の概要	備考
1次計画	2次計画						
68	51	刑事施設における性犯罪者に対する指導の充実【法務省】	297	232	△ 65	刑事施設において、性犯罪再犯防止指導（R3）の効果的な実施及び指導体制の充実を図る。	刑事施設における矯正処遇の充実の一部
86	63	刑事施設における被害者の視点を取り入れた教育等の充実【法務省】	27	90	63	刑事施設において、被害者の視点を取り入れた教育（R4）及び一般改善指導（被害者感情理解指導）の効果的な実施及び指導体制の充実を図る。	刑事施設における矯正処遇の充実の一部
5、7、10、11、19、83、87、100、106、108、109、110、111、112、113、115	7、9、10、11、14、62、79、80、81、82、88、90、92、93、94	矯正管区における矯正施設の再犯防止施策への支援等【法務省】	871	924	53	矯正管区において、矯正施設の再犯防止施策に対する支援等を実施する。	
5、7、10、11、19	2、7、9、10、11、14	矯正就労支援情報センターにおける就労支援の充実【法務省】	73	100	27	矯正就労支援情報センターにおいて、刑務所出所者等の就労先を広域にわたって調整し、円滑な就労支援を促進する。	刑事施設における矯正処遇の充実及び矯正管区における矯正施設の再犯防止施策への支援等の一部
106、108、109、110、111、112	79、80、81、82	地方公共団体との連携協力体制の構築【法務省】	31	65	34	刑務所出所者等の社会復帰支援充実のため、在所中から出所後の地域社会における継続的支援に向けた地方公共団体や関係機関等との連携体制を構築する。	刑事施設における矯正処遇の充実及び矯正管区における矯正施設の再犯防止施策への支援等の一部
1、2、3、5、7、10、11、18、19、22、23、25、32、34、35、36、38、44、45、52、62、63、64、65、66、67、68、75、76、79、81、82、83、84、85、86、87、98、100、113、114、115	1、3、4、7、9、10、11、14、15、16、18、22、26、27、28、32、34、35、38、46、47、48、50、51、56、57、59、60、61、62、63、71、88、89、90、92、93、94	少年院における矯正教育の充実【法務省】	3,508	3,381	△ 127	少年院における、在院者に対する矯正教育の充実を図る。	

施策番号		施策・事業	令和4年度予算額(単位:百万円)	令和5年度当初予算額(単位:百万円)	対前年度増△減額(単位:百万円)	施策・事業の概要	備考
1次計画	2次計画						
44、45、52	34、38、35	少年院における薬物事犯者に対する指導の充実【法務省】	11	11	0	少年院において、薬物非行防止指導を充実させるために指導者の育成や重点的な薬物非行防止指導等を実施する。	少年院における矯正教育の充実の一部
68	51	少年院における性非行防止指導の充実【法務省】	15	15	0	少年院において、性非行防止指導の効果的な実施及び指導体制の充実を図る。	少年院における矯正教育の充実の一部
86	63	少年院における被害者の視点を取り入れた教育等の充実【法務省】	21	42	21	少年院において、特定生活指導における被害者の視点を取り入れた教育を行う等、被害者心情理解指導の充実を図る。	少年院における矯正教育の充実の一部
14、18、34、38、59、62、66、67、76、77、85、87、98、100、102、113、114、115	13、14、26、32、44、46、50、56、57、71、85、88、89、90、92、93、94、96	少年鑑別所における資質鑑別等の充実【法務省】	1,400	1,296	△ 104	少年鑑別所における、在所者に対する資質鑑別等の充実を図る。	
14	13	国による雇用等【法務省】	10	10	0	少年鑑別所10庁において保護観察対象者を雇用する。	少年鑑別所における資質鑑別等の充実の一部
34、59、76、100、102、114	26、44、57、85、89、94、96	地域における非行の未然防止等のための支援【法務省】	42	44	2	少年鑑別所において、地域援助として、学校等教育機関からの相談依頼を受けて知能検査や性格検査、職業適性検査を実施するほか、ワークブック等を用いた心理的支援などを行う。	少年鑑別所における資質鑑別等の充実の一部
34、35、36、38、82	26、27、28、32、61	少年施設における障害のある者への指導【法務省】	108	155	47	少年施設において、障害のある者への指導を充実させるため、職員の専門的知識を高めるとともに、専門知識を有した社会福祉士や精神保健福祉士等と協力して指導を行う。	少年院における矯正教育の充実及び少年鑑別所における資質鑑別等の充実の一部
1、2、3、4、5、7、8、9、10、11、12、13、14、15、16、17、18、19、20、22	1、3、4、6、7、9、10、11、12、13、14、15	保護観察対象者等の就労の確保【法務省】	843	866	23	保護観察対象者等の就労の確保を図る。	
8、101、110	9、81、95	再犯防止に関する広報・啓発事業【法務省】	25	25	0	再犯防止に関する広報・啓発活動の推進に係る啓発事業等の実施	

施策番号		施策・事業	令和4年度予算額（単位：百万円）	令和5年度当初予算額（単位：百万円）	対前年度増△減額（単位：百万円）	施策・事業の概要	備考
1次計画	2次計画						
22、34、36、37、38、39、41、42、43、44、45、46、47、52、57、66、67、68、70、72、73、76、79、81、82、83、84、85、86、100	15、26、28、29、31、32、34、36、38、42、50、51、53、55、57、59、60、61、62、63、71、79、94	保護観察対象者等の特性に応じた専門的な指導及び支援の実施【法務省】	223	164	△59	保護観察対象者等の特性に応じた指導・支援を実施する。	
24、25、26、27、28、29、30、32、33、36、37、81、83	17、18、19、20、21、22、24、25、28、32、60、62	保護観察対象者等の住居の確保【法務省】	3,406	2,761	△645	保護観察対象者等の住居の確保を図る。	
94	83、84、86、87	更生保護における息の長い支援【法務省】	23	41	18	満期釈放者等に対する息の長い支援を実施する。	「満期釈放者等に対する支援」から名称変更
38、45、68、82、114	32、34、51、61、89	矯正研修所における矯正職員に対する研修の充実【法務省】	482	453	△29	矯正研修所において、矯正職員に対する研修を実施する。	
39、59、61、85、88、89、90、92、93、94、95、96、98、99、100、101、106	44、45、66、67、70、71、73、74、75、82、87、94、95	保護司等の民間ボランティアの確保及び支援並びに犯罪予防活動の実施【法務省】	4,608	4,658	50	保護司等の民間ボランティアの確保及び支援並びに犯罪予防活動（更生保護に関する広報啓発活動等）を実施する。	「保護司制度の基盤整備並びに地方公共団体及び民間団体との連携」と「更生保護における広報啓発」を統合し、名称変更
42	32	刑事司法関係機関の体制整備【法務省】	86	77	△9	検察庁における社会福祉士雇用等経費	
81	60	売買春対策の推進（婦人補導院の運営）【法務省】	5	4	△1	「売春防止法」に基づき、補導処分に付された婦人に対する補導を実施する。	
86	63	更生保護における犯罪被害者等施策【法務省】	93	98	5	更生保護官署において犯罪被害者等支援を実施する。	
87	91	保護観察等業務支援システムの運用【法務省】	516	359	△157	更生保護トータルネットワークシステムの運用を行う。	デジタル庁一括計上
87	92、93	刑事情報連携データベースシステムの運用【法務省】	456	416	△40	検察庁・矯正施設・保護観察所等が保有する情報を連携するデータベースシステムの運用管理	令和5年度当初予算は、デジタル庁一括計上

施策番号		施策・事業	令和4年度予算額（単位：百万円）	令和5年度当初予算額（単位：百万円）	対前年度増△減額（単位：百万円）	施策・事業の概要	備考
1次計画	2次計画						
47、87、100、110	42、92、93	刑事情報連携データベースアクセス用機器保守等【法務省】	7	0	△7	「刑事情報連携データベースシステム」にアクセスし、その保有情報を分析する「刑事情報連携データベース分析システム」の機器及び同システムに搭載されているソフトウェア等の保守管理。	令和4年度当初予算は、デジタル庁に一括計上。
87	92、93	（特別研究）非行少年と生育環境（子どもの貧困）に関する研究【法務省】	2	0	△2	少年の生育環境（特に経済的な問題）の実態を調査することにより、①非行少年のうち貧困の問題を有する者のアセスメントや処遇・支援の充実と再非行防止に繋げるための資料及び②地方自治体が実施する子供の貧困実態調査結果から得られた、一般少年のうちの貧困の問題を有する者の特徴との比較も視野に入れた分析を行うことによる、非行防止のための資料を提供。	
81、87	60、92、93	（特別研究）女性犯罪者に関する総合的研究【法務省】	3	5	2	虐待等の被害体験や摂食障害等の問題を含め、女性犯罪者の抱える問題とその特徴、女性特有の課題に係る処遇等の実施状況等に関する調査を行い、その特性に応じた効果的な指導及び支援の在り方等の検討のための資料を提供。	
96、97、107	74	ソーシャル・インパクト・ボンド（SIB）を活用した非行少年への学習支援事業【法務省】	26	29	3	民間事業者と連携した効果的な再犯防止の取組を推進するため、ソーシャル・インパクト・ボンド（SIB）を活用した非行少年に対する少年院在院中から出院後までの継続的な学習支援の実施	
100、110	81、92、93	犯罪白書【法務省】	21	25	4	犯罪の動向・犯罪者の処遇に関する調査を行い、その成果を「犯罪白書」として発表。	経常研究経費の内数
101	95	人権啓発活動【法務省】	3,613	3,553	△60	人権週間を中心に全国各地で、講演会等の開催、新聞紙・週刊誌等への関連記事の掲載、啓発冊子の配布等の人権啓発活動を実施	人権擁護関係予算（デジタル庁一括計上予算を含む。）の内数
102	96	法教育の推進【法務省】	38	24	△14	教員や教育関係者に対し、広報活動等を実施し、法教育に対する理解を促進するとともに、利便性の高い法教育教材を提供して、学校教育現場における法教育の学習機会の確保及び学習内容の充実を実現	

施策番号		施策・事業	令和4年度予算額（単位：百万円）	令和5年度当初予算額（単位：百万円）	対前年度増△減額（単位：百万円）	施策・事業の概要	備考
1次計画	2次計画						
105、106、108、109、110、111	79、80、81、82	地方公共団体における再犯防止の取組を促進するための協議会等【法務省】	32	10	△22	地方公共団体における再犯防止の取組の促進を図るため、地域再犯防止推進モデル事業等で創出された効果的な取組についての周知・共有や都道府県と市区町村が連携した取組の確立に向けた検討を目的とした協議会等の実施	
－	77、78、81	地域再犯防止推進事業交付金	0	50	50	地域における再犯防止の取組を推進するため、法務省において都道府県が実施する具体的施策を提示し、都道府県が地域の実情に応じて選択し、それらの施策・事業の実施に必要な経費の1/2を法務省が交付	
115	90	矯正施設の環境整備【法務省】	34,957	11,381	△23,576	矯正施設の新営・改修工事等を実施する。	
59	44	地域と学校の連携・協働体制構築事業【文部科学省】	6,859	7,066	207	「社会に開かれた教育課程」の実現に向けた基盤となる体制を構築するために、コミュニティ・スクールと地域学校協働活動を一体的に推進するとともに、地域における学習支援や体験活動等の取組を支援する。	
59、65	44、48	地域における学びを通じたステップアップ事業【文部科学省】	10	9	△1	高校中退者等を対象に、地域資源（高校、サポステ、ハローワーク等）を活用しながら社会的自立を目指し、高等学校卒業程度の学力を身に付けさせるための学習相談及び学習支援等を実施する地方公共団体の取組を支援する。	
59	44	依存症予防教育推進事業【文部科学省】	24	24	0	依存症予防教育に関するシンポジウムを実施するとともに、「依存症予防教室」の開催等を行う。	青少年を取り巻く有害環境対策の推進の内数
63	47	高等学校卒業程度認定試験等【文部科学省】	423	410	△13	高等学校卒業程度認定試験の実施運営、問題作成及び合格者等への各種証明書発行とそのためのデータ管理	高等学校卒業程度認定試験等の内数
5、18、19、20、113、114	7、14、88、89	刑務所出所者等就労支援事業【厚生労働省】	708	708	0	刑務所出所者等に対して、ハローワークによる職業相談・紹介、トライアル雇用助成金等の支給等を実施するほか、事業主に対して、刑務所出所者等の雇用に関する啓発や求人開拓を行うなど総合的な支援を実施。	
22	2、5、15	生活困窮者自立支援法に基づく生活困窮者就労準備支援事業、生活困窮者就労訓練事業【厚生労働省】	59,440	5,4500	△4,940	就労に向け準備が必要な者や一定の継続的・柔軟な働き方が必要な者に対し、対象者の状況に応じた支援を実施	生活困窮者自立支援制度に係る負担金・補助金の内数

特集　第1章　第2章　第3章　第4章　第5章　第6章　第7章　第8章　基礎資料

施策番号		施策・事業	令和4年度予算額（単位：百万円）	令和5年度当初予算額（単位：百万円）	対前年度増△減額（単位：百万円）	施策・事業の概要	備考
1次計画	2次計画						
36	28	地域生活定着促進事業【厚生労働省】	1,550	1,540	△ 10	高齢又は障害により、福祉的な支援を必要とする釈放後に行き場のない犯罪をした者等の社会復帰を支援するため、各都道府県に「地域生活定着支援センター」を設置し、保護観察所、矯正施設、検察庁、弁護士会、地域の福祉関係機関等と連携・協働して、支援の対象者となる人が釈放後から福祉サービス等を受けられるよう取り組む事業	生活困窮者就労準備支援事業費等補助金の内数
36	28、32	地域生活定着支援人材養成研修事業【厚生労働省】	14	10	△ 4	地域生活定着支援センターの職員を対象とし、高齢又は障害のある犯罪をした者等への支援方法等の習得を目的とした中央研修を実施	
40	30	障害福祉サービス（地域生活移行個別支援特別加算）【厚生労働省】	1,385,866	1,472,806	86,940	医療観察法対象者等に対する障害者グループホーム等における相談援助等にかかる報酬（加算）	障害者自立支援給付費負担金（介護給付・訓練等給付費）の内数
47、51、52	33、37、38、42	薬物乱用者に対する再乱用防止対策事業【厚生労働省】	106	85	△ 21	相談担当者等向け講習会の開催、関係機関による連絡会議の開催、保護観察の付かない執行猶予判決を受けた乱用者等に対する支援等	
48、49、57	38	依存症の相談・治療等に係る指導者養成事業【厚生労働省】	106	53	△ 53	都道府県・指定都市において指導的役割を果たす指導者を養成するため、依存症者や家族に対する相談・治療等に係る研修を実施	依存症対策全国拠点機関設置運営事業の内数
48、49、57	38	依存症支援者研修事業【厚生労働省】	596	529	△ 67	都道府県・指定都市において、依存症者や家族に対する相談・治療等の支援を行う人材を養成するための研修を実施	依存症対策総合支援事業の内数
49	38	依存症専門相談支援事業【厚生労働省】	596	529	△ 67	都道府県・指定都市において、依存症相談員を配置した依存症相談拠点を設置するなど、依存症者や家族に対する相談・指導等の支援を実施	依存症対策総合支援事業の内数
50	39	薬物依存症に関する問題に取り組む民間団体支援事業【厚生労働省】	50,600	50,700	100	地域で薬物依存症に関する問題に取り組む民間団体の活動を支援	地域生活支援事業等の内数
50	39	依存症民間団体支援事業【厚生労働省】	39	39	0	全国規模で依存症問題に取り組む民間団体の活動を支援	
51	33	依存症に関する普及啓発事業【厚生労働省】	78	50	△ 28	依存症に関する正しい知識と理解を深めるため、普及啓発イベント等を実施	

施策番号		施策・事業	令和4年度予算額（単位：百万円）	令和5年度当初予算額（単位：百万円）	対前年度増△減額（単位：百万円）	施策・事業の概要	備考
1次計画	2次計画						
52	38	連携会議運営事業【厚生労働省】	596	529	△ 67	薬物依存症者やその家族に対する包括的な支援に向けて、行政や医療、福祉、司法を含めた関係機関による連携会議を開催	依存症対策総合支援事業の内数
59	44	生活困窮者自立支援法に基づく子どもの学習・生活支援事業【厚生労働省】	59,440	54500	△ 4,940	各各自治体が地域の実情に応じ、創意工夫をこらし、生活保護受給世帯のこどもを含む生活困窮世帯のこどもを対象に学習支援や居場所づくり等を通じて、こどもの将来の自立に向けた支援を実施。生活困窮者自立支援法に基づき、生活困窮世帯のこどもに対し、学習支援や居場所づくりに加えて、生活習慣・育成環境の改善に関する助言や教育及び就労（進路選択等）に関する相談に対する情報提供、助言、関係機関との連絡調整等を行う「子どもの学習・生活支援事業」を実施	生活困窮者自立支援制度に係る負担金・補助金の内数
8、9、16、23	9、16	農の雇用事業【農林水産省】	20,700	19,225	△ 1,475	青年による農業法人等への雇用就農を促進するため、農業法人等が新規就業者に対して実施する実践研修等を支援するとともに、新規就業者が障害者、生活困窮者、刑務所出所者等の場合に支援単価を加算	新規就農者育成総合対策の内数
8、9、16、23	9、16	雇用就農資金【農林水産省】	20,700	19,225	△ 1,475	青年による農業法人等への雇用就農を促進するため、農業法人等が就農希望者を新たに雇用する場合に資金を助成するとともに、就農希望者が障害者、生活困窮者、刑務所出所者等の場合に支援単価を加算	新規就農者育成総合対策の内数
8、9	9	「緑の雇用」担い手確保支援事業【農林水産省】	4,009	4,001	△ 8	新規就業者の確保・育成に向けた林業経営体が行う人材育成研修や現場技能者のキャリアアップ対策等に要する費用等を支援	「緑の雇用」担い手確保支援事業の内数
8、9	9、10、11	経営体育成総合支援事業【農林水産省】	610	498	△ 112	漁業・漁村を支える人材の確保・育成を図るため、漁業への就業前の者への資金の交付、漁業現場での長期研修を通じた就業・定着の促進、インターンシップや就業体験の受入、海技士免許等の資格取得及び漁業者の経営能力の向上等を支援。	

施策番号		施策・事業	令和4年度予算額（単位：百万円）	令和5年度当初予算額（単位：百万円）	対前年度増△減額（単位：百万円）	施策・事業の概要	備考
1次計画	2次計画						
23	16	農山漁村発イノベーション対策のうち農山漁村発イノベーション推進・整備事業（農福連携型）【農林水産省】	9,752	9,070	△ 682	障害者や生活困窮者の雇用・就労を目的とした農業生産施設等の整備、農業分野への就業を希望する障害者等に対し農業体験を提供するユニバーサル農園の開設、障害者の農業分野での定着を支援する専門人材の育成等の取組を支援	農山漁村振興交付金の内数

8. 成人による刑事事件の流れ

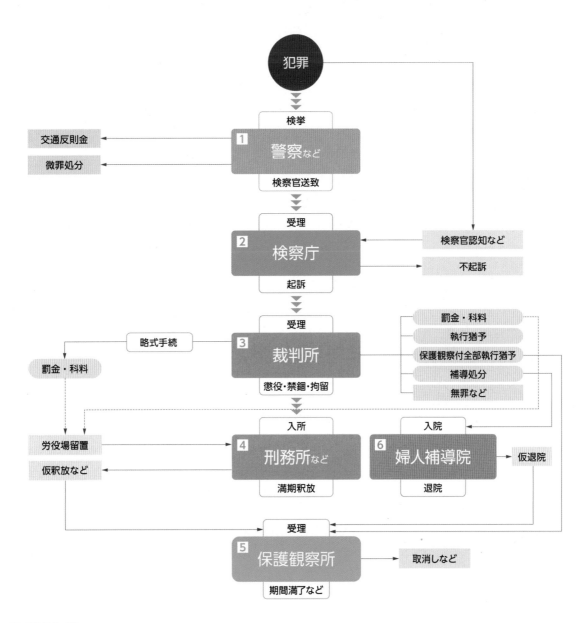

❶ 警察など

　警察などが犯人を検挙して必要な捜査を行った事件は、原則としてすべて検察官に送致されます。

❷ 検察庁

　検察官は、送致された事件について必要な捜査を行い、法と証拠に基づいて、被疑者を起訴するか、不起訴にするかを決めます。

　また、検察官は、自ら事件を認知したり、告訴・告発を受けて捜査することもあります。

❸ 裁判所

　裁判所は、公開の法廷で審理を行い、有罪と認定した場合は、死刑、懲役、禁錮、罰金などの刑を言い渡します。また、その刑が3年以下の懲役・禁錮などの場合は、情状によりその執行を猶予したり、さらには、その猶予の期間中保護観察に付することもあります。

　なお、比較的軽微な事件で、被疑者に異議がない場合は、簡易な略式手続で審理が行われることもあります。

❹ 刑務所など

有罪の裁判が確定すると、執行猶予の場合を除き、検察官の指揮により刑が執行されます。懲役、禁錮、拘留は、原則として刑務所などの刑事施設で執行されます。刑事施設では、受刑者の改善更生と社会復帰のための矯正処遇を行っています。

なお、罰金や科料を完納できない人は、刑事施設に附置されている労役場に留置されます。

❺ 保護観察所

受刑者は、刑期の満了前であっても、地方更生保護委員会の決定で、仮釈放が許されることがあり、仮釈放者は、仮釈放の期間中、保護観察に付されます。また、保護観察付執行猶予判決の言渡しを受け、判決が確定した人も猶予の期間中は保護観察に付されます。

保護観察に付された人は、改善更生と社会復帰に向けて、保護観察所の保護観察官と民間のボランティアである保護司による指導監督・補導援護を受けることになります。

❻ 婦人補導院

売春防止法違反で補導処分となった成人の女子は、婦人補導院に収容され、仮退院が許可されると保護観察に付されます。

9. 非行少年に関する手続の流れ

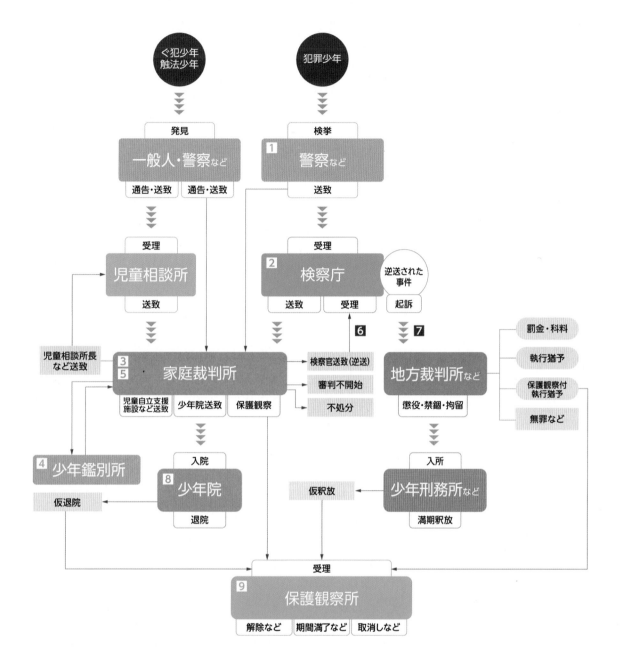

❶ 警察など

　警察などが罪を犯した少年を検挙した場合、捜査を遂げた後、原則として、事件を検察官に送致します。

❷ 検察庁

　検察官は、捜査を遂げた上、犯罪の嫌疑があると認めるとき、又は犯罪の嫌疑がないものの、ぐ犯（犯罪に至らないものの、犯罪に結びつくような問題行動があって、保護する必要性が高いことをいう。）などで家庭裁判所の審判に付すべき事由があると認めるときは、事件を家庭裁判所に送致します。

❸ 家庭裁判所

　家庭裁判所は、調査官に命じて、少年の素質、環境などについて調査を行ったり、少年を少年鑑別所に送致して鑑別を行ったりします。

❹ 少年鑑別所

少年鑑別所は、医学、心理学、教育学等の専門的知識に基づき、少年の鑑別を行い、その結果は家庭裁判所に提出されます。

❺ 家庭裁判所

家庭裁判所は、事件記録等の調査の結果、審判に付する事由がない、又は審判に付することが相当でないと認めるときは、審判不開始の決定を行い、審判を開始するのが相当と認めるときは、非公開で審判を行います。

なお、少年審判において、一定の重大事件で、非行事実を認定するため必要があるときは、家庭裁判所の決定により、検察官も審判に関与します。

上記❸の調査や❹の鑑別を踏まえた審判の結果、保護処分に付する必要がないと認めるなどの場合は、不処分の決定を行い、保護処分に付することを相当と認める場合は、保護観察、少年院送致などの決定を行います。

❻❼ 検察官送致、起訴

家庭裁判所は、審判の結果、死刑、懲役、又は禁錮に当たる罪の事件について刑事処分を相当と認めるときは、事件を検察官に送致します。

なお、犯行時に16歳以上の少年が、故意の犯罪行為により被害者を死亡させた罪の事件のほか、犯行時に18歳以上の少年（特定少年）が犯した死刑又は無期若しくは短期1年以上の懲役若しくは禁錮に当たる罪の事件及び犯行時に18歳以上の少年（特定少年）が犯した選挙の公正の確保に重大な支障を及ぼす連座制に係る事件については、原則として検察官に送致され、事件送致を受けた検察官は、原則、起訴しなければならないとされています。

❽ 少年院

少年院送致となった少年は、第1種、第2種又は第3種のいずれかの少年院に収容され、矯正教育、社会復帰支援等を受けながら更生への道を歩みます。

❾ 保護観察所

家庭裁判所の決定で保護観察に付された場合、少年院からの仮退院が許された場合などにおいては、改善更生と社会復帰に向けて、保護観察所の保護観察官と民間のボランティアである保護司による指導監督・補導援護を受けることになります。

再犯防止推進白書事項索引

PFS（Pay For Success、成果連動型民間委託
契約方式）　　　　　　　　　　145,176

R

RNR 原則　　　　　　　　　　　104

S

SIB（Social Impact Bond、ソーシャル・イン
パクト・ボンド）　　　　　　　7,145

SMARPP　　　　　　　　　　　81

令和5年版　再犯防止推進白書

令和6年1月26日発行　　　　　　　　　　定価は表紙に表示してあります。

編　　集　**法 務 省**
〒100-8977
東京都千代田区霞が関1-1-1
電　話　(03) 3580-4111(代)
URL　https://www.moj.go.jp/

発　　行　**日経印刷株式会社**
〒102-0072
東京都千代田区飯田橋2-15-5
電　話　(03) 6758-1011

発　　売　**全国官報販売協同組合**
〒100-0013
東京都千代田区霞が関1-4-1
電　話　(03) 5512-7400

落丁・乱丁本はお取り替えします。

ISBN978-4-86579-402-1